Nigel Andrews

Arnold Schwarzenegger

Nigel Andrews

Arnold Schwarzenegger

Mythos und Wahrheit eines amerikanischen Traums

Aus dem Englischen übersetzt von Bert Rebhandl

hannibal

Titel der Originalausgabe: *True Myths – The life and time of Arnold Schwarzenegger*

erschienen bei Bloomsbury Publishing Plc, London

Robert Azderball, Hannibal Verlag, A-3423 St. Andrä-Wördern
Lektorat: Dr. Christa Gürtler
Titelfoto: Agentur Contrast Photo GmbH, Wien
Umschlaggestaltung und Typographie: Michael Bergmeister
Satzstudio: Vogel Medien, Korneuburg
Druck: Ebner Graphische Betriebe
ISBN 3-85445-141-5

Inhalt

Einleitung

„Warum schreibst du dieses Buch?" fragte ein Freund. Er entwarf das Bild eines Kritikers und Kollegen, der vom unzüchtigen Charme Hollywoods verführt wurde, und zeigte sich besorgt, weil ich keines von den Büchern schrieb, die er sich von mir erwartet hatte, oder die er selbst schreiben wollte. Das wären Titel wie zum Beispiel „Der Einfluß des deutschen Expressionismus auf die amerikanische Nachkriegsangst" oder „Montage nach Godard" oder „Jim Jarmusch – Mensch oder Mythos?"

Ich konterte mit vier Gründen: Erstens bin ich ein Schwarzenegger-Fan. Zweitens ist Schwarzenegger das aufregendste und unwahrscheinlichste Filmphänomen dieser Milleniumswendejahre. Drittens habe ich den Verdacht (haben wir alle den Verdacht), daß er weniger ein menschliches Wesen ist als irgendeine bizarre Konstruktion der PR-Industrie, einer spätmodernen teutonischen Transzendenz oder eines Teams biomechanischer Wissenschaftler, die von Silicon Valley aus operieren. Viertens schließlich konnte ich für mich in Anspruch nehmen (wie dieser 60-Kilo-Schwächling, der in den alten Charles-Atlas-Anzeigen das Vorher-Symbol war), daß mir einst von Arnold Schwarzenegger persönlich Sand ins Gesicht gekickt wurde.

Das geschah an einem Strand in Cannes anläßlich des allerersten Erscheinens Arnolds auf einem Filmfestival. (Wir wollen acht Buchstaben pro Nennung sparen, indem wir im Buch nur mehr den Vornamen verwenden.) Ich bereitete mich gerade für ein Interview mit einem halbberühmten Regisseur vor, als ich etwas Riesiges, Langsames, Schweratmendes bemerkte, das die Luft zu meiner Rechten verdrängte. Der Sand gab knirschende Geräusche unter den noch unsichtbaren Füßen von sich. Eine Gruppe Seemöwen ließ sich verscheuchen und hob ab. Und dann kam etwas in mein Blickfeld, das einem großen, belebten Redwood-Baum glich.

250 Pfund Muskeln, Öl und ein österreichisches Grinsen von einem Ohr zum anderen, so stand es da und überblickte den Strand. Dann trat es ein paar sorgfältig ausgebreitete Handtücher weg (das war der Moment, in dem mich der Sand traf) und organisierte einen Kreis für sich, seine Mediengefolgschaft (damals noch ziemlich klein) und den obligaten Schwarm Mädchen.

Dann hielt Arnold Hof, wie nur er es kann. Mit einem Ohr (das andere registrierte die Wörter des halbberühmten Regisseurs, der inzwischen gekommen war) horchte ich hinüber zu diesem Strom aus österreichischem Charme und glattem, unverschämtem Narzißmus. Es war der schwerste teutonische Akzent seit Sig Ruman, jenem beliebten

Charakterdarsteller mit dem zerknautschten Gesicht, der in den dreißiger und vierziger Jahren komische Deutsche gespielt hat.

Arnolds private Cannes-Talk-Show fand um die Zeit von PUMPING IRON (1977) statt, einem halbdokumentarischen Film über Bodybuilding, durch den auch die Kinobesucher auf seinen Namen aufmerksam wurden. Zwanzig Filme später ist dieser Name noch immer eines der erstaunlichsten Wunder von Hollywood.

„Schwarzenegger". Vier Silben lexikalischer Qual für den durchschnittlichen Filmfan. Vierzehn Buchstaben Hölle für jemanden, der nur eine gewöhnliche Kinoanzeigentafel zur Verfügung hat. Und ein Name, der alle bekannten Rekorde beim Scrabble zertrümmern würde. Stellen Sie sich irgendeinen anderen Hollywood-Namen aus der ersten Reihe vor, der mithalten könnte.

Was sagt uns die berühmteste Nomenklatur im modernen Kino noch? Daß der 50jährige, in Österreich geborene Bodybuilder-wird-Kino-Actionheld ein Muster an Hartnäckigkeit ist. Kein anderer Schauspieler hätte diesen Stolperstein von einem Nachnamen im Zeitalter von Tom Cruise, Brad Pitt, Bruce Willis und anderen G'schamster-Diener-Spitznamen behalten. Dieser Arnold hat keine Angst davor, daß das feine, schön sprechende Amerika über den Teutonen zischelt. Vor allem hat dieser Arnold das Gespür dafür, daß ein Name, den man nicht vergißt, zuerst immer einer ist, an den man sich nicht erinnern kann.

Im Deutschen heißt Schwarzenegger: schwarzer Pflüger. Das ist eine Rolle, die der Schauspieler noch nicht gespielt hat in einer Karriere, die Cops, Roboter, Killer, Spezialagenten, Machokindergartenbetreuer und überdimensionale Zwillingsbrüder umfaßt. CONAN DER BARBAR, TERMINATOR, PHANTOM-KOMMANDO, RED HEAT, TOTAL RECALL, TRUE LIES. Arnold wurde der größte Held der Welt, weil er die größten Helden der Welt gespielt hat. Hundert Jahre nach der Geburt des Kinos hat eine verrückte Evolution dieses Barbie-Mannsbild hervorgebracht, diesen gutturalen, anschwellenden, gockelhaften Wilden, der (zumindest auf der Leinwand) in seinen eigenen Machismo verliebt ist.

Körperliche Perfektion, Wildheit, ein primitiver Charme, programmierte Scherze, dazwischen immer wieder lange Strecken brütender Schweigsamkeit. Letzteres ist keine Überraschung. Niemand erwartet von maßgeschneiderten Machismopuppen, daß sie sprechen – außer wenn man sie auf den Kopf stellt und sie ihren Überraschungssatz herauswürgen: „Hasta la vista, baby", „Beeg mistake". Überraschend ist aber die Geschwindigkeit, mit der sich Arnolds Wortkargheit zuletzt in etwas verwandelt hat wie – ich will jetzt nicht übertreiben und es Artikuliertheit nennen – einen zumindest ironischen, gepflegten Witz auf der Leinwand.

Wie viele übergroße begabte Männer – von Orson Welles bis Pavarotti – ist Arnold leichtfüßig: körperlich, gestisch, emotionell. Hollywoods Kurzsichtigkeit begann, als man ihn als Nemesis mit Muskelkater besetzte. In Filmen von TERMINATOR bis RED HEAT, dazwischen PHANTOM-KOMMANDO und PREDATOR, stand er da wie ein unerschütterlicher Koloß, während die Knöchel und die Ideen der Gegner an seiner Unempfindlichkeit zerbrachen. Aber mit TWINS und KINDERGARTEN COP kam er zur Komödie. Und mit dem Realitätsjongleur in LAST ACTION HERO spielte er – was? Surrealismus? Postmoderne? Eigentlich spielte er zwei verschiedene Rollen (drei, wenn man einen Humbug-Hamlet dazuzählt) und verlor große Teile des zahlenden Publikums, weil er aussah, als hätte er sich an die Avantgarde ausverkauft.

Aber Arnold war immer Avantgarde. Ein Exzentriker des Erfolgs ist er nicht so sehr wegen seiner Herkunft (der einzige Sportler, der jemals ein Hollywood-Superstar wurde, zumal der einzige österreichische), sondern wegen seiner Fähigkeit, mehrere krasse Gegensätze zugleich darzustellen. Gesetzloser und Krieger des Establishments; Nobler und Bauer; freigelassener Androide und bärbeißiger Menschenveteran; Held und Schurke; Halbgott des kybernetischen Zeitalters und Hanswurst eines neolithischen New Age.

Er war auch das Maskottchen einer Ära, in der Amerika sich (tragisch und komisch) mit seiner Rolle als Weltpolizist quälte. Man sah, wie Hollywood angesichts der Debakel des Landes seine Schicksal-und-Verhängnis-Maske aufsetzte mit der RAMBO-Serie und dem Mann in der Hauptrolle, der lange Zeit Arnolds unmittelbarer Konkurrent war: Sylvester Stallone. Diese Filme wollten den amerikanischen Stolz mit einem Helden wiederherstellen, der zuerst die Probleme mit den verschwundenen G.I.s im Vietnamkrieg löste (RAMBO) und dann die Russen aus Afghanistan warf (RAMBO III). Dummerweise hatten sich die Russen schon selbst hinausgeworfen, als der Film in die Kinos kam. Genauso müßig erschienen die mit Musik und Flaggen drapierten Lektionen über eine US-UdSSR-Allianz in ROCKY IV am Beginn einer Ära, in der all das ohnehin passieren sollte.

Stallones Helden machten den Fehler, daß sie sich zu ernst nahmen, und den größeren Fehler, daß sie politisch unpünktlich waren. Das Publikum verlor die Lust, Rocky Rambo dabei zuzusehen, wie er auf seiner Patriotenboxerbrust herumtrommelte, während die Geschichte Tempo machte. Schwarzenegger trat auf, nicht so sehr amerikanischer Held, sondern lebendiger Roboter, den die Neue Weltordnung hervorgebracht hat.

Dieser Mann kam von drüben; jetzt ist er herüben. Er tritt bei Veranstaltungen für die Republikaner auf, und er hat bei den Demokraten eingeheiratet. (Wir brauchen eine neue Staffel von DYNASTY, um dem haarsträubenden Seifenopernfaktum gerecht zu werden, daß ein Bodybuilder und Prolet aus Österreich die Nichte von JFK heiratet.) Er ist eine finstere Zerstörungsmaschine; er ist ein begnadet leichter Komödiant. Nimm das alles zusammen mit nach Hause, betrachte es, und was hast du dann? So etwas wie ein Symbol für den Westen selbst.

Ein Star erzählt uns alles über das Land und die Kultur, in der er aufsteigt. Arnold ist in diesem Zeitalter die effektivste Fleischwerdung eines ultimativen Wunsches: nach der Macht der absoluten Stärke – Amerika als der Welt einzig befugter und unbesiegbarer fahrender Ritter. Und er ist für dieses Zeitalter die wirkungsvollste Verkörperung einer absoluten Angst: daß auch absolute Stärke machtlos ist, vorausgesetzt, der richtige Gegner kommt. Schick Amerika nach Vietnam oder konfrontiere es mit dem unlösbaren Problem in Bosnien, und die Gerechtigkeitsmaschine wird nicht funktionieren. Stelle Arnold in ein Klassenzimmer mit Kids (KINDERGARTEN COP) oder neben einen mickrigen Wirbelwind von Zwillingsbruder (TWINS) – ja, diese Idee von einem entkräfteten Amerika ist so entsetzlich, daß sie nur als Komödie durchgeht –, und der Muskelprotz wird von ein paar Knirpsen erledigt.

Allzu häufig will das Publikum allerdings nicht sehen, daß ihm ein Bein gestellt wird. Man möchte ihn gewinnen sehen. Meine erste Erfahrung mit einem Schwarzenegger-Film in Amerika werde ich nicht vergessen. Ort: Das Egyptian Theatre, Hollywood Boulevard. Publikum: passend sortierte Biker und Psychos. In einem einst stolzen Kino, das man rücksichtslos multiplexiert hatte, saßen wir alle zusammengepfercht in einem Saal von der Größe eines Boxrings. Es war der Film PHANTOM-KOMMANDO, in dem ein paar hundert Leute von Action-Arnie mit einem Waffenarsenal von der Faust bis zu Panzerraketen hinweggefegt werden. Die Stimmung im Saal wurde ansteigend hysterisch: „Yeah, gib's ihm, Arnie!“ – „Blas ihn weg!“ – „Bring das Arschloch um!“ Und jedesmal, wenn der Held einen seiner eigenen Sager brachte – der Höhepunkt war „Jetzt laß mal Dampf ab“, als er einen Handlanger des Schurken mit einem Heizungsrohr pfählte –, brach das Publikum in jubelndes Gelächter aus.

Die Betrachter ließen keinerlei Reaktion auf die Filmregie, auf das Drehbuch oder das Produktionsdesign erkennen. Sie waren angeheizt vom marmornen Machismo des Stars. Das war der amerikanische Held, den sie lang gesucht hatten – ein biomechanischer Hengst, bei dem man die Muskeln auf den Gliedmaßen nicht von den waffenstarrenden Gerätschaften unterscheiden konnte, die er mit sich trug. Beides wirkte in gleichem Maße organisch, wie Fleisch auf einem Skelett. Und wenn Hollywood nach Österreich gehen hätte müssen, um ihn zu kriegen, den Akzent inklusive – was soll's? Amerika IST der sprichwörtliche Schmelztiegel der Welt.

Was also brachte diesen mythenbildenden Schläger hervor, diesen Schablonenritter von der anderen Seite der westlichen Welt? Eine Biographie beginnt mit einer Menge

Fragen und versucht dann, definitive Antworten zu bekommen. Wuchs Arnold mit Träumen von Macht und Einfluß auf die Popkultur auf? Wann hat er sein erstes Gewicht gestemmt? WARUM hat er sein erstes Gewicht gestemmt? War sein Vater ein Nazi? Kannte er schon als Kind Filme, und haben sie ihm etwas bedeutet? Als er schon in Hollywood war: Wie brachte er die Mogule dazu, seinen Akzent zu mögen? Warum war er so oft so grob mit Sylvester Stallone – bevor er Jahre später eine Hamburger-Restaurant-Kette mit, unter anderem, Stallone gegründet hat? Nach Gewichtheben, Schauspielerei und dem Restaurantgeschäft – gibt es da noch einen logischen Karriereschritt vor der Politik? Wenn man in Rechnung stellt, wie häufig er früher neben R. Reagan oder G. Bush aufgetaucht ist: Haben wir also einen zukünftigen Bewerber um das höchste Amt vor uns?

Natürlich ist es ein wunderbarer Witz, daß ein Nichtamerikaner für die Filmbesucher der Mr. America wurde. Aber nach Mr. Europe und Mr. Universe und Mr. Olympia ist das fast ein Abstieg für einen Jungen, der aus einem kleinen ländlichen Dorf in der Steiermark herauswuchs; einem Dorf, in der sein Vater, ein Polizist, sich wohl nicht vorstellen konnte, daß sein Sohn – mehr oder weniger – in seine Fußstapfen tritt, abgesehen davon, daß Arnold seinen Dienst für ein anderes Land versehen würde, in einer anderen Sprache, in einem anderen Medium (als dem echten Leben) und vor den Augen und Ohren der gesamten Welt.

Auf der Suche nach Arnold Schwarzenegger

Hollywood ist eine seltsame Stadt. Es ist natürlich überhaupt keine Stadt, sondern der berühmteste eigenständige Vorort der Welt. Noch immer leidet es unter dem aufgeblähten Ego, das die Folge von zu schnellem Aufstieg ist. Vor 83 Jahren war es ein Nest am Rande von Los Angeles, voller Staub, Orangenhainen, Bretterbuden und Farmern, die auf eine Kamera starrten (selbst eine Fotokamera), als wäre es eine Maschine aus dem Weltraum. Aber 1913 entschloß sich Cecil B. DeMille, dort einen Western zu drehen, THE SQUAW MAN, und davon hat sich diese Gegend nie mehr erholt. Narren und Engel in ungefähr gleicher Anzahl fielen ein. Das wirkliche Leben und die Natur wurden Hintergründe für Illusionen. Und die größte Zauberfabrik der Welt hat Jahrzehnte gebraucht, um sich zu entscheiden, wie viele ihrer GEHEIMNISSE, wenn es überhaupt welche gibt, sie herumschnüffelnden Gästen enthüllen sollte.

Heutzutage lautet der Willkommensgruß, mit dem Hollywood Journalisten und Berichterstatter empfängt, so: „Wir sprechen jetzt und in Zukunft durch unsere Filme zur Welt. Aber sie werden eine großartige Zeit damit verbringen, uns dazu zu bewegen, mit Ihnen persönlich zu reden."

Die geschwätzige Traumfabrik ist zum lakonischen Lotusland geworden. Früher wurden Stars und Regisseure herausgekarrt, und man konnte mit ihnen endlose Interviews führen. Jetzt sitzen sie in ihren privaten Anwesen im spanischen Stil – in Beverly Hills, Malibu oder Pacific Palisades (wo Arnold wohnt) – wie Charles Foster Kane und pflegen ihre Grillen und Wahnvorstellungen. Sie werden von diesen „Kein-Eintritt"-Schildern beschützt, die man Agenten und Pressebetreuer nennt. Um zu den VIPs zu gelangen, oder zu ihren Freunden und bedeutenden Kollegen, muß man durch das Telefon einen ausgeklügelten, verführerischen Tanz mit ihren Funktionären hinlegen.

„Hallo, mein Name ist Nigel Andrews. Ich bin zwei Wochen in Los Angeles, weil ich für ein Buch über Arnold Schwarzenegger recherchiere. Soviel ich weiß, vertreten Sie den Regisseur Mr. X , Y oder Z. Ich wäre sehr daran interessiert, ihn zu treffen und mit ihm zu sprechen."

„Ich verstehe. Ist das eine autorisierte Sache, Michael? Hat Arnold sein Okay gegeben?"

„Mr. Schwarzenegger und seine Leute sind völlig im Bilde, was das Buch anlangt. Seine Pressebetreuerin Charlotte Parker und ich, wir sind ständig in Kontakt."

„Ich verstehe. Und wieviel Zeit würden Sie benötigen mit Mr. X, Y oder Z?"

„Oh, eine Stunde wäre gut. Persönlich. Oder wir könnten es telefonisch erledigen, wenn das besser passen würde."

„Wo sind Sie untergebracht?"

„Im Hyatt am Sunset. Zimmer 911."

„Oh. Sehr passend. (Gelächter) Nun, wir werden sehen, was wir tun können, Andrew, und wir werden uns melden."

Es kostete mich Tage, in jenem milden April in Los Angeles 1994, bis die Leute erst einmal meinen Namen behielten – „Nigel" ist eine bislang unbekannte Örtlichkeit irgendwo westlich von Bermuda – und ich herausfand, warum meine Zimmernummer regelmäßig Heiterkeit auslöste. Schließlich erinnerte mich ein amerikanischer Freund daran, daß 911 in den USA die Notrufnummer ist.

In neun von zehn Fällen meldete sich der Agent oder die Pressebetreuung nicht mehr. Wenn doch, dann nur, um mir zu sagen, der betreffende Klient wäre „ein enger Freund" von Arnold und wollte nichts tun ohne die Einwilligung oder Beteiligung des großen Mannes.

Und der große Mann? Charlotte Parker, Arnolds Pressesprecherin und der einzige offizielle Zugang zu ihm, erzählte mir, seine Kooperation wäre unwahrscheinlich. Ihre scharfe, schnelle Telefonstimme drückte es so aus: Dies ist kein Buch, das Arnold in Auftrag gegeben oder um das er gebeten hat. Außerdem hätte er keine echte Kontrolle über das Ergebnis, und es wäre auch nicht notwendigerweise der Platz, wo er zu seinem Leben Stellung nehmen wollte.

Aber wenn ich ihr ein Fax schickte, würde Charlotte das Projekt an Arnold herantragen. Und wenn ER sich nicht beteiligt, würde sie mir den Weg ebnen in Arnolds Umfeld aus Topregisseuren und Stars.

Die Regel in Tinseltown lautet: „Ein Fax" bedeutet drei oder vier Faxe. Die ersten paar gehen verloren, werden ignoriert oder man zündet dem Klienten damit die Zigarre an. Also erging eine ganze Armada gemarterter Zettel, auf denen ich meine aufrichtige und tiefgehende Faszination für Arnold erläuterte, von mir an Charlotte. Anfangs mit wenig Wirkung. Zur Hälfte meines 13-Tage-Aufenthalts in der Traumfabrik hatte ich weder die geplante Handvoll Interviewpartner, noch gar den Mann selbst.

Ein paar Monate später hatte ich auf eigene Faust so viele Interviewpartner gefunden, daß ich schon leichten Druck auf Arnies A-Team ausüben konnte. Aber damals im ersten Frühling ging Charlottes Standardtext am Telefon ungefähr so: „Nigel, ich versuche immer noch, Arnold zu überzeugen. Könnten Sie die Raumsprechanlage abschalten, Nigel? Davon bekomme ich Kopfschmerzen. Sehen Sie, wir sprechen hier von einem

‚Nein'. Arnold hat mir auf meine Anfrage schon ein Memo mit einem ‚Nein' geschrieben. Aber ich probiere es noch. Intuitiv, Nigel, habe ich das Gefühl, das könnte eine sehr erfreuliche Sache werden. Arnold sagt nicht: ‚Seht zu, daß wir ihn erledigen' oder: ‚Ich hasse ihn.' Nichts in der Art."

Immerhin wußte sie inzwischen meinen Namen. Aber die Tage vergingen, und laufend verfielen Zeugen ins Schweigen, nachdem sie sich mit Charlotte verständigt hatten.

Schließlich willigte die Lady, die eine frühere Verabredung zum Lunch abgesagt hatte, in ein Stelldichein an einem Freitagabend in der Hyatt-Bar ein. Das ist ein ehemals eleganter Raum, der über die Jahre immer mehr einer alptraumhaften Video-Arkade zu gleichen begonnen hat. An einer Wand stand eine Terminator-Maschine, von der Arnolds Gesicht hinter schwarzen Sonnenbrillen reglos auf das Gipfeltreffen wartete, das hier stattfinden sollte.

Oder nicht. Fünfzehn Minuten nach dem offiziellen Termin, und keine Spur von Charlotte. In der Bar läutet das Telefon. Charlotte ist noch im Büro, sie sagt, sie stellt gerade ein neues Memo an Arnold fertig. Aber sie kommt. Ich bestelle mir und meiner Mannschaft (ein Freund, eine Recherchekraft) eine weitere Runde Whisky Sour. Eine halbe Stunde und drei Budweiser zum Nachspülen später läutet neuerlich das Telefon. Charlotte ist weitschweifig mit ihren Entschuldigungen. Sie ist zum „falschen Hotel" gefahren. Sie hat das Hyatt mit dem Holiday Inn verwechselt. Sie ist dort herumgeirrt, sagt sie, und hat vergeblich Nigel Andrews ausrufen lassen. Jetzt zahle es sich nicht mehr aus, zum Hyatt herüberzukommen – sie ist sicher, ich werde das verstehen –, denn das Holiday Inn liege auf ihrem Heimweg.

Also hatte ich Charlotte noch immer nicht getroffen. Arnold mußte über einen anderen Weg erreicht werden. Ich holte meine brüchige, aber allwissende Karte von Los Angeles hervor und breitete sie auf dem Boden meines Zimmers aus. Ich fühlte mich wie Kirk Douglas in SPARTACUS beim Plan für seinen Marsch auf Rom. Wo und wie würde ich losschlagen?

Arnold, das wissen wir, besitzt ein Restaurant in Venice, California. Erzählt man sich nicht, daß er dort manchmal frühstückt, vor oder nach dem Fitneßtraining in seinem Lieblingsstudio nebenan?

Morgen ist Samstag. Er hat einen Tag frei von den Dreharbeiten zu JUNIOR, die diese Woche begonnen haben. Vorausgesetzt, Arnold war immer noch Arnold und würde sich nicht von seiner Frau Maria das Tablett ans Bett bringen lassen, könnte er ebensogut zu Schatzi (seinem Restaurant) fahren und vor dem Besuch in der Kraftkammer ein Müsli zu sich nehmen.

Ich schlief wie Spartacus. Ich stand im Morgengrauen auf wie Spartacus. Anders als

Spartacus stieg ich in einen gemieteten roten Toyota Corolla. Wenig später stand ich vor dem Innenhofeingang zu Schatzi und starrte hinein. An einem Tisch saß eine Gruppe mit vier Männern, die sich ernsthaft unterhielten. Ich erkannte unter ihnen den Filmemacher Paul Verhoeven. Er war Arnolds Regisseur in TOTAL RECALL, und den Branchenblättern zufolge würde er es bald wieder sein, in CRUSADE. Ich ging hinein, bestellte ein Frühstück und grübelte über die Taktik nach, mit der ich Mr. Verhoeven löchern könnte. Dazwischen warf ich noch einmal einen Blick auf den Vierertisch. Neben Verhoeven saß jemand, den ich zuvor nicht im Blick gehabt hatte. Es war ein großgebauter Mann mit leicht rötlichem Haar, einer mächtigen Kieferlinie und einer Zigarre. Er sprach anscheinend mit einem österreichischen Akzent.

Das Kind Arnold

„Es gab keinen Kühlschrank, keine Toilettenspülung, keinen Arzt – nur ein Radio."

Heimat

Eigentlich hätte er auf die Erde geschleudert werden müssen, in einem Blitz, nackt und leuchtend, ohne irgendeinen Ursprung außer dem von Gott gegebenen Auftrag, über die Erde zu stampfen und die Irrenden auf den rechten Weg zu führen und anderer Leute Schicksale zu reprogrammieren. Statt dessen wurde Arnold Alois Schwarzenegger in dem österreichischen Dorf Thal in den Morgenstunden des 30. Juli 1947 als Sohn von Gustav und Aurelia Schwarzenegger geboren. Von seinen Eltern erbte er „eine hervorragende Knochenstruktur und einen fast perfekten Stoffwechsel", merkte er dreißig Jahre später in einem schmalen autobiographischen Bändchen an. Außerdem fand sich dieser zukünftige Herkules in einem winzigen Dorf acht Kilometer außerhalb von Graz wieder. Das Dorf liegt inmitten ländlicher Schönheit – man erwartet jeden Moment, daß Julie Andrews über die grünen Hügel mit Kühen und Kastanienbäumen tänzelt –, aber ebenso bedeutsam ist das Fehlen von irgendeinem Luxus, wie er dreißig Jahre später in Hollywood auf Arnold warten sollte.

„Nirgends gab es ein Telefon außer im Dorfgasthaus, beim Pfarrer und auf der Polizeistation, wo mein Vater arbeitete", erinnerte sich Arnold. „Es gab nur einen einzigen Fernseher, im Dorfgasthaus."

Schwarzenegger senior war der Gendarmeriepostenkommandant vor Ort und ein früheres Mitglied der Nazipartei. Er trat im Juli 1938 der NSDAP bei, vier Monate nach dem Anschluß an Deutschland am 12. März. Wenn Gustav Schwarzenegger auch anscheinend freiwillig beitrat, war er doch bei weitem nicht einer der ersten – eine frühere Biographie von Arnold hatte diesen Eindruck erweckt. Zwischen 1934 und 1938 war es verboten, der Partei beizutreten, aber nicht weniger als 38.000 Österreicher machten dennoch diesen Schritt – sie waren die „Illegalen". Das Eintragungsdatum auf Gustavs Mitgliedsausweis (ich habe es gerade vor mir, mit seiner vom Stempel verwischten Mitgliedsnummer 8439?80) ist der 4. Juli 1938. Im Licht der späteren Karriere seines Sohnes und dessen eigener „Unabhängigkeitserklärung" wirken der Tag und der Monat heute auf eine beinahe ehrfurchtgebietende Weise symbolisch.

Glaubt man Arnolds späteren Beschreibungen und den Erinnerungen seiner Schulfreunde, dann war Gustav in jeder Hinsicht so, wie man es von einem Vater, Mentor, Polizisten und Nationalsozialisten erwarten darf. Er selbst stammte von Schlossern und Stahlarbeitern ab. Später legte er Arnold und seinem älteren Bruder Meinhard (geboren am 17. Juli 1946) disziplinarische Handschellen an, wo immer es ging. Er verlangte von ihnen, daß sie die Schnalle seines Uniformgürtels polierten. Er sorgte dafür, daß sie ihr eigenes Gewand sauber hielten. Anscheinend hatte er eine besondere Obsession bei Schuhen. Gustav entwickelte die Angewohnheit, Arnolds Schrank zu öffnen und sein Schuhzeug zu inspizieren: „Die schauen mir ein wenig dreckig aus. Vielleicht gehst du heute nicht mehr fort, Arnold?"

Und Gustav hatte immer eine Antwort, wenn sein Sohn in einer Verlegenheit war: „Setz dich zwei Stunden zu diesem Buch und lies." Als der Junge gern ein Fahrrad hätte: „Schau, daß du selber eines kriegst. Arbeite."

Und dann gab es noch die Aufsätze. Die Familie gönnte sich am Wochenende manchmal einen Besuch im Museum, in einer Ausstellung oder einen Ausflug. Am Montag, erzählt Arnold, „mußten wir dann einen Aufsatz schreiben über das, was wir erfahren hatten. Ein ziemlicher Spaß, oder? Ich haßte Musik, weil er (Gustav) ein Musiker war und sechs Instrumente spielte. Ich haßte Kunst und Antiquitäten, wegen der Aufsätze."

Es war nicht so, daß Gustav die zehnseitigen Auftragsarbeiten einfach überflogen hätte und mit einem „minus 2, es geht besser" angespornt hätte. „Er pflegte sie mit einem roten Stift zu verbessern und machte überall seine Bemerkungen. ‚Dieser Satz ist sinnlos. Dieser Satz stimmt nicht; wir sind dort nicht gewesen. Wir haben diese Ausstellung nicht gesehen. Du hast einen Rechtschreibfehler gemacht; schreib dieses Wort fünfzigmal.'" Wenn er mit einem Aufsatz zufrieden war, sagte er höchstens einmal: „Nicht schlecht."

In dieser straff geführten römisch-katholischen Familie, die jeden Sonntag die Messe besuchte und jede Woche religiösen Unterricht hatte, war Gehorsam den Eltern gegenüber ein wichtiges Gebot. Von Gustav konnte man keine emotionale Verhätschelung erwarten. „Er hatte nicht die Geduld, zuzuhören und deine Probleme zu verstehen", erzählt Arnold. „Es gab eine richtige Wand. Er hat sie aufgebaut."

Arnolds Freunde aus Kindertagen erinnern sich, daß er immer der einzige Junge war, der bei ihren Unternehmungen – wenn sie ins Kino gingen, im Thalersee badeten oder in den Schloßruinen gegenüber dem Haus der Schwarzeneggers Ritter spielten – unwiderruflich zu einer bestimmten Zeit zu Hause sein mußte.

„Er mußte tun, was sein Vater sagte", erzählt der Schulkollege Josef Heinzel. „Es war ihm nie erlaubt, zurückzureden. Und er mußte sehr höflich und korrekt mit Nachbarn und Freunden umgehen. Im Bus durfte er nicht sitzen, wenn ein Erwachsener stand."

Gustav hielt sich für einen Athleten und war ein Amateurmeister bei den Eisschützen. Also wurden Arnold und Meinhard von Kindesbeinen an sportliche Aktivitäten eingepaukt. Beide waren auf dem Fußballplatz; beide zogen sich Boxhandschuhe an und schlugen aufeinander oder auf Schulfreunde ein; und Arnold hatte noch nicht die Pubertät erreicht, da war er schon Speerwerfer, Schütze, und er folgte seinem Vater auf die Eisbahn. (Später wurde er Jugendmeister.)

Arnold besuchte die Hans-Gross-Schule in Thal und später die Fröbel-Schule in Graz. Was die Leistungen anlangt, war er durchschnittlich; aber er fiel auf, weil er laut und gut gelaunt war. „Lustig" ist das Lieblingswort, mit dem ihn seine Altersgenossen beschreiben.

Wie übermütig Arnold war, schien vom Grad der Nähe seines Bruders abzuhängen. Über Meinhard herrscht eine respekteinflößende Einstimmigkeit unter denen, die ihn kannten. „Ein Sadist, ein Dieb, ein brutaler Kerl", sagt ein früherer Schulkollege unter sichtbarem Schaudern. Meinhard fand ein Vergnügen darin, andere Jungen bei „Schein"kämpfen zu verletzen, und manchmal, wenn die beiden zusammen waren, brachte er kämpferische Qualitäten bei Arnold zum Vorschein.

Später wurde Meinhard von der Schule verwiesen und in eine sogenannte Besserungsanstalt geschickt.

Gustav hatte seine liebe Not mit dem Betragen der Söhne. Arnold erinnert sich, wie ihn sein Vater auch nach kleineren Fehlverhalten in der Schule mit einem „Du hast ordentlich Scheiße gemacht" und mit kräftigen Hieben „auf die Wange oder den Arsch" begrüßte. Bei besonders abscheulichen Verbrechen wurde der väterliche Gürtel abgenommen und zur Anwendung gebracht.

Auf der anderen Seite hatte auch der Gendarmeriekommandant seine eigenen Fluchtwelten, in denen er sich Linderung verschaffte, wenn er von einem Leben aus Schuld und Sühne daheim wie im Beruf unter Hochdruck stand. Die eine war der Alkohol: An manchen Tagen trank er ausdauernd von Mittag an und wurde dann abends betrunken aus dem Wirtshaus nach Hause gebracht. Leute aus dem Dorf bestätigen (häufig mit einer geläufigen, bedeutsamen Handbewegung), daß er ein ständiger Säufer war. Zugleich war aber kaum eine Verschlimmerung seiner Verhaltensweisen und Stimmungen zu erkennen, bevor er den Kollaps erreicht hatte.

Gustavs andere Zuflucht war Musik. Die einzige Gelegenheit, bei der man ihn öffentlich heiter oder euphorisch erleben konnte, war, wenn er seiner Blasmusik nachging.

Als geübter Flügelhornist leitete er die Grazer Gendarmerie-Band, zu deren Gründungsmitgliedern er zählte und an deren zweimal pro Woche stattfindenden Proben er 34 Jahre lang teilnahm (1938-72). Seine Leidenschaft war die Militärmusik. Bilder zeigen einen dürren, ausgetrockneten Mann, der seine kleine Musikerinfanterie über den Marktplatz führt. Ausgestattet mit Schärpe, Kappe und Uniform, ragt er mindestens einen Kopf, wenn nicht mehr, über alle anderen drüber.

Anscheinend war Gustav für seinen Sohn eine bezwingende Figur. In einem Interview für den Promotion-Film CHAMPIONS (1990) vermag Arnold kaum, dieses Thema fallenzulassen. Da sieht man den Schauspieler in einem blutbespritzten T-Shirt am Set von TOTAL RECALL. Er fuchtelt mit einer Zigarre herum und überschüttet den Interviewer mit Erinnerungen an „Stalag Thal". „Dizziplin" – das Wort bekommt eine extreme Schärfe durch Arnolds Akzent – ist das zentrale Konzept. „Wir hatten immer eine Art militärische Umgebung zu Hause", erzählt Arnold. Aber seine Erinnerung an Gustav hängt anscheinend davon ab, was der Interviewer hören möchte. Für den CHAMPIONS-Film waren Vaters „dizziplinarische" Methoden eine normale Tatsache: „So wurde man damals erzogen." Für die jungen Leser eines seiner Fitneßbücher klingt das so: „Mein Vater spielte Fußball mit mir. Wir fuhren Schlitten. Ich hatte eine phantastische Erziehung." Einer Interviewerin, die ihm erzählt, eines ihrer Kinder hätte Alpträume, antwortet er: „Ich erinnere mich: Ich hatte auch Alpträume, und niemand tröstete mich. Sie ließen mich einfach weinen." Und bei einem Interview im Jahr 1988 mit Joan Goodman vom PLAYBOY durchsetzt Arnold seine Erinnerung an das Aufsatzregime mit einer Endegut-Alles-gut-Philosophie: „Ich hielt alles für falsch, was mein Vater gesagt hat. Aber dann wird man 25 oder 30 Jahre, denkt zurück und sagt sich: ‚Verdammt, es ist nicht zu glauben. Alles, was ich jetzt schätze, hat mein Vater mir schon vorgegeben.'"

Wo war eigentlich seine Mutter bei alldem? Sie tat, was die meisten Mütter tun: Sie sorgte für die Liebe, während der Vater für die Lektionen sorgte. Aurelia Schwarzenegger, geborene Jadrny, traf Gustav nach Kriegsende und heiratete ihn am 20. Oktober 1945. Auf Familienfotos ist eine freundliche, unsicher blickende Frau mit leicht vorstehenden Zähnen zu sehen. Deutlich trägt sie Arnolds Wangenknochen und sein breites Lächeln. Er bezeichnet sie als eine der besten Mütter, die ein Junge haben könnte. Man konnte vom Fußboden essen, erinnert er sich. Die Handtücher waren alle perfekt zusammengelegt.

Sie war auch der Elternteil, der ihm zuhörte, wenn er von sich und seinen Problemen erzählte. Sie ging nicht so schnell an die Decke, wenn Arnold seine Streiche beichtete. Später, als er mit dem Bodybuilding begann, verteidigte sie die seltsame Liebhaberei gegen die Entrüstung des Vaters.

Aurelia konnte aber auch ihre eigenen Gesetze erlassen. Sie entwarf einen „Tagesplan" für Arnold und seinen Bruder, mit genauen Zeiten für das Spielen und die Arbeit. Und sie hielt sehr viel auf die Gesundheit und das Wohlergehen der Jungen. Arnold erinnert sich an die Härten in den kargen Jahren nach dem Zweiten Weltkrieg. Obwohl sie als Teilzeitkraft im Dorfgasthaus arbeitete, mußte „sie mit uns zu den Bauern gehen, bis sie genug Essen, Zucker und anderes Zeug beisammen hatte. Ich habe von meinen Eltern nur ein Heim und Liebe bekommen. Wir haben keinen Fernseher gehabt, als ich aufwuchs. Es gab kein Telefon, kein Badezimmer in der Art, wie man es heute kennt." Und keinen Kühlschrank – bis eines Tages in den späten fünfziger Jahren einer eintraf, zum stillen und entzückten Erstaunen der Schwarzenegger-Familie. „Ich erinnere mich, wir standen alle darum herum in der Küche und starrten ihn an. Dann machte ihn meine Mutter auf, und wir streckten alle unsere Hand hinein – es war kalt, und wir flippten alle aus, als wäre dies die seltsamste Sache, die es gibt."

Ärzte waren auch ein Luxus. „Wenn ich mitten in der Nacht krank wurde, nahmen mich der Vater oder die Mutter auf die Schulter und marschierten über einen hohen Berg zwei Stunden lang in die Landeshauptstadt, nach Graz."

Ist es bei so einem guten Beispiel von Eltern ein Wunder, daß Arnold nicht gerade zartbesaitet heranwuchs? Der Vorteil einer muskulösen Erziehung ist, daß das Lob und die Anerkennung der Eltern um so befriedigender ist, wenn es einmal Grund dazu gibt. Jahre später, als der Junge seine erste Gewichthebertrophäe nach Hause brachte, war Aurelia die erste, die vom Widerschein des Ruhms in Begeisterung versetzt wurde. Sie nahm sie und rannte von einem Haus zum nächsten in Thal und zeigte den Nachbarn, was er erreicht hatte.

Bei anderer Gelegenheit erinnert sich Arnold, daß es eher Gustav war. Wie auch immer, jemand mit Elternstatus lief durch den Ort, schwenkte ein glänzendes Objekt und schrie: „Mein Sohn, der Champion, der Bodybuilder."

Thal-Geschichten

Ist die kleine Widersprüchlichkeit von Belang? Vielleicht nicht. Aber vielleicht ist sie der erste Beleg für das Syndrom der „wahren Mythen".

Man liest über Geburt und Kindheit einer berühmten Person, weil sie bedeutsam sind; oder man liest das Bedeutsame hinein, wie es jeder Fan, Student oder Biograph der späteren Jahre macht. Diese „Lektüre" wird eine Art retrospektiver Entwurf für ein Leben. „Er fiel auf den Kopf, als er ein Kind war. Also wurde er Galileo." „Als sie drei Jahre alt war, hat man ihr die Puppe weggenommen. Deswegen wurde sie Louisa May Alcott." Der Versuch, diese Ursachen und Wirkungen zusammenzufügen, provoziert eine wichtige Frage. Wer erbringt den Beweis für die unterstellten prägenden Erfahrungen? In vielen Fällen, in denen die Person sich an Augenblicke erinnert, in denen sie allein war, oder wenn dem Biographen keine anderen Zeugen in die Fangnetze gegangen sind, ist es die berühmte Persönlichkeit selbst. Es gibt keinen zuverlässigeren Weg, das eigene Leben in eine Legende zu verwandeln, als die Geschichten über die eigene Vergangenheit selbst zu erfinden, zu kontrollieren – oder sie zumindest aus einer UNSCHULDIG undeutlichen Erinnerung heraus neu zu formen.

Arnold Schwarzenegger ist einer der großen Medien-Magier dieses Jahrhunderts. Die Welt liebt seine Erzählungen, auch wenn sie nach etwas klingen, was Huck Finn „Flunkereien" genannt hat. Es ist ein kleiner Schnitzer, wenn man die Geschichte mit der Trophäe zweimal erzählt, und es bleibt ein Widerspruch, welcher Elternteil beteiligt war. Aber es hinterläßt ein Fragezeichen im Bewußtsein des Biographen. Ähnlich ist es mit der Geschichte von den Huckepackmärschen zum Arzt. Ein früherer Schulfreund von Arnold erzählt, daß es im Fall einer nächtlichen Krankheit üblich war, den nächsten Arzt zu rufen. Er lebte westlich von Graz, und man erreichte ihn vom Telefon im Gasthaus aus. Haben sich Arnolds Eltern also tatsächlich über diesen Berg geschleppt – oder wünscht sich Arnold nur eine sehr irdische Wirklichkeit in eine etwas klingendere Tonart zurecht? Man werfe noch einmal einen Blick auf die Anmerkungen seines Vaters zu den Aufsätzen. Das sind nicht einfach routiniert rot angestrichene Grammatik- und Rechtschreibfehler, sondern: „Dieser Satz stimmt nicht; dort sind wir nicht gewesen. Wir haben diese Ausstellung nicht gesehen . . ."

Eine von Arnolds Lieblingsgeschichten aus seiner Kindheit ist gerade wegen ihrer mythenbildenden Qualität faszinierend. Der junge Schwarzenegger verliebte sich anscheinend heiß in Vaters Uniform.

> *„Ich erinnere mich, wie ich mich als Bub mit dieser Uniform verkleidet habe. Ich war ein kleines Kind, stand auf dem Sessel, und die Jacke hing wie ein Regenmantel hinunter bis zu meinen Zehen. Ich trug seinen Hut, der mir bis zur Nase ins Gesicht hing. Ich habe mich immer mit seiner Uniform verkleidet. Ich war verliebt in die Uniform. Aber ich wollte kein Polizist werden."*

Bei anderer Gelegenheit hat Arnold aber erzählt, er „wollte zum Militär oder zur Polizei oder zur Gendarmerie, der Landpolizei . . . Das war mein erster Traum." Diese Geschichte findet sich in zwei großen Interviews und als Anspielung in einigen anderen, manchmal mit, manchmal ohne den Einschub über seinen jugendlichen Ehrgeiz. In jedem Fall liefert sie denen Material, die Arnold verschmähen; denen, die ernst auf TERMINATOR oder PHANTOM-KOMMANDO oder DER CITY-HAI starren und glauben, der Filmheld Schwarzenegger wäre das letzte Hohnlachen des rechten Totalitarismus über einen Westen, der diesen Alptraum vermeintlich vor fünfzig Jahren aus seinem System getilgt hat.

Ich schließe mich dieser Meinung nicht an, aber ich hege die Vermutung, daß diese kleine Episode (die Verkleidungspiele eines Jungen) von Arnold selbst in ein prägendes Erlebnis verwandelt wurden. Es ist eine scherzhafte Konzession an jene Haßliebe-Kommentatoren, die ihn als Mr. Übermensch zur Ikone oder zum Dämon machen. Die vage Andeutung, mit der er frühe Berufungserlebnisse untermauert (wollte er nun ein Polizist werden oder nicht?), ist Teil eines allgemeinen Prozesses, in dem sich Erinnerung aufbläht bis zur Etablierung von Mythen. Denn Arnold bleibt auch ungenau, was die physische Logistik bei der Anprobe von Vaters Uniform anlangt. Einerseits war sie so groß, daß er sie nur tragen konnte, wenn er auf einem Sessel stand. Andererseits „rannte ich immer damit herum". Entweder widerspricht er sich hier selbst, oder man kann von einem chronischen Verkleidungsverhalten sprechen, das Arnold über mehrere Jugendjahre hinweg beibehalten hat.

Die Biographin Wendy Leigh hat an diesen Anhaltspunkten für eine psychologische Kindheitsdiagnose ihre helle Freude. Arnold „versuchte, die Angst vor seinem Vater zu überwinden, indem er sich verkleidete . . . und so tat, als WÄRE er sein Vater. Als er älter wurde, trieb ihn die unerwiderte Liebe zum Vater nicht nur dazu, die Uniform anzuziehen, sondern auch seine Handlungen zu imitieren. Gustav hatte ihm beigebracht, eher zu hassen und zu demütigen als zu lieben. Gustav hatte ihn terrorisiert; jetzt begann Arnold, angestiftet von seinem Bruder, damit, andere Leute zu terrorisieren."

Wenn Arnolds Story nur ein Köder für die Biographen ist, dann hat er einen prächtigen Fang gemacht. Für Leigh paßt die Sache mit der Uniform gut zu den jugendlichen Vergehen und nimmt auch schon den späteren Arnold vorweg, den sie so zeichnet: ein gewalttätiges Image auf der Leinwand und ein rücksichtsloser Ehrgeiz. Für mich hat diese ganze Verkleidungsepisode ein Element von Spielerei, ob sie nun stimmt oder nicht. In jedem Fall probiert Arnold, der zukünftige Darsteller, ein Image „an". Und was könnte effektvoller sein (und mehr eine sympathische Simulation von Stärke und Macht als eine praktische und bedrohliche Anwendung dieser Eigenschaften) als die erste Beschäftigung, die er sich wählt? Bodybuilding.

Arnold beginnt das Bauwerk

„Ich fühlte mich wie Leonardo da Vinci. Ich war ein Bildhauer, meine Skulptur war der Körper."

Bodybuilding

Es gibt ein paar verschiedene Versionen darüber, wie Arnold zum Bodybuilding kam. Nicht wenige stammen von ihm selbst. Eine besonders malerische Geschichte findet sich in seinem Buch ARNOLD'S FITNESS FOR KIDS, AGES BIRTH TO FIVE. Im Alter von 14 Jahren, erzählt er, war er gern mit Freunden am Dorfsee. Sie spielten Fangen am Seeufer, schwammen um die Wette und tauchten auf den Seegrund, um Schlamm für Schlammschlachten heraufzuholen. Immer häufiger beobachtete Arnold, daß die älteren Jungen mit Gewichten trainierten und Übungen machten. Er erinnert sich, wie er sie anstarrte und sich dachte, „wie wunderbar es sein muß, wenn man so einen Körper hat wie sie". Bald bat er, ihn mitmachen zu lassen; er wollte es auf mehr „Klappmesser" bringen als jeder einzelne von ihnen.

Die bekanntere Geschichte, ebenfalls aus seinem eigenen Mund, erzählt davon, daß er im Rahmen des Fußballtrainings mit Gewichten zu arbeiten begann. Sein Coach war der Meinung, daß eine Stunde Gewichtheben in der Woche eine gute Konditionsübung für Fußballspieler wäre.

In einer anderen Version war er im Turnsaal der Schule und sah eine Zeitschrift mit Fotos des Mr. Universe. „Ich war fasziniert. Ich begriff, daß das eine Chance war, anders zu sein."

Von diesen Stories, die in dem Mythenmixer von Arnolds Kopf herumwirbeln, könnte keine ebensogut zutreffen wie eine oder alle. Aber wie auch immer sich dem Jungen die Tür zu seiner ersten Berufung öffnete, es kann kein Zweifel herrschen über das Damaskuslicht im Inneren. An seinen ersten Besuch im Bodybuildingstudio erinnert er sich gut, vor allem an den glänzenden Schweiß der Gewichtheber und an ihren mächtigen herkulischen Anblick. Hier war es – „mein Leben, die Antwort, die ich gesucht hatte".

Bald verbreitete sich die selbstbezogene Mystik des Bodybuilding wie ein Virus durch Arnolds Körper. Für ihn war es eine Flucht vor den Team-Sportarten: „Es mißfiel mir, wenn wir ein Spiel gewannen, und ich bekam keine persönliche Anerkennung." So begann eine Liebesgeschichte mit dem eigenen Körper und seiner Macht, ihn zu formen.

„Am schlimmsten ist es für mich, wenn ich wie alle anderen bin. Deswegen begann ich überhaupt mit dem Bodybuilding. Es war die Idee, persönlich das Risiko zu tragen und nicht als ein ganzes Team."

Entsprechend zielstrebig tat Arnold die erschrockenen Bedenken seiner Eltern ab.

Aurelia: „Warum, Arnold? Warum willst du dir das antun?"

Gustav: „Was willst du tun mit all diesen Muskeln, wenn du sie einmal hast?"

Arnold: „Ich möchte der bestgebaute Mann auf der Welt sein. Und dann möchte ich nach Amerika gehen und in Filmen spielen."

Gustav: „Ich glaube, wir gehen besser zum Doktor mit ihm. Er ist verrückt."

Aber nachdem Arnolds Körper mit jeder Minute anschwoll, waren Huckepackmärsche über den Berg nach Graz eine ganz neue Aufgabe. Und wenn der Bursche auch verrückt schien, wirkte er doch sehr klar in seinem Denken und in seinen Zielen. Andere Eisenpumper trainierten zwei- oder dreimal die Woche, Arnold täglich. Andere packten vor dem Abendessen ihre Sachen zusammen, Arnold blieb gewöhnlich bis zehn Uhr abends in dem Grazer Studio. Nach seiner ersten Übungseinheit wollte er nach Hause fahren und fiel vom Fahrrad. „Ich war so schwach, ich konnte meine Hände nicht mehr am Lenkrad halten", schreibt er in seiner Autobiographie. „Ich hatte kein Gefühl in den Beinen; sie waren wie Nudeln. Ich war benommen, der ganze Körper surrte."

Arnolds Jugendtrainer war Kurt Marnul. Der regierende Mr. Austria und zukünftige Mr. Europe des Jahres 1965 hatte die Athletik Union Graz in den späten fünfziger Jahren gegründet. Es war das einzige Fitneßstudio der Stadt, untergebracht unter einer Betontribüne im Fußballstadion. Marnul hatte nach den Abbildungen, die er in amerikanischen Bodybuildingmagazinen gesehen hatte, seine eigenen Gewichtsmaschinen konstruiert.

Marnul traf Arnold 1961 am Thalersee. Sie wurden einander von einem gemeinsamen Freund, einem Lehrer, vorgestellt. Zuerst sah der neue Mentor in Arnolds älterem Bruder Meinhard ein größeres Versprechen. „Arnold war groß, aber dünn", erinnert er sich. „Meinhard sah viel mehr wie ein potentieller Bodybuilder aus." Meinhard hatte aber weder Disziplin noch Fleiß, während sein Bruder über beide Qualitäten verfügte.

„Am ersten Tag, an dem Arnold trainierte", erinnert sich Marnul, „sagte er: ‚Ich werde Mr. Universe.' Er trainierte sechs, manchmal sieben Tage die Woche, ungefähr drei Stunden täglich. Innerhalb von drei, vier Jahren nahm er zwanzig Kilo reine Muskelmasse zu." Das Grazer Studio war an Sonntagen geschlossen, erzählt Marnul, aber Arnold stieg durch ein Fenster ein. Gewöhnlich versäumte er den letzten Bus nach Hause, dann ging er zu Fuß oder sein Trainer nahm ihn auf dem Motorrad mit.

Daheim war es die Mutter, die dem neuen Steckenpferd des Buben weniger skeptisch gegenüberstand. „Sie sagte, es ist besser, wenn er drei Stunden am Tag trainiert, als in

Bars oder Gasthäusern herumzuhängen, zu rauchen oder Drogen zu nehmen oder mit Frauen zusammenzusein", erzählt Marnul. Aus ihrem Verständnis entstand ein verschwörerischer Stundenplan.

„Nach den Hausaufgaben für die Schule, wenn er dachte, daß der Vater schlief", erinnert sich Aurelia, „fuhr Arnold per Autostopp zum Fußballstadion." Nach ein paar Stunden Beugen und Strecken kam er heim, „am frühen Morgen stand er wieder auf, und ein Panzer nahm ihn mit zur Schule. Es war ein amerikanischer Panzer. Die Amerikaner waren immer noch als Besatzer in Österreich, und Arnold verstand sich sehr gut mit den Soldaten." (Der amerikanische Panzer muß ein Ausreißer gewesen sein, denn die Gegend war zu der Zeit unter britischer Besatzung.)

Marnul war in diesen frühen Gewichtheberjahren verblüfft über den Eifer und den Fortschritt seines Schülers. Es gab auch frühe Anzeichen, daß Arnold ein ausgezeichneter Taktiker war. Die einzige Schwäche, an die sich Marnul erinnern kann, war sein Bauch. „Normalerweise zeigen sich an dieser Stelle drei Muskeln, aber Arnold hatte nur zwei. Soviel er auch trainierte, diesen dritten Muskel hat er nie bekommen, deswegen stand er meistens so, wenn er posierte." Und Marnul zeigt, wie ein Arm in schützender Haltung über den Bauch gelegt wird.

Um das Anschwellen des Körpers voranzutreiben, machte Marnul Arnold mit Steroiden vertraut, die damals noch legal waren. In den frühen sechziger Jahren „gab es keinen Gewichtheber auf der Welt, der sie nicht nahm", meint der Trainer. „Man konnte sie auf Rezept vom Arzt bekommen. Arnold hat sie immer unter meiner Aufsicht genommen."

Marnul behauptet, er hätte sein Wissen um die Steroide von dem legendären Bodybuilder Steve Reeves. Dieser Name bringt uns zu einem anderen wichtigen Einfluß auf Arnold: die Bilderwelt, die ihn inspirierte; die Fotografien in den Magazinen und im Kino.

Arbeit am Mythos

Arnold hatte Steve Reeves auf der Leinwand gesehen, und welcher Körperfetischist fühlt sich nach dieser Erfahrung nicht wie verwandelt? Reeves, ein ehemaliger Mr. Universe, war ein bronzener Halbgott, der in den fünfziger und frühen sechziger Jahren durch ein Dutzend italienischer Muskelepen stolzierte, die mit halboriginellen Titeln aufwarteten (Herkules und die Königin der Amazonen; Herkules, der Schrecken der Hunnen; Die letzten Tage von Pompeji) und mit halbfertigen Geschichten aus mythologischen und historischen Versatzstücken. Es gab Helden, Götter und andere mythische Wesen, dazu spärlich bekleidete Mädchen. Die Filme liefen auf der ganzen Welt, nachdem sie es dank einer List des unabhängigen Produzenten und Verleihers Joseph E. Levine zuerst einmal auf dem amerikanischen Markt geschafft hatten. Levine schnitt die besten Momente aus dem ersten Steve-Reeves-Film, den er kaufte, zu einem marktschreierischen „Trailer" zusammen. Alle gingen mit der Erwartung in den Film, ein Actionmeisterwerk zu sehen. Als sie bemerkten, daß es nur das schon Bekannte plus ein paar Längen zu sehen gab, war das Geld schon in der Kasse und Reeves' Name in aller Munde.

Arnold hatte auch den aus Großbritannien stammenden Muskelchampion Reg Park gesehen. Wie Reeves war Park ein früherer Mr. Universe; er hatte den Titel in den Jahren 1951 und 1958 gewonnen und gewann ihn 1965 noch einmal. Wie Reeves ließ auch er Brustmuskeln und Bizeps in einer Reihe von italienischen Billigepen spielen, aber erst in den sechziger Jahren in Filmen wie HERKULES EROBERT ATLANTIS.

„Reg Park sah so großartig aus als Herkules, daß ich wie versteinert war", schrieb Arnold in seiner EDUCATION OF A BODYBUILDER. Als er damals im Kino saß, schreibt er, wußte er, daß er seine eigene Zukunft sah. Seine Freunde verehrten Reeves, aber Arnold imponierte der rauhe, animalische Reg Park mehr. Er war sich bewußt, daß er nicht auf Eleganz getrimmt war. Er wollte massiv sein. Es war wie der Unterschied „zwischen Eau de Cologne und Schweiß".

Mit ihren Hi-Fi-verstärkten Wunschbildern nährten die Filme Arnolds jugendliche Phantasien. „Im Alter von zehn, zwölf oder fünfzehn Jahren ging ich nur in Filme mit Jugendverbot. Alle anderen habe ich verweigert. Wer will schon sehen, wie sich Leute unterhalten und es sich gutgehen lassen? Ich wollte Gewalt sehen und Hokuspokus."

Mit seinen Freunden schlich er sich ohne Erlaubnis in diese Filme. „Ich mußte hinten hineingehen, wenn sich die Ausgangstüren öffneten", erzählt Arnold. Josef Heinzel, der oft mit Arnold ins Kino ging, kann sich an diesen Trick nicht erinnern, sondern daran, daß „sich der Kinobetreiber blind stellte".

Aber auch als Arnold schon alt genug war, um rechtmäßig in einen Film zu gehen, war auf Gustav Verlaß: Durch ihn blieb das Kino weiterhin eine verbotene Frucht. „Immer wenn mein Vater sagte: ‚Diesen Film wirst du dir nicht anschauen', bin ich zweimal so schnell hingelaufen. Die Verbote meines Vaters waren eine gute Orientierung, wie sehr mir ein Film gefallen würde." Das ganze Blut und Getöse hinter dem Rücken des Vaters „setzte eine Art Sehnsucht nach Gewalt in mir frei. Ich konnte es in meiner Phantasie zulassen, weil ich es auf der Leinwand sah."

Aber es war mehr als nur Liebe zur Gewalt. Die Filme, die Arnold gefielen (auch wenn sie eine sehr gemischte kulturelle Herkunft hatten, zum Beispiel italienische Epen über das antike Griechenland mit einem englischen Star, der in Südafrika lebte, wie es bei Park der Fall war), legten ihm vor allem ein Wort nahe: „Hollywood." Und Hollywood war seinerseits das mythische Zentrum eines anderen gesegneten Königreichs: Amerika. „Alles was ich als Kind wollte, war amerikanisch. Alles Österreichische war mir verleidet – die klassische Musik und die Museen. Ich haßte diese alte Scheiße."

In Amerika war alles nicht nur neu, es war auch groß. Die Kultur der Größe, der sich Arnold mit dem eigenen Körper verschrieb, existierte dort drüben – spirituell wie landschaftlich. Er sah Filmdokumentationen über New York, Chicago und Kalifornien: turmhohe Städte, unendliche Weiten.

„Ich liebte die riesigen Autos, 57er Cadillacs mit ihrem großzügig geschwungenen Design, die Autobahnen, die ganze Idee von Amerika. Meine Freunde träumten von einem Staatsposten, damit sie eine Pension bekämen und dieses ganze Zeug. Ich redete währenddessen von den großen Sachen."

Aber wieviel hat er tatsächlich geäußert? Zwei Schulfreunde, Brigitte Verschink und Josef Heinzel, glauben sich zu erinnern, daß Arnold von seinen amerikanischen Träumen erzählte, seit er vierzehn war. Arnold selbst sagt, er hätte NICHT viel über seine Ziele und Absichten geredet. „Sie hielten mich für vollkommen verrückt. ‚Was soll das Gerede von Hollywood und den Filmen? Mit ihm wird es noch einmal schlimm enden.' So behielt ich alles für mich."

Arnolds Freunde machten sich zu diesem Zeitpunkt schon lustig über ihn wegen seiner Bodybuildingobsession und „zeigten ihm den Vogel", wie man in Österreich sagt, wenn man jemand für verrückt hält. Aber Arnold war es egal, wenn er lächerlich wirkte. Er unterhielt seine Freunde mit Juxdemonstrationen seines Bizepsumfangs und posierte für Muskelfotos, die dann in ihren Alben endeten.

Die Geschichte vom Filmruhm war eher dazu angetan, seine Glaubwürdigkeit zu untergraben. Noch nie hatte es ein Sportler (schon gar nicht ein jugendliches Muskelwunder aus Mitteleuropa) geschafft, ein großer Filmstar zu werden. Allerdings behauptet Arnold, er hätte den Mann leibhaftig gesehen, der dieser Idee am nächsten kam: Bevor er noch jemals ein Gewicht gestemmt hatte, bevor er jemals einen Reg-Park- oder Steve-Reeves-Film gesehen hatte, so erinnert er sich, hatte man ihn einmal nach Graz mitgenommen, um Johnny Weissmüller zu sehen. Der Olympiasieger im Schwimmen und nachmalige Hollywood-Tarzan eröffnete ein neues Schwimmbad.

Wir können uns den Jungen dort vorstellen und auch die Cartoon-Sprechblase, die spätere Arnographen, verzückt von dieser Ansicht, dazu zeichnen würden: „Wenn DIESER Haufen (...) Muskeln die Filmwelt erobern kann, und sich dabei von einem handgestrickten Abenteuerdrehbuch zum nächsten schwingt, dann kann ich das auch."

Die Hallen von Hollywood waren das ultimative Pantheon. Dort drüben verbrachte die eine Sorte Superheld, der muskelbepackte Filmstar, sein Leben damit, daß er eine noch größere Sorte spielte: die mythische oder antike Figur. Die Arbeit an einem großartigen Körper konnte also eine prächtige Metapher – oder eine Kostümprobe – sein für den Aufbau eines großartigen Lebens oder eines Mythos. Er war immer beeindruckt gewesen von Geschichten über Größe und Macht. „Cäsar, Karl der Große, Napoleon waren Namen, die ich kannte und behielt." Er wollte etwas Besonderes tun, als der Beste anerkannt werden.

Für die Erfindung der Legende von Arnold – wie der Superkörper zur Superkarriere führte – war es zentral, daß die Geschichte vom ERWERB dieses Körpers die beste ihrer Art war. Und so wird die Erzählung von Arnolds Training, die er über die Jahre und Jahrzehnte immer besser ausfeilt, zu einer mittelalterlichen Erprobung durch die vier Elemente, etwas aus den IDYLLS OF THE KING nach Art der ZAUBERFLÖTE.

EIS! Er erinnert sich an die Gewichtsstöße spät am Abend im ungeheizten Grazer Fitneßstudio, als sich die Finger an den eiskalten Stangen festkrallten und sich dabei die Haut ablöste. LUFT! Der Wind bläst durch die Fugen in den Wänden und im Dach. FEUER! Der glühende Schmerz in seinen angespannten Muskeln. ERDE! Das Stampfen seiner Füße auf dem Boden während seines zweistündigen Heimwegs durch den Schnee nach Thal.

Bald wird die Beschäftigung mit den Mysterien des Bodybuildings so intensiv (sie erfordert Zeit und Leidenschaft), daß er die Arbeit mit nach Hause nimmt. Gustav, der die in den Mythen heilige Rolle des verbietenden Vaters spielt, hat Arnold untersagt, mehr als dreimal in der Woche nach Graz zu fahren. Arnold umgeht die Ausgangssperre, indem er seine eigene Trainingsausrüstung nach Hause bringt. Das Haus war gebaut wie ein Schloß, berichtet er. Die Böden waren solid, die Mauern gut eineinhalb Meter dick.

Zufällige Passanten wären beim Anblick der Adresse Thal-Linak 145 überrascht gewesen, wenn ihnen jemand erzählt hätte, daß es drinnen wie in Neuschwanstein aussah. Aber hier pumpte, stieß, zog und transpirierte Arnold. Er war INspiriert von den Fotos seiner Helden, die an der Wand hingen: glitzernde Männertorsos, die gegen Natur und Schwerkraft arbeiteten; Pin-Up-Übermenschen, die er aus importierten Körperkult-Käseblättern wie MUSCLE BUILDER oder MR AMERICA herausgerissen hatte.

Diese Fotos wurden auch kommentiert. Herr und Frau Schwarzenegger sahen sie. Dann warfen sie einen Blick in Arnolds leeren Terminkalender, in dem keine Verabredungen eingetragen waren. Sie überlegten, warum Arnold soviel Zeit vor dem Spiegel verbrachte. Und klagten: „Alle anderen Jungen hängen sich PLAYBOY-Fotos auf, nackte Mädchen. Und du hängst nackte Männer an die Wand."

Glaubt man Arnold, dann WAR er interessiert an Mädchen, aber nicht so sicher, ob sie an ihm interessiert waren – genauer: an seinem unglaublichen, immer kraftstrotzenderen Körper. „Es gab einige, die davon wie betäubt waren, und einige, die ihn abstoßend fanden." In seiner EDUCATION OF A BODYBUILDER behauptet Arnold, daß eine aus der zweiten Gruppe, Herta, auf seiner romantischen Hitliste stand. Schließlich nahm er sich ein Herz und bat sie um ein Rendezvous. „In einer Million Jahren würde ich nicht mit dir gehen", war die Antwort. „Du bist in dich selbst verliebt, in deinen eigenen Körper. Du stehst die ganze Zeit vor dem Spiegel und schaust dich selbst an."

Ein anderes Mädchen allerdings, eine inzwischen erwachsene und wie Brigitte Verschink verheiratete Schulfreundin, erinnert sich, wie ihr Arnold den Hof machte, ganz nach rücksichtsvoller alter Kavaliersschule, im Bus und beim Einkaufen.

Arnolds männliche Exschulfreunde können sich nicht entsinnen, daß Arnold irgendwann Zeit für Mädchen hatte. „Sport war ihm wichtiger", sagen sie. Er selbst erklärt: „Ich habe mir keine Herzenssachen erlaubt, oder besser: Ich konnte es mir nicht leisten, beim harten Training oder vor einem Wettkampf, daß meine Gefühle verletzt wurden." Er ging immer weniger aus und trank selten Alkohol; aber das könnte ebensosehr mit dem abschreckenden Beispiel Gustavs zusammenhängen wie mit den Anforderungen der Fitneß.

Und das alles für einen Sport, der kein nennenswertes Ansehen und Prestige genoß, zumindest bis Arnold selbst Jahre später dafür sorgte. Alles, was man damals damit verband, war ein leicht anrüchiges Gemisch aus Körperöl, Autoerotik und jux-hellenischen Posen.

Arnold hatte zwei entscheidende Vorzüge, die es ihm erleichterten, sich dem mönchischen Masochismus unterzuordnen, der notwendig war. Der eine war die Fähigkeit, sich konsequent immer wieder eine „Vision" vor Augen zu halten. Der andere war, daß er sich in den Trainingsablauf einfach verliebte.

Die „Vision" hatte nichts Mystisches, es war mehr eine „Do-it-yourself"-Motivationstechnik. „Ich habe mir ein Ziel gesetzt, und zwar möglichst deutlich als ein Bild. Daraus habe ich den Hunger, den Antrieb geholt, es in die Wirklichkeit umzusetzen. Es liegt ein Genuß in diesem Ehrgeiz. Mit dieser Freude hat die Disziplin nichts Schwieriges oder gar Negatives, Grausames." „Viele Leute stellen für alles eine Bedingung", erklärte Arnold ein paar Jahre später einem Freund in Hollywood. „Sie sagen: Wäre es nicht toll, WENN das passierte? Das reicht nicht. Man muß sich gefühlsmäßig stark engagieren, so daß man es ganz stark will, den Vorgang zu lieben beginnt und alle Hürden nimmt, um das Ziel zu erreichen."

Auf diese Art läuft man natürlich Gefahr, daß man einer jener Berufsfanatiker wird, den auf Parties alle Leute meiden; jener Gast, der Gott gefunden hat oder die Technik des

Makrameeknüpfens. Auch von Arnold gibt es eine diesbezügliche Wortspende: „Ich bin gar nicht so verschieden von diesen religiösen Menschen, die keine Angst vor dem Sterben haben, weil sie sicher sind, daß sie in den Himmel kommen."

Mit seinem ganzen Leben schien Arnold zu dieser Zeit zwischen einem harten, ehrgeizigen Egoismus und einer jenseitigen Muskelmystik zu balancieren. War er am Ende doch ein „Teamspieler" – nur mit dem Unterschied, daß sein Team aus jenen Berühmten und Unsterblichen bestand, die es geschafft hatten und über die Massen erhaben waren? Das Team der Einzelkämpfer: Individualisten und Erfolgreiche.

Ein anderes, damit zusammenhängendes Paradox ist, daß Arnold trotz der Zuchtmeisterei von Gustav und trotz seines Abscheus vor jedem Korpsgeist zum Militär gehen wollte. Franz Hermann berichtet, Arnold wollte schon im Alter von siebzehn, ein Jahr vor der Zeit, den verpflichtenden Militärdienst antreten. Als er dann 1965 tatsächlich eingezogen wurde, nützte Gustav seine Verbindungen und verschaffte Arnold einen der begehrten Posten als Panzerfahrer, obwohl man dafür offiziell mindestens einundzwanzig sein mußte. Arnold hat die konformistischen Aspekte des Militärlebens anscheinend genossen. Er mochte die Reglementierung, die straffe, rigide Struktur. Im Rückblick zollt er Gustav noch einmal Respekt: „Ich war in einer disziplinierten Atmosphäre aufgewachsen. Mein Vater verhielt sich immer wie ein General."

Was Arnold sicher gefallen haben muß: Das Milieu brachte ihm eine ideale Kombination zweier Extreme. Es war eine kontrollierte Umgebung, in der ER einen großen Teil der Kontrolle ausüben konnte. Und es war eine Institution, in der sich das Ego unterordnen mußte, aber in einer wichtigen Hinsicht konnte er diese Unterordnung verweigern: Auch in der Kaserne konnte ihm nichts und niemand seine Leidenschaft für das Bodybuilding nehmen. Arnold und ein Freund standen immer um fünf Uhr auf, öffneten den Werkzeugkasten des Panzers, in dem sie ihre Hanteln hatten, und trainierten eine Stunde vor der Tagwache der anderen. Nach den Manövern des Tages trainierten sie noch einmal eine Stunde.

Wie jeder richtige Held in einer richtigen Legende, mußte auch Arnold noch ein letztes, mächtiges Hindernis bewältigen, bevor er sich den Traum vom ersten Titel erfüllen konnte. Vom Militär bekam er für die Teilnahme am Junior-Mr.-Europe-Bewerb 1965 nicht frei. Er trat trotzdem an. Er entfernte sich dienstwidrig von der Truppe und kletterte in Uniform über eine Barackenmauer. Mit einem Fahrschein dritter Klasse gelangte er in einem Bummelzug, der in jeder Station hielt, bis nach Stuttgart in Deutschland.

Arnold gewann den Titel. In den Wulle-Räumen in Stuttgart, wo die Konkurrenz stattfand, war eine prophetisch wirkende Ansammlung von Männern vertreten, die später wichtige Rollen in der frühen Bodybuildingkarriere des Jungen spielen sollten. Der

Deutsche Rolf Putziger war Besitzer jenes Münchner Studios, in dem Arnold bald einen Job als Trainer bekommen sollte. Der Brite Wag Bennett sollte sein Freund und Trainer in London werden. Und der italienische Bodybuilder Franco Columbu sollte Arnold bei seinem späteren Sprung zum Weltruhm und nach Amerika begleiten. Er wurde alles mögliche: sein Geschäftspartner, sein Freund und, zwanzig Jahre später bei seiner Hochzeit, sogar sein Trauzeuge.

Im Triumph kam Arnold in die Kaserne zurück. Dort war aber Vorschrift immer noch Vorschrift. Man erwischte ihn, wie er über die Mauer kletterte, und eskortierte ihn zum Strafbefehl. Er mußte sieben Tage in der Zelle verbringen, in der es nur ein Tuch auf einer kalten Steinpritsche gab und fast nichts zu essen. Aber er hatte seine Trophäe, und dafür, so sagt er, hätten sie ihn auch ein ganzes Jahr einsperren können.

Der Sieg bedeutete auch, daß er sofort nach dem Abrüsten vom Militär noch eine zweite Strafkolonie verlassen konnte: Österreich. Er konnte seine einzige, unbezahlbare Waffe hinausschmuggeln, seinen Körper, mit dessen Hilfe er als ikonischer Guerillakämpfer eine neue Allianz schließen würde: mit dem Land der Freiheit und der unbekümmerten Phantasie gegen die rückständige, abgestandene Kultur des alten Europa. Keine Aufsätze mehr, keine Konzerte, keine kalten Steinpritschen.

Arnold verließ Thal 1966, vorerst mit dem Ziel Deutschland, wo weitere Bodybuildingtitel und ein Job im Münchner Gesundheitsclub warteten. „Ich war wie ein Schwarzer, der Harlem verläßt", erinnerte er sich. „Ich wußte, wenn ich gehe, komme ich nie mehr zurück außer auf Besuch. Im Zug sah ich noch einmal zurück und wußte, das war nicht mehr meine Heimat."

Mr. Alles

„Ich wußte, ich war ein Sieger. Ich wußte, ich war für große Dinge bestimmt. Die Leute werden sagen, es ist unbescheiden, so zu denken. Sie haben recht. Bescheidenheit ist kein Wort, das irgendwie zu mir paßt."

Zwischen 1966 und 1975 gewann Arnold fünfmal den Titel Mr. Universe und sechsmal Mr. Olympia. Er war eine hundertzwanzig Kilo schwere Masse aus gemarterten Muskeln und gestählten Sehnen, und fast immer, wenn er seine Kleidung ablegte, gewann er eine Trophäe.

Der britische Bodybuilder Gordon Allen, der später Vorsitzender der NABBA (National Amateur Body Building Association) wurde, die auch die Mr.-Universe-Konkurrenz begründet hatte, erinnert sich an seinen ersten Eindruck. Es war in einem Studio in Ost-London. Es wurde von einem Ehepaar im Team geführt, Wag und Dianne Bennett, die bald Arnolds Freunde und Trainer wurden. „Wag hatte mir erzählt, da wäre ein unglaublicher Typ. Ich ging also hin, Reg Park war auch da, und Wag sagte: ‚Du kannst Arnold kennenlernen.' Er war gerade gekommen und hielt sich in einem der hinteren Zimmer auf. Er trug einen Sweater. Wag wollte, daß er ihn auszog, und dann war ich erst einmal platt. Reg ging es genauso. Ich glaube nicht, daß er es gewohnt war, jemand zu sehen, der riesiger war als er selbst. Noch dazu jemand, der erst 19 Jahre alt war."

Die Verblüffung war wechselseitig. Das war DER Reg Park. Das Idol, leibhaftig. Arnold starrte ihn an und lächelte verlegen wie ein Mädchen, das einen Jungen anhimmelt und nicht weiß, was es sagen soll. Er umkreiste Park, begutachtete seine Muskeln und versuchte, mit ihm zu sprechen – ein schwieriges Unterfangen, denn „zu dieser Zeit konnte ich nicht gut Englisch."

Wag Bennett plante sofort eine Show, in der dieser Junge und der Veteran voreinander und vor der Menge ihre Muskeln spielen lassen sollten. Park erzählt, daß Arnold ihm, dem älteren Muskelmann und Filmstar wortreich seinen Dank abstattete. „Er sagte, er war von meinen Filmen und von meinen Fotografien in den Magazinen inspiriert worden." Bald darauf verschwanden die beiden in Richtung Äquator, um ihre neue Freundschaft zu besiegeln.

Vorerst aber war Arnold ein großes, seltsames Stück Treibgut, das ein Heim außerhalb von Österreich suchte. Sein Aufenthalt in München, wo er ab August 1966 als Trainer zur Aushilfe in Rolf Putzigers Studio arbeitete (zu Beginn mußte er auf dem Boden schlafen, später bekam er dann eine bescheidene Einzimmerwohnung), hinterläßt ein bizarres Bild: Arnold, der Bittsteller, der sich geschmeidig hochdient, um Arnold, der Superman, Psychokrieger und Schauspieler zu werden.

Eines Nachts sah man ihn bei einer seiner Nachtwachen vor der Haustür des deutschen Bodybuildingchampions und ehemaligen Mr. Universe Reinhard Swolana. Von ihm wollte er Freundschaft und Segen. Schließlich ließ Swolana ihn ein und fand Gefallen an Arnolds Enthusiasmus. Die Sache ging so aus, daß Swolana eine Sammlung organisierte, um Arnolds Reise zur Mr.-Universe-Konkurrenz in England zu finanzieren.

Inzwischen wurde der Superman mit jeder Minute im Münchner Studio kräftiger. Ihm zur Seite stand als Freund und Konkurrent Franco Columbu, der 1976 nach Deutschland kam. Der Werdegang des Gefühlstaktikers bestand darin, daß er seine Umgebung mit dämonischem Schabernack heimsuchte. Zum Beispiel die amerikanischen Gewichtsarbeiter, denen er nützliche deutsche Begrüßungsfloskeln beibrachte. Ahnungslos wiederholten sie dann Sätze wie: „Hallo, du altes Schwein, onanierst du immer noch so oft?“

In London allerdings fiel eher Arnold als desorientierter Sonderling auf. „Er trug einen Kordanzug nach deutscher Mode, als er zum ersten Mal herkam“, erinnert sich Wag Bennett. „Die Hosen waren auf Halbmast, man konnte die halben Waden sehen. Also nahm ihn Dianne erst einmal beiseite und besorgte ihm ein Paar Stiefel, um die Lücke zu schließen.“

Es gab noch andere Lücken, die zu schließen waren: etwa die auf Arnolds Bankkonto. „Ich besorgte ihm Auftritte in der ganzen Gegend, damit er sich ein wenig Taschengeld verdienen konnte“, erzählt Bennett. „Und wir gaben ihm Kost und Logis, also hatte er keine Ausgaben, wenn er bei uns war.“

Arnold schlief im Eingangszimmer der Bennetts auf einer Polstercouch, die er mit anderen durchreisenden Karriereaspiranten teilen mußte. Als der kubanische Athlet Sergio Oliva einmal dort übernachtete, legte Wag Bennett (der wie Arnold immer zu Späßen aufgelegt war) eine lebensgroß abgebildetete nackte Schönheit zwischen die beiden Männer, während sie schliefen. Dann legte er sich mit seiner Kamera auf die Lauer, um die allgemeine Verwirrung zu fotografieren, die eintrat, als Dianne mit dem Frühstückstee kam.

Arnolds eigene Ideen beim Erfinden von Streichen waren schärfer und schon aus München erprobt. Wenn Franco Columbu, dessen Englisch schlechter war als das von Arnold, zu den Bennetts kam, half ihm Arnold mit der genauen Bezeichnung der Speisen, die auf dem Tisch kamen. Eines Tages zeigte Franco auf einen Kuchen. „Geh hinüber zu Dianne“, sagte Arnold beflissen, „und sag ihr, du möchtest einen ‚Fick‘.“ Franco ging in die Küche. Ein paar Sekunden darauf konnte man ein Klatschgeräusch vernehmen. Dann kam Dianne ins Wohnzimmer und versetzte Arnold eine Ohrfeige.

Die Gerüchte, daß Arnold zu dieser Zeit mit Dianne ein Verhältnis hatte, können weder bestätigt noch widerlegt werden. Bennett antwortet mit einem einfältigen „Ich weiß es nicht", wenn man ihn fragt, und Dianne steht für eine Auskunft nicht zur Verfügung. Gordon Allen, der beide kannte, erzählt, daß die Affäre kurz und im Freundeskreis allgemein bekannt war.

Wenn die Geschichte stimmt, dann paßt sie gut zu Arnolds neuem Enthusiasmus, mit dem er Vaterfiguren einerseits zurückwies, während er ihnen andererseits, so recht und schlecht, weiterhin gehorchte. Wag Bennett war kein Gustav Schwarzenegger, aber er war an Vaters Position als Arnolds halboffizieller Trainer, Manager und Hausherr. Eine andere Geschichte erzählt Bennett selbst. Sie ist bizarr und hat eine bezeichnende Pointe. Arnold kam nach einer Konkurrenz am Flughafen in London an und verabredete mit Wag, daß er ihn mit seinem orangefarbenen Volkswagen bei einer U-Bahn-Station abholen sollte. Wag hatte sich verspätet, aber Arnold hielt zweimal das vermeintlich richtige Auto mitten auf der Straße auf, indem er eine Bodybuildingpose nachäffte. Im ersten Auto saß eine verstörte Frau: „Geht es Ihnen gut?" Im zweiten Auto saß ein Polizist: „Was machen Sie hier eigentlich, Sir?" Danach stampfte ein erboster Arnold zu Fuß zu Wags Haus. Selbst als Wag ihn dann doch noch fand, weigerte er sich, ins Auto zu steigen.

Die Geschichte ist so wahrscheinlich wie ein Märchen von Scheherazade. Nachdem nur Arnold für ihren Wahrheitsgehalt zeugen könnte (immerhin konnte Wag die anderen Autos gar nicht gesehen haben), bleibt es uns überlassen, über die Wahrscheinlichkeit von drei orangefarbenen VWs in einer so kurzen Frist nachzugrübeln. Hat Arnold da etwa einen neuen Mini-Mythos geschaffen? In einer einzigen, geschickt vielschichtig erzählten Geschichte präsentiert er sich als Mann, der wie ein Matador mit fahrenden Autos spielt; als Star, der sich noch in den abgelegensten Nebenstraßen zur Schau stellt; und schließlich als Mann, der seinen Mentor in einer Woge des Grolls hinter sich herschleift.

Nicht ohne Grund. Der Mentor hatte Arnold an der ersten Hürde im Stich gelassen. Obwohl der Österreicher 1966 drei Bodybuildingtitel in Europa gewann (Best Built Man of Europe, Mr. Europe und International Powerlifting Champion), scheiterte er mit seinem ersten Versuch beim besonders wichtigen Mr.-Universe-Bewerb in London im selben Jahr. Er wurde Zweiter hinter dem Amerikaner Chester Yorton. „Seine Beine waren der Problembereich, als er nach England kam", sagt John Citrone, der damals der regierende Mr. Britain war. „Seine ganze Entwicklung dort war schwach", pflichtet der irische Bodybuilder Ivan Dunbar bei, der in den späten sechziger Jahren für das Magazin Health and Strength mehr oder weniger aus der ersten Reihe berichtete. „Wären seine Beine – besonders seine Waden – so gewesen wie sein Oberkörper, hätte er vielleicht gewonnen."

Arnold nahm die Kritik ernst, sagt Wag Bennett.

„Nach diesem zweiten Platz schnitt er seine Hosen an den Knien ab, damit alle im Studio ihn auslachten. Für Leute mit besseren Waden war er eine Witzfigur, und deswegen hämmerte er auf diese Waden ein, bis sie reagierten. Hätten sie das nicht getan, wäre die ganze Schwarzenegger-Story anders verlaufen. Er hätte nie den Mr. Universe gewonnen; er wäre dadurch auch nicht nach Amerika gekommen; er hätte es also nicht bis zum Filmstar gebracht."

Obwohl körperlich noch nicht alles perfekt war, war Arnold schon ein Publikumsliebling. „Seit dem Auftreten von Reg Park vor ein paar Jahren", schrieb Ivan Dunbar, „haben wir derartig massive Muskeln nicht mehr gesehen. Und die Menge hat ihn geliebt. Man hatte das Gefühl, daß Arnold sofort zum Sieger erklärt worden wäre, wenn es nach dem Publikum gegangen wäre."

1967 kam er zurück, um es neuerlich zu versuchen. Dieses Mal war nicht der Umfang der Beine das Problem, sondern daß sie ihm überhaupt den Dienst versagten – soweit das bei der sonstigen Nüchternheit Arnolds denkbar war. Wag Bennett hatte hart mit dem Herausforderer gearbeitet, um seinen Körper und seine Präsentation zu perfektionieren. Er ging sogar so weit, daß er zu der großen Schlußpose die aufwühlende Filmmusik zu EXODUS auswählte, Otto Premingers Epos über die Gründung des modernen Israel. Am Beginn des großen Abends war Bennett dann aber zuerst einmal entsetzt über das, was er aus dem Trainingsraum hörte.

„Einer der anderen Bodybuilder war mit einer Flasche Whisky unten im Geräteraum. Der Alkohol erweitert bekanntlich die Venen. Arnold hat einen Schluck genommen. Und gerade, als er auf die Bühne soll, schläft er beinahe ein. Er steht da wie eine große Ladung Scheiße. Alles hängt durch, sein Bauch hängt heraus. Ich sage ihm, er soll gerade stehen, und er richtet sich auf. Gleich darauf sackt er wieder zusammen. Ich schreie ihn wieder an. In diesem Moment war der Titel praktisch verloren."

In den Augen anderer Zeugen übertraf Arnold alle Rivalen, vor allem durch seine Bühnenpräsenz. „Er hatte die größte Dosis Charisma, die ich jemals bei einem Bodybuilder erlebt habe", sagt Ivan Dunbar. Und Jimmy „Jim'll fix it" Savile, ein früherer Präsident der NABBA, der in der Jury saß, erzählt: „Er dampfte einfach herein, und es war ein Triumphzug. Wenn er dran war, dann hingen die Beine der anderen plötzlich schlaff herunter und waren zehn Zentimeter kürzer. Er bewegte sich nicht wie ein Bodybuilder. Er spazierte daher wie ein gewöhnlicher Junge, er lächelte und winkte in die Menge. Und dann plötzlich – zonk! – kam er zur Sache, und das war's."

Noch unmittelbar vor dem Bewerb, erinnert sich Savile, machte sich Arnold über die ganze Sache lustig. „Neben den ganzen anderen Bodybuildern sagte er zu mir: ‚Jimmy, komm her, ich stelle dir ein paar von meinen mageren Freunden vor.'"

Arnold war zwanzig, als er die Konkurrenz gewann und wurde der jüngste Mr. Universe in der Geschichte. Wenn man sich Filmmaterial aus dieser Zeit oder aus den späteren Aufnahmen für den Spielfilm PUMPING IRON ansieht, wird klar, warum eine ganze Jury vor der strahlenden Arroganz dieses Mannes wie Butter dahinschmolz. Arnold kommt auf die Bühne. Arnold blickt wie ein Halbgott. Arnold steht da und lächelt, halb verzückt durch den Applaus, aber auch spöttisch.

„Das Posieren ist reines Theater", schrieb Arnold in EDUCATION OF A BODYBUILDER. „Ich sehe das ein und mag es auch. Es gibt Bodybuilder, die praktisch keine Zeit für das Posieren übrig haben. Natürlich gewinnen die auch nicht."

Arnold begann auf der Bühne mit Dingen, die im Bodybuilding vorher niemand gemacht hatte, zumindest nicht so gut. Gordon Allen berichtet, daß er sein Pflichtprogramm mit einem Selbstvertrauen absolvierte wie kein anderer. „Er brachte es auf vier, fünf Haltungen, die fließend ineinander übergingen, während ein Konkurrent wie ein Zombie in einer einzigen Position verharrte. Er war wie ein Ballettänzer." Er lernte auch, seinen Stil für ein verschiedenes Publikum zu variieren. „In Paris kommt man mit den klassischen Posen besser an", sagte Arnold. „In New York mit den brutalen, den muskulösesten Posen."

Unterhalb des Halses sieht sein Körper aus, als wäre er genauso an Nijinsky geschult wie an Charles Atlas. Oberhalb sah er aus wie ein Schuljunge, ja wie ein Chorknabe: kurzgeschnittenes Haar, ein Teint wie ein Baby, leuchtende, ehrgeizige Augen. Entsprechend war die Überraschung für zwei Männer in Irland, die eines Nachts zuerst die Augen sahen und dann den Körper zu spüren bekamen. Ivan Dunbar hatte Arnold zu einer Showkonkurrenz nach Belfast eingeladen. Er erinnert sich, wie er und Arnold und ein paar Freunde nach einem späten Abendessen mit dem Auto durch die Stadt fuhren.

„Es war halb zwei Uhr früh geworden. Auf dem Heimweg wurden wir von einer Armeepatrouille gestoppt. Wir mußten alle aussteigen. Arnold legte seine Hand auf das Auto, und man filzte ihn. Und plötzlich sagte einer der Soldaten: ‚Jesus, Sergeant, fühlen Sie einmal hier!' Und es stellte sich heraus, daß einer der Soldaten ein Bodybuilder war. Ich höre Arnold heute noch lachen."

Arnold selbst war ein großer Spaßvogel, erinnert sich Dunbar. Er sah immer auch die absurde Seite des Sports. Er machte Witze über die Idiotie von erwachsenen Männern, die sich auszogen, um für einen Preis zu posieren. „Eine wichtige Fähigkeit von mir ist, daß ich einen Schritt neben mich treten kann und über mich lachen, wenn ich etwas mache. Es ist ja alles so lächerlich."

Er spart auch nicht mit Spott für die traditionellen Formen der Selbstverleugnung in diesem Sport. „Damals redeten die Bodybuilder nur davon, daß sie zwei Pfund Fleisch am Tag aßen und 30 Eier und daß sie keinen Sex haben konnten. Und ich sagte mir: Wer zum Teufel will bei diesem Sport dabeisein?"

Freunde in Großbritannien bezeugen, daß Arnold ein gesundes Interesse am anderen Geschlecht hatte. Gordon Allen erinnert sich an Ausflüge zu Discos und Nachtclubs in Portsmouth, wo Arnold, der kaum ein Wort Englisch sprach, immer mit halsbrecherischem Tempo auf das Mädchen seiner Wahl zusteuerte. Außerdem verspielte er seinen tadellosen Ruf bei einem anderen Freund aus Portsmouth, dem Studiobesitzer Bob Woolgar (dem Vater von Arnolds Patronin in London, Dianne Bennett). Woolgar erwischte ihn spätnachts in flagranti, oder jedenfalls fast, mit einem Mädchen in den Fitneßräumen. Sie war Arnolds damalige Freundin Jackie.

John Citrone, der Arnold nach Newcastle einlud, bestätigt seine verblüffende Direktheit als Plaudertasche. „Er konnte einem Mädchen buchstäblich alles einreden. Er fragte ganz frei heraus: Willst du mit mir ins Bett gehen? Immer wenn wir in Hotels oder Bars waren, war er sehr zielstrebig."

Arnold war überall forsch, beim Flirten mit den Mädchen und beim Umgang mit seinen Goliathkollegen. Der britische Bodybuilder John Bubb erinnert sich: „Ich war einmal mit ihm unterwegs, in Bristol und Wales. Es war ein verlängertes Wochenende mit Bodybuildingshows. Er war wie der Pfadfinderführer. Überall, wo Leute zusammenstanden und redeten, war er im Mittelpunkt. Er übernahm völlig selbstverständlich den Vorsitz."

Reg Park wurde Zeuge dieser dominanten Persönlichkeit, als Arnold über Weihnachten und Neujahr 1967/68 bei ihm in seiner Gastheimat Südafrika war. Die zwei Männer absolvierten eine bahnbrechende Tournee mit Bodybuildingshows im ganzen Land. „Er war sehr ehrgeizig. Er hatte eine Liste mit Dingen, die er sich vorgenommen hatte, und die er dann abhakte. Er konnte absolut zielstrebig sein, als hätte er Scheuklappen aufgesetzt."

Zugleich aber, sagt Park, legte er eine auffällige Sorglosigkeit, ja fast Spott an den Tag. „Chuzpe. Nicht wirklich Arroganz, aber in diese Richtung. Er war auch witzig wie jemand, der ernsthaft bei der Sache ist, aber sie nicht ernst nimmt. Es ist ein feiner Unterschied, und er hängt damit zusammen, daß du weißt, du bist gut. Wenn du nicht gut bist, hast du sonst sofort die Eier im Gesicht."

1968 war es an der Zeit, daß Arnold mit seinem übertriebenen Selbstbewußtsein in das Land kam, in das er mit dieser Eigenschaft wie selbstverständlich gehörte: Amerika. Er fuhr nach Florida, um an dem wichtigen Wettbewerb um den Mr. Olympia teilzunehmen, dem jährlichen Höhepunkt aller Bodybuilderträume. Es war die Show, bei der die Sieger aller anderen Konkurrenzen des Jahres zusammenkamen. Es war eine riesige Fleischbeschau. Menschliche Masse, aufgepumpt und vollgespritzt, in Öl mariniert, bombardiert von den Blitzlichtern der Fotografen, die von den berstenden Rundungen abprallten.

Arnold hätte bei diesem Meeting das Aschenbrödel sein können. Er hatte kein Geld bei sich, erinnert er sich, und nur eine Sporttasche, denn er hatte keineswegs die Absicht, nach Amerika zu übersiedeln. „Ich war ein bißchen wie ein hilfloses Kind."

Mental war er allerdings alles andere als hilflos. Nach London und nach dem Mr. Universe war die „Hitze des Siegs" in seinem Blut. Die Amerikaner, erzählt er, waren begeistert von seiner Statur. Man hörte Leute keuchen, als er auf die Bühne kam. Das Publikum hielt es kaum auf den Sesseln. Er erhob sich und spannte jede einzelne Muskelfaser in seinem Körper an. Die Menge bekam es mit und jubelte. Er hörte, wie die Amerikaner „Arnold" schrien und fühlte sich phantastisch.

Bis die Entscheidung bekanntgegeben wurde. Arnold war Zweiter geworden.

Geh zum Olymp, aber geh nicht an Olympia vorbei

„Ich habe das Gefühl, ich muß schon in einem früheren Leben hier gelebt haben. Ich fühle mich so daheim im Amerika."

Am Tag nach seiner Landung in Miami Ende September 1968 mußte sich Arnold bei der Konkurrenz um den Mr. Olympia also Frank Zane geschlagen geben. Das schwergewichtige österreichische Wunderkind wurde nur Zweiter hinter einem mittelgewichtigen amerikanischen Wunderkind, dessen Körper „anscheinend mit den Meißeln und Hohleisen bearbeitet war, die ein Bildhauer sonst nur für Mahagoni verwendet." Das waren Arnolds Worte. Er weinte die ganze Nacht. Er hatte das Gefühl, er hätte seine Freunde und Helfer enttäuscht. Er schwor sich, die Niederlage auszubügeln.

Soweit Miami. Es ist der Stoff, aus dem die Mythen sind, daß ein Held irgendwann einen größeren Schuß vor den Bug erhält, damit spätere Triumphe um so glänzender sind. Es ist wichtig, daß der junge Held etwas von einem Greenhorn hat, sogar von einem Tölpel, wie der junge Arthur oder der junge Parzival. Der Rückschlag sollte kurz sein, denn jetzt, da Arnold in Amerika war, war er „daheim".

Das war das Land, in dem er sich niederlassen wollte und von dem er lange geträumt hatte: Anti-Österreich. Keine Museen oder Konzerte oder ähnliche „alte Scheiße". Nur eine riesige Nation, die ganz fanatisch war vor Unternehmergeist. „Amerika ist noch immer das einzige Land auf der Welt, wo man etwas machen kann . . . Ich liebe die Mentalität und die Offenheit. Der amerikanische Geist ist so frei. Ich mag es, wie offen dieses Land auf neue Ideen reagiert. Es ist so anders als Europa."

So anders. Aber mein lieber Gott, wer ist denn der alte Knacker, der da am Horizont daherstolziert und in dieser Fabel der Gurnemanz für Arnolds Parzival sein möchte? Er sieht aus wie eine zerquetschte Rummelplatz-Ausgabe von Arnolds Vater Gustav. Untersetzt, mittelgroß, mit einem Schnurrbart wie Groucho Marx: Es ist Joseph E. Weider. Er ist der Eigentümer des amerikanischen Muskelreichs, Gründer der IFBB (International Federation of Bodybuilders) und der Mann, der Arnold mit einem Einjahresvertrag über den Ozean geholt hatte.

„Ich bat meinen Agenten, als er in London war, daß er Arnold überredete, an der Mr.-Olympia-Konkurrenz teilzunehmen", erinnert sich Weider heute. „Er hatte nicht ganz das Kaliber der amerikanischen Bodybuilder, und ich erklärte ihm, daß er mehr Präzision, Proportion, Form brauchte. In Europa waren die Bodybuilder sperrig und sehr massiv, aber nicht ästhetisch geformt oder ‚geschliffen'. Deswegen hat Arnold in Miami verloren."

Weider hatte sich auf Arnold eingeschossen, nachdem er Fotos von ihm im Magazin IRON MAN gesehen hatte. Er war beeindruckt von seinen herkulischen Ausmaßen und besorgte sich eine schwarzweiße Oberkörperaufnahme von dem britischen Fotografen George Greenwood. Er ließ sie handkolorieren und nahm sie als Coverfoto für sein Magazin MUSCLE POWER (später MUSCLE & FITNESS). Das Echo war gewaltig. Weider begriff, daß er einen Star entdeckt hatte und bastelte ein entsprechendes finanzielles Angebot, um Arnold nach Amerika zu locken. Dort sollte er in Kalifornien trainieren. Arnold fragte Reg Park um Rat. „Klingt sehr gut", antwortete Park. „Aber arbeite mit einem legalen Vertrag und laß dir ein Auto zusichern."

Der Lohn waren bescheidene 200 Dollar pro Woche, für die Weider sich von Arnold Artikel für seine Zeitschriften schreiben ließ. „Wir halfen ihm, sie zu redigieren", erzählt Weider (andere Quellen berichten, man schrieb die Texte praktisch für ihn), „und später ermutigten wir ihn, seine eigenen Fernkurse anzubieten."

Ein Auto war in den Vereinbarungen enthalten, sagt Weider, aber er kann sich nicht erinnern, welche Marke. Robert Kennedy, ein kanadischer Herausgeber von Muskelmagazinen und langjähriger Fan und Chronist von Arnold, behauptet, es war ein gelber Volkswagen. Eine dritte Auskunftsperson bestreitet, daß es überhaupt ein Auto gab. Der Bodybuilder Paul Graham, der Arnold in Vince's Studio in Nord-Hollywood kennenlernte und sich mit ihm in der Nähe eine Wohnung teilte, meint, daß Arnold damals noch gar nicht fahren konnte. Graham selbst chauffierte ihn in Los Angeles herum.

„Wir trainierten am Morgen bei Vince, nach einem Mittagsschläfchen fuhren wir hinüber nach Santa Monica in Gold's Gym. Der Grund war, daß Vince keine Hockmaschine für Beinübungen hatte."

Vince – Vince Gironda, ein Veteran unter den Trainern, der das älteste und berühmteste kalifornische Fitneßcenter besaß – war ein Fall für sich. Nicht zuletzt wegen seiner Einstellung zu dem österreichischen Muskelwunder.

„Joe Weider bezahlte mich, damit ich Arnold in Form brachte. Ich besorgte ihm eine Wohnung ein paar Blocks entfernt. Er lebte neun Monate in dieser Gegend. Der Bursche war ein Weichling. Ich zeigte ihm Übungen, die er nicht schaffte. Er hatte nicht den Mumm dazu.

Am ersten Tag, an dem er mich sehen sollte, kam er herauf in mein Büro. Er hatte sich ein Paar kurze Hosen angezogen, nannte mir seinen Namen und wollte, daß ich seinen Körper beurteilte. Ich sah ihn an und sagte: ‚Du siehst aus wie ein fettes Stück Scheiße.'
Er ist ausgezuckt. Er kam und wollte sich von mir anbeten lassen, und ich sagte ihm, er wäre eine große dicke deutsche Wurst. Er war ein Schufter, ein typischer deutscher Schufter. Nichts Besonderes. Überhaupt kein guter Schüler. Seine Sturheit ist der einzige Grund, warum er heute dort ist, wo er ist."

„Es war ausgemacht, daß ich in Weiders Magazinen Werbung bekommen würde und andere Dinge, die meine Geschäfte fördern sollten", fährt Gironda in seiner Beschwerde fort. „Aber Joe Weider brachte weder ein Foto von mir noch meinen Namen, nicht ums Verrecken. Er kam meistens in mein Studio, wenn er sicher war, daß ich schon weg war, und sah nach, ob irgendwelche Filmleute da waren, mit denen er ein Interview machen konnte."

Die Beziehungen zwischen Arnold und Vince waren bald ziemlich frostig. Arnold beschloß schließlich, nach Süden in das sonnige, entspannte Santa Monica zu übersiedeln. Es gab dort bessere Maschinen für die Beinarbeit, und immer mehr Bodybuilder lebten dort. „Es gab ein Potpourri der ganzen Menschheit dort unten", sagt Gironda mit unverhohlenem Abscheu. „Plus die Steroide."

Ah. Steroide. Nahm Arnold auch welche?

„Ist ein Froscharsch wasserdicht? Man sagte, er nahm Steroide wie niemand zuvor."

Rick Wayne, ebenfalls ein Bodybuilder und ein früherer Mr. Universe, der Arnold noch aus London kannte, meint allerdings, daß Arnold Dianabol ziemlich in denselben Mengen nahm wie alle anderen Spitzenbodybuilder. Wayne bestreitet auch Girondas Behauptung, Arnold wäre faul gewesen. „Er war ein fanatischer Trainierer. Vince hat da ein wenig eigene Ansichten."

In Santa Monica, wohin er und Arnold zur selben Zeit gezogen waren, beobachtete Paul Graham den Fanatiker.

„Arnold lernte damals gerade das Autofahren, mit einem meiner Autos. Er hatte einen Unfall. Ich war in der Wohnung, hörte den Zusammenstoß und ging nachschauen. Das Auto hatte einen Totalschaden, und der Schalthebel neben dem Lenkrad hatte sich irgendwie durch Arnolds Bein gebohrt. Er kann aber keine Arterie getroffen haben, denn es war kein Blut zu sehen. Im Rückblick wirkt die Szene wie aus einem von Arnolds Fil-

men; er sah aus wie von einem anderen Planeten. Wir ließen die Wunde am nächsten Morgen nähen, und er ist noch am selben Tag zum Beintraining gegangen. Die meisten Leute hätten sich eine Woche freigenommen.“

Die Verkündigung des Übermenschenstatus kam zur richtigen Zeit. 1969 war ein hartes Jahr für Arnold. Er verdiente wenig Geld und gewann in Amerika nur wenige Preise, immerhin aber in London ein drittes Mal in Serie den Mr. Universe. Aber er scheiterte neuerlich beim Mr. Olympia, diesmal gegen den feinziselierten Kubaner Sergio Oliva. Arnold gestand Rick Wayne ein, daß er psychisch wie physisch ausgestochen worden war.

Zum Trost trat er zum ersten Mal in einem Film auf oder stolperte zumindest in einen hinein. HERKULES IN NEW YORK ist der beste Film, mit dem ein Schauspieler beginnen kann – und der schlechteste. Arnold mußte einen Halbgott spielen, aber er bekam es auch mit allzu sterblichen Dialogen, mickrigen Dekorationen und dem dürftigsten Anfängerplot des Jahrzehnts zu tun. Heute ist der Film ein Sammlerstück, aber damals war er wohl eher eine Visitenkarte aus der Hölle. Er wird in Arnolds frühen Interviews und Porträts kaum erwähnt, und der Schauspieler James Karen behauptet sogar, Arnold hätte versucht, das Originalnegativ zu kaufen. Karen, Arnolds Co-Star in dem Film, sagt: „Wenn ich Arnold heute treffe, erwähne ich nie den Film. Er will davon nichts hören. Er HASST ihn.“

Aber es war sicher vom Schicksal bestimmt, daß ein langjähriger Fan von Toga-Filmen wie Arnold seine Schauspieltaufe in einem Stück von sehr tiefem Husch-Pfusch-Kostüm-Kitsch erhielt.

Arnold sicherte sich die Rolle durch Joe Weider, der zumindest ein bißchen Profit mit seinem neuen Protegé machen wollte. Als ihn zwei Produzenten, Aubrey Wisberg und Lawrence F. Fabian, kontaktierten, weil sie einen Muskelmann suchten, der in einem Film mitspielen sollte, empfahl er ihnen Arnold. „Sie fragten mich, ob er Schauspieltalent hätte. Natürlich, sagte ich, in England hat er Shakespeare gespielt. Und sie sind darauf hereingefallen.“

„Weider war ein Schmähkünstler“, erinnert sich Arnold. „Ich konnte nicht gut Englisch. Das meiste, was ich zu sagen hatte, habe ich gar nicht verstanden. Ich sprang ins kalte Wasser und spielte in einem Film. Es war verrückt.“

Der Film war ein Abenteuer, dem nur eine kurze Lebensdauer in den Kinos und im Fernsehen bestimmt war. Er war aber nicht für das italienische Fernsehen gedreht worden, darauf besteht der Regisseur Arthur A. Seidelman. (Die Behauptung findet sich in mehreren neueren Auskunftswerken und auch in Wendy Leighs Biographie.) Das Drehbuch des Autors und Produzenten Wisberg sah vor, daß Arnold als Herkules nach einem

Streit mit Zeus auf die Erde herabsteigt, um Urlaub zu machen. Der Planet Erde wird durch New York vertreten, der Olymp durch den Central Park, inklusive unüberhörbarem Verkehrs- und Flugzeuglärm. Der Film kostete 300.000 Dollar, und Arnold bekam 1.000 Dollar die Woche für insgesamt 12 Wochen Arbeit.

Heute amüsiert man sich über den Film, aber Seidelman besteht darauf, daß er schon damals als Witz gemeint war, als Parodie auf die Muskel-und-Toga-Filme, mit denen Arnold aufgewachsen war. Der Regisseur berichtet von einigen Unstimmigkeiten mit dem Autor-Produzenten, in welchem Tonfall der Film zu halten wäre, und auch darüber, ob sie Arnolds starken österreichischen Akzent beibehalten sollten oder nicht. „Offen gestanden war ich dagegen, ihn von einem amerikanischen Schauspieler nachsynchronisieren zu lassen. Ich hatte den Eindruck, er arbeitete mit Eifer an seinem Englisch. Er hatte sicher einen Akzent, aber einen sehr sympathischen." Seidelman verstand seinen Film als „leichtgewichtigen Spaß", aber er erinnert sich, wie Wisberg eines Tages seinen Arm packte, nachdem sie gemeinsam das aktuelle Material gesichtet hatten, und sagte: „Wenn ich noch einmal jemand über den Film lachen höre, bist du draußen." Was Arnolds Stimme betraf, entschied sich Wisberg für die Nachsynchronisierung – schon, um einen weiteren Anlaß zur Heiterkeit aus der Welt zu schaffen. Der Schauspieler-Athlet hat nun in diesem Film die glattgewalzte Bauchrednerstimme eines Amerikaners, die genausogut in einer Dokumentation über die petrochemische Industrie sprechen könnte.

Schwarzeneggers Stimme konnten sie verstecken, nicht aber seine Masse. Das wollten sie aber ohnehin nicht. „Er war gigantisch", sagt Seidelman. „Die ersten drei Tage habe ich nur mit seinem rechten Arm gesprochen." James Karen erzählt: „Ich hatte noch nie jemand wie ihn gesehen. Er war auf dem absoluten Höhepunkt körperlicher Entwicklung. Als ich ihn das erste Mal sah, blieb mir buchstäblich der Mund offen. Später habe ich ihn während der Dreharbeiten meinem Sohn vorgestellt. Arnold war von der Taille aufwärts nackt. Ich sagte: Arnold, zeig ihm, was du kannst, und er machte seine Brustrüttelnummer."

Im Film zeigt Arnold diese Nummer auch. Im Prinzip hat er sogar die ganzen neunzig Minuten nicht viel mehr zu tun. Er stellt seine Muskeln aus, während eine schwer verworrene Geschichte um ihn herumtobt. Er kämpft in einem Hafen gegen eine Verbrecherbande. Die Szene wirkt, als wäre Seidelman gern Sergej „Panzerkreuzer Potemkin" Eisenstein (es gibt 18 verschiedene, penibel ausgesuchte Einstellungswinkel in 40 Sekunden). Arnold stolziert mit nacktem Oberkörper herum. Nur manchmal schmückt er sich mit einer hellenisch-blauen Schärpe. Er setzt mit einer einzigen Hand – oder zweiarmig – ein Taxi außer Gefecht. Und er verzieht in einer unermüdlichen Anstrengung sein Gesicht, während sein komisches Gegenüber, Arnold Stang, seine lahmen Witze herunterleiert.

Stang, ein New Yorker Komiker, der ein bißchen wie eine magersüchtige Ausgabe von Phil Silvers aussieht, spielt Pretzie, den Brezelverkäufer, der sich mit unserem Helden anfreundet. Nachdem man Arnold gebeten hatte, seinen eigenen schwerfälligen Nachnamen aufzugeben und auf den Posters als „Arnold Strong" zu firmieren, konnte es für die Uneingeweihten leicht zu einer Namensverwirrung kommen. Seidelman erzählt jedenfalls, daß Arnold nur zögernd seinen Viersilbennamen preisgegeben hat. Er willigte in das Pseudonym nur unter der Bedingung ein, daß der Titel „Mr. Universe" in das Kleingedruckte unter seinen neuen Namen kam.

Die aufregendste Szene in der ganzen Produktion ist das Wagenrennen. Arnold (Mr. Universe) entkommt ein paar Schurken, springt auf ein vorbeikommendes griechisch-römisches, von Pferden gezogenes Gefährt und fegt damit über den Times Square, wendet, um an der Radio City Hall vorbeizukommen und peitscht die geduldigen Gäule schließlich durch den Central Park – jedenfalls durch jene Teile, die man sich nicht für den Olymp reserviert hatte.

Ist er selbst gefahren? Seidelman behauptet, ja. „Er hatte ein paar Übungsstunden, in denen er im Park herumgefahren ist. Es war zwei Tage vor dem Dreh, er hatte einen Trainer, und er konnte am Ende damit umgehen." Die Szene wurde am frühen Morgen gedreht. James Karen ist sich nicht so sicher, ob es eine Genehmigung von seiten der Stadt gab, mit Streitwagen darin herumzukurven. Seidelman hingegen beharrt darauf, daß die Szene nicht ohne die Kooperation der Verwaltung funktioniert hätte. „Auch wenn es erst sechs Uhr früh war, mußte die Polizei den Verkehr für uns aufhalten."

Heute nimmt sich HERKULES IN NEW YORK (beziehungsweise HERCULES GOES BANANAS, wie der amerikanische Titel später lautete, nachdem Wisberg & Co endgültig den letzten Rest von Ernsthaftigkeit aufgegeben hatten) aus wie ein pikantes Match zwischen dem Kismet eines Mannes – Arnolds erster Schritt zum Star – und den lächerlichen Hindernissen, die ihm im Weg standen. Feinschmecker in Sachen Z-Movie-Dialogen werden das Drehbuch wie einen Augapfel hüten. „Yo, Hercules" – so reden anscheinend typische New Yorker Matrosen einen vorbeikommenden Halbgott an. „Kümmere dich um deine eigenen Angelegenheiten, Venus", ist ein gutes Beispiel dafür, wie der feine Umgangston auf dem Olymp klingt.

Arnold selbst scheint ganz gelöst bei der Sache zu sein, obwohl jeder Anflug von Stareffekt durch die Stimme sabotiert wird. Die Art, wie der Synchronsprecher sein typisch amerikanisches „I'm Hercules" intoniert, ist kein Ersatz für den Klang, den wir uns aus Arnolds Mund wünschen und erwarten, nämlich „Uh'm Hoorc-yuliss". Aber man sieht dem Schauspieler ein halb scheues, halb begeistertes Selbstvertrauen an. Das Gesicht mit seinem Babyflunsch und dem aufgeschwungenen Kiefer hat eine cartoonähnliche Unschuld und zugleich die typischen Konturen von harten Männern in Karikaturen: Desperate Dan trifft Peter Pan. Und wenn Arnold sogar noch in ein Show-Gewichtheben mit dem Bodybuilder Tony Carroll gerät (die Szene wurde beiläufig eingestreut für die Fangemeinde des Schwarzenegger-Körpers), dann durchläuft sein Gesicht jenes Spektrum der Gefühle (lächelnd, spöttisch, gequält, höhnisch, gefoltert, triumphierend), das acht Jahre später seinen Durchbruch zum Star in PUMPING IRON ausmachen sollte.

Aber wollte er zum damaligen Zeitpunkt überhaupt noch einmal einen Film drehen? James Karen erinnert sich an ihn als einen zurückhaltenden Kerl mit guten Manieren, der die Regieanweisungen ernst nahm, mit den Schauspielern und der Mannschaft Basketball spielte und beim Essen enorme Portionen verschlang. Von einer Zukunft beim Film war keine Rede. Arthur Seidelman allerdings hat den Ansatz eines Karriereplans in Erinnerung. „Er sagte zu mir sehr bald, daß er nach Amerika gekommen war, um viel Geld zu verdienen. Es war ihm sehr wichtig, daß er Erfolg hatte. Filme schätzte er als eine bedeutende Quelle dieses Erfolgs ein."

* * *

HERKULES IN NEW YORK allerdings geriet in Vergessenheit. Sein Star war wieder auf die Muskelstrände von Kalifornien zurückgeworfen. Um die Adoptivfamilie zu erweitern, überredete Arnold Joe Weider, auch Franco Columbu mit einem ähnlichen Trainings- und Wettkampfvertrag wie seinen eigenen nach Amerika zu holen. Der sardische Bodybuilder, der mit seinen gut ein Meter fünfzig wie eine kleinere, breitere Ausgabe von Franco Nero aussah, war zuvor schon als Jockey und als italienischer Meister im Leichtgewichtsboxen erfolgreich gewesen. Er wurde bald darauf der weltbeste Bodybuilder in seiner Klasse (die Klassen wurden nach Körpergröße unterteilt). 1976 und 1981 gewann er den Mr. Olympia.

In Deutschland wurden er und Arnold Freunde, die heftig hinter den Frauen her waren. In Amerika zog Franco bei Arnold ein. Sie teilten sich in Santa Monica eine Junggesellenbude, dazu die Schrecken des Englischlernens und die Freuden des anstrengenden Lebens in Gesellschaft.

Rund um Arnold begann sich schon ein Kreis zu formieren. Paul Graham, der Muskelfotograf Art Zeller, Joe Weider und Joe Gold (der von Gold's Gym) . . . und jetzt Franco. Die Bande wurde schließlich bekannt als die „Arnia": Eine Reverenz an den unumstrittenen Anführer und an die leicht bedrohliche, mafiose Solidarität in der Truppe.

Das alles trug dazu bei, daß sich Arnold in dem neuen Land daheim fühlte. Wenn es ihm gutging, hatte der Tag nicht genügend Stunden. „Arnold wollte nie ins Bett gehen, er hielt Schlafen für Zeitverschwendung", erinnert sich Franco Columbu. „Wenn er eine Party gab und die Leute anfingen, nach Hause zu gehen, hatte er es gern, wenn eine kleine Clique übrigblieb. Dann zündeten wir uns eine Zigarre an, genehmigten uns einen kleinen Drink, unterhielten uns über unsere verrückten Freunde und amüsierten uns köstlich."

Jene Bewohner von Los Angeles allerdings, die von Bodybuilding und von der Arnia keine Ahnung hatten, könnten den Newcomer mit dem breiten Akzent und dem breiteren Körperbau allenfalls als einen großen, geselligen Typen gekannt haben, der Werbung für Muskelmagazine machte. Ein Artikel im Santa Monica College Magazine (Arnold nahm an dieser Schule bald nach seiner Ankunft in Kalifornien Englischunterricht) vermittelt einen Eindruck vom Blick eines Außenseiters: „Sie könnten ihn schon gesehen haben auf unseren Gängen, diesen Kollegen, der ein wenig größer aussieht als die meisten Studentenkörper hier . . ." Arnold, so setzt der Bericht fort, „ist bei Weider International unter Vertrag, einem Unternehmen für Gesundheitsnahrung, das ihn rund um die Welt schickt, um diese Produkte zu bewerben."

Weider sagt, daß Arnolds Werbetätigkeit für das Unternehmen freiwillig war und nicht im Vertrag vorgeschrieben. „Als wir mit einer Produktlinie mit Nahrungszusätzen herauskamen, sagte Arnold zu mir: ‚Du bist ein Kumpel von mir. Ich werde die Produkte einmal ausprobieren, und wenn ich sie mag, wird es mir ein Vergnügen sein, wenn du mit meinem Namen dafür wirbst.'"

Es gibt ein Foto von Arnold aus dieser Studentenzeit. Er trägt ein hautenges, tief ausgeschnittenes weißes Sportleibchen und eine straff an den Oberschenkeln anliegende, psychedelisch gestreifte Hose. Schmollend sitzt er in seiner ganzen Größe da, während ein Haufen Mädchen ihn mit nervöser Bewunderung anstarrt. In der rechten Hand hält er ein Übungsbuch. Sein Blick ruht verliebt darauf, als wäre es eines von diesen Telefonbüchern, die starke Männer gern entzweireißen, um schönen Frauen zu imponieren.

Seine Ausbildung wurde langsam intensiver. „Zu Beginn war ich mit einem Besuchervisum im Land. Das heißt, ich durfte nur zwei Kurse pro College machen. Ich mußte also zwei Klassen im Santa Monica City College nehmen und zwei auf dem West Los Angeles College." Er schrieb sich auch erstmals für Abendunterricht in Wirtschaft auf der UCLA (University of California in Los Angeles) ein. Dann nahm er noch Amerikanische Indianische Geschichte und Amerikanische Geschichte dazu, „und machte weiter und weiter und weiter".

Inzwischen hatte er einige Titel gewonnen, weitere sollten folgen. Der süßeste Triumph dürfte der Titel Mr. Universe 1970 in London gewesen sein, als er sein früheres Idol Reg Park besiegte, der nach einem Rücktritt noch einmal auf ein Comeback gehofft hatte. Der Sieg trug mehr Züge von einem „wahren Mythos" als gewöhnlich. Eine gern erzählte Version von der Geschichte hat zum Inhalt, daß Arnolds britischer Mentor Wag Bennett Reg Park zur Teilnahme überredet hatte, indem er ihm versicherte, Arnold wäre außer Form. Bennett, so die Fama, schickte dem Veteranen ein Foto nach Südafrika, das die gegenwärtige, nicht eben Topform signalisierende Physiognomie des jungen Champions zeigte. In Wirklichkeit war es ein alter Schnappschuß von Arnold, aber Park fiel auf den Betrug herein: Er kam, trat an und wurde Zweiter hinter einem jüngeren Mann, der größer und besser in Schuß war als jemals zuvor.

Wendy Leigh übernimmt diese Geschichte als ein unanfechtbares Faktum. Reg Park hingegen bestreitet, daß sie jemals passierte. „Ich habe diese Story gelesen. Es ist kein Funken Wahrheit darin." Bennett leugnet ebenfalls. „Das ist völliger Unsinn. Das hat jemand erfunden."

Allerdings gibt Park zu, daß er für die Konfrontation auf dem Laufsteg nicht in bester Form war. Und Gordon Allen erinnert sich, daß Arnold ein Versteckspiel mit seinem älteren Rivalen inszenierte, während sie sich auf den Bewerb vorbereiteten. Arnolds Absicht, vermutet Allen, war es sehr wohl, Park keinen Blick auf den „neuen gestählten Körper" zu gestatten, bevor die Zeit gekommen war, ihn zu enthüllen. In der Nacht der Entscheidung war sogar Allen, der nur zehn Meter entfernt in der ersten Reihe saß, verblüfft, als er das Ergebnis sah. „Arnold war nicht mehr glatt, sondern wie in Streifen geschnitten. So etwas hatten wir noch nie zuvor gesehen: diese Deutlichkeit, diese Muskeln, diese Adern. Es war sensationell."

In Amerika, unter Weiders Anleitung, hatte Arnold diesen „geschliffenen" Look entwickelt, um den er Chet Yorton und Frank Zane so beneidet hatte, jene beiden Männer, die ihn bei seinem ersten Antreten bei größeren Bewerben geschlagen hatten. „Beim Bodybuilding geht es nicht einfach darum, die Brustmuskeln zu trainieren", erklärt Arnold. „Du versuchst danach, die oberen von den unteren Brustmuskeln zu trennen. Innerhalb dieser Muskeln gibt es dann Muskelfasern. Du versuchst, die Haut ganz dünn werden zu lassen, indem du das letzte Fett darunter wegbrennst, so daß zuletzt alle diese kleinen Fasern, diese kleinen Streifen und Muskeln, die am Knochen anliegen, deutlich zu sehen sind."

Während dieser Prozedur nehmen viele Bodybuilder harntreibende Mittel, um den Wasseranteil im Körper zu reduzieren. Das Fett im Körper drücken sie unter acht Prozent. Der beschriebene Körper sieht am Ende, zumindest für Nichteingeweihte, aus wie ein Gemälde vom hl. Bartholomäus, nachdem man ihm die Haut abgezogen hat. Arnold wollte „Venen". Jetzt hatte er sie ultravenös. Sie schlängelten sich über seinen Körper wie eine Straßenkarte der Hölle und bereiteten uns auf die Sci-Fi-Erscheinung Arnolds in

Terminator vor, wo er als kybernetische Phantasiefigur mit einem anatomischen Realismus spielt, der beinahe Brechreiz hervorruft. (Man ringt nach Atem, wenn er sich ein Auge herausreißt. Man ist verblüfft, wenn er sich zur Feineinstellung seiner Roboterorgane den Arm aufschlitzt.)

Die andere Waffe, die Arnold in diesen siegreichen Jahren entwickelte, waren seine psychologischen Talente. „Er hatte nicht bloß das physische Potential, er hatte auch mentale Fähigkeiten", sagt Wag Bennett. Rick Wayne kann sich an zwei Siege durch psychisches K. O. erinnern, die berühmt – beziehungsweise berüchtigt – wurden in den Annalen der Mr.-Olympia-Kämpfe. Beide Male war Sergio Oliva betroffen; der erste passierte bei Arnolds bahnbrechendem Sieg im Jahr 1970. Sein erster Mr.-Olympia-Titel wurde der Beginn einer Serie von Siegen in Topbewerben, die kein anderer Bodybuilder davor geschafft hatte.

Die zwei Männer waren zusammen auf der Bühne für ihre abschließenden Posen. Plötzlich flüsterte Arnold in Olivas Ohr: etwas in der Art wie, daß er genug hatte von dem ganzen Zirkus und daß es höchste Zeit sei, jetzt abzutreten. Oliva ging ab. Arnold blieb auf der Bühne, warf sich in seine beeindruckendste Pose und gewann. „Die Jury war der Meinung, Oliva hätte das Handtuch geworfen", sagt Wag Bennett, der vor Ort war. „Sergio war danach ziemlich zornig auf Arnold."

Zwei Jahre später versuchte Arnold neuerlich, Oliva kurz vor dem Ziel noch abzuschütteln. Wieder ließ er seinen Einfallsreichtum spielen. Dieses Mal veranlaßte er, daß eine Wand im Saal dunkler gestrichen wurde. Sein Körper kam dadurch besser zur Geltung als der seines dunkelhäutigen Rivalen. Die Jury gab ihm den Titel. „Bis heute glaube ich, daß ich deswegen gewonnen habe", erzählte Arnold später Wayne. „Sergio hatte mit seiner Blindheit zu kämpfen."

Während all dieser Jahre und Siege stand Joe Weider hinter Arnold. Er half, die psychischen Talente Arnolds ebenso zu verkaufen wie die physischen; und er besorgte ihm einige andere anspruchsvolle Dinge, die Arnold in den sechziger und frühen siebziger Jahren betrieb: PR-Nummern, Showauftritte, Zeitschriften, Versandhandel. Könnte es sein, daß Arnold dieser Dinge langsam überdrüssig wurde? Schließlich war das schon wieder ein „Vater", der sein Leben organisierte. Er war fast ein Stellvertreter für Gustav, der sich inzwischen auf die Rolle des freundlichen Nörglers beschränkte. („Das ist großartig", pflegte Schwarzenegger sen. über die neuesten Bodybuildingerrungenschaften zu sagen. „Aber du kannst das nicht ewig machen. Wann wirst du endlich eine Arbeit anfangen, Geld verdienen, etwas Sicheres finden?")

Weider hatte einiges mit Schwarzenegger sen. gemeinsam. Er war bestimmend und nicht leicht zu beeinflussen. Er war ein Antreiber, und er hatte eine Schwäche für Kultur.

Er zeigte Arnold seine Kunst- und Antiquitätensammlung und nahm ihn in Museen und zu Auktionen mit. Es bereitete ihm riesiges Vergnügen, diesen unbedarften Geist als Schüler zu haben.

„Einmal gingen wir in ein Geschäft, in dem englische Möbel verkauft wurden. Ich fragte Arnold: ‚Wie gefällt dir dieser Tisch? Wieviel, schätzst du, kostet er?' – ‚Hundert Dollar?' fragte Arnold. Ich rief den Verkäufer herüber und fragte ihn. Er antwortete: ‚16.000 Dollar.'"

Wie mit Gustav verlief es auch hier. Die Beziehung zwischen dem Mentor und dem Protegé wurde zu einer Haßliebe. Während seiner Wirtschaftskurse auf der UCLA mußte Arnold zwei Aufsätze schreiben: einen über die Person, die er am meisten bewunderte, und einen zweiten über eine Person, die er am meisten haßte oder verachtete. Er schrieb zwei Texte über Weider.

Der ältere Mann behauptet, Arnold habe weder Widerstand gegen seine Anleitungen gezeigt noch jemals angedeutet, daß er der Bevormundung überdrüssig war. Warum auch? Er war ein Fremder in einem seltsamen Land, und er hatte immer noch mit der neuen Sprache zu kämpfen. „Wenn er etwas nicht verstand, und wenn es nur ein Wort war, war es ihm nie peinlich zu fragen", sagt Weider.

Aber Weiders Macht über Arnold begann lästig zu werden. Sogar der größte Stolz des Impresarios, der Bewerb um den Mr. Olympia, wurde zu einem Streitpunkt. Von einigen Bodybuildern wurde die Show inzwischen als zu groß gewordenes Kuriosum betrachtet. John Bubb: „Anfangs war es ein Zirkus, den Joe Weider als eine Art Publicity-Coup aufgezogen hatte. Es erwuchs daraus, daß Amerika einen Mr.-America-Bewerb in London verlor und beleidigt war." Inzwischen war die Konkurrenz zum Forum einer verdrießlichen Geschäftsbeziehung zwischen dem Patron und dem Sportler geworden. 1970 untersagte Weider es Arnold neuerlich, in Großbritannien an den Start zu gehen. Wag Bennett erklärt: „Weider hatte die IFBB und wollte den wichtigsten Wettbewerb haben. Natürlich hatte er kein Interesse daran, daß sein Topmann die NABBA förderte."

In dem gedruckten Programm für die Mr.-Universe-Veranstaltung 1971, die im Londoner Victoria Palace abgehalten wurde, beklagt der NABBA-Präsident Oscar Heidelstam das Fehlen des Giganten. „Arnold hat mir über Monate hinweg versichert, daß er kommen würde. Nun hat er im letzten Moment abgesagt mit der Begründung, die Weider-Organisation habe ihm in zwei Briefen eine Teilnahme untersagt. Arnold ist vertraglich gebunden, er hatte keine Alternative. Aber er hat mir die Briefe geschickt als Beweis, daß Druck auf ihn ausgeübt wurde."

Was konnte Arnold noch tun, um von diesen verfluchten Vaterfiguren wegzukommen? In Österreich hatte er auf seinen Vater mit Trotz reagiert. In Großbritannien hatte er es seinem Ersatzvater Wag Bennett gezeigt – so zumindest die Gerüchte –, indem er mit seiner Ehefrau ins Bett ging.

Sollte Weider der Nächste sein? Arnolds Serienmission in diesen frühen Jahren war es, von den Prägungen durch diese Autoritätspersonen wegzukommen. Amerika war für ihn attraktiv wegen des Geistes eines freien Unternehmertums. Er war es müde, daß Leute ihn dafür trainierten, daß er das Spielzeug IHRER Träume war. Er wollte darauf trainieren, seine eigene Schöpfung zu sein und seine eigene kreative Superkraft: Mr. Autonomie, nicht Mr. Automat. Und als wollte der Lauf der Geschichte Arnolds Willen zur Emanzipation von den Vätern noch bekräftigen, stirbt in diesem Moment Gustav Schwarzenegger.

Vaterfiguren

„Wenn man Eltern hat, die einen in einer bestimmten Hinsicht formen wollen, ist das eine große Anstrengung für sie. Du hast eine Chance, es ihnen zurückzuzahlen, damit sie das Gefühl haben, es war die Mühe wert. Dann wird das Band durchschnitten."

Zwei Begräbnisse und eine gerichtliche Untersuchung

Im Mai 1971 verunglückte Gustavs Bruder Meinhard bei einem Autounfall in Kitzbühel. Ein Jahr später starb Gustav in einem Grazer Krankenhaus an einem Schlaganfall. Das war ein Jahr, nachdem er den Triumph seines Sohns beim Mr.-Olympia-Bewerb 1972 in Essen in Deutschland mitverfolgt hatte. Daß Arnold weder am Begräbnis des Bruders noch des Vaters teilgenommen hat, wurde seither zumeist sehr einfach unter „G" wie „gefühlskalt" verbucht. Aber es ist auch ein Hinweis darauf, daß er damals und auch später durch sein Hochleistungsleben und die damit verbundene Tunnelexistenz exakt das sah und fühlte, was er sich zu sehen und zu fühlen gestatten konnte.

Der erwachsene Arnold hatte Jahre damit zugebracht, sich von den beiden Männern zu distanzieren, aber er behielt währenddessen eine verkümmerte Routine der Familienloyalität bei. In Interviews und seinen eigenen Aufzeichnungen hat er über Meinhard wenig mehr zu sagen als die Anmerkung, daß er der Liebling der Eltern war. Überraschenderweise ist Meinhard in den Kindheitserinnerungen in ARNOLD: EDUCATION OF A BODYBUILDER überhaupt nicht erwähnt. Und aus anderen Äußerungen Arnolds schält sich nur das schemenhafte Porträt eines künstlerisch veranlagten Menschen, der als Kind „wunderschöne Bilder" malte, ein „nachdenklicher Typ" war und im übrigen ein „typischer Krebs – sehr kreativ".

Das ist ein beinahe erschreckend verschiedenes Bild von dem Meinhard, an den sich die Schulkollegen erinnern können. Hat Arnold die Wahrheit aus brüderlicher Loyalität beschönigt? Als Kinder müssen die Brüder vertraute Gefährten gewesen sein, die altersmäßig nur ein Jahr getrennt waren und in demselben kleinen, abgeschiedenen Dorf aufwuchsen. Auch wenn Arnold ihn nicht namentlich erwähnt, verwendet Arnold fast immer das „wir" und nicht das „ich", wenn er über die Kindheit erzählt. Aber dann wurde Arnold berühmt und ging ins Ausland, während Meinhard in Österreich blieb, sich weder für eine längerfristige Arbeit noch für eine Heirat mit dem Mädchen, das von ihm schwanger war, entscheiden konnte (ihr Name war Erika Lohrer): Das alles sieht aus wie die perfekte Konstellation für ein Eifersuchtsdrama unter Brüdern, mit dem maßgeschneiderten Gegenteil eines Happy-Ends. Meinhard starb bei einem Verkehrsunfall nach einer durchzechten Nacht.

Wie Wendy Leigh dieses Kapitel aus der Familiengeschichte der Schwarzeneggers behandelt, zeigt sehr gut die zweischneidige Qualität einer Biographie, die stark dem „Wahre-Mythen-Syndrom" verfällt. Leigh sieht Meinhards Tod in einem fatalistischen Licht: die Geschichte eines gescheiterten, ausgebrannten Bruders. Ihre Überschrift über diesen Abschnitt könnte lauten: „Die Erfolgsgeschichte von Arnold dem Brutalen". Die Opfer des Protagonisten wären darin nicht nur seine Wettkampfkonkurrenten und seine Gegner beim Bodybuilding. Auf dem Altar von Arnolds Vision würden auch die engsten Vertrauten aus dem eigenen Heim geopfert.

Vielleicht hat Meinhard auch noch andere, unbekannte Gründe gehabt für seine Depression und seine gescheiterte Karriere. Vielleicht war nicht nur der Triumph seines Bruders der Grund, daß sein Leben schon auseinanderfiel, bevor es in einem Harakiri aus Alkohol und Autoraserei endete. (Ein früherer Schulfreund behauptet übrigens, daß die Polizei hinter ihm her war in der Nacht seines Todes.) Man muß hinzufügen, daß Arnold 1971 noch nicht die öffentliche Superkarriere hinter sich hatte, in deren Licht wir ihn heute sehen. Er hatte die Bodybuildingwelt erobert, gut; aber die Filmkarriere war nach seinem Toga-Desaster noch immer am Boden. Leighs Interpretation ist so gesehen hemmungslos Arnie-zentrisch. Zur Strafe dafür, daß man eine Nebenrolle in einem Brüderdrama spielen darf (so sieht sie Meinhard), muß man auch in ein symbolisches Muster passen.

Auf dieselbe Weise muß Gustav, der am 11. Dezember 1972 stirbt, an einem „gebrochenen Herz" dahinscheiden, „das noch immer von Meinhards Tod erschüttert war" (Wendy Leigh). Es gibt keinen Hinweis darauf, daß Gustavs Tod durch den nicht zu lindernden Schmerz über seinen Sohn beschleunigt worden wäre. Viel Liebe hatte er für ihn als Kind nie übrig gehabt, nicht mehr und nicht weniger als für Arnold. Aber es paßt in Leighs Mythos. Der Sohn, der schon für Meinhards verzweifelten Tod verantwortlich war, muß – in einem destruktiven Dominoeffekt – auch für den gramvollen Tod des hilflos zurückgelassenen Vaters verantwortlich sein.

Andererseits verwandelt Arnolds eigene Version Gustavs Tod und die darauffolgenden Ereignisse endgültig in einen gordischen Knoten aus Mythen und Gegenmythen. Unbestritten ist als Faktum: Arnold kam nicht zu Gustavs Begräbnis, das am 18. Dezember auf dem Friedhof von Weiz, knapp außerhalb von Graz, stattfand. Ungelöst ist die Frage: Warum nicht? Arnold selbst eröffnete diese zweite, verspätete Untersuchung durch eine beiläufige Anekdote, die ein paar Jahre darauf in PUMPING IRON auftauchte. Während er in einem kecken rot-weiß-gestreiften Sportleibchen auf einem Sofa herumlümmelt, sagt er folgendes in die Kamera:

„Wenn du ein Champion sein willst, darfst du nicht zulassen, daß negative Kräfte von außen auf dich eindringen und dich betreffen. Also habe ich mich in diese Richtung trainiert. Total kalt zu sein und mir nichts durch den Kopf gehen zu lassen. Es war eine traurige Geschichte, als mein Vater starb. Meine Mutter rief mich an und sagte: ‚Du weißt, dein Vater ist tot.' Das war genau zwei Monate vor einem Wettbewerb. ‚Wirst du zum Begräbnis nach Hause kommen?' Ich sagte: ‚Nein, es ist zu spät. Er ist tot, und ich kann nichts mehr tun. Es tut mir leid, aber ich kann nicht kommen.' Und ich habe ihr die Gründe dafür nicht erklärt, denn wie kann man einer Mutter, deren Ehemann eben gestorben ist, klarmachen, daß man gerade keine Störung gebrauchen kann wegen eines Wettbewerbs?"

Dieser kleine Monolog beschwörte die größte Gegeninquisition in der Geschichte von Arnolds Beziehungen zu den Medien herauf. 1985 erzählte er dem ROLLING STONE, er hätte die Geschichte von einem französischen Bodybuilder übernommen. Als Star des Films PUMPING IRON wollte er die Begebenheit erzählen, weil sie repräsentativ war für die Einstellung der Muskelbranche.

Der Regisseur des Films, George Butler, bestätigt, daß es eine übernommene Geschichte war. Schließlich hatte er sie selbst aufgeschnappt, aus dem Mund eines Boxers – „einer der Spinks-Brüder" – bei den Olympischen Spielen in München 1972.

„Als wir PUMPING IRON drehten, habe ich die Anekdote zufällig in der Nacht, bevor wir sein Interview filmten, mit ihm diskutiert. Am nächsten Tag erzählte er sie wortgetreu in die Kamera, als wäre es seine eigene Geschichte vom Begräbnis seines Vaters." Butler ließ das geschehen, denn PUMPING IRON beruhte auf einer Idee von Dokumentarfilm, die dem New Journalism entlehnt war: „Wir nahmen dokumentarisches Material und gaben ihm eine dramatische Struktur."

Inzwischen, so erzählt Butler, hatte sich Arnold auch dazu herabgelassen, ihm die Wahrheit zu erzählen: „Was tatsächlich zu der Zeit, als mein Vater starb, geschah, war folgendes: Ich war in Mexiko und machte einen Schaukampf. Dann schloß ich einen Urlaub an. Ich war einfach nicht erreichbar, nicht einmal telefonisch." Als er nach Los Angeles zurückkam, traf ihn Franco Columbu auf dem Flughafen und überbrachte ihm die Nachricht, daß sein Vater gestorben und begraben worden war. „Ich nahm sofort den nächsten Flug nach Österreich, um meine Mutter zu trösten."

1988 allerdings erzählt Arnold dem PLAYBOY, daß er mit einer Fußverletzung in einem amerikanischen Krankenhaus lag, als ihn die Nachricht von Gustavs Tod erreichte: „Ich konnte nicht zum Begräbnis gehen, weil ich im Spital war. Und ich habe ziemlich darunter gelitten, denn ich wußte, wieviel er für mich getan hat." Und er fügt hinzu: „Der Tod kommt nie zur richtigen Zeit, ganz egal, wann."

Tatsächlich verschwendet der Tod keinen Gedanken daran, wann er den Leuten paßt; noch weniger der Tod eines Vaters, der einen berühmten Sohn hat. Der Sohn kann sich vor den Kommentatoren nicht verstecken. Jeder Moralapostel trachtet danach, aus den Reaktionen des Sohns ein Kapital zu schlagen. Wenn sich der Sohn für die Hopp-oder-Tropp-Variante entscheidet (ein brüskes, aber vertretbares: „Er ist tot, wir können nichts mehr tun"), dann wird er von den Schiedsrichtern dieser Welt verwarnt und an den Pranger gestellt. Wenn er sich zur Entschuldigung für seine Abwesenheit beim Begräbnis eine jener harmlosen Geschichten einfallen läßt, die wir alle in der unbeaufsichtigen Welt der Nichtberühmten tagtäglich erfinden, dann meldet er sich freiwillig für die Kreuzigung durch die Medien.

Immer Weider und Weider

Wenn wir dem mit Blut aus Vatermorden getränkten Interpretationsweg von Wendy Leigh folgen, dann versuchte Arnold zwei Jahre nach Gustavs Tod seine andere Vaterfigur, Joe Weider, zu beseitigen. Das gebrochene Herz und die Abwesenheit beim Begräbnis, womit er Gustav bedacht hatte, waren nur Proben für die tödliche Tirade gegen Weider, die er 1974 in einer Ausgabe von SPORTS ILLUSTRATED veröffentlichte. „Ganz wie ein rebellischer Sohn, der sich ein für allemal von seinem Vater lossagen will", schreibt Leigh, „. . . startete er RELATIV FRÜH IN SEINER KARRIERE eine offene Attacke gegen Weider." (Meine Hervorhebung, N. A.)

Früh? 1974 denkt Arnold schon über seinen Rückzug als Bodybuilder nach. Er war zu diesem Zeitpunkt sieben Jahre an der Spitze. Leigh verdirbt sich eine einfache und plausible Wahrheit, daß Arnold einen Groll auf Vaterfiguren hegt, indem sie daraus einen überlebensgroßen „wahren Mythos" macht: daß der Tod über jedem Ersatzvater im Leben dieses jungen Mannes schwebt, bevor noch der Tau auf ihrer frischen Beziehung liegt.

Das Interview in SPORTS ILLUSTRATED ist unbestritten eine ungestüme Sache:

„Die ganzen Zeitschriften – von Weider, Hoffman, Lurie – bezeichne ich als Comics, als Zirkusbücher. Diese Schlagzeilen! WIE ARNOLD SEINE OBERSCHENKEL

TERRORISIERT HAT! Hah! HIER SPRICHT JOES BIZEPS! Warum soll Joes Bizeps zu irgend jemand sprechen? Das ist gar kein so besonderer Bizeps . . . Kein einziger unter diesen dummen Menschen ist mehr am Bodybuilding interessiert. Sie sind nur am Geld interessiert, das man damit machen kann. Jeder sagt, er ist für das Bodybuilding, aber sie sind es nicht. Sie bringen den Sport um. Ich frage Joe, warum er solchen Blödsinn druckt – warum muß jeder bomben und explodieren und terrorisieren und diese ganzen dummen Begriffe?"

Die letzte Anschuldigung ist starker Tobak aus dem Mund eines späteren Co-Autors des Buches ARNOLD: THE EDUCATION OF A BODYBUILDER (es kam fünf Jahre später, 1979, heraus), in dem es von genau diesen Ausdrücken nur so wimmelt: „meine Muskeln zum Explodieren bringen" (Seite 22); „wütend meine Muskeln bombardieren" (Seite 23); usw. Aber das wirft nur ein bezeichnendes Licht darauf, wie unnötig diese Tirade war und wie sehr die Auseinandersetzung ein Sturm im Wasserglas war. Weider selbst nimmt die Sache heute auf die leichte Schulter: „Wir machen alle Fehler. Zu dieser Zeit wollte Arnold im Leben vorankommen, und deswegen wollte er sein früheres Leben ‚herabsetzen'."

Selbst Leigh erwähnt ganz gegen die von ihr aufgebaute Dramatik, daß die Beziehung zwischen Arnold und Weider diese und auch weitere Streitereien überstand. Genauso war es mit Sylvester Stallone, der nicht sein Mentor, wohl aber sein Vorbild war: Nach wilden verbalen Kampfansagen holte er ihn später in Geschäftsdingen an Bord und kooperiert seit 1990 mit ihm. Ein Biograph, der nach dramatischen Wendepunkten für seine Geschichte sucht, braucht Geduld. Nicht selten ist das, was wie ein großer Wendepunkt aussieht, nur der erste in einer Reihe von Fortsetzung-folgt-Abschnitten.

Davon abgesehen: Wenn Arnold wirklich nach einer Waffe gesucht hätte, um Weider loszuwerden, hätte er bald darauf die einfachste, unblutigste in die Hand bekommen: Alter. An den Orten, zu denen Arnold unterwegs war, gab es für Weider keinen Platz.

Macht verdienen

„Ich nahm mir vor, der Beste zu sein, und ich bin es."

Ein Sport und sein Psychogeschwätz

Die siebziger Jahre schritten voran. Arnold entwickelte eine doppelte Vision. Der eine Karrieretraum, der noch zu verwirklichen war, wurde über den anderen, der gründlich erfüllt war, drübergelegt. Er war nun schon der beste Bodybuilder der Welt. Jetzt brauchte er noch eine Siegesserie auf höchstem Niveau, dann wäre er der beste Bodybuilder in der Geschichte. Aber dann, was dann? Ein weiteres Ziel war gefragt, um die Leistungsmaschine in Schuß zu halten. Millionär? Sportmogul? Performancekünstler? Filmstar?

Idealerweise sollte sich die zweite Karriere aus der ersten ergeben. Sie sollte auf ähnlichen Attributen und Fähigkeiten basieren. Aber was SIND denn eigentlich die wesentlichen Komponenten des Sports, den Arnold gewählt hatte?

Arnold selbst hat die Faszination des Bodybuilding einmal so eloquent auf den Begriff gebracht, als ginge es um ein Plädoyer vor Gericht: „Wir haben Pferderennen immer geliebt, denn sie zeigten uns wunderbare Muskeln in Bewegung. Beim menschlichen Körper scheuten die Menschen davor zurück, aber inzwischen ist es anerkannt. Wir sehen gern, wie er sich bewegt und wie er funktioniert. Und das geht nur, wenn Muskeln da sind."

Das sind Ansichten eines Ästheten. Warum aber widmet sich ein Normalsterblicher stundenlang dem Heben und Senken von Gewichten auf einer Erde, die nun einmal reich an Schwerkraft ist?

Vince Gironda erklärt, es begann „mit Leuten von meiner Größe, die darüber klagten, daß sie nicht einen Meter achtzig groß waren. Die einzige Möglichkeit, die sie hatten, war ein größerer Körper." In Hollywood, fügt er hinzu, trifft das besonders auf Leute zu, die zum Film möchten. „Heutzutage ist es in dieser Stadt praktisch ein Muß, daß die Leute einen guten Körper haben."

Für Reg Park, einen Muskelmann, der es zum Filmstar brachte, begann das Bodybuilding auch mit dem Bedürfnis, sich aus der Bedeutungslosigkeit zu einer bedeutenden Persönlichkeit hochzukurbeln:

„Ich wollte die beste Physiognomie auf der ganzen Welt haben. In meinen frühen Kindertagen, zwischen meinem fünften und zehnten Lebensjahr, verbrachte ich viel Zeit bei meinen Großeltern. Ich erinnere mich: Sie hatten Bilder von einer Hochzeit im antiken Griechenland, und der Mann trug eine Art griechischen Rock und Sandalen. Sein Körperbau war sensationell, das werde ich nie vergessen. So wollte ich auch sein."

Wenn man einen Psychoanalytiker auf das Bodybuildingphänomen losläßt, bekommt man einen Sturzbach von postfreudianischen Spitzfindigkeiten:

„Es gibt Männer, die deswegen Bodybuilding betreiben, weil sie sich stärker, gesünder und selbstbewußter fühlen wollen. Sie machen das vor allem, um bessere Beziehungen zu ihrer Umwelt zu haben, und sie sind dadurch völlig verschieden von denen, die sich nur mit sich selbst beschäftigen, die nur ihre Muskeln zu außergewöhnlicher Größe aufpumpen wollen. Diese zweite Gruppe besteht meiner Meinung nach aus ziemlich unsicheren Menschen, die tiefverwurzelte Ängste überwinden wollen – Ängste, daß sie klein und zerstört und ungenügend sind. Ihre Energien wenden sich nicht nach außen auf andere Menschen, sondern nach innen. Sie brauchen andere Menschen nur, damit sie ihnen Bewunderung entgegenbringen und ihre Ängste und Unsicherheiten beschwichtigen."

Die Neurose der Selbstentfaltung – ist es das, was das Bodybuilding mit der Schauspielerei gemeinsam hat? Noch einmal Riklin:

„Es gibt einen berühmten Aufsatz von Bertram Lewin mit dem Titel ‚Der Körper als Phallus'. Er vertritt die These, daß ein Mensch manchmal seine ganze Physiognomie wie einen Penis begreifen kann. Und tatsächlich versucht ein Bodybuilder, der an sich arbeitet, vielleicht nur, auf einer Phantasieebene seine Ängste wegen eines kleinen Penis zu bekämpfen."

Aber Arnold – wir wollen ihn hier in dieses Symposion zurückholen – will davon nichts hören. „Können Sie sich vorstellen, wie ein Teenager nackt vor dem Spiegel steht und zu sich sagt: ‚Ich weiß nicht, mein Schniedel ist so klein. Ich schätze, ich werde stattdessen an meinem Bizeps arbeiten müssen.'" Arnold hatte doch nicht vierzig Tonnen pro Tag beim Bankdrücken bewegt oder in einem Jahr so viel Gewicht wie die Tonnage der Queen Elizabeth II (das waren die Schätzungen des PUMPING-IRON-Regisseurs George Butler), nur damit die Menschheit dann an diese Spinneridee glaubt. „Kannst du dir die Anstrengung vorstellen? Vier Stunden Training am Tag, fünfzehn Jahre lang – nur weil du einen kurzen Schwanz hast? Das ist absurd."

Trotzdem erscheint die Theorie von der Kompensation einer verlorenen oder unbefriedigenden Männlichkeit (oder vielleicht doch des Körperteils selbst?) so überzeugend wie jede andere, wenn man die Faszination von Bodybuilding erklären will. Sie gestattet uns auch, daß wir Arnolds „Verkleidung" durch Muskeln wie seine spätere Verkleidung in Machorollen beim Film als eine Fortsetzung einer früheren Geschichte sehen: Arnolds Anprobe der Uniform seines Vaters (oder zumindest seine Phantasie davon).

Gustav hat seinem Sohn während der ganzen Kindheit die Botschaft eingetrichtert: „Sei ein Macho." Er wollte Arnold als Offizier sehen. Arnold, in seiner ganzen Zwiespältigkeit gegenüber Teamgeist, wollte nicht. Aber Bodybuilding konnte ebensogut eine Beschwichtigung für den Vater mit seiner Männlichkeitspropaganda sein wie eine verächtliche Parodie darauf. Arnold selbst führt seine Sportkarriere auf ein bestimmtes Gefühl der Unsicherheit in seinen Kindertagen zurück: „... du mußt ein wenig ‚daneben' sein. In deiner Kindheit muß etwas passieren, damit du dir sagst: ‚Ich werde das wiedergutmachen.' Du weißt nicht einmal, was es ist. Vielleicht war ich im Wettstreit mit meinem Bruder, oder ich wollte meinem Vater etwas beweisen. Aber es ist gar nicht wichtig. Es war etwas da, das mich hungrig gemacht hat."

Was der Butler sah

Der Erfolg beim Bodybuilding befriedigte den Hunger nach männlicher Bestätigung im Wettbewerb. Er stillte aber kaum andere Hungergefühle. Der Sport hatte wenig Prestige außerhalb seines Zirkels aus Fans und Athleten. Er bot kargen Lohn für einen, dessen Träume ebenso dem Geld galten wie dem Ruhm. George Butler, der Fotograf und spätere Regisseur des Films PUMPING IRON, traf Arnold zum ersten Mal im September 1972. Zusammen mit dem Autor Charles Gaines war Butler im Auftrag des Magazins OUI in New York, um über den Mr.-America-Bewerb zu berichten.

„Man muß zurückdenken und sich erinnern, wie primitiv das Bodybuilding in dieser Zeit war. Charles verglich es mit Zwerg-Werfen oder Liliputaner-Wrestling. Die Mr.-America-Show fand in der Brooklyn Academy of Music statt, in einer kleinen Halle mit einer alten Calliope-Orgel. Und Arnold, der größte Bodybuilder in der Geschichte, der Muhammad Ali seiner Sportart, bekam 500 Dollar für einen Schauauftritt bei dieser Konkurrenz. Vielleicht hatte er ja noch zehn andere derartige Shows in einem Jahr, immer an primitiven Örtlichkeiten, wo die Umkleidekabinen schäbig waren und der Putz von den Wänden bröckelte."

Wayne DeMilia, der Arnold seit über zwanzig Jahren kennt und heute internationaler Vorsitzender von Pro-Bodybuilding ist, bekräftigt Butlers Beschreibung. Aber er glaubt nicht, daß Arnold ein Opfer dieser mickrigen Umstände war. Viele Bodybuilder, sagt DeMilia, mußten sich, um ihr Einkommen aufzubessern, interessierten Gönnern zur Verfügung stellen – zur Verfügung in jeder Hinsicht.

„Man kann sich ausdenken, wie sie ihr Geld verdienten. Sie kamen nach Kalifornien wie in ein Mekka, und einige Jungs machten Dinge, die sie wahrscheinlich heute bereuen würden. Aber Arnold hatte das nicht nötig. Er war als Sportler sehr gut bezahlt. In den frühen Siebzigern bekam er von Weider 300 Dollar pro Woche (ich selbst habe damals als Servicetechniker bei der Telefongesellschaft AT & T 140 Dollar verdient), und er konnte 1.000 Dollar bei Gastauftritten verlangen. Er trat beinahe jedes Wochenende bei Exhibitions auf, gelegentlich zweimal am Tag. Das läppert sich zusammen."

Aber es läppert sich langsam zusammen, beharrt Butler. Als er Arnold traf, lebte der dreifache Mr. Olympia in einer kleinen Eigentumswohnung in Santa Monica und verdiente sich durch Ratgeberbücher über Sport und Bodybuilding Geld dazu. Butler besuchte einmal Arnolds Büro und fand dort Fächer voll mit „zwölf verschiedenen Broschüren, die irgendein Typ für ihn geschrieben hatte. Sie wurden über Postversand vertrieben und in Joe Weiders Zeitschriften veröffentlicht. Weider reservierte ihm eine Seite pro Ausgabe, auf der er für seine Produkte werben konnte."

Es gab noch eine weitere Facette an Arnolds bescheidenem Status in jener Zeit, sagt Butler: „Er war immerhin fünf Jahre Mr. Universe, und drei Jahre Mr. Olympia, und trotzdem wurde er niemals von jemandem außerhalb der Bodybuildingpresse interviewt."

Ein paar Jahre später sollte Butlers Film PUMPING IRON das für immer ändern: Er sicherte Arnold ein Leben im Dauerbelagerungszustand durch die Medien. Schon in dieser frühen Phase ihrer Freundschaft sah Butler eine Ausdruckskraft bei Arnold, von der er selbst nicht einmal zu träumen wagte: „Ich fand, er konnte mit seinem Körper umgehen wie Fred Astaire. Ich sah ein Ausmaß an Raffinement in ihm, von dem er bis heute nichts eingebüßt hat."

Achtzehn Monate nach der Mr.-America-Show in Brooklyn filmte Butler eine Exhibition in Holyoake, Massachusetts, bei der Arnold vor dreihundert Menschen im Forest Park Amusement Centre auftrat. Butler verarbeitete das Material zusammen mit Interviewaufnahmen von Arnold in eine sechzehnminütige Promotion-Rolle, mit der er künftige Geldgeber zu gewinnen hoffte. (Das war das Samenkorn, aus dem PUMPING IRON wuchs.)

Später dachte sich Butler andere Tricks und Einfälle aus, die beweisen sollten, daß Arnold nicht bloß ein Gigant im String-Tanga war, sondern ein hochwertiges menschliches Kunstwerk. Er stellte ihn in einem Museum aus: als Performance-Kunst. Er überredete ihn zu Ballettstunden. Er brachte ihn mit Hunderten Schwarzweißfotos auf den Hochglanzseiten von Zeitschriften unter oder in gebundenen Nachttischbüchern, in denen Sport als Kunst verklärt wurde. Am Ende machte er ihn mit PUMPING IRON unsterblich.

Arnolds Kooperation war allerdings nur halbherzig. „Er hatte seine eigenen Ideen, seinen eigenen Kopf und eigene Ziele", erzählt Butler. Eines dieser Ziele war: Er wollte es zum Millionär gebracht haben, bevor er dreißig wurde.

Geld stemmen

Man betrachte die außerordentliche Geschichte von Arnold als Geschäftsmann. Wie schafft es der Sohn eines bescheidenen österreichischen Polizisten, der praktisch ohne Geld mit achtzehn Jahren seine Heimat hinter sich läßt, in nur sechs Jahren zum Plutokraten in seinem Gastland zu werden? Und das alles, bevor er noch eine seiner bekannteren, besser bezahlten Filmrollen erobert hatte? Hier ist die Geschichte.

1971, behauptet Arnold, hatte er 28.000 Dollar aus seinen Einkünften bei Weider und bei HERKULES IN NEW YORK erspart. Von Weider borgte er sich weitere 10.000 Dollar und kaufte eine Sechszimmerwohnung als erste Investititon in der Immobilienbranche. Außerdem beschäftigte er sich in dieser Zeit mit dem Maurergewerbe und mit Versandhandel.

Arnold, der Unternehmer, war geboren. Gezeugt wurde er gewissermaßen schon zwölf Jahre davor.

1. Unternehmen Eiscreme. Es war Hochsommer in Österreich. Arnold, damals gerade elf Jahre, bemerkte, daß viele Leute beim Spaziergang im Grazer Stadtpark erhitzt und verschwitzt aussahen. Er hatte seinen ersten geschäftlichen Geistesblitz. Er kaufte eine Anzahl Eistüten von einem Verkäufer in der Nähe (Preis: 1 Schilling), und verkaufte sie alle um drei Schilling. Der Profit: 200 Prozent. „Sie waren immer durstig und sie haben alle geschwitzt und ihnen war immer heiß. Ich wußte, daß daraus ein Geschäft zu machen war." Ein paar Jahre später hatte Arnold auch in der Schule ein Fach, in dem er sich als Unternehmer üben konnte. „Wir mußten in ein Geschäft gehen und so tun, als wären wir Verkäufer. Wir stellten Rechnungen aus und gaben Bestellungen auf. (. . .) Das war in der Zeit zwischen 15 und 18, und es hat bereits meinen Sinn für das Geschäftliche geschärft."

2. Unternehmen Stierhoden. Arnold erzählt von einem Besuch in der Heimat. Es war nach dem Gewinn seines ersten Welttitels. Er wurde von Journalisten belagert, die gierig nach seinem Erfolgsrezept fragten. Arnold setzte ein Pokergesicht auf und antwortete: „Meine geheime Eiweißquelle sind Stierhoden. Jeder kann ein Champion werden, wenn er nur genug davon ißt." Bevor die Zeitungen die Geschichte noch bringen konnten, rief Arnold bei den größeren Fleischverarbeitern in der Gegend an und vereinbarte mit ihnen einen Anteil am wachsenden Profit aus dem Verkauf dieser tierischen Samenspender. „Sehr bald verlangte natürlich jeder Nachwuchssportler in Österreich nach diesen Dingen", triumphiert Arnold. „Davor hat niemand so etwas gegessen. Die Sache war billig, jetzt wuchs der Profit im Handumdrehen. Ich machte ein kleines Vermögen."

3. Unternehmen Versandhandel. In Amerika kaufte sich Arnold in den späten Sechzigern um 3,75 Dollar eine Geschäftsbewilligung und gründete eine Versandhandelsfirma. Er verschickte Prospekte, in denen Bodybuildingratschläge und Fernkurse angeboten wurden (alles aus diesem Büro in seiner Wohnung, das George Butler geschildert hat), dazu eine bescheidene Zeitschrift. Alles wurde (nach HERKULES) unter dem Namen „Arnold Strong" herausgegeben. Der Großteil des Materials wurde von Gene Mozee geschrieben, einem Redakteur bei Joe Weider. Rick Wayne, ein befreundeter Bodybuilder, erinnert sich an eine Gewohnheit von Arnold: Er hielt jeden neu eingetroffenen Briefumschlag gegen das Licht und warf alle, die keinen Scheck enthielten, sofort weg.

4. Unternehmen Mauerbau. In dieser Phase in den späten Sechzigern, als Arnold in Los Angeles Fuß zu fassen begann, eröffnete er zusammen mit Franco Columbu noch eine Baufirma. „Sechzehn Leute arbeiteten für uns, über die ganze Stadt verteilt. Sie bauten die Kamine wieder auf, die das Erdbeben gerade zerstört hatte", erzählte Arnold 1983 der Zeitschrift INTERVIEW. Columbu erläutert: „Wir mußten ziemliche Mengen eiweißreicher Nahrung essen – Fisch, Fleisch und Eier. Unser Einkommen aus dem Bodybuilding reichte dafür bei weitem nicht aus. Ich hatte schon in Deutschland im Baugewerbe gearbeitet. Ich mußte nur Arnold beibringen, wie man Beton mischt und Ziegel verlegt. Es lief sehr gut." Arnold sagt, er mischte nicht viel Beton. „Franco erledigte die Maurerarbeiten, und ich war der, der in anständiger Kleidung vorbeikam, die Meßarbeiten durchführte und die Kostenvoranschläge machte. Ich handelte natürlich mit den Kunden, auch wenn ich schon vorher wußte, wie hoch der Preis sein sollte." Aber er war sich auch nicht für die dreckige Arbeit zu schade, wenn es darauf ankam. Eines Tages wurde Valentinos altes Haus niedergerissen. Die beiden Tarzans der Branche lieferten einen Parforce-Akt, indem sie ein Konkurrenzangebot von 4000 Dollar unterboten. Sie erledigten einen

Kaminabriß in nur zehn Minuten mit ihren eigenen Beinen und verlangten dafür 1.000 Dollar. „Wir legten uns auf den Rücken und drückten den Kamin in die richtige Position", sagt Columbu. Die dankbare Hausherrin gab ihnen sogar noch die Ziegel, die Arnold prompt als Antiquitäten weiterverkaufte. Später behaupteten beide, daß ihre Firma den Namen PUMPING BRICKS getragen hatte. Aber George Butler sagt, das wäre unmöglich. „Charles Gaines erfand den Begriff PUMPING IRON im Jahr 1974. Er beschreibt den Sport perfekt. Ich kann es nicht glauben, wenn Arnold behauptet, daß er die Formulierung schon fünf, sechs Jahre früher verwendet hat." In einem jüngeren Arnold-Porträt in HOLLYWOOD REPORTER stellt Franco Columbu fest, die Firma hieß EUROPEAN BRICK WORKS.

5. Unternehmen Grundbesitz. 1986 erzählte Arnold einer britischen Zeitung, „Geld bedeutet mir nichts. Ob ich jetzt einen Film für 5 Millionen Dollar mache oder für 50, ist mir ganz egal. Ich habe schon von meinen Immobiliengeschäften im Jahr 1975 soviel verdient, daß ich in Pension gehen könnte." Alles begann sogar noch früher. Joe Weider ermutigte seinen Schützling. „Er wollte nach Santa Monica übersiedeln, und ich sagte ihm: Warum willst du Miete zahlen und am Ende mit einem Haufen Rechnungen dastehen? Steck dein Geld in Immobilien." Bald kaufte Arnold Wohnungen, Reihenhäuser und Bürogebäude. Er erwarb ein Gebäude in Santa Monica um 450.000 Dollar und verkaufte es später um 2,3 Mio. Dollar. Er kaufte einen ganzen Straßenblock in Denver. Man erzählt sich, er verkaufte ein Bürogebäude in Nevada, das er um einen Pappenstiel zum Spekulieren erworben hatte, um 7 Mio. Dollar. Franco Columbu berichtet, daß Arnold praktisch seine gesamten Preisgelder und Einkünfte aus dem Bodybuilding nach 1972 in Immobilien investierte. „Einmal absolvierte er fünf Shows in Südafrika. Dann stieß ich zu ihm, und wir machten fünf weitere. Er sagte: ‚Ich werde von diesem Geld nichts anrühren. Ich lege alles zurück.' Als wir heimkamen, investierte er jeden Groschen in ein Wohngebäude."

Er bekam von allen möglichen Gelegenheiten in allen Regionen Amerikas Wind. Manche seiner Träume und Projekte wirken leicht verrückt, wie zum Beispiel das 15-Morgen-Areal in Palmdale, sechzig Meilen außerhalb von Los Angeles. Er kaufte das Gelände, weil er sicher war, daß hier eine Landebahn für Überschallflugzeuge entstehen sollte, extra für die Concorde. (Sie wurde nie gebaut.) 1977 erfuhr man, daß er eine Kohlengrube in West Virginia gekauft hatte. Der Grund: Er hatte von Präsident Carters neuem Energieplan gehört. Es war Arnolds Credo, Immobiliengeschäfte an politischen Wendepunkten zu tätigen. „Jedesmal wenn eine demokratische Regierung ans Ruder kommt, verdient unsere Branche besser. Der Grundwert steigt mit der Inflation." Keinesfalls verließ sich Arnold, ein typischer Autodidakt, auf eine jämmerliche Figur wie einen Geschäftsführer. „Ich investiere mein Geld höchstpersönlich. So habe ich es immer gehalten, seit meiner ersten Stunde in diesem Land." Heute trägt er sogar schon einen akademischen Titel vor seinem Namen. Erworben hat er ihn, hauptsächlich durch Wirtschaftsfernkurse, an der Wisconsin University.

6. Unternehmen Sport. 1975 gründete Arnold eine Geschäftsallianz mit Jim Lorimer, einem von Columbus aus agierenden Bodybuildingpromotor und Manager einer landesweit tätigen Versicherungsfirma. Die beiden Männer trafen sich zum ersten Mal, als Arnold 1970 in Columbus an einer Mr.-World-Konkurrenz teilnahm. Er war beeindruckt, wie die Show organisiert war, und versprach Lorimer, daß er nach der Bodybuildingkarriere nach Ohio zurückkommen würde, um sein Geschäftspartner zu werden. In den sechs Jahren zwischen 1975 und 1981, als sie den Mr..Olympia-Bewerb gemeinsam ausrichteten, schafften sie es, das Preisgeld von 1.000 Dollar auf 100.000 Dollar hochzutreiben.

Mitte der siebziger Jahre konnte Arnold für ein von ihm geleitetes Fitneßseminar schon bis zu 10.000 Dollar verlangen. Er hielt in gutbezahlten Plaudershows mit seinen privaten Ansichten zu Politik, Sport und Kultur nicht hinter dem Berg. Und er tat sich mit dem Schauspieler Burt Reynolds zusammen, um aus den Fernseh- und Videorechten für Bodybuildingkonkurrenzen mehr Geld herauszuholen. Arnold erzählt, wie er in den siebziger Jahren eine Kampagne zur Aufwertung seines Sports führte:

„Ich legte mir einen Plan zurecht, wie ich von Stadt zu Stadt reiste und mir die Lokalpresse vornahm. Davon ausgehend sorgte ich dafür, daß es landesweite Titelgeschichten gab. Ich entwarf systematisch eine Persönlichkeit, die sich im Fernsehen verkaufen ließ. Ich hätte niemals gesagt: ‚Man muß 200 Pillen für die Leber nehmen, um so auszusehen.' Ich erzählte vom Spaß im Studio. Daß wir Käsekuchen und Eis essen. Daß sich das Sexleben verbessert. Nun, die Leute begannen, auf Arnold aufmerksam zu werden. Es war brillant."

Das lange Hallo

„Ich wußte, daß es früher ein paar Leute aufgrund ihres Körperbaus zum Film geschafft hatten. Die Frage war nur, wie man das wiederholen konnte. Es war ja nicht gerade die Zeit für Herkules-Filme.“

1973 spielte Arnold eine winzige Rolle in Robert Altmans THE LONG GOODBYE. Er trampelte als einer der „schweren Jungs“ auf die Szene, die der Gangster Mark Rydell anheuert, damit sie den von Elliott Gould gespielten Philip Marlowe vermöbelten. Er trug einen hellen Schnurrbart, ein kurzärmeliges Leibchen, das den Bizeps gut zur Geltung brachte, und agierte mit der Selbstzufriedenheit eines harten Burschen (und mit einer Spur von „Mache-ich-auch-alles-richtig?“-Unbehagen). Arnold machte alles richtig in den Grenzen einer Rolle, die ihm nichts Interessantes gestattet. Pardon: An einer Stelle entkleidet er sich bis auf die Unterhosen – eine strategische Anweisung von Rydell an seine Günstlinge in diesem bizarren Psychokrieg, den er gegen Gould führt. Für einen Augenblick riskiert der Muskelmann einen kurzen Blick nach unten auf seine Brustmuskeln, als müßte er überprüfen, ob sie noch immer da sind in Gegenwart all dieser Hollywood-Weichlinge und ob sie auch in der richtigen Reihenfolge wackeln.

Ganz abgesehen davon, ob Arnold nun das Talent dazu hatte oder nicht, wurde er zu einer Filmkarriere nicht gerade ermutigt. Seine damalige Freundin Barbara Outland, eine Studentin aus San Diego, die er kennenlernte, als sie in Zuckie's Restaurant in Santa Monica als Kellnerin arbeitete, wollte nicht, daß er Schauspieler wurde. Das könnte auch der Grund gewesen sein, warum das Paar schließlich 1974 auseinanderging.

Arnold erzählt, daß Barbara schon mit seiner Berühmtheit als Muskelmann wenig Freude hatte. Als sie nun begriff, daß er vom Bodybuilding in ein anderes Feld, den Film, wechseln wollte, „wurde ihr klar, daß wir nicht miteinander weitermachen konnten.“ Arnold war durcheinander: „Ein Teil von mir wurde aus meinem Körper gerissen. Ich hatte etwas Gutes verloren, etwas, das mich emotional immer zusammengehalten hat.“

George Butler zufolge hatte Barbara Outland vor allem Qualitäten als Glucke. „Sie war sehr vernünftig, sehr loyal gegenüber Arnold. Sie war fast so etwas wie eine große Mutter Erde. Sie schuf ihm ein sehr gutes Heim.“ Aber wenn er vor der Wahl stand zwischen der Behaglichkeit in einem Eigenheim und der Eroberung der Welt als Leistungsträger, dann gab es kein Überlegen. Er sei kein besonders ausgeglichener Mensch, bekennt er in seiner Autobiographie. Er haßte die Idee eines normalen Lebens. „Der Sinn des Lebens ist nicht, einfach zu existieren, zu überleben, sondern sich voranzubewegen, aufzusteigen, zu leisten, zu erobern."

„Barbara hatte mir beigebracht, eine Frau zu schätzen", erklärte er. Nun ging er daran, der Welt beizubringen, wie man einen Mann schätzt.

Die Altman-Rolle hatte in Hollywood noch kein Wunder bewirkt. Kein Produzent rannte Arnold die Tür ein und unterbreitete ihm sechsseitige Filmverträge zur Unterschrift. Es war nicht einmal einfach, einen Agenten zu finden. Wie soll denn so ein Name auf einer Kinoanzeigentafel aussehen, war ihre Antwort. Schwarzenschnitzel . . . Shwarzenigger . . . „Vergiß es", bekam Arnold mehrmals zu hören, „du hast einen verrückten Körper und einen verrückten Akzent. Du wirst es nie schaffen."

„Schau, Arnold", fuhren sie fort, „du hast ganz geringe Chancen in dieser Branche. Wir kennen niemand, der aus Europa gekommen ist, aus einem deutschsprachigen Land oder aus Italien oder woher auch immer, der wirklich den Durchbruch geschafft hat, der einen riesigen Erfolg in diesem Land hatte." (Das trifft bei den Männern zu, weniger bei den Frauen – man erinnere sich an Garbo, Dietrich, Bergman.)

Aber sie rechneten nicht mit Arnold, mit seiner Vision und seinem Hunger. „Ich hörte auf internationaler Ebene mit dem Bodybuilding auf", hielt Arnold später fest, „weil ich meinen Appetit auf das Schauspielen anregen wollte. Ich entwickelte dadurch das Bedürfnis nach Aufmerksamkeit an anderen Orten. Ich liebe es, wenn die Kamera läuft." Noch später behauptete er, es wäre ihm immer schon um die Schauspielerei gegangen. Das Bodybuilding war nur ein Sprungbrett auf dem Weg zum Ruhm gewesen.

Aber wenn nicht einmal Robert Altman, damals auf dem Höhepunkt seiner Beliebtheit bei den Kritikern, imstande war, das Schwert (Arnolds Leinwandpotential) aus der steinharten Geologie seiner körperlichen Präsenz zu ziehen, wer dann? Das Schicksal traf schließlich die unvermeidliche Wahl: Lucille Ball.

Altman war zu intellektuell, zu sehr „Kunst". Miss Ball war eine zupackende, entschiedene Zirkusdirektorin. Sie bekam Arnold 1974 in der Merv-Griffin-Fernsehshow zum ersten Mal zu sehen, und ihr gefiel, was sie sah. Ihre eigene Fernsehsendung hatte schon einen Sendetermin: HAPPY ANNIVERSARY AND GOODBYE. Dieser Mann mit dem komischen Akzent, einem Lächeln, das zugleich dümmlich und sexy war, und mit einem Körper wie eine Felslawine: Er war ideal für die Rolle eines italienischen Masseurs in einem ihrer Sketches.

Also kam Arnold zum Vorsprechen. Genauer gesagt, zum Vorlesen. Und er meinte das wörtlich. „Ich saß da und las buchstäblich so wie in der Volksschule – Wort für Wort, ohne irgendeine Betonung . . . Ich habe keine Ahnung, warum ich den Job bekommen habe."

Im selben Jahr konnte man den kamerahungrigen Arnold als Gastopfer in der TV-Show THE DATING GAME sehen (Amerikas Antwort auf das britische BLIND DATE, inzwischen in Deutschland und Österreich als HERZBLATT bekannt. A. d. Ü.). Sein Image als unschuldiger Fremdling war bereits perfektioniert. „Ich bin erst seit fünf Jahren in diesem Land", erzählt er einem Mädchen, „und es gibt immer noch viele Ausdrücke, die ich nicht verstehe. Was heißt eigentlich ‚hanky-panky'?" – „Herumspielen", kommt als Antwort. Arnolds Ausdruck wird „gerissen": „Womit herumspielen?"

Die große Leinwand machte schließlich das Potential sichtbar, das in diesem urwüchsigen Koloß steckte. Der Regisseur Bob Rafelson hatte schon bei Jack Nicholson in FIVE EASY PIECES seine Fähigkeiten beim Machen von Stars bewiesen. Jetzt suchte er Schauspieler für eine Story über Bodybuilding mit dem Titel MR. UNIVERSUM (STAY HUNGRY). Der Autor Charles Gaines, dessen Drehbuch auf seinen eigenen Erlebnissen als betuchter Südstaatler und randständiger Aficionado dieses Sports beruhte, schlug Arnold für die zweite Hauptrolle des Joe Santo vor. Er ist der europäische Bodybuilder, der mit dem Helden (Jeff Bridges) Freundschaft schließt und mit ihm um die Heldin (Sally Field) wetteifert. Gaines kannte Arnold persönlich, seit er mit George Butler an der Herstellung von PUMPING IRON gearbeitet hatte.

Rafelson sah sich über zweihundert Gewichtheber für die Rolle an. Er willigte nur zögernd ein, Arnold zu treffen. Ihm gefiel die Statur, aber er hegte Zweifel an seinen schauspielerischen Fähigkeiten. Jack Nicholson schlug vor, sie sollten Arnold zu seinem eigenen Schauspiellehrer Eric Morris schicken. Ein Vorschlag für eine Lehrer-Schüler-Ehe, wie sie nur in der Hölle geschlossen wird. Morris ist der wilde Mann der Schauspielschulen in Los Angeles. Seine Methode besteht darin, tief in der individuellen Vergangenheit und den Kindheitstraumen seiner Schüler zu schürfen. Das dauert seine Zeit. Aber wenn Hollywood Action will, dann greift es auch tief, nämlich in die Geldsäcke. Morris sollte also zwölf gutbezahlte Wochen haben, um aus Arnold Marlon Brando zu machen. Start: sofort.

„Ich sagte: Bob, ich könnte ihn durcheinanderbringen in zwölf Wochen", erinnert sich Morris. „Er fragte: ‚Triffst du dich mit ihm?' Ich antwortete: ‚Klar. Wie werde ich ihn erkennen?' Am anderen Ende der Leitung war Grabesstille. Dann sagte Bob: ‚Du wirst ihn erkennen.'"

Arnold kam in einem silbernen BMW, und im Handumdrehen ließ er sich unter Anleitung des Gurus über seine Eltern, seine Erziehung, seine Bubenfreuden und Leiden aus. In den letzten drei Wochen dieser Crash-Gestalttherapie à la Hollywood ging Morris mit Arnold das Drehbuch durch. Bei jeder Szene sagte der Lehrer: „Erinnere dich, worüber wir gesprochen haben. Sprich jetzt darüber. Ich möchte, daß du einen imaginären Monolog mit deiner Mutter hast ...“ Und Arnold monologisierte, lachte und weinte, und er kämpfte um diese „entscheidenden Antriebe“, die ihm bei seiner Rolle helfen sollten.

„Ich glaube nicht, daß Arnold auch nur im geringsten eine blockierte Persönlichkeit ist“, sagt Morris. „Ich halte ihn für sehr offen und zugänglich. Ich habe den Mann weinen gesehen – oh ja, ja, ich habe ihn über seinen Vater sprechen gesehen, über sein früheres Leben, seine Enttäuschungen. Ich habe gesehen, wie dieser Mann all das war, was man von einem Schauspieler erwartet. Wenn er den King Lear spielen wollte, er könnte es.“

Morris rackerte und quälte sich durch die verabredeten drei Monate. Am Ende gewann Arnold, unglaublich, aber wahr, einen Golden Globe als vielversprechendster Newcomer. Für MR. UNIVERSUM bekam er seinen ersten und bisher einzigen Schauspielpreis. Zwölf Jahre später sagte Milton Berle: „Darauf zu warten, daß Arnold einen Oscar gewinnt, das ist, als würde man das Hoflicht für Jimmy Hoffa anlassen.“

Arnold IST außergewöhnlich in MR. UNIVERSUM. Er spielt im wesentlichen sich selbst: einen regierenden Mr. Austria und früheren Champion beim Eisstockschießen, der in Amerika an seinem Muskelwerk arbeitet. Sorgfältig achtet er darauf, daß er die Schulden bei seinem Mentor zurückzahlt. (Die nörgelnde Darstellung von R. G. Armstrong läßt an eine Mischung aus Joe Weider und Vince Gironda denken.) Aber die Verwandtschaft zwischen Santo und Schwarzenegger betont gerade die Ehrlichkeit und Klarheit, mit der Arnold seine Gefühle freilegt. Man muß sich nur die große Rede anschauen, die der Schauspieler-Athlet nach hartem Training durch einen Schleier aus Schweiß und Dampf seinem neuen Freund Jeff Bridges hält: Man staunt über die Tatsache, daß sie sich nicht wie eine große Rede ANHÖRT. Der Text selbst ist nicht gerade feingeschliffen, abgesehen von den barocken Zwischentönen, die Arnolds Akzent beisteuert: „Mann, ich kann es nicht erwarten, daß daas alles vorbei ist. Wenn ich diesmal gewinne, dann bekomme ich soviel Geld, daß ich Thor alle Schulden abzahlen kann. Er ist deer, der mich aus Österreich hierher geholt hat. Er hat mir die Aarbeitsgenehmigung besorgt. Er hat mir mid die Visa geholfen, diese ganzen Dinge. Ich könnte ihm zurückzahlen mit dem Geld, das ich mache, seinen Beistand.“ Aber in dieser Rede gibt es einen „Denk“prozeß oder eine Illusion davon: die Art, wie Arnold Pausen setzt, nach Worten sucht, seinen Blick durch den Raum streifen läßt und seine Sätze mit nervösen, matten Schlägen mit dem Handtuch unterstreicht.

In den Szenen, deren Sinn und Zweck normalerweise vor allem darin bestand, ihn zum Narren zu machen, ist Arnold genauso menschlich und warmherzig im Ausdruck. Santo ist ein Amateurgeiger, also muß Arnold mit seinem rustikalen Instrument bei einem Open-Air-Holzhacken auftreten. Diese Szene funktioniert nicht so sehr wegen der bedeutsamen Ausbildung, die er in zwei Monaten vom musikalischen Direktor des Films, Byron Berline, und vom Fiedelveteranen Benny Thomasson erhalten hat. Es ist Arnolds Ausdruck, eine gesellige Glückseligkeit, während er und seine Freunde „Musik machen" und dabei die Luft um sie herum zum Quietschen bringen, als wären sie ein Sägewerk.

Obwohl Arnold nicht als Romantiker auf der Leinwand bekannt ist („Ich habe in jedem meiner Filme eine Liebesgeschichte – mit einer Waffe"), zeigte er auch hierin eine achtbare Leistung und bezauberte die zugegeben leicht zu betörende Sally Field. „Ich tappte in eine Grube, die mir zuvor nie aufgefallen war. Wenn Sally Field dich in den Arm nimmt, dir in die Augen schaut und dich ein letztes Mal umarmt, bevor sie dich verläßt, dann glaubst du ihr das. Und das sieht man dann an deinem Gesicht."

„Schauspiel war eine enorme Herausforderung für mich", äußerte er später einmal, als er von den Höhen als CONAN zurückblickte. „Im körperlichen Wettstreit mußte ich lernen, meine Gefühle unter Kontrolle zu halten. Man muß beinahe eine Wand um sich aufbauen und sich vor eigenen und fremden Emotionen schützen. Höhen oder Tiefen, wenn sie zum falschen Zeitpunkt kommen, können sich negativ auf deine Form auswirken. Ich habe lange Zeit an mir gearbeitet, um das zu kontrollieren. Nun, natürlich ist es bei der Schauspielerei genau umgekehrt. Du mußt sensibel sein für dich selbst und für die, mit denen du zusammenarbeitest. Du mußt OFFEN bleiben. Du mußt deine Absicherungen abbauen."

MR. UNIVERSUM ist nicht viel mehr als ein Kuriosum, aber der Film bietet einen raren – eigentlich einmaligen – Blick darauf, wie Arnold die Methode der Selbsterfahrung einsetzt. Fast alle seine philosophischen Ergüsse an die Presse über das Schauspiel und das Bodybuilding und über die gegensätzlichen Anforderungen stammen aus seinen Lehrjahren zwischen MR. UNIVERSUM und CONAN, DER BARBAR (1976–1982). Danach entschied Arnold, daß es für ihn besser war, eine Ikone zu sein.

Eric Morris erinnert sich an den Bruch. Arnold setzte seine Schauspielstunden mit dem Guru von West Hollywood noch ein Jahr nach MR. UNIVERSUM fort. Dann zog er sich zurück. 1982 tauchte er noch einmal auf, besuchte eine Stunde bei Morris und ging mit ihm danach in ein mexikanisches Restaurant.

„Es geschah folgendes, und nur wenige Leute wissen das: Er sagte zu mir: ‚Weißt du, Eric, ich möchte eigentlich nicht die Sorte Schauspieler sein, zu denen du die Leute machst. Mich interessiert die Action, das Abenteuer. Ich möchte nicht so tief in mir graben und in diese Richtung gehen.' Faktum ist: Arnold sieht die Schauspielerei als etwas, das Spaß bereiten soll, das aufregend ist und ihn auf vielen verschiedenen Ebenen ausfüllt. Er will wirklich nicht durch den dunkelsten Teil des Waldes gehen."

Unternehmen Ikone

„Ich komme Tag und Nacht, ich meine: es ist phantastisch, oder? – also bin ich im Himmel.“

MR. UNIVERSUM bewies, daß Arnold spielen konnte. Aber die Schauspielerei, das hat Hollywood uns gelehrt, hat nichts mit dem Wesen von Stars zu tun. Um das zu erreichen, muß ein Mensch zu einem Mythos werden. Für Arnold wurde diese Verwandlung mit PUMPING IRON langsam ernst. Davor hatte jeder, der etwas von Bodybuilding wußte, auch diesen überdimensionierten österreichischen Klotz gekannt, der sich von einem Welttitel zum nächsten hantelte. Nach dem Film hatte jeder – wirklich jeder – von ihm gehört. Zumindest jeder, der mit genügend Muskeln ausgestattet war, um eine Zeitung aufzuheben oder den Fernseher einzuschalten.

PUMPING IRON war meine erste Begegnung mit Arnold auf der Leinwand. Der Film kam in einem kleinen Kino in London heraus, und alles sah nach dem Härtetest der Woche aus. Aber der erste unterhaltsame Schock kommt noch vor den Vorspanntiteln: zwei biomechanisch aussehende Männer, Arnold und Franco Columbu, stehen in einem Ballettübungsraum an der „Stange“ und üben grazile Rundbewegungen mit Arm und Bein. (Die Szene wurde nach den eigentlichen Dreharbeiten gefilmt und hinzugefügt – auf Arnolds ausdrücklichen Wunsch.)

Bald sind wir vom Ballett zu den Streicheleinheiten gelangt. Arnold gibt uns, zuerst mit betörender Stimme aus dem Off, seine berühmte Philosophie in Sachen Sex und Training. „Blut durchströmt deine Muskeln, das ist es, was wir pumpen nennen. Deine Muskeln bekommen dieses straffe Gefühl, als wärst du am Explodieren . . . Es ist für mich so befriedigend, wie wenn ich komme. Du weißt schon: Wie Sex mit einer Frau, und kommen.“

Alles danach ist ein Spaziergang für Arnolds überirdisch perversen Charme. Er spricht in einem breiten Akzent mit einem sahnigen Baßbariton, aber er ist verständlicher als alle anderen. Er ist gebaut wie ein Lastwagen, aber er bewegt sich wie ein Panther. Er macht eine große Show aus kleinen „Vertraulichkeiten“ in die Kamera (das heißt: an das Publikum), aber wir haben den Verdacht, daß er uns genauso verspottet wie seine armen, einfältigen Konkurrenten. Ich und andere Kritiker begriffen damals bei der Londoner Pressevorführung, daß wir keinen grimmigen Dokumentarfilm sahen, in dem dämliche Sportsmänner grunzen und plumpsen. Wir vernahmen das Quäken eines Stars, der noch in den Windeln lag.

Die großen Momente des Films sind die Psychoduelle. Eines trägt Arnold mit Lou Ferrigno aus, einem zweifachen Mr. Universe, der nun in Pretoria (Südafrika) um seinen ersten Mr. Olympia antritt. Der nervöse Ferrigno wird in den Tagen vor dem Wettkampf von seinem gewitzten Vater und persönlichen Trainer, einem Cop aus Brooklyn, betreut. Keiner der beiden ist allerdings ein ernsthafter Gegner für Arnold, schon gar nicht am Frühstückstisch. Kichernd und gurrend und anscheinend voll Sympathie für die Neuangekommenen, setzt Arnold seine tödlichen Nebenbemerkungen: „Es ist schade für dich, daß der Bewerb jetzt schon stattfindet", mustert er Lou von oben bis unten, „einen Monat noch . . ." Der Satz schwebt unheilverkündend zwischen ihnen. Später, im Geräteraum, setzt Arnold seinen Plan fort. Lou, der von Geburt an teilweise taub ist, gibt laute Grunzgeräusche von sich, während er die Hanteln stößt.

Lou: Urrrhhh!
Arnold (quer durch den Raum, ganz unschuldig): Was hast du gesagt, Louis?
Lou: Ich trainiere, Arnold.
Arnold (sanft): Du machst zu viel Lärm. Du mußt ganz leise sein, wie in einer Kirche. (Zu Lous Vater.) Sagen Sie ihm das . . .

Das nennt man einen gezielt vor die Beine geworfenen Knüppel. Der arme Lou behält zwar sein Stoßen und Grunzen bei, aber er ist im Geist nicht länger beim Training, sondern bei Arnolds Mißachtung, einem brutalen Energieabsauger. Als dann der große Moment kommt, setzt sich Lou ordnungsgemäß an die dritte Stelle, hinter Mr. Olympia Arnold und dem zweitplazierten Franzosen Serge Nubret.

Im Gefolge von PUMPING IRON gab es eine kleine Debatte darüber, wieviel von dem Film tatsächlich „Tarnkappen"-Dokumentation war, also passives, unmittelbares Beobachten einer Realität, und wieviel ein wenig „aufgepäppelt" wurde. Wurde eine versteckte Kamera plus Mikrophon verwendet, um Ferrignos Blamage im Übungsraum aufzuzeichnen? Ein Bericht behauptet es jedenfalls. Butler leugnet es nicht und sagt: „Wenn man einen Film dieser Art macht, sorgt man dafür, daß die Action so schnell vorangeht, daß die Beteiligten die Kamera vergessen. Und sehr oft haben alle nicht mehr darauf geachtet."

Ein Großteil des Films ist schamlos einseitig zugunsten Arnolds. Das Licht und die Kamerapositionen behandeln ihn wie den Star, während Ferrigno in der schäbigen Umgebung seines Elternhauses in Brooklyn gefilmt wird oder einsam und verlassen in finsteren Korridoren in Südafrika. Arnold spricht auch die meisten Monologe in die Kamera, darunter seine ungehemmt zynische Austrickserphilosophie. Alles was er braucht, erklärt er, ist eine Nacht mit einem Konkurrenten in einem Hotelzimmer. Das genügt, um ihn gründlich „aufzumischen". „Ich buche für uns ein gemeinsames Zimmer, weil ich ihm für den Bewerb am nächsten Tag ‚helfen' will. Diese Nacht vergißt er nie wieder."

Manche unter Arnolds Kollegen finden die Aufnahmen von Arnolds gerissenen Spielchen in PUMPING IRON eher erschreckend als amüsant. Vince Gironda kannte diese Seite von Arnold seit langem. „Er hatte ein teuflisches Talent, arme große Dussel wie Lou Ferrigno fertigzumachen und sich über sie zu amüsieren."

Butler deutet diese satanische Seite Arnolds in PUMPING IRON an, aber vor einer potentiell katastrophalen Äußerung des Stars machte er halt. „Arnold erzählte an einer Stelle im Film von seiner alten Bewunderung für Leute mit enormer Macht wie Hitler und John F. Kennedy." Butler schnitt diese Stelle heraus, obwohl er sie bis heute nicht für so problematisch hält, daß Arnold davon peinlich berührt sein müßte. „Man muß auch den Kontext sehen – es war kein kompromittierendes Statement, so wie Arnold es sagte."

Trotzdem ist klar, daß Butler in PUMPING IRON zwar einen messianischen Tonfall für das Bodybuilding anschlagen wollte, aber nicht DIESEN Messianismus. Arnolds eigene mystische Haltung zu diesem Sport wird aus dem Bibelzitat deutlich, das er auf die Frontispizseite seines späteren Buches ARNOLD SCHWARZENEGGER: A PORTRAIT (1990) setzen ließ. Es besteht aus 34 Versen aus dem Buch Hiob, in denen die göttliche Kraft des Leviathan gepriesen wird. („Wenn er sich erhebet, erzittern die Mächtigen ... Für ihn ist Eisen wie Stroh ...")

Der Titel PUMPING IRON zierte ebenfalls zuerst ein Buch: einen fotografischen Lobgesang auf Arnold und andere Adonisgestalten mit Texten von Gaines und Butler. Butler sagt, daß anfangs die Widerstände gegen (gedruckte oder verfilmte) Hymnen auf die Muskelbruderschaft riesig waren. Ein Verleger bei Doubleday schrieb ihm: „Niemand in Amerika wird ein Buch mit Bildern von diesen halbnackten Männern mit zweifelhaften sexuellen Absichten kaufen." Und als das Buch von Simon & Schuster publiziert wurde, bezeichnete die NEW YORK TIMES es als „Schwulenfutter" und verweigerte eine Rezension.

Butler setzte unerschrocken seine Mission fort, das Image des Bodybuilding aufzupolieren. Sein gelungenster Coup war, das angesehene New Yorker Whitney Museum of American Art als Veranstaltungsort für eine Live-Exhibition-Show zu gewinnen. Der Titel: ARTICULATE MUSCLE – THE BODY AS ART. Am 25. Februar 1976 posierten Arnold und zwei Kollegen, Frank Zane und Ed Corney, auf einem kreisenden Podium. Die visuelle Begleitung lieferten diaprojizierte Skulpturen von Rodin und Michelangelo. 3000 Menschen hatten eine Eintrittskarte gelöst und glotzten. Die Show war das bestbesuchte Ereignis, das jemals in Whitney stattgefunden hatte. Candice Bergen fotografierte.

Die New York Times überschlug sich vor Begeisterung. Und weiteres Produktionsgeld für Pumping Iron, inzwischen schon in Fertigstellung, floß herein.

Insgesamt kostete der Film die bescheidene Summe von 400.000 Dollar. Davon steuerte Butlers damalige Frau Victoria Leiter Mele, eine Geschäftserbin, 110.000 Dollar bei. 25.000 Dollar stammten von einem Mann, der als Produzent daherkam: Jerome Gary. Entscheidend für ihre Freigebigkeit war Arnolds Beteiligung. Er wollte eigentlich 1974 mit dem Bodybuilding aufhören, aber er willigte in ein weiteres Jahr ein, um für den Film in Form zu bleiben und für den Mr. Olympia in Pretoria 1975.

Der letzte öffentliche Widerstand gegen Arnold – oder gegen das Phänomen Bodybuilding als Fernsehthema – schwand, als die renommierte TV-Interviewerin Barbara Walters beim Kinostart des Films alle drei Männer in ihrer Show hatte: Butler, Gaines, Arnold. Der Star gab sich wie gewohnt als Mr. Charme. Er machte sein steirisches Lächeln zum Markenartikel und beantwortete Fragen nach Sex und Steroiden.

Wahrscheinlich aber gaben sich die letzten Widerspenstigen in diesen späten siebziger Jahren geschlagen, weil man Arnold in der abschließenden Szene von Pumping Iron einen Joint rauchen sieht. Man kann sich den Seufzer kollektiver Zustimmung in einer Kultur vorstellen, der noch immer von Flower Power der Schädel brummte. Und nun gibt sich ausgerechnet der Anführer einer Gemeinschaft aus stiernackigen Gesundheits- und-Kraft-Freaks der Love-and-Peace-Kultur hin. Ein paar republikanische Machos mochten sich ärgern: Sie sollten Jahre später getröstet werden, als der muskulöse Millionär bei ihren Wahlkampfveranstaltungen auftrat. Fürs erste (und für die meisten Amerikaner) war nur noch eine Sache notwendig, um als menschgewordener Halbgott glaubwürdig zu sein: sich in einen schönen Erdling zu verlieben und mit ihr eine perfekte Familie zu gründen, mit genügend Auslauf für die Kinder jeden Geschlechts.

Sex und Superman

„Natürlich werde ich wie eine männliche Raquel Welch behandelt. Ich liebe es."

Arnold über Liebe

Alle stimmen darin überein, daß Arnold scharf auf Frauen war. Wir haben von seinen Fähigkeiten als Charmeur in britischen Bars und Nachtclubs gehört. Wir wissen, daß er in Venice Beach Frauen aufgetan hat, die ihm beim Trainieren zusehen durften. Man erzählt uns, er habe Mädchen in vorbeifahrenden Autos mit dem „gespannten Trizeps" angemacht. Und sogar bei den Dreharbeiten zu HERKULES IN NEW YORK, erinnert sich der Schauspielkollege James Karen, „hatte er ein Auge auf die Damen".

Später behauptete Arnold, die Damen hätten nicht nur ein Auge auf ihn geworfen – reiche Frauen, arme Frauen, junge Frauen, ältere Frauen –, sondern ihn gelegentlich beinahe vergewaltigt. Da gab es eine Frau auf einer Party in San Francisco (frühe Siebziger), die ihn mit heißer Schokolade überschütten wollte und dann öffentlich die Süßigkeit von seinem Körper schlecken. Da gab es die Frau, die sich bei einer Autogrammstunde splitternackt vor ihm auszog und ihn fragte: „Könnten Sie diesen Körper für mich trainieren?" (Sie wurde von Sicherheitsbeamten entfernt.) Da gab es das Zimmermädchen, das ihm im Lift eines Hotels an der Côte d'Azur zu nahe kam. „Sie wurde sehr aufgeregt und begrapschte mich an den Brustmuskeln. Ich hatte alle Mühe, sie loszuwerden." Und Joe Weider erinnert sich an einen weiblichen Fan, der Arnold einmal in einem Restaurant ansprach:

> *„Die Leute nervten ihn mit Autogrammwünschen, und als er damit fertig war und aufstand, kam diese Frau noch und wollte auch ein Autogramm. Arnold seufzte: ‚Oh, mein Gott.' Und er sagte im Spaß: ‚Sie bekommen ein Autogramm, wenn Sie mich Ihre Brüste anfassen lassen.' Und sie nimmt seine Hand und führt sie sich an die Brust, und gibt ihm einen Zettel zum Unterschreiben."*

Weiters gab es die Frauen, die ihm 1.000 $ anboten für eine „diskrete Nacht". Vielleicht war es der steigende Ärger mit diesem Verlangen nach ihm als Gespielen, daß Arnold die Publikation einer Reihe von Nacktfotos untersagte, die Francesco Scavullo 1976 von ihm gemacht hatte. Sie waren für COSMOPOLITAN bestimmt und zeigten, laut Scavullo, die vollständige Schwarzenegger-Ausstattung. „Er blieb den ganzen Tag über hier, und wir machten Tonnen von Fotos – absolut nackt. Er war sehr kooperativ, entspannt und charmant." Aber ein paar Wochen später erhielt Scavullo einen Anruf von COSMOPOLITAN. Man teilte ihm mit, daß Arnold die Fotos nicht mehr gedruckt sehen wollte.

Es ist klar, daß soviel gewollte und ungewollte sexuelle Aufmerksamkeit einen Mann in eine „männliche Raquel Welch" verwandeln kann (Arnolds eigene Worte). Die Idee einer männlichen Raquel Welch bringt aber auch das Thema der sexuellen Ambivalenz aufs Tapet, das in der Welt der männlichen Körperkultur immer naheliegt. Arnold will dieses Thema gar nicht vermeiden. Er ist sogar schwer zum Schweigen zu bringen. Es gibt von ihm eine Vielzahl von Statements zum Thema aus der Zeit kurz vor und kurz nach der Veröffentlichung von PUMPING IRON.

„Wenn du deinen Körper trainierst und dich damit beschäftigst, heißt das nicht, daß du homosexuell bist. Auch Heteros können in einen Spiegel blicken und sich sagen: ‚Ich sehe jämmerlich aus. Ich muß etwas dagegen tun.' Ich bin sehr vorsichtig, wenn ich über diese Fragen spreche. Ich möchte nicht, daß jemand den Eindruck bekommt, ich möchte Homosexualität schlechtmachen."

Arnold verschrieb sich der politischen Korrektheit bereits fünfzehn Jahre vor der Zeit. 1976 erzählt er der NEW YORK TIMES: „Wenn es um Sex geht, ist es mir völlig egal, auf welchem Trip jemand ist. Zwei von den letzten fünf Mr. Americas (ohne Namensnennung) waren schwul." Als man ihn später in COSMOPOLITAN fragt, ob ihm die vielen Schwulen in der Bodybuildingwelt etwas ausmachen, antwortet er: „Warum sollte es mir etwas ausmachen? Ich habe keine sexuellen Standards im Kopf, die sagen: Das ist gut oder das ist schlecht. ‚Homosexuell' – das heißt für mich nur, einer genießt Sex mit einem Mann, und ich genieße Sex mit einer Frau – alles hat für mich seine Berechtigung."

„Ich habe soviel Zeit damit verbracht, unzutreffende Stereotype über Bodybuilding zu bekämpfen", fährt er fort. „Ich kann also den Schaden sehen, den Vorurteile in anderen Bereichen anrichten. Das gilt auch für Vorurteile gegen Schwule."

Für einen berühmten Sportler und späteren Ehrentribünenrepublikaner bewegte sich Arnold in den siebziger Jahren ziemlich entspannt in einschlägigen Kreisen. Vielleicht half ihm dabei Butlers Rolle als Pygmalion und Mentor, der ihn in die Halbwelt der bildenden Künstler und der Ballett- und Performance-Artisten einführte. Arthur Seidelman erinnert sich an einen Vorfall, vier oder fünf Jahre nach den Dreharbeiten zu HERKULES:

„Ich war irgendwann in Andy Warhols Loft. Ich ging durch ein Zimmer, und im Augenwinkel meinte ich Arnold zu sehen, wie er nackt für jemanden posierte. Es schien mir nicht der richtige Augenblick zu sein, um stehenzubleiben und ‚Hi' zu sagen, also ging ich weiter. Aber einen Moment darauf hörte ich hinter mir einen Schrei: ‚Seidelman!' Und schon kam Arnold daher, ohne einen Faden am Leib, und er war ganz aufgeregt, weil ich nicht auf ein paar Sätze zu ihm gekommen war."

Obwohl er eindeutig selbst nicht schwul ist, wirkt der Arnold dieser Jahre auf verblüffende Weise bifunktionell als spirituelles und ideologisches Wesen: ein Plutokrat und Marihuanaraucher; ein konservativer Liberaler; ein Athlet und Ästhet; eine Ikone der Männlichkeit und deklarierter Schwulensympathisant.

In späteren Jahren trieben ihn seine Filmrollen immer weiter in eine überzeichnete Männlichkeit. Aber in denselben Filmen taucht das Gegenteil auf wie ein Dämon – als müßte sich diese frühere offene Geisteshaltung um so mehr zeigen, je mehr sie verdrängt wird. Es ist etwas faszinierend Androgynes um Arnold in PUMPING IRON: ein schlauer Charmeur mit zerzaustem Haar und verschlafenem Blick inmitten einer Schar dumpfer Weicheier, die einsilbige Weisheiten aus der Steinzeit von sich geben. Es wirkt zugleich komisch und passend, wenn er sich in TOTAL RECALL als großgewachsene Frau auf den Mars schmuggelt. Die Frau sieht aus, als wollte sie gerade eine Menschenschlange beim Weihnachtseinkauf aufmischen. Es ist zugleich berührend und passend, wie Arnold in TWINS eine Ersatzhausfrau für Danny DeVitos mickrigen, aber wahnwitzigen Gauner spielt. Später noch, in seiner gewagtesten Verneigung in Richtung Bisexualität, in JUNIOR, wird Arnold schwanger. Wie so viele Göttinnen der Leinwand, die dann am heftigsten Verwüstung und Herzrasen provozierten, wenn sie sich als Männer verkleideten (Dietrich in MAROKKO, Garbo in KÖNIGIN CHRISTINE), bezieht Arnold einen Teil seines Charismas als männlicher Superstar daraus, daß er die schlafende andere Hälfte der sexuellen Identität heraufbeschwören kann – sei es nun willentlich oder ganz gegen die eigenen Absichten.

Arnold ist verliebt

Am 28. August 1977 wurde Arnold beim Robert-F.-Kennedy-Tennisturnier mit Maria Owings Shriver bekannt gemacht. Marias Bruder Bobby lud Arnold zu dem mit Berühmtheiten überlaufenen Ereignis ein, nachdem er Arnold in PUMPING IRON gesehen hatte. Er dachte sich, die Shrivers und die Kennedys (zwei Familien, die durch Heirat und Sympathie für die Demokraten verbunden waren) könnten Interesse daran haben, einen weiteren VIP abseits der Schlagzeilen dabeizuhaben, wenn die Tenniscracks und die Familienclans aufeinandertrafen.

Als Tochter von Eunice Shriver, geborene Kennedy, war Maria die Nichte von John F. Kennedy. Als Tochter von Sargent Shriver, einem früheren Kandidaten für die Vizepräsidentschaft (der McGovern-Wahlkampf 1972), war Maria in die Atmosphäre politischer Tischgespräche und Klatsch aus den höheren Kreisen Washingtons hineingeboren worden. Als sie und Arnold sich zum zweiten Mal nach ihrem kurzen Treffen begegneten (bei einer späteren Kennedy-Versammlung in Hyannis Port), begannen schon die amourösen Gerüchte zu schwirren. Man vernahm die surreal klingenden Geschichten von einer Annäherung des republikanisch ausgerichteten Arnold an die große Demokratendynastie des Landes.

Sollten etwa Capulets mit Montagues Frieden schließen? Guelfen sich mit Gibellinen ins Bett legen? Kein Problem, wenn der politische Wille da ist. Denn die Schwarzeneggers und die Shriver-Kennedys mochten durch ihre politischen Absichten getrennt sein, aber sie hatten eine überraschende Verwandtschaft in der Sprache. Arnold konnte in der Muttersprache mit Sargent Shriver reden, der deutscher Abstammung war, und er konnte sich in teutonischen Neckereien mit der Matriarchin Rose Kennedy ergehen, die fließend Deutsch sprach.

Arnold genoß es, wenn man seinem Intellekt den Fehdehandschuh hinwarf. Er duellierte sich auch mit dem berühmten Senator aus Massachusetts: „Meine größte Herausforderung ist, Teddy umzudrehen", witzelte er. Maria versicherte ihrem Onkel mit verkniffener Miene, daß er die politischen Ansichten ihres Verehrers nicht ernstzunehmen brauchte. „Betrachte ihn nicht als Republikaner", sagte sie, „sieh ihn als den Mann, den ich liebe. Und wenn das nicht wirkt, dann sieh ihn als einen Mann, der dich zerquetschen kann."

Jackie Kennedy Onassis verstrickte den Muskelmann, während sie zwischen den Partygästen am Pool oder zwischen den Rosenbeeten herumspazierten, mehrmals in Gespräche über griechische Bildhauerei. Dem österreichischen Autodidakten war das alles sehr recht: „Ich bin gern mit erfolgreichen Menschen zusammen. Wenn du mit Flachköpfen herumhängst, bedeutet das, daß du selbst ein Flachkopf bist."

Berichte aus dem Salon schildern einen typischen Abend zu der Zeit, als Arnold in Hyannis Port ein regelmäßiger Gast wurde, so, „daß die Konversation von trockenen Wirtschaftsfragen auf sowjetische Ministerpräsidenten kam, auf europäische Gesetzgebung, die iranische Revolution, Hundepsychiater und weibliche Brüste". Arnolds Beiträge beschränkten sich dabei keineswegs auf amüsante Zwischenbemerkungen. So vertiefte sich seine Beziehung zu Rose, als er auf langen Spaziergängen ihre Fragen zur deutschen Grammatik oder zur Wiener Oper beantwortete. Und mit Maria selbst – als wäre Liebe nicht Konversation genug – arbeitet er an diesem magischen Einvernehmen zwischen einem liberalen Humanismus (von ihrer Seite) und einem scharfen Unternehmergeist (von seiner Seite).

„Ich mache ihr die große Geschäftswelt und große Unternehmen verständlich", erklärt Arnold, „während sie mir verständlich macht, wie wichtig es ist, ärmere Menschen und Arbeitslosigkeit und solche Dinge nicht aus den Augen zu verlieren."

Der gegenseitige aufklärerische Effekt dieser Freundschaft zwischen einem zielstrebigen Athleten und Schauspieler aus Europa einerseits und einer Familie aus edel denkenden und adelig fühlenden Liberalen andererseits hat Arnold später einmal in einem Interview mit dem britischen SUNDAY EXPRESS gut zusammengefaßt:

„Sie denken ständig daran, der Gesellschaft zu dienen, über soziales Engagement und die Teilnahme an der Politik und an karitativen Aktivitäten. Eine Menge ihrer Dialoge (sic!) daheim drehen sich um Dinge wie: ‚Was können wir für andere tun?' Das wirkt sich irgendwann auf dich aus. Sport ist eine sehr selbstbezogene Aktivität, denn du denkst nur an dich als Athleten, sogar in einem Teamsport, wenn du möglichst viele Treffer erzielen willst. Du mußt so sein. Beim Schauspiel wird das sogar noch übertrieben. So gesehen war es ideal für mich, daß ich diese andere Seite kennenlernen konnte, wo niemand über sich redet, sondern über ‚den Nächsten'."

Was seine Romanze mit Maria betrifft, beschreibt Arnold den Verlauf so: „Sie sagt immer, sie mochte mich vom ersten Treffen an und es war Liebe auf den ersten Blick. Ich bin in diesen Dingen langsamer. Ich springe nicht . . . Aber je mehr Zeit verging, desto mehr unterhielt ich mich mit ihr, und nachdem ich sie immer öfter sah, begann ich sie zu lieben."

Maria näherte sich dem neuen Mann in ihrem Leben (Liebe auf den ersten Blick hin oder her) ebenso vorsichtig wie enthusiastisch. „Dad sagte, ich sollte darauf achten, wie Arnold die Hunde behandelt. So könnte ich herausfinden, wie er mit Kindern umgehen würde." Sargent Shriver ebnete offensichtlich schon damals den Weg für ein späteres Geschenk an das Paar: einen Labradorwelpen mit Namen Conan.

Aber die Frau mit Namen Maria schien wie vom Schicksal dafür bestimmt, Arnolds Partnerin zu werden. Sie ist kleiner als er, und ihr rundes, charaktervolles Gesicht mit dem dunkelbraunen Haar, den funkelnden, irisch grünen Augen und dem zähnestrahlenden Kennedy-Lachen waren ein schöner Gegensatz zu seiner monolithischen Osterinsel-Erscheinung. Und Arnold sprach sehr positiv auf Marias klares, freches, erwachsenes Verhalten an. „Mädchen kichern“, präzisierte er einem Reporter gegenüber, „Frauen hingegen genießen ihre Weiblichkeit, sind stolz auf ihre Intelligenz und vermitteln Selbstvertrauen, ohne daß sie einen Mann damit herausfordern müssen, daß sie ihm gegenüber gleich sind. Eine richtige Frau fühlt sich gleich, so wie sie ist.“

Unglücklicherweise gab es eine Frau, die nicht dafür gemacht war, sich gleich zu fühlen. Arnolds damalige Freundin hieß Sue Moray, eine Nachfolgerin von Barbara Outland in seiner Gefühlswelt. Aber die Liebe hat wie der Tod ein schlechtes Gefühl für den richtigen Zeitpunkt. Arnold kannte Sue gerade einen Monat (sie trafen sich an Venice Beach im Juli 1977), als er Maria fand. Obwohl Sue in Wendy Leighs Biographie beteuert, daß ihre Liebesgeschichte mit Arnold intensiv war („Wir hatten eine lebhafte Affäre“), wurde die 25jährige Friseurgehilfin aus Beverly Hills mit ihrem blonden Haar und den kornblumenblauen Augen in einer ungerecht frühen Phase ihrer Beziehung für die Nebenrolle der Eifersüchtigen besetzt. Es sieht so aus, als hätte sich Arnold nach Kräften bemüht, eine Zeitlang beide Verbindungen aufrechtzuerhalten. Im August 1978 wurde Sue schließlich abgestoßen.

Ben Weider, der Bruder von Joe und Präsident und Mitbegründer der International Federation of Bodybuilders, sagt: „Ganz am Anfang seiner Zeit in Amerika hat sich Arnold verschiedene Ziele gesetzt. Eines davon war, in eine der führenden Familien Amerikas einzuheiraten.“

Joe Weider hingegen sagt: „Ich glaube nicht, daß er vorgehabt hat, ein reiches Mädchen zu heiraten. Ich habe nie etwas in der Art von ihm gehört. Er traf Maria, und zwischen den beiden funktionierte es. Ich glaube, Maria verstand seine animalischen Leidenschaften. Ich glaube, daß alle anderen Männer, diese Harvard-Jungen, zu zimperlich mit ihr waren. Arnold hat sie einfach aus den Schuhen gekippt. Es gibt da diesen alten Witz: Eine Frau ist wie Linoleum. Wenn man sie gut verlegt, kann man jahrelang darauf gehen.“

Vielleicht aber hatte die Kombination Arnold – Maria von Beginn an eine romantische Zwangsläufigkeit. Vor allem, wenn wir an Platos Fabel glauben wollen, daß die Liebe nichts anderes ist als die Suche einer unvollständigen Seele nach ihrer herumirrenden anderen Hälfte.

Er war intelligent (jedenfalls geistreich) und muskulös. Sie war eine kesse Biene, die vor Vitalität nur so summte. Ab und zu schlug sie Arnold beim Tennis, und sie entwickelte schnell eine strapaziöse Routine zwischen Ost- und Westküste. Die Wochenenden verbrachte sie mit ihm in Kalifornien, während der Woche ging sie in New York ihrem 500.000-Dollar-Job als Moderatorin in den MORNING NEWS von CBS nach. Maria war ein Medien-Meteor wie Arnold. Sie liebten sich nicht nur, sie verdienten einander.

Arniemanie

„Ich bin zwanzigmal rund um die Welt gekommen, immer umsonst.
Ich habe Immobilienbesitz im Wert von einer Million Dollar.
Ich habe die besten Menschen kennengelernt, und jetzt bin ich auch noch beim Film.“

1977 war Arnolds ANNUS MIRABILIS. Er machte bei den TV- und Filmstudios Dampf, vor allem nach dem Erfolg von PUMPING IRON. Er stattete dem Filmfestival in Cannes einen ersten Besuch ab, diesem Epizentrum des Rambazamba. Am spektakulärsten aber war die Unterschrift unter einen Vertrag mit Paramount, der ihn auf die Mitwirkung an einer auf fünf Filme konzipierten Serie von Kostümepen über den Kriegerhelden Conan verpflichtete. Es sollte dann allerdings noch sechs Jahre dauern, bis das erste Ergebnis dieser Vereinbarung auf der Leinwand zu sehen war. „Wenn dieser Streifen Erfolg hat, dann hat das Studio eine Option auf vier Fortsetzungen“, erzählt er dem britischen Interviewer Scott Meek im Oktober 1977. „Aber wenn es zu einer Serie wird, dann habe ich eine Klausel im Vertrag, daß ich andere Sachen zwischen den Conans machen darf.“

Die kulturelle Großwetterlage war für Arnold günstig. Mitte der siebziger Jahre kam der Macho an die Macht. Robert de Niro brachte sich durch Schnurspringen, Gewichtheben und Verzehr von Pasta in Form, um den Boxer Jake La Motta in RAGING BULL zu spielen. Dustin Hoffman überschritt die Schmerz- und die Glaubwürdigkeitsgrenze als Läufer im MARATHON-MANN. Noch vor diesen beiden hatte ein stockhäßlicher Italiener mit einem verwachsenen Brooklyn-Akzent einen unglaublichen Erfolg: Ein gewisser Sylvester Stallone räumte bei den OSCARS 1977 ab. Er war Autor und Hauptdarsteller in einem Filmhit, der aus dem Nichts kam: ROCKY. Die Zeitschriften erkannten einen guten Kult, wenn sie einen zu Gesicht bekamen. Stallone machte seine Muskeln in VOGUE unsterblich. Schwarzenegger konterte mit einem biomechanischen Bizeps im ESQUIRE.

Arnold, der zukünftige Schauspieler, hinkte aber immer noch ein bißchen hinter Arnold, der Einmann-PR-Industrie, her. Die einzige Rolle, die 1977 für das neue modische Riesenbaby abfiel, war ein leicht zu übersehender Auftritt in der Fernsehserie DIE STRASSEN VON SAN FRANCISCO. Man besetzte ihn bezeichnenderweise als europäischen Bodybuilder, der des Mordes verdächtigt wird. Er läuft daraufhin Amok und zertrümmert ein Studio. „Ich hatte nicht mehr als eine Aufnahme“, bedauerte Arnie. „Schlag nur in diesem Raum alles kurz und klein. Es ist egal, wenn du es falsch machst. Das war’s.“

Der Star der Serie, Karl Malden, kann sich kaum an die Beteiligung des österreichischen Newcomers erinnern. Aber er weiß noch, daß Arnold damals ernsthaft den Rückzug aus dem Bodybuilding überlegte. „Er begann abzunehmen. Er sagte: ‚Ich arbeite jetzt härter daran, wieder hinunterzukommen, als früher umgekehrt. Ich darf einfach nicht schlaff werden, aber ich kann auch unmöglich so wie jetzt bleiben!'"

1977 fand er noch einmal Gelegenheit, mit seinem Gewicht zu protzen, auch wenn er damals schon an dessen Verringerung arbeitete. Er wurde für eine vielbeachtete Fotosession verpflichtet. Annie Leibowitz fotografierte Dolly Parton, und während der Aufnahmen leerten die beiden Modelle sechs Flaschen Champagner. „Das hübscheste Gewicht, das ich seit langem zu heben hatte", witzelte Arnold, und er meinte damit DP1 (Dolly Parton) und nicht DP2 (Dom Perignon). Er saß, oder besser: er stand Modell für den Maler Jamie Wyeth. „Er ist wahnsinnig ausdrucksstark, und er kann stundenlang dastehen", bemerkte Wyeth. „Ich lag schon fast mit einem Kollaps auf dem Boden." Er unterhielt sich mit Natalie Wood in einem langen, bizarren Tête-à-tête für eine Geburtstagsausgabe des HOLLYWOOD REPORTER. (Arnold: „Schläfst du nackt?" Natalie: „Nein." etc.) Und zu Beginn des Jahres traf er den Star, der ihm als Rivale und Gegenspieler und Doppelgänger bestimmt war: Sylvester Stallone. Es war bei den GOLDEN GLOBE AWARDS im Beverly Hills Hotel. Arnold hielt den seinen für MR. UNIVERSUM in die Höhe, Stallone einen für ROCKY, und nebeneinander sahen sie aus wie zwei selbsternannte griechische Halbgötter im Smoking.

Arnold veröffentlichte auch ein Buch – ARNOLD: EDUCATION OF A BODYBUILDER. Seine nimmermüden Werbeanstrengungen brachten die illustrierte Autobiographie an die Spitze der Bestsellerlisten. Man bat ihn um Auftritte in sieben Städten. Er bestand auf 27. Er brüstete sich, daß er 400 Bücher pro Stunde signieren konnte. „Ich schreibe nur Arnold, dann ein S, einen Strich, und zweimal g."

Das Marketing der eigenen Person wurde immer mehr zu einer wesentlichen Fähigkeit und zu einer Obsession.

Auf einer Promotionreise für das Buch mußte Arnold einen Flug von Atlanta nach Birmingham, Alabama, nehmen. An Bord traf er auf eine sich rege unterhaltende Runde von Autoren, die zu einem Literaturseminar an der University of Alabama unterwegs waren. Unter ihnen war auch Charles Gaines. Arnold fragte ihn, worüber sie gerade sprachen. Gaines äußerte dem Anlaß entsprechend etwas von Literatur, Kunst, Politik, . . . „Du meinst, sie reden nicht darüber, wie sie ihre Bücher verkaufen können?" fragte der schockierte Arnold.

Als das Flugzeug landete, stieg Arnold in die schwarze Limousine, die gedemütigten Schreiber in ihren Minibus. Aber zuvor fragte Arnold noch nach den Verkaufszahlen, die diese Autoren erreichten. Gaines antwortete, um die 15.000. Arnold errechnete schnell, daß sein Buch schon öfter verkauft worden war als die Bücher aller Anwesenden zusammen. „Sie sollten mich zu diesem Seminar einladen", war sein Schluß daraus. „Ich werde ihnen beibringen, wie sie ihre Bücher verkaufen."

In demselben, umtriebigen Jahr kam Arnold in das El Dorado für Selbstvermarkter, das Filmfestival in Cannes. Er war auf dem Weg durch die westliche Welt in Sachen PUMPING IRON, und prompt schlug er Wellen aus Super-Hype an der Filmpromenade der Côte d'Azur. Das war auch der Moment, an dem der Verfasser dieser Zeilen zum ersten Mal auf Arnold höchstpersönlich traf.

Arnold in Cannes – das war ein Phänomen. Er kam mit Franco Columbu an und verordnete ihm sofort den Rudeldrill: „Wir sind nur vier oder fünf Tage hier, also gibt es keinen Schlaf." Von diesem Moment an gab es Arnold-a-gogo, wie jeder anwesende Journalist bestätigen könnte – nicht zuletzt ich selbst, von meinem Aussichtspunkt auf einen Strand der Berühmtheiten.

Nachdem ich den halbberühmten Regisseur losgeworden war, mit dem ich gerade ein Interview hatte, studierte ich den österreichischen Gewichtheber und seine Methode. Hier war er, ein lebender Ozymandias auf seinem Flecken Sand, ausgestattet mit einem gebieterischen Blick und einem herrschaftlich-leutseligen Grinsen. Eine angeheuerte Truppe mit Liebchen aus der Crazy Horse Bar war um ihn herum. Sie trugen alle Strohhüte mit Bändern und Kleider im Laura-Ashley-Stil. Das ganze Ereignis sah aus wie eine Gartenparty, in die ein riesiger, gutgenährter Troglodyt hineingeplatzt war. Arnold ließ für die Mädchen die Muskeln zucken. Im Gegenzug ermunterte er die Mädchen, an den Muskeln herumzufingern. Dazu warfen sie kichernd verschwörerische Blicke in die Kameras. Arnold setzte sich den Hut eines Mädchens auf, machte kokett auf schüchtern und stieß einen Lacher aus, der wie entweichender Sauerstoff klang.

Das Konzept hinter dieser Nummer war offensichtlich: THE BEAUTY AND THE BEAST. Aber Arnold verkehrte es in sein Gegenteil. Er war witziger, geschmeidiger und charismatischer (und auf eine monströse Weise schöner) als all die Leih-Schönlinge zusammen. Man hatte das Gefühl, daß die ganze Meute aus Journaille und Gaffern, wenn sie das Angebot zu „einer Nacht mit" dem Strandexemplar ihrer Wahl bekommen hätte, sich auf Arnold gestürzt hätte – Männer und Frauen gleichermaßen.

Er gab ihnen, was sie wollten. Fotos, Witze, eine große Nummer. Und bis zu einem gewissen Grad sogar Aufrichtigkeit. Immer wieder wurde er in diesem Jahr in Cannes und auf anderen Stationen seiner fröhlichen PR-Spritztour auf seine umstrittenen Handlungen und Aussagen in PUMPING IRON angesprochen. Er sagte dann: „Daß Sie mich beim Kiffen sehen konnten, das war sehr sorgfältig geplant. Es ging darum, das Bodybuilding zu verkaufen." Ähnlich kommentierte er seine Aussage, das Bodybuilding wäre wie ein Orgasmus: „Wenn man im Fernsehen etwas verkaufen will und hervorstechen will, muß man etwas Spektakuläres tun. Also habe ich mit diesen Bemerkungen angefangen, daß die Muskelarbeit viel besser ist als Sex." „Wenn ich den Leuten erzähle, daß das Pumpen so gut wie Sex ist", führt er noch aus, „und daß man alles essen kann, was man will, daß du sogar bekifft werden kannst und es dir gutgehen läßt, und daß alle dich lieben werden – nun, das sind ‚Verkaufsargumente'."

Aber dieses ganze Marketing in eigener Sache kann den stärksten Mann überbeanspruchen. Ein paar Monate später bei der Ankunft in London klang Arnolds innere Promotionmaschine schon ein wenig, als liefe sie auf Reserve.

„Amerika ist so am Geld orientiert", erzählt er Scott Meek von der Zeitschrift TIME OUT. In diesem eigenartig frei dahinassoziierenden Interview antwortet er auch auf die Frage, wie er sich in Amerika akklimatisiert hatte:

„Gott sei Dank, es hat mir immer geholfen! Aber es gibt auch Nachteile, denn die Psychiater wissen dort sehr genau, daß ihr Beruf kein Geschäft ist, wenn es keine kranken Leute gibt. Und deswegen sorgen sie dafür, daß sich alle schuldig fühlen. Wissen Sie, in New York geht jeder zum Psychiater. Alle laufen sie zu den Schwachköpfen. Nixon hat man immer sexuell attackiert. Man hat immer gesagt, er ist eine Schwuchtel und er hat mit seiner Frau seit 15 Jahren keinen sexuellen Kontakt gehabt, und deswegen stehe er so auf Macht. Und Hitler hatte nur ein Ei, und deswegen wollte er die Welt erobern ...

Ich möchte die Amerikaner darauf aufmerksam machen, daß sie verrückt sind, wenn sie jede Handlung einer Person mit irgendeinem sexuellen Trip verwechseln. Sie wissen schon – wenn man einen Bleistift in der Hand hält, ist das ein Phallussymbol, und man will eigentlich einen Schwanz in der Hand haben. Und ein Fußballtrainer will eigentlich gar kein Trainer sein, er will nur die Ärsche der Fußballspieler schlagen. Und so geht es die ganze verfluchte Zeit dahin."

Die Attacke auf die Amerikaner ist um so eigenartiger, als Arnolds Gastgeber in London Amerikaner waren: Barbara und David Stone, zwei Kinobesitzer, beherbergten ihn zwischen seinen öffentlichen Rundumschlägen. Das Paar aus New York hatte PUMPING IRON für den Verleih in England gekauft. Vielleicht waren sie von der Kritik ausgenommen, hatten sie doch die Weisheit besessen, sich in England niederzulassen.

Für die Stones war er eine hochentwickelte Charmemaschine. Er nahm jeden Pressetermin wahr, den sie für ihn organisierten, und er stellte sich den Fotografen. „Er hatte wirklich eine ernsthafte persönliche Mission", meint David. „Er sagte: ‚Ich werde größer sein als Sylvester Stallone‘“, erinnert sich Barbara. Inzwischen brauchte die Maschine aber Benzin. David ging jeden Morgen mit ihm rund um den Hyde Park und die Kensington Gardens Joggen. Danach kehrten sie auf ein Frühstück im Royal Lancaster Hotel ein. „Er nahm eine Eierspeise mit einem Dutzend Eiern“, erinnert sich Stone, „und dazu Speck, Schinken, Toast, ein Steak ...“ Dann nahm ihn das Paar mit in die eigene Wohnung – Arnolds Quartier war um die Ecke in Kensington. Dort gab es für das Wohl der Gäste eine große Schüssel mit Obst. „In zwei Stunden war alles weg“, sagt David. „Ich glaube nicht, daß irgend jemand sonst etwas erwischt hat.“

Eines Nachts erhaschten die Stones auch einen Blick auf Arniemanie. Sie fuhren mit ihrem VIP zu einer Bodybuildingshow nach Nordlondon. Er sollte dort ein paar Preise verleihen. Die Stones standen mit Arnold hinter der Bühne, während die Show zum Höhepunkt kam. Sie waren überrascht, als er sich zu ihnen wandte und sagte: „Ich werde jetzt die Trophäe überreichen. Sobald das geschehen ist, werde ich gehen. Wir werden zur Tür gehen, und wenn ich sage: ‚Laufen!‘, dann lauft.“

„Arnold, wovon sprichst du?“

„Ich erzähle es euch später. Lauft einfach zum Auto.“

„Als er auf die Bühne kam, war der Applaus wild. Sie waren alle affengeil. Und wir rannten zum Auto, das nicht direkt beim Gebäude geparkt war, und Hunderte – wirklich Hunderte – Menschen verfolgten uns. Wir hatten keine Ahnung, wo die alle herkamen.“

Für Arnold war ein frenetisches Livepublikum, noch dazu ein losgelassenes, schon beinahe Teil einer anstrengenden Vergangenheit, und auch ein Teil seiner Motivation, zum Film zu gehen. „Es ist ein Rausch, wenn man vor 10.000 Leuten steht, und sie schreien und skandieren Parolen, und auf der Galerie haben sie Trompeten und Fahnen. Das war fantastisch. Aber nach zehn Jahren dachte ich mir: Wozu?“

Auftritt für den neuen Zelluloid-Arnold: ein Mann, der in eine Welt eintrat, in der die viel leichter kontrollierbare Bewunderung aus der Ferne an die Stelle von Liveauftritten und allgegenwärtigen Händen treten sollte. Es war nicht leicht, ein schreiendes Groupie loszuwerden oder auszutricksen, das sich in den Kopf gesetzt hatte, ihn zu Brei zu zergrapschen. Aber es WAR möglich, diese fernen Kinobesucher an anderen Ende des filmischen Fernglases zu manipulieren. Und es reichte, wenn man ihre Vertretung, die Kinopresse, ein wenig beschäftigte.

Arnold setzte sich selbst seine Prinzipien für Interviews. Mach jede Menge Promotion, aber immer zu deinen eigenen Bedingungen. Wenn es nötig ist, dann frag den Interviewer oder die Interviewerin deinerseits Sachen, die deinen Informationsstand verraten. Als Bilanz seiner PR-Reise im Jahr 1977 formuliert Arnold:

„Viele Schauspieler verstehen nicht, warum es wichtig ist, eine Woche in Europa zu verbringen, herumzureisen und dir einen Namen zu machen. Sie verstehen nicht, warum es wichtig ist, ein bißchen Hintergrundwissen über Frankreich und seine gegenwärtige Situation zu haben. Wenn man Interviews macht, kann man über das Land reden, und die Presseleute haben das Gefühl, ich interessiere mich für sie.“

Manchmal ist es aber notwendig, Nägel mit Köpfen zu machen:

„Wenn ich diese Press Junkets mache, dauert ein Interview mit einem Journalisten nur drei, vier Minuten. Da ist es klar, daß du nicht unbedingt über dein Baby reden willst oder über deine Frau oder über dies und jenes. Das wäre verschwendete Zeit. Dieser Typ ist nur aus einem Grund da: Eintrittskarten zu verkaufen. Habe ich recht? Also hat es keinen Sinn, mit dem Baby-Gerede die Zeit zu verschwenden, denn so verkaufen sich keine Eintrittskarten.“

Verkaufen, verkaufen, verkaufen. Gibt es irgendeinen Bereich, in den Arnold sich nicht begeben würde, wenn es um das Verkaufen geht? Ja. Der CHICAGO TRIBUNE gibt er darüber sehr bestimmt Auskunft: Er würde niemals auf einem Schleichweg ins Scheinwerferlicht gehen, und Werbung für andere Leute oder für die Produkte von anderen Menschen machen.

„Ich möchte kein zweiter Mark Spitz oder Joe Namath werden. Sie verkaufen Milch oder hausieren mit Windelhosen. Und dann sitzt du mit deinen Millionen da, und du fragst dich: Was mache ich als Nächstes? Und dir wird klar: nichts mehr.“

Zwei Anfänge und ein Comeback

„Wenn du ein einzigartiges Aussehen und einen einzigartigen Körper hast wie ich, mußt du dich fragen: Ist das eine Rolle, die noch jemand spielen könnte? Ich möchte nicht einfach der Ersatz für Hans Dampf sein."

Im folgenden Jahr hob die Filmkarriere noch immer nicht ab, obwohl es rund um die Raketenbasis merklich anwachsende Betriebsamkeit gab. Arnold gestattete sich den Luxus, eine Filmrolle abzulehnen; er sollte einen von Mae Wests Gespielen in SEXTETTE spielen. Und er wies in aller Öffentlichkeit die Idee zurück, er könnte im Fernsehen den INCREDIBLE HULK spielen. „Ich bin viel zu schön, um den Hulk zu spielen. Er muß häßlich sein. Wie kann dieses Gesicht den Hulk spielen?" Die Rolle wurde dann einem alten Sparringopfer von Arnold übertragen: Lou Ferrigno.

Arnold war außerdem nahe daran, Superman zu spielen, bevor Christopher Reeve die Rolle übernahm. Für die Hersteller des Films war es offensichtlich ein Problem, daß Arnold auch als unauffälliger Clark Kent im Anzug immer noch wie Superman aussah. Als der Film in die Kinos kam, ging Arnold zur Premiere und gab anschließend bekannt: „Sie haben meine Lebensgeschichte gut erzählt."

Erst Ende 1978 stand er schließlich wieder vor einer Filmkamera. Der Regisseur Hal Needham besetzte Arnold in seinem Westernschabernack KAKTUS-JACK (THE VILLAIN). Er spielt einen „feschen Fremden" – die Figur hatte keinen Eigennamen – in einem Film, der Cartoonkonventionen mit „echten" Cowboys mischte. „Es ist ein ROAD RUNNER mit richtigen Menschen": So erklärte mir Hal Needham fünfzehn Jahre später, unter einem riesigen Stetson in einer Hotel Lobby in Los Angeles, die Idee. Der „fesche Fremde" ist jung und unschuldig: ein freier Mann mit einem nicht weiter erklärten deutschen Akzent, der den Film damit zubringt, die Stadthure Charming Jones (Ann-Margret) vor einem Psychopathen (Kirk Douglas) zu retten, der ihr nachstellt. Während Ann und Arnold im Holterdipolter über die Prärien donnern, spielt Kirk Douglas' Cactus Jack den Wile E. Coyote. Auf der Jagd nach dem Roadrunner stellt er sich mehrmals und „zum Schießen komisch" selbst eine Falle oder gerät in einen eigenen Hinterhalt.

Wenn man den Film heute sieht, ist er so lustig wie ein Schlag ins Gesicht beziehungsweise wie 89 Minuten lang Schläge ins Gesicht. Der Arnold, der einen Golden Globe für MR. UNIVERSUM und den Jubel der Welt für PUMPING IRON erhielt, ist hier nirgends zu sehen. Wir verfolgen einen peinlich berührten Schauspieler in einem blauen Cowboyanzug, der seine Dialoge mit dem Enthusiasmus eines Briefträgers an einem verregneten Tag abliefert. Nach seinen Eröffnungssätzen an den städtischen Telegrafenbeamten sind wir auf das Schlimmste gefaßt: „Entschuldigen Sie, Söör. Ich biin der fesche Fremde." „Waas ist mit mein'm Telegramm?"

Später bekommen Tonfall und Anblick eines tief im Wilden Westen versprengten Arnold eine schon eher absurde Qualität: „Wir müssen von hier an voorsichtig sein", warnt er Ann-Margret, „dos ist Indianerland." Aber niemand in diesem Film ist vorsichtig, am allerwenigsten der Regisseur. Needham war früher ein Topstuntman in Hollywood – und er sollte später den weit besseren Actionspaß EIN AUSGEKOCHTES SCHLITZOHR (SMOKEY AND THE BANDIT) machen. Seine Erfahrung hätte ihn zu größerer Vorsicht anhalten können, so aber schleuderte er nur menschliche, pflanzliche und mineralische Objekte in eine eingebildete komische Landschaft. Das Drehbuch von Robert E. Kane hat ein halbnettes Leitmotiv: Das ist die Nebenhandlung zwischen Ann-Margret und Arnold. SIE verströmt sehr sexy ein wenig von der Laszivität von Jugendverbotfilmen, ER mimt mit seinem Babyface und leidlicher Überzeugung den „Unschuldigen". „Ich spiele den naivsten Burschen aller Zeiten", sagte er während der Dreharbeiten. „Dieser Typ hat absolut kein Interesse an Frauen – das ist für mich eine ernsthafte schauspielerische Herausforderung."

Für Needham, der fünfzehn Jahre später in kräftigem texanischen Akzent die totale Erinnerung beschwört, funktionierte diese Bereicherung des Plots „perfekt", „denn den ganzen Film hindurch will Ann-Margret nichts anderes als in seine Jeans fassen, und er begreift einfach nicht, wieso."

Warum aber hat der Regisseur überhaupt Arnold gewählt? „Wir sahen uns ihn an und die Rolle und wir sagten: Weißt du was, es spielt keine Rolle, ob er wirklich böse ist oder nicht, es wird schon hineinpassen." Und was den Akzent betraf: „Im Film war er nur der Handsome Stranger, und niemand hatte eine Ahnung, wo er herkam und wer er war."

Das ist ein prophetischer Ausblick auf die spätere Besetzungspolitik, die Hollywood bei Schwarzenegger übte. Die nicht erklärte Herkunft gibt diesem Mann Film für Film seine mythische Ausstrahlung. Er kann ein Cowboy in KAKTUS-JACK sein oder ein moderner Sheriff in Florida in RAW DEAL oder ein Amateurastronaut in TOTAL RECALL oder ein hyborianischer Held in den CONAN-Filmen. Was zählt, ist der Mann, der ihn spielt, und die verrückte Autorität, die er jeder Rolle verleiht. Es ist die Autorität eines wahnwitzigen Halbgotts, der seine Macht und sein Charisma auf der Drehscheibe des zyklischen, irdischen Geschichtenerzählens noch einmal ausspielt. Denn wir werden später noch draufkommen, daß buchstäblich jede Schwarzenegger-Story auf der großen Leinwand identisch ist mit den anderen, obwohl ein paar darunter sind, die intelligenter VERKLEIDET sind.

Arnolds nächste Filmrolle war eine größere Herausforderung. (Dazwischen gab es noch einen vernachlässigbaren Auftritt als nordischer Fitneßtrainer in der Verfolgungskomödie SCAVENGER HUNT, 1979, die direkt in die Videoverwertung ging.) Er mußte einen Anzug anziehen und eine Figur aus dem wirklichen Leben spielen. In dem CBS-Fernsehfilm DIE JAYNE MANSFIELD STORY wurde er als Mickey Hargitay besetzt, jener Bodybuilder und ehemalige Mr. Universe, der es durch die Heirat mit Jayne Mansfield zu einem zweiten Ruhm gebracht hatte.

Es war ein Irrtum von den Filmemachern, daß sie Arnolds Stimme für die Erzählung aus dem Off verwendeten. Er trägt die Stationen von „Chaynes" Karriere bei 20th Century Fox mit einer Klarheit vor, als handelte es sich um eine durch ein Sandwich gesprochene Lautsprecherdurchsage in der U-Bahn. („She still hed de kahntract wid Fucks." „Sie hadde immer noch den Kohntrackt mid Faax.") Auf der Leinwand macht der Schauspieler Arnold die beste Figur seit STAY HUNGRY. Er lacht, macht Witze, flirtet, runzelt die Stirn, „denkt". Er hat sogar eine dramatische Schlafzimmerszene, in der er die ganze Tonleiter spielen muß: vom Zorn auf Jane, die auf dem Balkon für die Fotografen posiert („Also gut, dann verkauf Eintrittskarten, warum machst du keine ganzen Sachen?"), bis zum Gefühlskollaps („Ich liiebbe dich, verstehst du das nicht, ich lieebbe dich") auf dem spezialmassiven Doppelbett.

Mansfield, eine Sexbombe aus den fünfziger Jahren, die dazu verdammt war, daß man sie für ihren Körper verehrte, obwohl sie einen Intelligenzquotienten von 160 hatte, wurde in diesem Film von Loni Anderson gespielt. Statt ihr Gehirn zu benützen, sollte sie – wie Arnold – um die Welt reisen und jene Teile ihrer Anatomie wackeln lassen, deren Dimension anderen Schönheitsjüngerinnen unerreichbar blieb. Sie starb schließlich 1967 bei einem Autounfall, ein Ende, in dem sich ein Schicksal besiegelt, bei dem die biographischen TV-Filme in ihrem Element sind.

Arnold verstand den Film als eine Fabel über Sexismus und Körperkult. „Die Studios können das einfach nicht machen, was sie mit Jayne Mansfield und Marylin Monroe und all diesen Mädchen vor Jahren gemacht haben. ‚Wenn wir die nicht kriegen, bekommen wir eine andere. Sie ist blond, sie hat Titten, sie hat einen Arsch, und sie hat einen schönen Körper.' Wenn eine sich gegen ein Drehbuch gewehrt hat, haben sie es eben einer anderen gegeben. Davon handelt die JAYNE MANSFIELD STORY."

„Ich habe gelernt, daß man sich in einem Bereich etablieren muß, in dem sich niemand anderer befindet", setzt er fort. „Dann mußt du eine Nachfrage nach dir erzeugen und dich aufbauen. Während die Konkurrenz weiterbesteht, mußt du langsam und ohne daß sie es bemerken, deine eigene kleine Festung bauen. Und plötzlich ist es schon zu spät für sie zum Eingreifen. Und SIE müssen zu DIR kommen, denn du hast, was sie wollen."

Zu diesem Zeitpunkt dachten allerdings noch wenige Leute, daß Arnold hatte, was sie brauchten – beziehungsweise machten ihm wenige Leute Angebote, die ER wollte. Die Verspätung von CONAN zwang ihn dazu, winzige Rollen, unpassende Rollen, Fernsehrollen anzunehmen. Wenn schon sein Aufstieg zum Ruhm durch dieses unpünktliche CONAN-Epos gebremst wurde, dann war es sicher möglich, die Unterbrechung produktiv zu nutzen. Zum Beispiel für Öffentlichkeitsarbeit und Training. Um einen halbnackten Kriegerhelden zu spielen, der sich auf Eroberungszügen alles einverleibt, was in Sichtweite kommt, sollte Arnold in entsprechender Hochform sein.

Schließlich bekam CONAN ein verspätetes Startdatum: Jänner 1981. Dann wurde das Datum unerwartet vorgezogen, und Arnold sprang ins kalte Wasser. Seine ersten Szenen sollten im August 1980 gedreht werden. Noch dazu, erinnert er sich, „wollte Universal, der Verleiher des Films, dieses Material als Promotion nützen, wenn zu Weihnachten FLASH GORDON herauskam. Plötzlich mußte ich im Handumdrehen wieder riesig sein."

Die beste Methode, um wieder riesig zu werden (und dabei auch noch Aufmerksamkeit zu erregen), war, das Undenkbare zu versuchen: ein Comeback als internationaler Topbodybuilder. Arnold überlegte, bei der Mr.-Olympia-Konkurrenz 1980 teilzunehmen, die in Sydney, Australien, geplant war. Freunde machten Druck auf ihn. Franco sagte, er sollte fahren; Joe Weider pflichtete bei. Schließlich „wachte ich eines Morgens, nur ein paar Wochen vor dem Bewerb, mit der Idee auf, die unverrückbar in meiner Psyche festgesetzt war: Du mußt teilnehmen."

Diesmal richtete sich das Scheinwerferlicht aber auf etwas, das mehr einem Schaukampf glich. Arnolds Freund George Butler erfuhr zufällig von dem streng geheimgehaltenen Comeback, als er den Ex-Champ beim Training in Santa Monica besuchte. War das tatsächlich möglich, nach fünfjähriger Pause noch einmal zu gewinnen? Arnold war „mit einem Großteil der Kampfrichter sehr gut befreundet", deutete einer der Fitneßkumpane an. Arnold selbst hörte diese Aussage, erinnert sich Butler, und grinste.

Bei seiner Ankunft in Sydney akkreditierte sich der ehemalige Champion in den Augen der meisten Anwesenden nur als TV-Kommentator. Aber auch sein Freund Reg Park war in der Stadt, und er argwöhnte, Arnold könnte eine Überraschung planen. Park war bei dem Ereignis mehrfach beteiligt. Er war der Zeremonienmeister, und er war Mitglied der siebenköpfigen Jury. Am Tag vor dem Bewerb – nicht früher – meldete sich Arnold telefonisch bei Park in dessen Hotel.

„Er sagte zu mir: ‚Reg, ich mache den Wettbewerb.' Und ich glaube mich zu erinnern, ich erwiderte: ‚Schau, Arnold, du hast mich bloßgestellt. Jeder weiß, daß wir Freunde sind. Aber ich werde dich so beurteilen, wie ich es sehe.' Und ich sprach mit dem Veran-

stalter und sagte: ‚Hör zu, die Leute wissen, daß Arnold und ich Freunde sind, aber wenn ich nicht glaube, daß er es bringt, dann werde ich auch nicht für ihn stimmen.' Mit dieser Haltung bin ich an die Sache herangegangen."

Andere Teilnehmer legten wegen Arnolds später Anmeldung Protest ein. Aber Regeln waren Schall und Rauch. Außerdem glaubten die meisten Leute ohnehin an einen sicheren Sieg des Favoriten, den Amerikaner Mike Mentzer. Arnold verlor keine Zeit, um sich Mentzer vorzunehmen. Ben Weider, der als langjähriger Vorsitzender der IFBB und als graue Eminenz des Sports in Sydney anwesend war, wurde Zeuge, wie sich die beiden Männer zum ersten Mal voreinander aufpflanzten:

„Ich glaube, Arnold wollte Mike Mentzer psychisch fertigmachen. Und Mentzer, der ein hyperaktiver Typ war, vertrug das nicht. Arnold sagte zu ihm Sachen wie: ‚Du hast einen Bauch, als würdest du nächste Woche ein Kind bekommen. Was machst du eigentlich hier?' Ich stellte mich dazwischen. Ich wollte vermeiden, daß sich die beiden schlagen."

Boyer Coe, der auch am Bewerb teilnahm, erinnert sich an ein anderes Aufflackern der Konkurrenz – oder vielleicht an dasselbe auf eine ander Weise. Coe war der IFBB bei der Veränderung der Regeln behilflich gewesen. Beim Mr. Olympia 1980 sollten anders als früher, als der Sieger unter den Besten aus zwei Gewichtsklassen ermittelt wurde, sechs Finalisten aus allen Klassen den Sieg untereinander ausmachen. „Arnold war als einziger gegen diese Reform", sagt Coe. „Er wollte zu den zwei Gewichtsklassen zurück. Auf diese Weise mußte er nur einen Mann schlagen. Er sagte zu mir: ‚Boyer, du benimmst dich wie ein Baby.' Und Mike kommt dazu und sagt: ‚Arnold, DU benimmst dich wie ein Baby.' Ben Weider mußte dazwischengehen und die Sache beruhigen."

Arnolds Spiel mit allen Tricks, wenn es eines war, war verständlich. Seinen Konkurrenten schien es unvorstellbar, daß er mit seinem Körper und seinem Talent allein gewinnen konnte. „Er war nicht einmal annähernd in seiner früheren Wettkampfform. Er tat uns richtig leid", sagt Coe. Er erinnert sich auch, daß Arnold „extrem nervös" war.

Arnold bestätigt das in einem vierzigminütigen Dokumentarfilm, den der Veranstalter der Konkurrenz in Sydney, Paul Graham, produzierte. (Sein alter Kumpan aus den Tagen in Kalifornien ist bis heute der IFBB-Mann in Ozeanien.) Dieser Film mit dem Titel THE COMEBACK ist ungeniert auf Arnolds Seite. Nur ein einziger recht obskurer Konkurrent, Tom Platz, wird mit Namen genannt. Keine Rede von einem Interview. Graham begründet diese Tatsache damit, daß er von den anderen Bodybuildern nicht genügend Material hatte, um sie größer zu präsentieren. Boyer Coe sagt, es war deswegen, weil niemand sonst die für eine Freigabe des Films nötigen Verzichtserklärungen unterschrieb.

Arnold hat inzwischen so viel Souveränität auf der Leinwand gewonnen, daß er zugeben kann, wie schwierig das Comeback im Rampenlicht war. „Ich bin vom Charakter her niemand, der sich gern ausstellt", sagt der Exchampion und angehende Filmstar. „Ich mochte das überhaupt nicht."

Wahrscheinlicher ist, daß er seine eigene schlechte Vorbereitung nicht mochte. Abgesehen von dem Handicap eines reduzierten Trainingsplans kam Arnold mit einer Verletzung und weiteren Unpäßlichkeiten nach Sydney. Nachdem er sich beim Bankdrücken die Schulter verletzt hatte, nahm er eine Dosis Cortison. Eine Nebenwirkung davon ist, daß der Körper Wasser speichert. „Auf dem Flug nach Australien trank ich literweise Wasser und Fruchtsaft, bis Maria mich unterbrach und sagte: ‚Arnold, du darfst nicht so viel trinken, sonst mußt du ganz aufgedunsen auf die Bühne.'"

George Butler, der im selben Flugzeug war, bestätigt, daß Arnold müde und verbraucht aussah. Diesen Ausdruck wurde Arnold die ganze Konkurrenz über nicht los, das bezeugen jedenfalls Fotografien und der Film. In Sydney trainierte er einen Tag lang heftig mit Franco Columbu, um Wasser abzubauen und die Beinmuskeln aufzulockern, die steif und geschwollen waren. Danach, so gibt Arnold zu, war er am Tag des Wettkampfs „erschöpft".

Am entscheidenden Abend war er aber wieder voll da. Trotzdem war es zu diesem Zeitpunkt nach allen Erfahrungen zu spät. Er kämpfte mit seiner eigenen Vitalität, und nebenbei mit ein paar Vorfällen auf der Bühne, die beinahe Commedia dell'arte waren. Niemand war sich ganz sicher, ob es ein Beispiel von besonders raffinierter psychologischer Kriegsführung oder einfach eine Farce war, als Franco Columbu plötzlich zu seinem Mann auf der Bühne rief, er solle in einen besser ausgeleuchteten Teil der Bühne gehen. Als Arnold nicht reagierte, sprang Columbu auf die Bühne und flüsterte ihm atemlos etwas auf Deutsch ins Ohr. Die Beschwerden über diese ungebührliche Aktion verstummten, als Arnold Columbus Arm in die Höhe hob, so als wollte er eine kurze Auszeit nehmen, um dem großen sardischen Bodybuilder die Ehre zu erweisen. Dann wurde die Ordnung wiederhergestellt, und Arnold nützte die Gelegenheit, um sich in das bessere Licht zu begeben.

Am Ende zählten die Kampfrichter ihre Wertungen zusammen, und der Sieger des Mr.-Olympia-Titels 1980 war – Arnold Schwarzenegger. Das Opernhaus von Sydney, wo die Konkurrenz stattfand, war aus dem Häuschen. Nicht durch Applaus, sondern mit Buhrufen und schrillem Pfeifen. Armlehnen von den Sesseln und andere Geschosse flogen auf die Bühne.

Das Haus in Thal, in dem Arnold aufwuchs: Hinter den offenen Fensterläden sein ehemaliges Zimmer

Die Ruine, auf die Arnold von seinem Zimmer aus blickte

Gustav Schwarzenegger (2. von links) spielt Flügelhorn bei der Gendarmerie-Musik Graz

Der jugendliche Arnold in einer frühen Pose

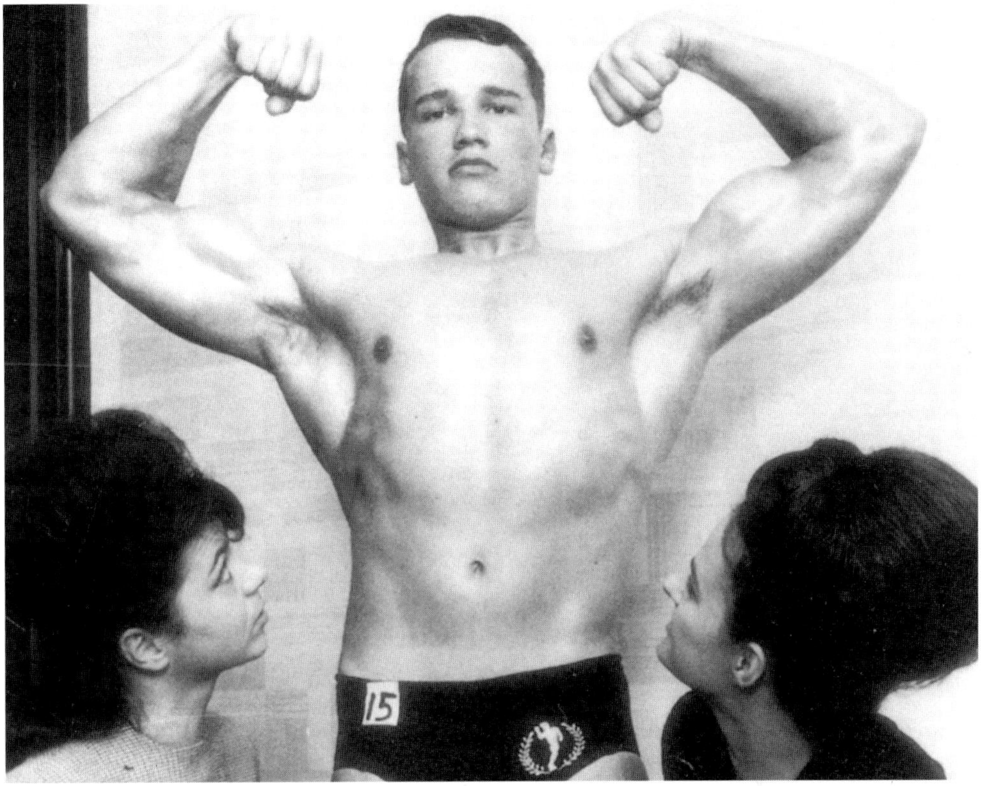

Eine frühe Bodybuilding-Jury

Mr. Olympia in Bestform

Wagenrennen zur Stoßzeit auf der 5th Avenue: HERKULES IN NEW YORK

Kirk Douglas, Ann-Margret und Arnold während der Dreharbeiten zu KAKTUS-JACK

Arnold signiert seine Autobiographie (1979)

Arnold mit seiner Frau Maria, geborene Shriver

Eine Party für CONAN: (von links) Arnold, Conan,
Aurelia Schwarzenegger, Sandahl Bergman

Conan, der Zerstörer, mit Olivia D'Abo und Regisseur Richard Fleischer

Zerstörungsmission: Arnold als Terminator

Arnold erklärt dem Regenwald den Krieg: PREDATOR

Die Hochzeit (1986)

Caroline Kennedys Hochzeit (1986): Bobby, Arnold, Eunice und Sargent Shriver

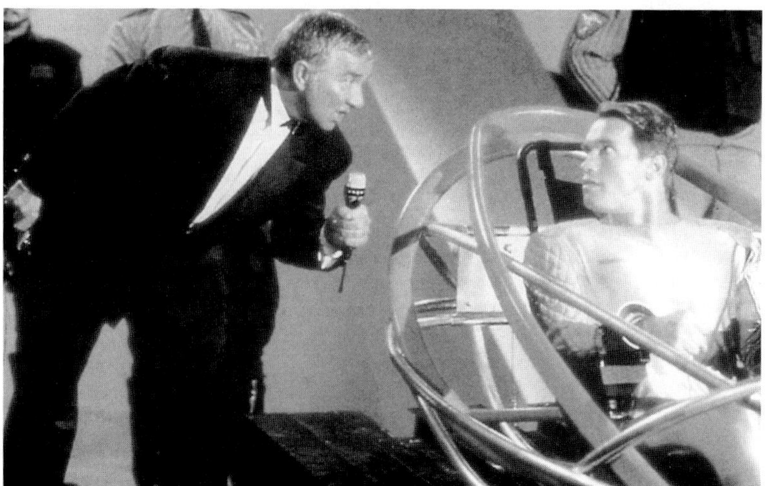

Richard Dawson schickt Arnold, den RUNNING MAN, ins Rennen

Arnold kämpfte sich durch eine lautstark verhöhnte Siegerrede. (Nicht einmal THE COMEBACK kann das verheimlichen. Zuvor schneidet die Dokumentation den Siegesmoment genau da ab, wo der Aufruhr beginnt.) Dann verlor der Eroberer keine Zeit und stürmte aus dem Gebäude. Sein Gesicht war rot vor Zorn oder peinlicher Berührung. Er schrie nach Maria, die in seiner Begleitung war. Sie sollte sich mit ihm vor den nachdrängenden Reportern aus dem Staub machen.

Wenige unter den Anwesenden, und am allerwenigsten der frühere Favorit Mike Mentzer, waren der Meinung, daß die Sache fair verlaufen war. Der britische Bodybuilder John Citrone erinnert sich: „Ich traf mich kurze Zeit später mit Mentzer, der vom Bewerb zurückkam, und er meinte kategorisch, daß Arnold nicht gewinnen hätte dürfen. Er sagte, es war lächerlich. Er war nicht fit. Er war nicht einmal in der Nähe der Topform." Boyer Coe teilt diese Einschätzung. „Eine gerechte Plazierung für Arnold wäre in diesem Bewerb Platz 8 oder 9 gewesen."

Heute läßt sich Mentzer nur zögernd zu einem Kommentar überreden: „Was vor vierzehn Jahren war, ist vorbei. Arnold ist heute vielleicht ein anderer Mensch. Ich hoffe es jedenfalls. Hoffentlich ist er erwachsen geworden und ein reifes menschliches Wesen."

Arnolds Lager ist aber noch immer gewillt, die damalige Entscheidung zu verteidigen. Reg Park, der eine Jury unter der Anklage starker Einseitigkeit vertritt, sagt:

„Offen gesprochen hatte ich nicht den Eindruck, daß Mentzer in derselben Liga spielte. Es gibt ein bestimmtes Maß an ‚Präsenz' auf der Bühne, und das zählt. Nennen wir es Charisma, nennen wir es Showtalent. Ich glaube nicht, daß Mentzer diese Wirkung auf das Publikum hatte. Arnold hatte diese Anziehungskraft noch fünf Jahre nach seinem ‚Rücktritt'. Er war nicht der Arnold des Jahres 1975, aber in meinen Augen war er gut genug, um den Bewerb zu gewinnen."

Paul Graham sagt, der Aufruhr war nur die sauertöpfische Reaktion von Arnolds Konkurrenten. „Sie konnten die Tatsache nicht ertragen, daß Arnold nach drei Monaten Training zurückkommen konnte und imstande war, sie zu schlagen."

Auch George Butler votiert für Arnold. „Ich weiß, daß eine Menge Offizieller im Bodybuilding und viele aus dem Umfeld nicht meiner Meinung sind, aber wenn ich mir die Fotos ansehe, die ich gemacht habe, und die Filme, dann denke ich, Arnold gewann so anständig wie nur möglich." Butler vertritt auch eine eigenständige Auffassung, indem er Mike Mentzers vermeintlich sicheren Platz in der Hackordnung bestreitet. „Chris Dickerson war der Mann, der Arnold schlagen hätte können. Niemals Mentzer. Es ist, als würde man behaupten, Lou Ferrigno hätte 1975 in Südafrika gegen Arnold gewinnen können (die PUMPING-IRON-Konkurrenz). Mentzer hatte weder die Muskeln noch die Grundgestalt, um Arnold zu schlagen."

Jeder Verdacht, daß Butler im Rückblick sich auf Arnolds Seite schlägt, muß sich mit der Tatsache konfrontieren, was ihm nach Arnolds Triumph in Sydney passiert ist. Zwei Tage nach dem Bewerb hatten die beiden Männer eine Fotosession vereinbart. „Arnold erschien einfach nicht", erzählt Butler. „Er war schon nach L. A. geflogen. Es war das erste Mal, daß er ohne einen Anruf oder eine Erklärung einfach verschwand."

Das Gespenst von Sydney verfolgte Arnold noch monatelang. Bei seinem eigenen Pro-Mr.-Universe-Bewerb einen Monat später in Columbus, Ohio, brach er sein früheres Versprechen, daß der neue Mr. Olympia bei diesem Ereignis einen Gastauftritt absolvieren würde. Er weigerte sich, auf die Bühne zu gehen. Später weigerten sich die Journalisten in Scharen, die Geschichte so zu erzählen, wie Arnold sie sah. Niemand verkündete den Sieg in Sydney als verdienten Triumph. Arnold flüchtete sich in einen stolzen Stoizismus. Zu Rick Wayne sagte er: „Ich weiß, das ist jetzt eine harte Zeit für mich. Aber gib mir ein Jahr – sechs Monate bis ein Jahr –, und man wird die ganze leidige Affäre vergessen haben. Dann habe ich immer noch siebenmal den Mr. Olympia gewonnen."

Fünfzehn Jahre später hat anscheinend niemand, der damals beteiligt war, das Ereignis vergessen. Wenn man glaubt, man kann Ruhm und Geschick nach Plan steuern, dann braucht man eine Armee geschmeidiger Chronisten. Aber Geschichte wird nicht immer von den Siegern geschrieben. Manchmal wird sie von denen geschrieben, die gegen den Kult des Unbesiegbaren ihre Einwände haben.

Das austro-hyborianische Reich

„Es ist ein großer Film, ein gewalttätiger Film, ein Kampf gegen Tausende Skelette in der Wüste und so verrückte Sachen."

Gestatten, Conan

Irgendwann in den späten siebziger Jahren – das genaue Datum verliert sich im Nebel der Nebensächlichkeiten Hollywoods – traf Arnold den Großproduzenten Dino De Laurentiis. De Laurentiis war damals auf dem Höhepunkt seiner Beschäftigung mit amerikanischen Folkloreepen und zog Arnold für die Rolle des Flash Gordon in Betracht. Arnold versuchte es mit einem kleinen Scherz und fragte den italienischen Mogul, der hinter dem gigantischen Maschinenraum seines Büros beinahe verschwand: „Warum braucht ein kleiner Mann wie Sie einen so großen Schreibtisch?"

Das Treffen dauerte angeblich eine Minute und vierzig Sekunden. Später bemerkte Arnolds Agent: „Das ist die schlimmste Aussage, die ich jemals von jemandem gehört habe, der einen Job wollte." Arnold sagt, Dino hatte nur Gelegenheit anzumerken: „Sie haben einen Akzent! Ich kann Sie nicht brauchen für Flash-a Gordon! Nah! Flash-a Gordon hat keinen Akzent!" Arnold entgegnete: „Ich habe einen Akzent? Ich kann Sie nicht einmal VERSTEHEN!"

Stimmungen bessern sich. Bald darauf besetzte Dino Arnold in der Rolle, die ihn zum Star machte: Conan – Der Barbar. Genauer gesagt, Dino willigte schweigend in die Besetzung ein, als ihn das Team Edward R. Pressman (Produzent) und John Milius (Regisseur) als potentiellen Partner anwarb. Milius war ein Macho für Intellektuelle unter den US-Filmemachern. Er hatte DER WIND UND DER LÖWE (Sean Connery und Candice Bergen in der Wüste) und TAG DER ENTSCHEIDUNG (Surfen und Kumpelei) gemacht, und er hatte APOCALYPSE NOW geschrieben. Pressman war ein erfolgreicher Independent-Produzent, der Regisseure wie Brian De Palma und Terrence „Badlands" Malick herausgebracht hatte.

Sowohl Pressman wie Milius waren von dem legendären Helden, den der Schriftsteller Robert E. Howard in den dreißiger Jahren erfunden hatte, begeistert. Conan war ein urzeitlicher Krieger. Er lebte und kämpfte vor 12.000 Jahren im fleischreichen Land Hyboria. Er erwies sich als so populär bei einer Leserschaft, die von der Wirtschaftskrise gebeutelt wurde (in einem Land, das mit Körpern übersät war, die von hohen Bürogebäuden gestürzt waren), daß er sich durch 21 von Howard verfaßte Geschichten schwadronierte und dann sogar noch in den Comic strip übersiedelte, der gut zu seiner Figur paßte.

Howard war ein Amateurbodybuilder. Er verwandelte sich aus einem knochigen Kind in einen Zweihundertpfünder, bevor er draufkam, daß das Leben nicht einmal in dieser physischen Grenzerfahrung lebenswert war. 1936 sagte er zu seiner geliebten Mutter, es sei Zeit zu sterben, und blies sich mit einem .38-Automatik-Colt, den er im Handschuhfach seines Autos versteckt hatte, das Hirn aus dem Schädel. Er war dreißig Jahre alt.

Howards Held ist ein hypnotischer Hybride, so wie ihn der Verfasser in hochtrabender Prosa darstellt und wie ihn der Künstler Frank Frazetta in campigen Machokonturen zeichnet: Er ist ein Teil Tarzan, ein Teil Superman, ein Teil der Dieb von Bagdad. Conan war ein Räuber, daneben aber auch Anarchist und Primitiver. Durch die Aktionen und Begierden seines Helden – unter denen ein Urinstinkt hervorstach, Dinge zum Besseren zu wenden – konnte Howard einem Amerika zwischen den Kriegen und nach dem wirtschaftlichen Zusammenbruch seine Botschaft nahebringen: Wenn das System der Zivilisation und der Wirtschaftsgesetze zusammenbricht, kümmere dich nicht darum. Es gibt immer noch ein Feld, auf das man zurückkommen kann: die wunderbare Welt der sozialen Nichtentwicklung und der virtuosen Barbarei; eine Welt, die so derb und ungestüm ist, daß das Leben im guten alten Wilden Westen daneben wie eine Teeparty im Algonkium wirkt.

Vierzig Jahre später war das der perfekte Stoff für eine Nation, die der schlappen Carter-Politik argwöhnisch zusah und bald in die Ho-Ruck-Jahre unter Ronald Reagan kommen sollte. Und wer wäre besser geeignet gewesen, Conan zu spielen, als der Mann aus dem österreichisch-hyborianischen Reich? Arnold sah mit Sicherheit der Rolle entsprechend aus. Und sollte sich herausstellen, daß das Publikum kein Wort von ihm verstand, konnte man das immer noch auf die komplizierten Phoneme und Diphtonge zurückführen, die 10.000 Jahre vor Christus in Hyboria in Gebrauch waren.

Die Legende – oder Arnold, das ist austauschbar – berichtet, daß Pressman den hoffnungsvollen Filmstar in einem Restaurant am Sunset Boulevard traf. „Es ist eine dieser typischen Situationen, wie sie mir jeden Tag passieren“, erläutert der Österreicher. „Jemand kommt an meinen Tisch und sagt: ‚Hi, ich bin Produzent, ich möchte einen Film machen und ich möchte, daß Sie der Star sind.‘ Natürlich kümmere ich mich nie um so etwas, aber Pressman sprach auf eine so unspektakuläre Weise, daß ich ihn ernst genommen habe. Er ist ein Mann mit einer schwächlichen Erscheinung, aber er ist innerlich sehr stark.“

Pressman kann sich an dieses Treffen nicht erinnern. Er sagt, daß er Arnold schon seit einiger Zeit aus New York kannte und es alles andere als notwendig war, daß er sich bei ihm als Produzent vorstellte. Als ich ihn frage, ob er sich an seine erste Begegnung mit Arnold erinnern kann, schweigt er allerdings eine halbe Minute, als müßte er erst in der inneren Akte „Offizielles erstes Treffen mit A. S." nachsehen. Schließlich antwortet er mit seiner sanften Stimme, daß er seinen zukünftigen Star wahrscheinlich zum ersten Mal in dessen Haus in Santa Monica traf und später mehrere Male bei ihm zu Hause in der 36. Straße in Manhattan zum Essen war. 1976/77 spielte ihm sein Freund Jerome Gary zum ersten Mal PUMPING IRON vor, und Pressman erinnert sich, daß er „sehr beeindruckt war von Arnolds charismatischer Persönlichkeit und schon damals über ein passendes Filmprojekt nachdachte". Ein Freund, Inhaber eines Comics-Geschäfts in New York, brachte ihm Conan nahe, und „es stimmte so automatisch überein, daß ich von da an ständig das Gefühl hatte, daß Arnold Conan sein würde".

„Auch damals zog Arnold schon die Massen an", sagt Pressman. „Die Leute behandelten ihn wie einen Filmstar, lange bevor er überhaupt einer war." Der Produzent gab ihm einen Vertrag für Conan. Arnold bekam 250.000 $ für den ersten Film und dieselbe Summe für jedes Sequel, und eine Pauschale für die einstweilige Wartezeit. Und er wartete. Zuerst gab es eine Phase, in der ein Reigen um den Sessel des Regisseurs getanzt wurde. Milius mußte verzichten, weil er TAG DER ENTSCHEIDUNG drehte. Also ersetzte man ihn durch Oliver Stone, den Drehbuchautor von CONAN, der den Film zusammen mit Joe Alves machen sollte, einem Second-Unit-Mann von DER WEISSE HAI. Dann kam der Trickfilmer Ralph „Fritz the Cat" Bakshi. Aber Arnold und Ralph hatten einen Streit in einem Restaurant, damit hatte sich diese Sache erledigt. Pressman dachte an Ridley Scott, dann an Alan Parker. Sogar Hal Needham, der Arnold in KAKTUS-JACK ins Unglück gestürzt hatte, behauptet, man hätte ihm das Barbaren-Unternehmen angeboten:

> *„Das war wahrscheinlich der größte Fehler meines Lebens: Wir beendeten* KAKTUS-JACK, *und er traf die Vorbereitungen für einen neuen Film namens* CONAN, *und er wollte mich als Regisseur. Ich las das Drehbuch und, ehrlich gesagt, ich habe es nicht verstanden. ‚Scheiße, Arnold, aber ich kann das nicht machen', sagte ich. Wahrscheinlich ein großer Fehler, denn ich wurde seither nicht mehr gefragt, etwas anderes zu machen."*

Am Ende dieser Querelen hatte Milius auch TAG DER ENTSCHEIDUNG fertiggestellt, und er konnte den Schleudersitz bei CONAN übernehmen. Vier Jahre, nachdem das Projekt zum ersten Mal erörtert worden war, begannen am 7. Jänner 1981 die Hauptdreharbeiten. Arnold brachte sich in die endgültige Form. Er lief, fuhr Fahrrad und reduzierte seine Übungen mit den Gewichten auf eine Stunde am Tag – die Muskeln sollten so aussehen, als wären sie durch harte Arbeit entstanden und nicht durch sportliches Training.

Er lernte Samurai-Schwertkämpfen, Breitschwertkämpfen und Kendo. Und er warf sein Eßbesteck weg. „Ich mußte mich darin üben, auf Dinge zu verzichten, die wir gelernt haben. Zum Beispiel, wie man mit Messer und Gabel ordentlich ißt. Damals stopften sie sich das Essen in den Mund."

Unter der Anleitung von Eric Morris vertiefte sich Arnold in Geschichtsbücher, um jene Zeit zu erforschen, „in der es keine Religion und keine Sitten gab. Man konnte jeden töten, den man wollte, und man konnte alles nehmen, was man wollte." In einer derartigen Gesellschaft „war es eine Ehre, wenn man in der Schlacht starb und nicht eines natürlichen Todes. Das mußte beim Spielen zum Ausdruck kommen."

Arnold war voll des Lobes für die gebirgige, inspirierende spanische Landschaft. „Man wird hier kein angenehmes Holiday Inn oder ein Sheraton Plaza finden; höchstens ein Zelt, und ich friere mir den Arsch ab, und das ist auch gut so. Es ist hart, um neun Uhr einen Primitiven zu spielen, wenn du um sechs Uhr noch im Jacuzzi sitzt."

Obwohl der Film eine Studie der grausamen urzeitlichen Lebens- und Kampfweisen sein sollte, wollte Milius, daß Arnold unter Druck eine gewisse Ernsthaftigkeit entwickelte: „Ich sagte zu ihm: ‚Jedesmal wenn du jemanden tötest, möchte ich in deinem Gesicht einen zenmäßigen Ausdruck sehen und immer die Andeutung eines Lächelns.'" Arnold hielt sich an diese Anweisung und fügte seine eigenen Einschränkungen hinzu: Wenn ein Schwert an seinem Gesicht vorbeiblitzte, zuckte er mit keiner Wimper. Ähnlich sollte er später an sich arbeiten, damit er inmitten des Getöses der TERMINATOR-Filme unbeeindruckt wie ein Roboter wirken konnte. „Wenn es eine Ehre war, in der Schlacht zu sterben, werden sich die Leute doch nicht vor einem Schwert gefürchtet haben."

Im Verlauf der auf zwanzig Wochen geplanten Dreharbeiten fand der neue Filmstar Hilfe und Inspiration von zwei ausgewiesenen Veteranen, die an seiner Seite spielten: James Earl Jones und Max von Sydow. „Hollywood ist voll mit Verrückten", erzählt er, „aber diese Männer benahmen sich wie menschliche Wesen." Es gab sogar gelegentlich ein Treffen im Wohnwagen von Jones, bei dem Arnold Ratschläge für sein Spiel erhielt.

Aber nichts und niemand hätte ihn auf den Spießrutenlauf vorbereiten können, der folgte. „Am ersten Tag mußte ich von Wölfen angegriffen werden und von einem hohen Felsen fallen. Ich landete auf dem Rücken und mußte genäht werden. Am zweiten Tag mußte ich in eine Höhle fallen. Dieses Mal schlug ich mir den Kopf auf und blutete. Der Regisseur war hochzufrieden." In weiterer Folge wurde er „von einem Kamel getreten, von einem Elefanten heruntergeschleudert, von Schwertern aufgeschlitzt und von Pferden niedergetrampelt." Vom Motorrad des Regisseurs aus tröstete ihn Milius: „Der Schmerz geht vorbei, aber ein Film ist von Dauer."

Unser Wahrheit-und-Mythos-Seismograph beginnt hier wieder auszuschlagen. Machte unser Held das wirklich alles selbst? In einem anderen Interview sagt er, daß er zweimal ein Double einsetzte: „Einmal, als ich einen Berg besteigen mußte, der zu steil war, und einmal, als ich sechs Meter in eine Höhle fallen mußte."

Der Film muß aber auch dann harte Arbeit gewesen sein, wenn Arnold nicht jede einzelne Großtat des gymnastischen Masochismus selbst erbracht hat. Wir sehen ihn auf einem Pferd, wir verfolgen, wie er in einige glühende Kampfszenen gerät – man sieht die Fäuste und Schwerter aufeinander dreschen. Und er hat eine leidenschaftliche Liebesszene mit Sandahl Bergman, die seine Kriegerfreundin spielt, sowie mit einer hyborianischen Hure, die ihm in einer Szene schöne Augen macht und ihn in ihre Hütte lockt. Nach dem Koitus verwandelt sie sich in eine Hexe, worauf Arnold sie ohne Zaudern ins Feuer wirft.

Dann gab es noch die Spezialeffekte und die Extraspezialspäßchen, gegen die er zu kämpfen hatte. In einer Szene muß Arnold mit einer über zehn Meter langen Riesenschlange ringen. Sie wurde von Nick Allder konstruiert, dem Effects-Supervisor. Er entwarf ein verspreiztes Skelett, das von einer inneren Mechanik bewegt wurde und an der Vorderseite einen hydraulischen Rammbock hatte, damit die Schlange unseren Helden auch von den Füßen holen konnte. Die Kreatur war darüber hinaus mit einer beweglichen gespaltenen Zunge und mit Speichelpumpen ausgestattet. Und es gab noch ein Monument des Einfallsreichtums der Techniker: das „Rad der Schmerzen". Hier entdeckt man den erwachsenen Conan, wie er sich mitten in der Wüste abplagt, als wäre er ein neuer Samson. Das Rad wurde über einer Grube gebaut, die man aus dem Felsen gehämmert hatte. Als Arnold zum ersten Mal in die riesigen Speichen griff, bewegte sich das Rad zu leicht. Also wurde ein Trupp abgestellt, der außerhalb des Bildausschnitts wie verrückt in die Gegenrichtung ziehen mußte.

Dann war noch der künstliche Geier, der Arnold langsam zu Tode beißen sollte, während er in der Wüste ans Kreuz genagelt hing; das aufgelassene Kloster, das sie in einen Barbaren-Saloon umbauten; das Kamel, das ganz nach Plan durch Arnolds Faust K. O. ging etc.

Diese ganzen arbeitsintensiven Vorspiegelungen führen uns zu der Frage: Was ist das tatsächliche Abenteuer, der wahre Mythos, der hier durchgespielt wird? Vielleicht liegt die Herausforderung gegen Gott und die Natur bei einem Film wie CONAN – DER BARBAR weniger im Film selbst als in der Geschichte seiner Herstellung. 1982 drehte Werner Herzog das Dschungelepos FITZCARRALDO, auch so ein halbverrücktes Filmunterfangen, bei dem ein eigensinniger Teutone sich durch eine wenig gastfreundliche Örtlichkeit schlägt. Das Interesse, das man dem Film entgegenbrachte, war verschwindend im Gegensatz zum Interesse, mit dem man den Film über die Produktion von FITZCARRALDO erwartete. Les Blanks abendfüllender Dokumentarfilm DIE LAST DER TRÄUME (ein Vorläufer und Vorbild für Eleanor Coppolas HEARTS OF DARKNESS, der APOCALYPSE NOW dokumentierte und beinahe ausstach) war ein wunderbarer Blick hinter die Kulissen aus Illusion und Mondschein, die in Herzogs Opus einging. Plötzlich verblaßten sogar die Metaphern und der mythische Überschwang von FITZCARRALDO neben dem wahren Mythos von diesem bizarren Bayern, der draußen im tiefsten Nirgendwo sein Selbstbildnis als Forscher und Künstler freilegte.

Jedesmal, wenn ich Arnold Schwarzenegger auf der Leinwand sehe oder anderswo Zeuge seiner geschwätzigen Unverfrorenheit werde, muß ich an Herzog denken. Sie sind beide durch die große deutsche Erzähltradition verbunden. Sie kommt von den Gebrüdern Grimm und vom FREISCHÜTZ und von Erzählungen über den finsteren Wald. Und obwohl Arnold bei CONAN nicht Regie geführt hat, geben seine Äußerungen über den Film vor, während und nach den Dreharbeiten diesem Projekt erst seine Resonanz. Dazu kommt noch der eigentümlich gestörte Charme seines „Schauspiels". Wie FITZCARRALDO ist CONAN – DER BARBAR kein guter Film, und er neigt zu Längen. Aber seine Herstellung ist die wunderbare Geschichte der Entstehung eines Sub-Genres. Schwert und Zauberei setzten zu einem Höhenflug an wie Fledermäuse von einem Glockenturm beim ersten Klang zerbrochener Glocken. Und diese Geschichte erzählt auch die Entstehung eines Filmstars, der immer von einem großen Film reden konnte, auch wenn er keinen machte.

Sprache und Sprechakt

Es erscheint passend, daß der erwachsene Conan bei seinem ersten Erscheinen aussieht wie Victor Mature in DeMilles SAMSON UND DELILAH. CONAN – DER BARBAR ist ein Mischmasch aus alten Mythen und Legenden. Von Samson (das Rad der Schmerzen) bis zu Christus (die Kreuzigung) schwirrt die Tradition im Moulinex von John Milius' Gehirn herum. Kein Wunder, daß das Ergebnis eine zweistündiges, aufgeblasenes Stück Papp-Fiction ist. Und Arnold hat in diesem Moment seiner Karriere kein Problem damit, daß ihm vielleicht die Legenden durcheinander kommen. „Wenn mich jemand gefragt hätte, ob ich Herkules spielen möchte, hätte ich abgelehnt. Jeder, der Säulen zerschlagen kann – wie willst du mit so einem Typ bei einem Kampf sympathisieren? Wie kann einer, der einen Tempel einfach wegwischt, überhaupt in Schwierigkeiten geraten?"

Das alles ist Wasser auf die Mühlen des Films. CONAN – DER BARBAR ist eine Mischung aus Erhabenheit und Lächerlichkeit, aus Folklore und Märchen. Es gibt nur zwei zielführende Wege, sich dem Film anzunähern und dabei eine halbwegs vernünftige Perspektive zu bewahren. (Keiner der beiden Wege, muß hinzugefügt werden, ist mystischherrschaftlich, wie es Milius empfiehlt. Er stellt an den Beginn des Film ein Zitat von Nietzsche: „Was uns nicht zerstört, macht uns stärker." Ein Blick in die Dokumente der Conan-Forschung, die an der University of Southern California aufbewahrt werden, zeigt, daß Machiavellis DER FÜRST ausgiebig konsultiert wurde. Ein Dossier mit Aussagen aus diesem Werk wurde von einem Mitarbeiter von Milius zusammengestellt, wenn auch nicht ganz klar wird, zu welchem Zweck. Vielleicht wollte man Maximen wie „Grausamkeit kann eine Gnade sein, wenn sie zu Frieden und Ordnung führt" oder „Es gibt keine guten Gesetze, wo es keine guten Armeen gibt" oder „Menschen müssen wie Tiere sein, wie alles andere in der Natur, und dürfen nicht versuchen, menschliche Wesen zu sein" allen Beteiligten in diesen harten Tagen am spanischen Drehort als Tageslosung neben die Rasierspiegel heften.)

Nein. Die zwei Wege zum Verständnis von CONAN sind, den Film entweder als eine Allegorie auf Arnolds Aufstieg zum Ruhm in Hollywood zu sehen oder als erste ernsthafte Bühne für seinen Plappermaulcharme. Im Zentrum von CONAN steht ein Schlangenkult. Schleimige Altargehilfen unter der Führung des verruchten Thulsa Doom (James Earl Jones) verehren die Schlangenspezies und versuchen gelegentlich, sich in sie zu verwandeln. Das ist ein deutliches Symbol für das böse Metamorphosenschicksal, aus dem die zweite Generation des Method Acting in Hollywood hervorgegangen ist: die Tradition von wandelbaren „Anti-Stars" wie Hoffman, Streep und De Niro.

Das ist weit hergeholt? Dann hören wir einmal Milius zu, wie er über Arnolds Schauspiel spricht. „Er ist keine Naturbegabung. Er wird dazulernen und er wird sich entwickeln, aber er ist kein Schauspieler. Es ist eine Erniedrigung für einen Mann. Aus dem Blickwinkel eines Mannes, der sich darstellt, ist es nicht rein. Es ist keine Beschäftigung für einen Superhelden." Die schleimige Wandlungsfähigkeit eines „Schauspielers" wird gehässig mit der Unwandelbarkeit des Helden/der Ikone verglichen. Klarerweise ist es Arnold-Conans Pflicht, den Schlangenkult zu zerstören, und er wird dabei von Milius angefeuert, der sich nie mit den Unwägbarkeiten des Realismus abgegeben hat, sondern statt dessen immer die monolithische Größe des Mythos bevorzugt hat. Im Finale des Films, seiner bei weitem zwingendsten Szene, muß er sich zu Thulsas Lager auf einem Hügel durchschlagen und dort den Hohepriester des Reptilienkults auslöschen.

Bald steht er Thulsa auf den Tempelstiegen Auge in Auge gegenüber – die halbherzigen Versuche von Thulsas Tempelwache, einzugreifen, lassen wir außer acht. Weiter unten ähnelt das in der Dämmerung liegende, vom Licht schon flimmernde Tal verblüffend dem Blick auf Los Angeles von den Hollywood Hills aus. Und wir stehen hier mit Jones, dem knurrenden Hohepriester der Verwandlung, der auf den Gnadenstoß durch den Meister der Beständigkeit wartet: ein Mann mit einem gramvollen Blick, den Kopf hochgereckt in brütender Erwartung, ein großes Schwert in Händen.

Wenn Sie wissen wollen, wodurch Arnold ein Star wurde, dann betrachten Sie diese Szene. Seine Präsenz ist grandios. Über das ganze Bild strahlt die Symbolik seiner Karriere: die Lichter der Traumfabrik im Hintergrund, der alte Schauspieler vor ihm, der neue Schauspieler mit dem Schlachtbeil in der Hand – Arnold begreift, daß es Zeit ist, den Gegner zu zermalmen. Thulsa Earl Jones sprudelt noch die letzten Worte heraus wie Laios an den wartenden Ödipus: „Wer ist denn dein Vater, wenn nicht ich? Wer gab dir den Willen, zu leben? Ich bin die Quelle, aus der du entspringst . . .“ – und dann fällt, zisch, die Klinge nieder. Thulsas Kopf stürzt in die Ewigkeit, und Arnolds Ausdruck eines jungenhaft-unschuldigen Triumphs, den er in Hunderten Bodybuildingposen erprobt hat, besiegelt die Szene.

Auf diese Weise wurde Arnold zum neuen König von Schloß Hollywood gekrönt. Aber was ihn wirklich zum Star machte, war genau jene Sache, von der man ihm immer gesagt hatte, sie würde seinen Aufstieg stoppen: der Akzent. Niemand kann dem Mann zuhören, wie er die englische Sprache in die Mangel nimmt, ohne diesen berserkernden Kadenzen zu verfallen. Jeder andere Schauspieler wäre wahrscheinlich spurlos unter diesen hyborianischen Dialogen verschwunden. Aber wenn man Arnolds eigenen Akzent hinzufügt, wird die Mischung eine inspirierte klangliche Spiegelfechterei. Seine Darlegung von Conans Credo als Eroberer wurde ohne viele Umstände legendär: „Zertrümmere deine Feinde, treib sie vor dir her und genieße die Klagen der Vrouwen (vimmin).“

Bei Universal Pictures war man über den Akzent unglücklich. Man fürchtete, er würde das Abschneiden des Films an den Kinokassen gefährden. Von Arnolds Dialogen wurde so viel wie nur möglich herausgeschnitten, und in einer Szene kann man die Stimme eines anderen Schauspielers vernehmen, der einen Satz von Arnie nachsynchronisiert. (Es ist Conans erste Frage bei der Lagerfeuerszene: „Zu welchen Göttern betet ihr?“)

Dabei hatte er sich so bemüht. Wochenlang plagte er sich vor CONAN mit dem Stimmtrainer Robert Easton ab, einem treuen Diener der Zungen und Gaumen der Berühmtheiten. Easton brachte Bob Hoskins bei, wie man Brooklyn-Dialekt spricht, und Rutger Hauer, wie er sich entniederländern konnte. Die erste Ausspracheübung, die Arnold von ihm bekam, war: „Queen Victoria wore violet welwet woollies.“ Arnold versuchte es: „Queen Wictoria vore wiolet welwet voollies.“ – „Nein, nein“, sagte Easton und erklärte ihm, daß hier ein Problem mit dem stimmhaften, bilabialen, getrennten Reibelaut vorlag. „Ja, ja“, sagte Arnold und versuchte es noch einmal.

Sobald sich diese Frage gelöst hatte oder vertagt wurde, traten andere Probleme auf. „We are going into the willage looting and blundering“, gab Arnold als Conan die Parole aus. „Looting and PLUNDERING“, blieb Easton hartnäckig. Aber die p und b blieben ein Ärgernis. Der Lehrer und sein Schüler gingen gemeinsam essen, und der Kellner fragte nach ihrer Bestellung für die Vorspeise. Arnold: „Crap cocktail.“ Easton: „Nein, nein, Arnold, was du sagst, heißt: SCHEISSE. Du willst einen CRAB cocktail.“ „Ja, ja, einen crap cocktail.“

Da haben wir Arnolds Lebensgeschichte en miniature. Easton erinnert sich: „Er erzählte, daß er auf dem Land aufgewachsen ist. Als er nach Graz ging, lachten ihn alle wegen seines Bauernakzents aus. In Wien lachte jeder hysterisch über seinen steirischen Dialekt. Also ging er nach München, und dort lachten alle hysterisch über seine wienerische Aussprache. Zum Schluß sagte er: ‚I came heeah and effrybody laughed!‘“

Easton sieht aber ein, daß Arnolds Akzent mehr und mehr zu seinem Charisma beigetragen hat. „Ich sagte immer zu ihm, das wichtigste ist eine klare Aussprache. Wenn ein Ausdruck im Englischen zu einem anderen WORT wird und dadurch der Sinn des Satzes verändert wird, mußt du es korrigieren. Aber ich habe nie vorgehabt, ihn total zu entösterreichern.“

Bei den Dreharbeiten, als Easton nicht mehr dabei war, setzte Arnold dann vor allem auf die akustische Geduld von Milius. „Ich habe mit langen Texten ein Problem“, gab der Schauspieler zu. „Und John Milius ist einer der Autoren, die lange Passagen lieben. Also ging ich jeden Tag vor dem Essen zu seinem Wohnwagen und übte meine langen Monologe mit ihm. Wir probten sie bis zu fünfzig Mal.“

Als Universal dann mit der Schere an die Dialoge ging, blieb kein langer Monolog übrig. Vielleicht meint Arnold die Rede an die Götter: „De Hell wid you.“ Obwohl sie kurz ist, behält sie einen epischen Beigeschmack. Sie kündigt eine neue Schauspielikone an, die über Präsenz und das Talent zur Selbstironie verfügt. Da steht der Held mit Helm, klammert sich an eine Axt, hämmert die englische Sprache in bislang unbekannte Formen und wetteifert mit der Landschaft darum, wer ehrfurchtgebietender und monumentaler ist. Die Stimme ist von sirenenhafter Absurdität. Der finstere Blick ist bedrohlich und dabei charmant geziert. Es ist deutlich, daß Arnold, anders als Norris, Lundgren, Van Damme und all die anderen Action-Dumpfis, sein eigener Herr ist. Nichts und niemand, nicht einmal der beste Akzenttrainer der Welt, kann Arnolds Abnormalitäten zu routiniertem Talent glätten.

Conan kehrt zurück

Viele Menschen waren über die Gewalt in CONAN – DER BARBAR entsetzt. In den Medien entbrannte eine Kontroverse, während sich die weltweiten Einspielergebnisse der 100-Millionen-Dollar-Marke näherten. Es wurde zuviel getötet, gebrandschatzt, geplündert und wahllos geköpft in diesem Film. „CONAN ist eine Art psychopathischer STAR WARS, er ist dumm und abstumpfend", schrieb TIME. „Brutaler ‚Realismus' . . . kruder mystischer Pomp", deklarierte das Magazin NEW YORK. Sogar Schwarzeneggers Mutter trug ihr Scherflein zur Diskussion bei: „Ich hoffe, der Film wird bei uns im Dorf nicht gezeigt. Der Pfarrer wäre schockiert."

Dabei war der Film gar nicht in dieser Weise geplant worden. 1977 sprach Arnold in seinen ersten Interviews, in denen er das Projekt erwähnte, noch von einer „seriösen Art von Science-fiction, so ernsthaft wie STAR WARS." „Milius will die Gewalt herunterspielen", fuhr er fort, „denn es ist auch als Film für die Kids gedacht. Es wird also keine Großaufnahmen von aufgeschlitzten Bäuchen geben, aus denen die Eingeweide quellen."

Sobald aber die Dreharbeiten begannen, kehrte Milius zu seinen Leisten zurück. Die Werbelinie für CONAN – DER BARBAR arbeitete bald vor allem mit dem Aspekt der Gewalt. Einer Gewalt, so wurde suggeriert, die ein wesentlicher Bestandteil der dargestellten Gesellschaft war, auch wenn diese Gesellschaft niemals existiert hatte. Arnold brachte selbst das Hauptargument: „Es gibt keine Möglichkeit, einen Film über Barbarianismus (sic!) zu machen, ohne Gewalt zu zeigen." Milius formulierte militanter: „Wenn wir ein bißchen Glück haben, dann werden die Conan-Spielzeuge zu den gefährlichsten des Jahres gewählt."

Nach den Dreharbeiten war Arnold deutlich verärgert, weil das Studio die Aufregung beschwichtigen wollte. Immerhin hatte er Peckinpahs blutrünstigen Western THE WILD BUNCH dreizehn Mal gesehen. „Ursprünglich konnte man in der Szene, als Conans Mutter getötet wird, in Großaufnahme sehen, wie das Schwert den Hals durchtrennt. Dann sah man ihren Kopf durch die Luft fliegen, dann eine Einstellung auf ihren Schädel, der am Boden liegt, während sich die Augen schließen und das Blut herausstürzt. Jetzt sieht man nur noch, wie der Kopf durch die Luft fliegt."

Sic transit gloria movie. Später reagierte Arnold empfindlich, als französische Filmkritiker die Conan-Figur als üblen Faschisten bezeichneten. „Ihr verdient euren Mitterrand!" schnappte er zurück. Er sah es (wie jeder wahrhaftige Star) als seine Aufgabe, für alle anderen den Zeitgeist zu bestimmen und zu formulieren. „Fantasy ist eindeutig angesagt. Das Publium fährt darauf ab, wenn jemand auf der Leinwand getötet wird, und es empfindet keine Schuldgefühle dabei."

Aber Amerika tritt gerade in das Zeitalter der Moral Majority ein, angeführt von Arnolds neuem Helden Ronald Reagan. Blut auf der Leinwand war nun so böse wie jede andere Form des fleischlichen Exzesses. Also entschloß man sich, bei CONAN DER ZERSTÖRER, dem nächsten Projekt des Schauspielers, die Gewalt abzuschwächen. Dino De Laurentiis hatte jetzt die Kontrolle über das CONAN-Unternehmen und eine Option auf drei weitere Filme mit Schwarzenegger. Seine Tochter Raffaella, die für die Produktion von CONAN 2 verantwortlich war, versprach, daß das Sequel weniger blutig werden sollte und kinderfreundlicher. Schließlich wollte man eine Freigabe für Jugendliche nur in Begleitung der Eltern nicht riskieren.

Den Sessel des Regisseurs übernahm statt des wilden Milius der Veteran Richard Fleischer. Er hatte zuvor Familienunterhaltung wie DIE WIKINGER (eine Blendung, eine abgeschlagene Hand), BARRABAS (ein Selbstmord, drei Kreuzigungen) und JOHN CHRISTIE, DER FRAUENWÜRGER VON LONDON (ein halbes Dutzend Morde, Nekrophilie, ein Tod durch Hängen) gemacht. Fleischer konnte sich aber mit der Vorstellung eines blitzsauberen CONAN anfreunden. Er wollte den Film damit insgesamt ein wenig aufheitern. „Der erste Film hat sich viel zu ernst genommen", sagt er. „Man sollte nicht vergessen, daß man einen Comic strip verfilmt. Wie ernst kann man da werden? Ich dachte, wir fahren besser, wenn wir es ein bißchen komischer machen und die ganze Sache selbst auf die Schippe nehmen."

Aber nicht alle von Fleischers Ideen wiesen in Richtung „Jugendfrei". Seiner Ansicht nach trug Conan im ersten Teil zu viel auf dem Leib. „Die Sache, auf die man mit Arnold – zumindest damals – setzen mußte, war sein Körper. Er war kein Laurence Olivier. Er kam als Schauspieler gerade zurecht. Also entschloß ich mich, ihn auszuziehen und seine Physiognomie freizulegen." Fleischer eignete sich die Begriffe der Bodybuilder an, bevor er Arnold traf. Er fuhr zu seinem Haus und sagte ihm dort, er wolle Conan mit mehr „Schliff" zeigen. „Mehr Schliff?" gluckste Arnold. „Sie sind der erste Regisseur, der mich mit mehr Muskeln haben will."

Gehorsam brachte sich Arnold wieder in Form. Daneben trainierte er eifrig die Kampfsportarten. „Zwei Stunden pro Tag übte ich mit dem Samuraischwert, dem Breitschwert und mit dem Stock." Auch während der Dreharbeiten (die Außenaufnahmen fanden in Mexiko statt, die Studioarbeit in Mexiko City) hatte er die Gewichte und seine restliche Ausrüstung immer bei der Hand. De Laurentiis schenkte ihm nach CONAN I ein tragbares Fitneßstudio im Wert von 40.000 $, das er zu den entlegensten Orten mitnehmen konnte. In Mexiko City bauten Arnold und die Stuntmänner, die auch trainierten, ihre Apparaturen auf einer Galerie auf, von der man auf ein nobles Restaurant im Bezirk Zona Rosa hinuntersehen konnte. „Es hatte etwas von Kabarett", erinnert sich Fleischer.

„Die Gäste konnten während des Essens von ihren Tischen aus sehen, wie oben diese schwitzenden, schuftenden, grunzenden Supermänner zur Sache gingen."

Im ersten CONAN waren Arnolds amouröse Wrestlingabenteuer zur Hälfte keusch und zur Hälfte frivol gewesen. Nun mußte der neue Regisseur mit seinem Drehbuchautor Stanley Mann entscheiden, welche Frauen man ihm diesmal bieten sollte. Sie gaben ihm eine keusche und eine frivole. Die blonde Prinzessin mit dem englischen Akzent (Olivia d'Abo) sollte das Ideal jüngfräulicher Weiblichkeit verkörpern. Außerdem war sie der Auslöser für die hanebüchene Geschichte um einen Symboledelstein, der aus einem Märchenschloß gerettet werden muß. Daneben mußte die dunkelhaarige Königin Taramis (Sarah Douglas) den Part der kessen Fee übernehmen. Sie sollte Arnold ein paar Momente mit Bettvergnügungen für Erwachsene gewähren, vorausgesetzt, die Zensoren spielten mit. Aber die Zensoren beziehungsweise die Scherenschleifer im eigenen Studio spielten nicht mit. Das Bettgeflüster zwischen Conan und Taramis lag bald auf dem Boden des Schneideraums. Douglas findet das bedauerlich: „Es war sehr schön verschwitzt und schmierig und verrenkt. Es war eine gute, geile Szene."

Die dritte Frau im Film stand jenseits der Sexualität. Grace Jones, die später zu Arnolds Freunden zählte, spielte die Kriegerkollegin Zula. Conan und Zula zeigen bemerkenswert viel von ihrem muskulösen Fleisch, das nur notdürftig durch Lederlendenschurze und Brustplatten verdeckt wird. Zula zeigt auch eine sehr aufrechte Frisur, die wie ein Pinsel aus ihrem Kopf ragt, und spielt gefährlich mit den Waffen aus der Zeit um 10.000 vor Christus. Arnolds Anmerkung: „Die Gefahr, daß man sich beim Schwertkampf ein Auge aussticht, ist groß, vor allem, wenn man es mit Menschen wie Grace Jones zu tun hat, die kein Gefühl für diese Dinge haben. Sie knallt dir einfach mit einem Stock eins über den Schädel. Nach einiger Zeit macht jeder Normalsterbliche sich deswegen Sorgen."

Dafür war es aber schon zu spät. Im November 1983 waren die Dreharbeiten bereits angelaufen, der Irrsinn lief auf Hochtouren. Die Geschichte besteht vor allem darin, daß Arnold durch die Landschaft reitet und rast und dabei seiner Gefolgschaft knappe Anweisungen zuruft: „Into de boat!" „Back to de crypt." „Into de tunnel." Für den drohenden letzten Auftritt von Dagoth, einem Stuntman mit einem Horn und einem Gewand, das wie schmelzendes PVC aussieht, holt er noch einmal zu seiner vollen Eloquenz aus: „Save de girl!"

Eine Szene, in der er einen Betrunkenen spielt, bekommt Arnold ganz gut hin. Das ist die ganze Ausbeute aus den kargen schauspielerischen Anforderungen, die dieser Film stellte. Fleischer ist davon unbeeindruckt und lobt die Ausdauer und die gute Laune seines Stars. Arnold unterhielt die Schauspieler und die Crew, indem er zwischen den Aufnahmen kleine Nummern zum besten gab, am liebsten Parodien auf Fernsehwerbungen.

Wenn er damit gut ankam, legte er in gespieltem Triumph einen kleinen Tanz hin. Probleme gab es allerdings mit der Stimme. Jede einzelne Dialogzeile wurde in Mexiko City nachbearbeitet, und die Sitzungen im Tonstudio wurden zu einem Alptraum. „Er mußte mit drei Dingen gleichzeitig zurechtkommen", erzählt Fleischer. „Die Lippenbewegungen mußten synchron sein, die Aussprache mußte stimmen, und er mußte manchmal die Betonung ändern. Es war, als würde man sich zugleich auf den Kopf schlagen und den Bauch reiben."

Der fertige Film sah aus, als würde man sich in den Fuß schießen. Er spielte mäßige 30 Millionen Dollar in Amerika ein. Die CONAN-SAGA, von der sich Arnold Geld und Ruhm auf Jahre hinaus erhofft hatte, verpuffte vorzeitig mit Teil 2. Jetzt brauchte er einen Film oder gleich eine Serie von Filmen, in denen er nachdrücklich und glaubwürdig sagen konnte: „I'll be back."

Citizen Arnold

„Amerikaner denken sehr positiv und bringen immer Leistung. Sie gehen immer von höchsten Ansprüchen aus.“

Am 17. September 1983 wurde Arnold Schwarzenegger Bürger der Vereinigten Staaten von Amerika. Bei der Zeremonie trug er einen blauweiß gestreiften Anzug mit einer roten Krawatte. In der Brusttasche seines Jacketts steckte ein Taschentuch mit dem Muster der Stars-and-Stripes. Zweitausend weitere Immigranten waren im Shrine Auditorium von Hollywood dabei und wurden offiziell in den American Way of Life eingeführt.

Eine Sondergenehmigung der österreichischen Regierung gestattete Arnold eine Doppelstaatsbürgerschaft. Aber es herrschte kein Zweifel, welches Land und welche Stadt nun die Heimat war. „Es gibt immer wieder Snobs von der Ostküste, die sich beschweren, daß hier keine Kultur herrscht“, verteidigt Arnold die Traumfabrik. „Das zeigt nur, daß sie von der Gegend keine Ahnung haben. Hier gibt es nicht nur Kultur und Intellekt. Hollywood hat außerdem kreative Genies, die so phantastische Filme machen, daß man sie auf der ganzen Welt sehen will.“

Arnold feiert also seine Adoptivheimat in Amerika-Hollywood. Gleichzeitig ist ihm aber bewußt, welches Privileg und welche Motivation er durch seine Herkunft aus der Fremde hat.

„Ich wäre nicht hier, wenn ich nicht in Österreich geboren wäre. Ich hatte das Glück, daß ich in einem Land aufwuchs, wo ich Hindernisse bewältigen mußte. Ich war hungrig und hatte ein Ziel. In Amerika gibt es keine Hindernisse, keine Regeln, und ich wäre wahrscheinlich nicht so weit gekommen, wenn ich hier geboren wäre.“

„Wir Europäer gingen zweimal am Tag zum Training, während die anderen nur einmal gingen“, setzt er fort.

„Wir hatten einfach diesen Ansporn . . . Jeder Europäer denkt irgendwann so . . . Die Leute, die in Los Angeles die meisten Immobilien besitzen, sind Europäer . . . Ein Freund von mir kam 1968 aus der Tschechoslowakei herüber und besitzt heute vier Appartementhäuser. Die Amerikaner sitzen immer noch auf ihren Ärschen und warten. Europäer sind hungrig, denn wir haben nicht so viel.“

Aber wonach ist Arnold hungrig? Vielleicht gelüstet es ihn jetzt, da er schon über Ruhm und Geld verfügt, nach dem dritten Teil der Troika für ehrgeizige Männer: Macht. Vielleicht ist Arnold der Homo Politicus schon beim Aufwärmen. Es sind immerhin noch sieben Jahre, bis er mit George Bush auf die Wahlkampfveranstaltungen stampft und dort wie Cäsar jeden eigenen Ehrgeiz auf das höchste Amt abstreitet.

Zum damaligen Zeitpunkt beschränkt er sich auf schmeichelnde Bemerkungen in Richtung des aktuellen republikanischen Amtsinhabers und dessen gutes Beispiel, das er allen Amerikanern gibt, Arnold selbst eingeschlossen. „Schau, wo Ronald Reagan heute steht. Das nenne ich eine Leistung. Es gilt einen sehr langen Weg zu gehen. Ich stehe erst am Anfang." Aber er hat schon eine Art Ziel vor Augen. „Ich würde gern einmal das verspüren, was Präsident Kennedy gefühlt hat, als er zu 50.000 Menschen gesprochen hat, und sie haben geschrien und ihm zugestimmt."

Das Szenario ist auffällig, aber plausibel. Arnold hat eine Ader für den Aufbau von Lobbies. „Wenn man in Kalifornien mit ihm im Auto unterwegs ist", erzählt Wag Bennett, „dann nützt er sogar die Zeit, wenn an einer Ampel Rot ist, und sagt den Leuten Hallo, als ginge es schon um sein eigenes Antreten bei einer Wahl."

Und wenn er Hallo sagt, dann vermittelt er einen warmherzigen, bescheidenen Eindruck. „Wenn sie Sylvester Stallone treffen, dann wollen sie ihn einfach schlagen, wie einen Revolverhelden im alten Westen. Wenn sie aber Arnold treffen, dann wissen sie, daß er sich selbst am wenigsten schont. Und er wird als ein Mann aus dem Volk akzeptiert. Deswegen braucht er auch keine Bodyguards und all diese Prozeduren, weil niemand versuchen wird, ihn zu ‚stellen'."

Aber Arnold kann noch so gut beim Händeschütteln sein – als Einwanderer, der nicht in Amerika geboren wurde, kann er nicht Präsident werden. Das sind die Regeln.

Bennett: „Er sagt, er wird auch hier einen Ausweg finden. ‚Wir werden das Gesetz ändern.'" Vince Gironda ist derselben Meinung. „Ich glaube, Arnold will die ganze Welt. Er möchte Präsident werden. Er wird einen Weg finden, die Verfassung zu umgehen."

Sollte ihm das wirklich gelingen, welche Ideen und Ideale würde er dann dem amerikanischen Volk andrehen? „Er ist ein konservativer Republikaner", sagt Jim Lorimer. „Er denkt, man sollte den Leuten die Regierung vom Hals schaffen und sie ihren eigenen Wege gehen lassen, ohne daß sie mörderische Steuern zahlen müssen."

Arnolds wirtschaftpolitische Ansichten haben seit 1980 deutlich Gestalt angenommen. Das war das Jahr, in dem er sich in Hut und Talar warf, um sein Abschlußzeugnis in Wirtschaft an der University of Wisconsin entgegenzunehmen. Es war auch das Jahr, in dem er sich in Milton Friedmans Fernsehdokumentarserie FREE TO CHOOSE verliebte, die vor allem die Vorzüge des freien Markts anpries. „Die Serie brachte all das zum Ausdruck, was ich immer schon selbst über das Funktionieren der Wirtschaft gedacht und beobachtet habe, und sie hat es mir bestätigt", erklärte Arnold. Er gibt selbst zu: „Ich habe meine Freunde damit gequält und ihnen die Videobänder zu Weihnachten geschenkt. Im Verlauf der achtziger Jahre rief ich sie dann an und sagte: ‚Seht ihr, Milton hatte recht.'"

„Ich kann mit der Philosophie von Adam Smith mehr anfangen als mit den Keynes-Theorien", faßt Arnold zusammen. Seine Zuneigung zu den Republikanern blüht in diesen Jahren auf, in denen Reagan das Amt führt und der neue Filmstar mit dem magischen Zubehör (eingebautes politisches Potential) in dem alten Filmstar, der es ins Weiße Haus geschafft hat, einen Bruder und wohlgesonnenen Paten sieht. „Er ist ein netter Mann, und man kann leicht mit ihm reden", schwärmt Arnold. Es handelte sich dabei übrigens auch um den Präsidenten, der sich Filme von Sylvster Stallone ansah, wenn er Ratschläge für die Außenpolitik brauchte, und der an der Wirtschaftsfront mit einer reaganomischen und an der militärischen Front mit einer rambokomischen Politik durchgriff.

Arnolds Neigung nach rechts scheint unbestritten, und einige unterstellen ihm auch eine Schwarzweißschräglage. Rick Wayne kann sich an nachdrückliche Stellungnahmen zur Rassenfrage erinnern. „Er sagte mir hundertmal, daß er das Apartheidsystem für richtig hielt. Er war dabei todernst. Er wäre dafür in den Krieg gezogen."

Wayne kann sich an Situationen erinnern, bei denen sie mit einem jüdischen Freund, dem Fotografen Art Zeller, zusammen waren: „Er brachte Zeller fast zum Weinen mit seinen antisemitischen Witzen."

Wayne erzählt nicht, ob es Tränen vor Lachen oder vor Wut waren. Viele Bemerkungen machte Arnold zweifellos im Spaß. Vielleicht nahm er überhaupt keine ernst. Aber die Wählerschaft eines Landes könnte es sich noch einmal überlegen, ob sie die Schlüssel zu Armageddon einem Mann anvertrauen würde, der einen derart ausgeprägten Sinn für Humor hat.

Nach CONAN wuchs Arnolds Anhängerschaft in Amerika rasch. Menschen im ganzen Land jubelten ihm zu, wenn auch nicht wegen seiner politischen Ansichten. 1982 hatte er eine Armee von potentiellen Jasagern um sich geschart, die jederzeit mit ihm auf das Weiße Haus marschiert wären, wenn er die Parole Mandate statt Muskeln ausgegeben hätte.

Während eines Marathonrennens in Portland, Oregon, provozierte er eine Massenszene, nur weil er sein Leibchen auszog. „Es war nicht zu glauben", säuselte Arnold. „Da waren mehr als 100.000 Leute und skandierten: ‚Flex, flex, flex.'" „Laß die Muskeln spielen."

Arnold begriff, daß es unklug gewesen wäre, diese Erlebnisse allzu demonstrativ zu genießen. Deswegen spielte er seine öffentliche Rolle vor respektvollen Interviewern immer wieder herunter. „Für mich ist der Ruhm keine Last. Manche Menschen, die in einer ähnlichen Lage sind wie ich, ziehen sich zurück, oder sie ziehen sich komisch an und setzen Sonnenbrillen auf, um inkognito zu bleiben. Mir macht es nichts aus, wenn mich Leute anstarren."

Er lobt das einfache Leben und erweist sich so als ganz normaler Mensch. „Mir gefällt es genauso, ganz nachlässig gekleidet herumzulaufen wie den Geschäftsmann im seriösen Anzug zu spielen."

Nur seinen Körper will er nicht mehr zeigen. Als ihn der Reporter von der Los Angeles TIMES, nachdem er sich die Geschichte aus Portland angehört hat, darum bittet, doch kurz das T-Shirt auszuziehen und eine Bizepspose einzunehmen, verweigert Arnold. „Heutzutage sind die Fotos von mir fast immer mit Anzug. Es wird noch eine Weile dauern, bis alle davon überzeugt sind, daß ich ein Schauspieler bin. Ich muß mich beweisen."

Manchmal nimmt die Überprüfung des eigenen Imagepegels bizarre Formen an. „Ich mache Tests", plaudert er 1982 aus. Die Tests sahen so aus, daß er in New York die 5th Avenue hinunterging und fremde Leute ansprach. „Ich frage zehn Menschen: ‚Warum kennen Sie mich?' Die Leute antworten: ‚Ich kenne Sie aus Sportberichten. Mr. Olympia.' Ich frage nach: ‚Noch etwas anderes?' Sie verneinen. Dann gehe ich zum Nächsten." Zwei Jahre später wiederholte Arnold den Test. Eine Person kannte ihn vom Film, eine andere wußte, daß er ein Buch geschrieben hatte. „Das ist zwar nicht gerade exakte Information, aber auf diese Weise weiß ich jedenfalls, wo ich stehe."

Diese Sorge um sich ist für Arnold nichts Schlechtes. Geld und Selbstbestätigung sind die Gründe, warum er Schauspieler sein möchte, antwortet er einmal einem Journalisten. Einem anderen sagt er: „Das Ego verleiht die Willenskraft. Ohne Willenskraft und Ego ist man nur eine Pflanze." Die Überzeugungen stammen alle aus der Ideologie, die er mit seiner Amerikanisierung eingesogen hat: „Bürger, hilf dir selbst." Das Schauspiel war dazu ein gutes Mittel. „Mein Ziel ist, diese Tätigkeit auszuüben, bis ich 40 bin. Dann steige ich aus. Die folgenden zehn Jahre werde ich etwas anderes machen. Vielleicht ende ich als Strandpenner. Wer weiß?"

Vielleicht aber auch als Staatsmann. Nach CONAN brodelten wieder einmal die Gerüchte, daß ihm der Sinn nach dem kalifornischen Gouverneursposten stand und daß er seinen Freund John Milius zum Polizeichef machen würde. Ein Witz? Viele hofften, es wäre so. Wenn nicht, dann wäre dieses Amt nur Arnolds erster Schritt auf dem „großen rechten Weg" der amerikanischen Politik. Arnold sah darin den besten Weg, wie er Joan Goodman vom PLAYBOY erläuterte:

„Mein politischer Standpunkt ist derselbe geblieben, seit ich 18 war. Als ich in dieses Land kam, kam ich in den Himmel. Richard Nixon war Präsident, und Ronald Reagan war Gouverneur von Kalifornien. Ich sagte: ‚Großartig. Das ist genau meine Richtung.'"

Arnold Cybernegger

„TERMINATOR . . . das ist so ein Scheißfilm, den ich mache. Wird ein paar Wochen dauern."

Es ist ein geheimnisvoller Vorgang, wann ein Star begreift, daß nur noch wenig zum Megastar fehlt. Vielleicht passiert es bei Filmdreharbeiten. Vielleicht ist die Marketingabteilung im Spiel. Oder vielleicht geschieht es in seinem Kopf, wenn „gewöhnliche" Vorfälle einen außergewöhnlichen Widerhall finden (zum Teil durch eigene Willenskraft).

Am 29. Dezember 1983 fuhr Arnold kurz nach Mitternacht auf der Interstate 10 in der Gegend von Palm Springs, 70 Kilometer östlich von L. A. Er wollte halten, um Maria ans Steuer zu lassen, und lenkte seinen Jeep langsam an die Straßenseite. Aber der Wagen blieb nicht stehen, sondern kippte eine 13 Meter hohe Böschung hinunter. Arnold „schätzte die Breite des Straßenbanketts falsch ein", stand später im Polizeibericht. Es gab keinen Hinweis auf eine Alkoholisierung, aber er wurde vorgeladen, weil er ohne Führerschein unterwegs war.

Soweit die nackten Fakten. Zehn Monate später aber erzählt Arnold dem LOS ANGELES HERALD-EXAMINER die „Palm-Springs-Story" mit Details, die über die Realität (oder Surrealität) des Geschehens noch hinausgehen. Der Jeep verunglückt. Arnold erleidet schwere Quetschungen. Maria blutet. Niemand hält an und hilft. Die beiden Unfallopfer machen sich auf der finsteren Straße auf den Weg, bis Hilfe in Gestalt von zwei Polizisten naht. „Einer der Polizisten musterte mich und begann, mich über den Aufbau seines Trizeps zu befragen. Maria war fassungslos. ‚Ich blute', sagte sie zu ihm. Der Mann redete einfach weiter. Dann fragte mich sein Partner, ob es besser ist, jeden Tag zu trainieren oder nicht. Es war unglaublich . . ."

Nein, Arnold. Nicht unglaublich. Es paßt zur Legende! Irgendwo zwischen der einfachen und der auffrisierten Wahrheit oder irgendwo jenseits davon liegt das wunderbare Reich des wahren Mythos. Vielleicht ist der Vorfall wirklich so abgelaufen. In diesem Fall könnte man fragen, ob es eine bessere Illustration für die Tatsache gibt, daß dein Ruhm an deinem Körper hängt. (Man stelle sich das vor: Die Polizei von Palm Springs übersieht eine blutende Prinzessin aus dem Hause Kennedy, weil sie statt dessen einen Superhulk darüber ausfragt, wie er ein Hulk geworden ist.) Oder aber die Geschichte wurde auf Hochglanz gebracht, um Material für die Medien zu bieten. In diesem Fall erzählt sie immer noch davon, wie hier das Leben und der Ruhm (so wie der Ruhm und der Körper) eine Vernunftehe führen.

Zu der Zeit, als Arnold die alte Geschichte vom Jeepunfall noch einmal aufwärmte, drehte er gerade einen Film, der ihm in zweifacher Hinsicht eine Ausflucht anbot: aus der Tyrannei des Körpers und aus der Tyrannei des eindimensionalen Heldentums auf der Leinwand. Er hatte die Wahl zwischen zwei Actionrollen in einem neuen Sci-Fi-Abenteuer mit dem Titel TERMINATOR. Beide Figuren, ein böser Killer-Cyborg und ein guter Guerillakämpfer, kamen aus der Zukunft. Arnold entschied sich für den unmenschlichen Schurken.

Das war eine kluge Wahl. „In meiner Umgebung sagten alle: Du solltest vielleicht nicht unbedingt einen Bösewicht spielen. Es könnte sich schlecht auf deine Karriere auswirken." Aber Arnold dachte an das ganze CONAN-Gerümpel, das er nur zu gern loswurde. Er war jetzt nicht länger der leichtgeschürzte gute Mensch mit den brodelnden Brustmuskeln und den langen Reden. Jetzt war er ein Roboter in einer Festung aus schwarzem Leder und Sonnenbrillen, und sein markiger Text klang wie Haikus aus der Hölle. „Fuck you, asshole" (oder, in der fortgeschrittenen Arnoldsprache: „Faak you, esshole.") Und das unsterbliche, unzerstörbare „I'll be back."

TERMINATOR war ein anspruchsvolles SF-Abenteuer mit einem bescheidenen Budget von 6,5 Millionen $. Der aus Kanada stammende Regisseur hatte zuvor nur einen Film gemacht: PIRANHA 2. James Cameron kam aus dem Stall des berühmten Roger Corman, in dessen Produktionsfirma sich junge Cineasten wie Francis Coppola, Peter Bogdanovich und Martin Scorsese ihre ersten Sporen verdienen konnten. Cameron dilettierte in dieser Umgebung, aber auch bei anderen Projekten, im Bereich der Special Effects und als Art-Director (SADOR – HERRSCHER IM WELTRAUM; DIE KLAPPERSCHLANGE). Nach TERMINATOR fügte er seinem Diplom im Fach Umgang mit Hulks noch ein paar Gutpunkte hinzu, als er am Drehbuch zu RAMBO mit dessen Star Sylvester Stallone zusammenarbeitete.

Cameron, der damals 27 Jahre alt war, und seine Frau, die Produzentin Gale Ann Hurd, wollten einen Film über „die dunkle Seite von Superman" machen. Sie nahmen Anleihen bei verschiedenen Quellen – Harlan Ellison (er drohte mit einer Klage und wurde mit einer Nennnung im Film beschwichtigt), der Legende von Siegfried und älteres Cyborg-Märchengut aus Hollywood – und zimmerten daraus eine Geschichte über einen Androiden und Attentäter, der aus der Zukunft in die Gegenwart geschickt wird. Sein Auftrag ist es, die zukünftige Mutter (Linda Hamilton) eines kommenden Kriegers und Retters zu töten. Nur ein menschlicher Rivale (Michael Biehn), der seinerseits aus dem nächsten Millennium kommt, ist imstande, den Cyborg Arnie zu töten und die Frau zu retten, in der die letzte Hoffnung für die Zivilisation heranwächst.

Cameron und Hurd kamen mit ihrem 122 Seiten starken Treatment zur Produktionsfirma Hemdale, nachdem alle großen Studios das Projekt abgelehnt hatten. Hemdale sollte einen entsprechenden Eindruck von dem Projekt erhalten, den man nicht so leicht vergißt. Cameron brachte seinen Freund, den Schauspieler Lance Henriksen, dazu, sich in Schale zu werfen und dem Boß der Firma, John Daly, einen Besuch abzustatten. „Ich trug eine goldene Folie auf den Zähnen, einen Irokesenschnitt und trat einfach die Tür auf", erzählt Henriksen.

Daly entschied sich für ein Friedensangebot. Hemdale tat sich mit Orion Pictures und mit Home Box Office zusammen, um das Projekt zu finanzieren. Die einzige Bedingung war, daß der Plot und die Actioneffekte beschränkt wurden, um das Budget auf der richtigen Seite der 4-Millionen-Dollar-Grenze zu halten. Als Cameron allerdings Arnold anheuerte, dessen Marktwert nach Conan entsprechend hoch war, konnte er die Summe erfolgreich auf 6 Millionen $ hochtreiben. (Die erste Wahl für die Rolle des Terminators war übrigens O. J. Simpson, was dem Film für ein späteres Publikum einen ganz neuen Stellenwert verliehen hätte.)

Anfangs dachte Arnold, diese Sache wäre eine kleinere Hausaufgabe, gerade gut genug, um das Wasser am Köcheln zu halten. Rick Wayne, der sich neben dem Gewichtheben auch als Journalist betätigte, machte nach CONAN DER ZERSTÖRER ein Interview mit ihm:

„Wir saßen und unterhielten uns. Er nahm das Schwert von CONAN *in die Hand, das ein ziemliches Gewicht hatte, und ging noch einmal alle Bewegungsabläufe durch, die er geübt hatte. Dann nahm er ein paar Schuhe in die Hand, und ich fragte ihn: ‚Wofür sind die gut?' Und er antwortete: ‚Oh, so ein Scheißfilm, den ich gerade mache. Wird ein paar Wochen dauern.' Und das war* TERMINATOR*! Das war der Film, der Arnold gemacht hat. Und er wollte nicht darüber reden, weil es für ihn nur ein Scheißfilm war."*

Joe Weider erinnert sich: „Arnold sagte mir: ‚Ich weiß nicht, was das für ein verrückter Film ist. Die Figuren sind Außerirdische und bringen sich um und schießen aufeinander.' Ich sagte zu ihm: ‚Dieser Film ist wie für dich GEMACHT. Du mußt darin nicht schauspielen.'" Weider war schon lange der Meinung, daß Arnold ein Superstar war, dessen Zeit noch kommen sollte, und daß Rollen aus dem Jenseits ideal für ihn waren. „Sein Gesicht war so mächtig. Beinahe prähistorisch, aber attraktiv. Mit diesem Gesicht und diesem massiven Körper sah er wirklich wie jemand aus, der aus den Nebeln der heraufdämmernden Menschheit kam."

Vielleicht war Arnold unsicher und nicht einfach unentschlossen. „Die schwierigste Sache dabei war, mich als einen Schurken zu etablieren", sagt er. Seit CONAN und Arnold in einem neuen Maß zu einer öffentlichen Figur geworden waren, begann er auch mit seiner Kampagnenarbeit in Sachen Gesundheit und Fitneß, die ihren Höhepunkt Jahre später als oberster Sportbeauftragter unter Präsident Bush fand. Daneben war es nicht leicht, jemand davon zu überzeugen, daß er ebensogut ein dämonischer Filmheld sein konnte. Für ihn war es vor allem schwierig, sich selbst davon zu überzeugen.

Arnold schaffte es mit einem Akt existenzieller Regression. Die emotionalen Scheuklappen, die er als Bodybuilder getragen und dann für die Selbstpreisgabe in der Schauspielkunst abgelegt hatte, wurden wieder hervorgeholt. RECULER POUR MIEUX RECULER. Und es sollte nicht nur bei einer Philosophie des Bösen im Film bleiben. Arnold entwickelte inzwischen eine Philosophie des Abenteuerfilmschauspiels insgesamt:

> *„In Actionfilmen kannst du nicht immer Gefühle zeigen, überhaupt wenn du selbst die Action spielen mußt. Der Großteil der Menschen da draußen sieht das ein, glaube ich. Sie sind froh, wenn sie sich von Gefühlen abkoppeln und nach Dingen jagen können, die ihnen in den Sinn kommen, oder auch zerstören können, wenn es ihnen gefällt. Aus diesem Grund gehen sie in diese Filme. Es geht um Phantasie.“*

Für Cameron verkörperte Arnolds Terminator eine Phantasie von anarchischer Macht. „Ich glaube, die Leute fahren auf ihn ab, weil sie irgendwo im Hinterkopf selbst einen kleinen Dämon haben, der gern für zwei Minuten Arnold wäre und bei dieser Gelegenheit einmal mit dem Chef reden würde, ohne beim Eintreten die Klinke zu putzen.“

Arnolds eigene Vermutung stellte sich als richtig heraus. Das Publikum identifizierte sich nicht mit dem ansehnlichen, aber geschwätzigen „Helden“ (Michael Biehn), sondern mit dem starken und schweigsamen Schurken. Der Film wirft auf listige Weise die alten Stereotype über den Haufen. Traditionell sind die Helden in Actionfilmen wortkarge, edel denkende Männer, deren Job vor allem darin besteht, Städte zu säubern. Im Gegensatz dazu sind die Schurken häufig Dandys, die unter Logorrhöe leiden und mit ihren Opfern redselig herumspielen. TERMINATOR ist nicht der einzige Film nach 1980, in dem dieser Trend umgekehrt wird. Stumme Psychopathen stampfen auch durch alle Teile von HALLOWEEN und FREITAG DER DREIZEHNTE, während die guten Jungs (und Mädchen) ihre Schlachtpläne beschwatzen. Aber der TERMINATOR war zu dieser Zeit eindeutig ein hochkarätiger, bahnbrechender Film. Biehn sprudelt immer wieder in langen, uncharismatischen Monologen die wesentlichen Informationen hervor, vor allem in einer langen Ansprache an die von Hamilton gespielte Sarah Connor. Sie gibt Aufschlüsse über den Androiden Arnie und wird dabei so schnell gesprochen, daß das Publikum keine Zeit hat, sich zu langweilen (hoffen die Filmemacher): „Also, hör zu. Der Terminator ist eine Einheit zum Zwecke der Infiltration. Er ist teilweise Mensch, teilweise Maschine. Unter der Oberfläche ist er ein hyperlegiertes Kampf-Chassis, das von einem Mikroprozessor gesteuert wird. Es ist komplett und sehr hart gepanzert, aber an der Außenseite besteht er aus lebendem menschlichem Gewebe ...“

Währenddessen sagt das Kampf-Chassis so gut wie gar nichts (weniger als hundert Wörter den ganzen Film über) und elektrisiert trotzdem unsere Aufmerksamkeit. Alles, was Arnold später über das Spiel von Actionhelden sagt, paßt auf sein Spiel, das er an diesem Actionschurken erprobt.

> *„Es gibt hundert Regeln, einen Helden zu spielen. Wenn du schießt, darfst du nie mit den Augen zwinkern, weil es laut ist – das wird dir als Zeichen von Schwäche ausgelegt. Wenn du Übermacht und Zorn überzeugend verkörpern willst, darfst du nie den Kopf bewegen, während du deinen Text sagst. John Wayne hat seinen Kopf nie bewegt. Alles, was sich bewegen darf, sind deine Lippen; das ist der Beweis, daß du Mumm hast. Zeig keine Emotionen: Du stehst über den Gefühlen. Niemals hüpfen oder hopsen – du mußt sprinten oder kraftvolle Schritte machen. Wenn du eine Stiege hinauf oder hinunter gehst, darfst du nie auf die Stufen blicken. Wenn du eine Waffe nachlädst, darfst du nie auf die Waffe blicken. Schau auf das Opfer. Übe das hundertmal, damit du ohne Hinsehen nachladen kannst. Jede einzelne Geste muß dich vom Rest der Gruppe isolieren, wenn du einen Hengst spielen willst.“*

In der Vorbereitung für seine Rolle als Terminator verbrachte Arnold drei Monate beim Training mit Waffen: Maschinengewehre, Maschinenpistolen, Gewehre, Schrotflinten, Pistolen, Revolver, Handgranaten. Es genügte nicht, daß er sie verwenden konnte; er wollte daran gewöhnt sein. „Niemand will einen Terminator, der sich vor Explosionen oder Salven oder Schüssen fürchtet.“ Man füge zu dieser unirdischen Unantastbarkeit noch das gruftige Timbre von Arnolds Stimme hinzu und die brillante Körpersprache (Arnold behauptet, er hat den vornübergeneigten Gang selbst entworfen); dann setze man den Schauspieler drei Stunden lang in die Maske und verwandle ihn in seinen verwahrlosten Silicon-Valley-Zustand (den klaffenden metallischen Kopf, den heraushängenden Augapfel, die ausgerissenen Drähte), und fertig ist die feindselige Ikone für das Jahr, in dem Orwells Alptraum zur Wirklichkeit werden sollte. „Big Cyborg Is Watching You.“

Alles zusammengerechnet, verbrachte Arnold sechs aufeinanderfolgende Tage im Make-up-Sessel. Das versichert uns jedenfalls der Promotionfilm THE MAKING OF TERMINATOR 1 AND 2, und er bringt auch ein wenig Humor in diesen statistischen Überschwang: Wir sehen Arnold, der darauf besteht, daß man ihn wie einen Star behandelt, bevor er sich einer weiteren Sitzung mit Kitt und Prothesen unterzieht. „Ich brauche meine Fußmassage, meinen Haferbrei und meine österreichische Weihnachtsmusik."

„Das Problem ist", beschwert er sich vor dem Spiegel, „daß ich zu gut aussehe. Für diese Erscheinung ist noch keine Kamera gebaut worden. Deswegen bringen sie alle möglichen Dinge an mir an und schminken mich fürchterlich, damit ich zu den anderen Schauspielern im Film passe."

Aber dieser Mann konnte sich nicht anpassen oder abheben, auch wenn er wollte. Michael Biehn und Linda Hamilton verschwinden in den Kulissen, während Arnold sich nach vorne spielt, ganz wie ein menschlicher Moloch, dessen Anblick tausend Gegner in die Flucht schlagen kann. Adam Greenberg, der Kameramann, erkannte Arnolds mythisches Potential sofort. „Er hat großartige Wangenknochen. Sie sind sehr stark und kraftvoll. Ich setzte scharfes Licht von oben ein, um den Verlauf zu betonen und darunter Schatten zu werfen. Ich wollte auch den Eindruck erzeugen, er wäre überlebensgroß, übermächtig – deswegen haben wir ihn von unten und mit Weitwinkelobjektiven aufgenommen, die ihn verformten."

„Wir wollten dem Film ein stilisiertes, kaltes, metallisches Aussehen geben", geht Greenberg ins Detail. „Heutzutage werden immer mehr Filme in dieser Art gemacht, aber 1984 war das noch ein ganz eigener Zugang. Wir mußten alles auf eine möglichst einfache, ja primitive Weise bewerkstelligen, denn das Budget war knapp bemessen."

Man fand billige Mittel, mit denen dramatische Kameraeffekte erzeugt wurden. Greenberg bediente selbst die Kamera (was gegen die gewerkschaftlichen Vorschriften war). Er improvisierte „Kamerafahrten", indem er sich mit großer Geschwindigkeit in einem Rollstuhl schieben ließ. Dann kam der Zeitpunkt, den auf seine Metallteile skelettierten Androiden (das endgültige Erscheinungsbild des Terminators) zu filmen: „Wir konnten uns nicht leisten, das ganze Ding zu bauen. Deswegen trugen vier Crew-Mitglieder die obere Hälfte herum, die an zwei Stangen wie auf einer Sänfte angebracht war. Ich filmte mit einer Handkamera und versuchte meine Schritte auf die ruckweise Bewegung abzustimmen."

Alles Denkwürdige im TERMINATOR ist auf eine denkwürdige Weise einfach. Nicht zuletzt Arnolds eigener Text. Sein Dreiwörtersatz „I'll be back", den er an den Cop hinter dem Schalter richtet, wurde sofort unsterblich. Die bloße Aussage wird durch das klumpige Dröhnen seiner Stimme und durch den tödlichen Witz der Umstände zu einem „Sager". Er ist nämlich schon wenige Augenblicke später wieder zurück. Mit einem gepanzerten Jeep durchschlägt er die Glastüren der Polizeistation.

Einer der Schauspieler, die bei diesem Showdown in Teufels Küche kamen, war Lance

Henriksen als Sergeant Vukovich. „Dieser Angriff auf das Polizeirevier war die Arbeit einer Woche“, erzählt Henriksen. „Hunderttausend Sprengsätze gingen hoch, während er alle niedermähte. Sie brachten ziemlich große Sprengsätze an unseren Körpern an, die wie Minen losgingen. Ich hatte zuletzt an mehreren Stellen echte Verbrennungen.“

Arnold war ein disziplinierter Schauspieler, sagt Henriksen. Er befolgte peinlich genau die Anweisungen von General Cameron, nicht nur in dieser, sondern auch in anderen Szenen. „Er mußte jeden Rest von Ego aufgeben.“ Eine Szene sollte die Unerbittlichkeit des Terminators demonstrieren. Er mußte dazu wie ein Hi-Tech-Phönix wieder auftauchen, nachdem man ihn zuerst mit einer Schrotflinte durch ein Saloonfenster auf den Gehsteig hinausgeschossen hatte. Cameron legte jede von Arnolds Bewegungen genau fest, erklärt Henriksen. Es war eine Choreographie, die auf jede Robotersekunde exakt stimmen mußte. „Jim sagte: ‚Ich möchte, daß du dich hierher legst. Wenn ich es dir sage, dann will ich, daß du deinen Kopf hebst. Dann deine Schultern. Dann sollst du dich aufsetzen. Dann sollst du dich scharf umdrehen.“

Das Ego unter Kontrolle. Dem Regisseur gehorchen. Das war Arnolds Programm als Akteur.

Cameron war nicht der Regisseur, dessen Anordnungen man sich mutwillig widersetzte. „Er ist kein Mensch, der etwas diplomatisch formuliert“, sagt Arnold. „Wenn du etwas gut machst, dann sagt er, es war furchtbar, aber ein menschliches Wesen kann eben nicht besser. Mit Maschinen arbeitete er lieber, die konnten immer noch verbessert werden. Also ging man meistens weg und dachte sich, wahrscheinlich hat es ihm sogar gefallen.“

Cameron konnte das Geschehen bis ins kleinste Detail bestimmen. „Er verhielt sich wie eine technische Enzyklopädie“, erzählt Arnold. „Wenn eine Einstellung nur ein paar Zentimeter von seiner Vorstellung abwich, wurde er rasend.“ Und wenn ein Stunt vorgeführt werden mußte, „machte er es gleich selbst, ohne Schutzvorkehrung. Er war vollkommen verrückt.“

Arnolds Ego war also aus einer Ecke, der des monomanischen Regisseurs nämlich, unter Dauerfeuer. Er versuchte es anderswo wieder aufzumöbeln. Linda Hamilton antwortet heute auf die Frage, ob Arnold etwas gegen eine starke weibliche Hauptrolle einzuwenden hatte: „Er hatte große Angst davor, etwas zu teilen. Und nach den Dreharbeiten hat er meinen Namen bei keinem einzigen Interview erwähnt.“ Ihr Anteil an dem Film wurde sowohl von ihrem Kollegen als auch von den Filmemachern so heruntergespielt, behauptet Hamilton, daß sie praktisch vollständig von der Publicityarbeit ausgeschlossen wurde. „Es gab einen Pressetermin in New York. Sie haben meine Beteiligung einfach abgesagt, weil niemand ein Interview mit mir wollte. Arnold erwähnt die anderen

Schauspieler nie. Er ist der unverschämteste Selbstdarsteller – und er macht seine Sache sehr geschickt."

Arnold begriff, daß der TERMINATOR für seine Karriere wie eine Bluttransfusion sein konnte. Je mehr Blut, desto besser. Der Film ist auch darin ein Beitrag zum Zeitgeist, daß er zwei Stunden lang zermalmende Gewalt und biomechanische Erfindungsgabe zeigt. Er definiert den Homo Reaganus als Halbberserker, als automatischen Kriegervisionär, der schon die Probleme des nächsten Jahrtausends löst, während das gegenwärtige nach Aufmerksamkeit sucht. (Es war die Ära des großen Hirngespinsts einer Zukunft hinter der ultimativen Festung – die Strategische Verteidigungsinitiative SDI, auch genannt: „Star Wars".)

Als Beitrag zu Arnolds Karriere ist TERMINATOR ein Meisterwerk wechselseitiger Wiederbelebung. Ein alte Weisheit sagt, man soll niemals auf derselben Leiter weitersteigen, sonst endet man bei einer Apotheose im Klischee. Arnold hätte auf diesem Weg in seinem nächsten Film nach CONAN noch ein paar Kleidungsstücke abgelegt, noch mehr ermüdend altertümliche Sätze zum besten gegeben und wäre endgültig auf dem familienfreundlichen Fantasymarkt festgefahren gewesen. Statt dessen jagt ihn TERMINATOR mit Überschallgeschwindigkeit durch die Zeiträume (aus dem Jahr 10.000 v. Chr. ins Jahr 2000 n. Chr.). Er überschüttet die Leinwand mit einer Mischung aus Blut und Motoröl. Und er rüstet Arnold für eine Filmzukunft auf, in der heroischer Individualismus mit hochgezüchteter Waffentechnologie gut zusammengeht und in der unser Held manchmal auf einfallsreiche Weise häßliche Dinge tun muß, um auf eine erlösende Weise nett zu sein.

Maria, Sonya und Brigitte

„Vor zehn Jahren fragte mich ein Freund, was für einen Typ Frau ich gerne heiraten würde. Ich antwortete: Dunkelhaarig, hübsch, intelligent, witzig und sehr herausfordernd. Andernfalls würde ich sie einfach in die Tasche stecken."

1985 trug Arnold bereits ein halbes Jahr Marias Verlobungsring mit sich herum. Er wollte zwar seinen Junggesellentagen ein Ende setzen, aber der Terminator fand keinen passenden Termin für das Ende der langen Phase der romantischen Spannung. Dazu wußte er auch nicht recht, wo er die entscheidende Frage loswerden sollte. In Amerika? Da war man ja zu Hause. Hawaii? Dort tun es alle Berühmtheiten.

Schließlich unternehmen Arnold und Maria im Frühsommer eine lang geplante Reise nach Österreich. Sie fahren nach Thal und besuchen die Verwandten. Man lächelt und umarmt sich. Dann macht Arnold einen Vorschlag. Er möchte, daß Maria mit ihm eine Bootsfahrt auf dem See macht. Es ist der See, in dem er das Schwimmen gelernt hat; derselbe schimmernde Spiegel in der Natur, an dem er wie einen Vorschein seiner Zukunft die durchtrainierten Körper der einheimischen Jugendlichen gesehen hatte.

Das Paar rudert hinaus auf den Thalersee. Arnold nimmt den Diamantring heraus und stellt die Frage: „Möchtest du . . .?" Und Maria sagt: „Ja, Arnold."

Jahre später erinnerte sich Arnold begeistert an diesen Augenblick. „Ich kann das im Kino einsetzen. Wenn ein riesiger, muskulöser Mann sentimental wird, ist das eine große Überraschung für das Publikum." Eine Frage ist noch offen. Wie kam er überhaupt zu dem Entschluß, Maria zu heiraten? Jim Lorimer glaubt, es geschah in Santa Monica.

„Eines Abends saßen wir bei ihm daheim in der Sauna. Es war gegen Mitternacht. Ich sagte: ‚Arnold, du hast alles erreicht, was sich ein Mensch nur wünschen kann. Wenn du nicht willst, mußt du nie mehr arbeiten. Aber es ist wesentlich, daß du alle Vorgänge im Leben kennenlernst. Eine von den ganz großen Befriedigungen sind Elternschaft, Ehe, Enkelkinder. Du gehst jetzt schon acht Jahre mit dieser Frau [Maria]. Ihr habt beide eine herausfordernde Karriere und großen Druck, aber eure Liebe ist ständig gewachsen. Es ist Zeit, daß du darüber nachdenkst, ob du sie heiraten willst.'

Ungefähr acht Wochen später bekam ich ein Telegramm aus Graz in Österreich. Es war von Maria und Arnold: ‚Wir haben es getan. Wir sind verlobt. Wir sehen uns nach unserer Rückkehr.' Ich glaube, er hat diesen Aufguß nie bereut."

Im Spätsommer wurde die Verlobung bekanntgegeben. Aber bevor sich die Liebesgeschichte weiter entwickelt (und auf jeden Fall vor der Hochzeit), müssen wir noch ein paar Dinge über Maria in Erfahrung bringen.

Sie wuchs in einer Familie auf, in der die Kennedy-Werte der Selbsthilfe und des Gemeinschaftsgeists zählten. Ihr Vater, Sargent Shriver, heiratete John F. Kennedys Schwester Eunice und war der erste Leiter von Kennedys Friedenskorps, das 1961 gegründet wurde. Als sie fünfzehn war und noch die Stone Ridge Country Day School of the Sacred Heart in Bethesda besuchte, wollte Maria sich dem Korps anschließen. Ihr Vater schickte sie für den Sommer nach Tunesien. Sie kam in ein Haus ohne Fließwasser und mit einer offenen Außentoilette. Sie schlief in einem Bett mit fünf Mitgliedern einer tunesischen Familie. „Ich blieb zwei Tage dort, im Bewußtsein, daß irgendein Fehler passiert sein mußte. Mein Vater konnte mich unmöglich direkt von der Klosterschule an so einen Ort schicken."

Sie fuhr per Anhalter zur amerikanischen Botschaft und rief weinend ihren Vater an. „Maria, du hast jetzt genau zwei Tage unter diesen Umständen gelebt", sagte Shriver. „Freiwillige beim Friedenskorps müssen zwei Jahre so leben."

„Aber da sind Männer im Zimmer! Es sind Männer im Zimmer!"

„Das geht schon in Ordnung. Erzähl nur deiner Mutter nichts davon."

Maria fuhr wieder zurück in das tunesische Haus.

Als sie später an der Georgetown Universität im Hauptfach Amerikanistik studierte, paukte sie immer noch Kennedy-Werte: Sie schrieb ihre Abschlußarbeit über JFKs Wahlbewegung 1960 in West Virginia. Im Mai 1977 schloß sie ihr Studium ab, drei Monate bevor sie Arnold zum ersten Mal traf. Sie setzte sich das Ziel, eine Fernsehnachrichtensprecherin zu werden. Ihre Lehrzeit verbrachte sie als Reporterin bei KYW-TV in Philadelphia und als Autorin und Produzentin bei WJZ-TV in Baltimore.

Während der späten siebziger und frühen achtziger Jahre lebten Arnold und Maria an den gegenüberliegenden Küsten Amerikas. Sie trafen sich nur an den Wochenenden, an denen Arnold sie gelegentlich zu hochkarätigen Veranstaltungen wie „The Event", „das Ereignis" begleitete. Bei dieser New-Age-Konferenz in New York, die Jerry Rubin, ein Hansdampf in allen Gassen der Post-Hippie-Ära, konzipierte, stiegen sich die angesagten Gurus förmlich auf die Zehen: Der Architekturdenker Buckminster Fuller war ebenso da wie die Sextherapeuten Masters und Johnson.

1981 wurde Maria Korrespondentin der Zeitschrift PM. Im selben Jahr produzierte sie Sportsendungen für Ted Turners Cable Network und war Gastgeberin in einer landesweit ausgestrahlten ABC-Fernseh-Show für Tony Scotti mit dem Titel „Porträt einer Legende": eine Serie von biographischen Sendungen über berühmte Musikstars. 1983 kam sie dem Nachrichtentraum schon sehr nahe: Sie wurde Reporterin an der Westküste für die MORNING NEWS von CBS. Zwei Jahre später war es dann soweit. Sie wurde die Kopräsentatorin des Programms und landete mit einem Jahreseinkommen von 500.000 $ endgültig auf der Butterseite.

Aus der sicheren Position ihres eigenen Büros sagte sie später: „Es ist sehr wichtig für mich zu wissen, daß ich verdientermaßen bei CBS bin, daß ich hart gearbeitet habe, um an diesen Punkt zu kommen. Die Menschen sollen verstehen, daß ich nicht einfach vom Himmel gefallen bin." Oder, mit dem dynastischen Fallschirm, aus den dunstigen Höhen des Kennedy-Clans. „Die Leute sagen: ‚Oh, sie ist reich, sie ist schön und sie wird Arnold heiraten.' Und ich muß mich zur gleichen Zeit mit dem Gedanken herumschlagen, wie ich einen Tag überstehe, ohne daß ich fünf Muffins esse und ein paar Kilos zulege."

Von Arnold konnte Maria nicht viel ablenkende Schmeichelei erwarten. Ihre Mutter rief mehrmals am Tag an, ihre Brüder und Freunde hielten engen Kontakt und machten ständig Vorschläge für das Programm. „Arnold meldet sich nie mit Ideen für Geschichten", sagte sie. „Das gefällt mir, denn alle anderen tun das."

Wir müssen nur auf die Wand über ihrer Schreibmaschine schauen, um einen Eindruck zu bekommen, wie ernst Maria ihren Job damals nahm – und wie sehr sie sich ihres Ehrgeizes ironisch bewußt war. Es gibt da einen Cartoon von einer jungen, weinenden Frau. In der Sprechblase aus ihrem Mund liest man: „Atomkrieg? Was bedeutet das für meine Karriere?" Arnold billigte diese Seite an Maria. „Es nötigt mir enormen Respekt ab, daß sie so erfolgreich ist, so gescheit, so zupackend und permanent wißbegierig."

Arnolds nächstes Filmprojekt steigerte dieses Begehren noch. 1985 entfloh er nach Italien, um dort ein Schwert-und-Lenden-Epos mit dem Titel RED SONJA zu drehen. Er behauptet, er hätte nur aus Loyalität gegenüber dem Produzenten Dino De Laurentiis zugesagt. „Er fragte mich, er bekniete mich, ihm diesen Gefallen zu tun, denn er hatte keinen großen Namen bei diesem Film." Richard Fleischer glaubt allerdings zu wissen, daß Arnold keine Alternative hatte: Der Film war Teil eines längerfristigen Vertrags mit De Laurentiis nach CONAN – DER BARBAR. „Dino konnte Arnold damals praktisch für einen Sonderpreis haben. Ich nenne das guten Geschäftssinn. Arnold hatte zu dieser Zeit eine Menge anderer Verpflichtungen, deswegen war er bei den Dreharbeiten zu SONJA nicht immer anwesend, sondern kam und ging. Das war möglich, weil er keine Hauptrolle hatte."

Die Hauptrolle war mit dem dänischen Model Brigitte Nielsen besetzt. Es war ihre erste Filmrolle. Sie spielt die im Titel genannte Kriegerschönheit mit wallendem rotem Haar, einem Metallleibchen und einer tiefdekolletierten Schlangenhautbluse. Wir sind mehr oder weniger immer noch in Hyboria, obwohl Arnold nicht Conan spielt, sondern

Kalidor, einen freien Rächer im Dauereinsatz. Wenn Sonja irgendwie in Schwierigkeiten ist (durch einen Haufen Schläger, ein Monster aus einem Bergsee oder irgend etwas anderes, das die Drehbuchschreiber Clive Exton und George MacDonald Fraser heraufbeschwören), tritt Kalidor auf.

Exton und Fraser plündern die unbekannteren Geschichten des CONAN-Erfinders Robert E. Howard und schustern so eine Story von einem grünen Talisman zusammen, der die Welt zerstören kann. Eine böse Königin (Sandahl Bergman aus CONAN) hat den Talisman inne. Sie ist auf Sonja nicht gut zu sprechen, denn das Mädchen hat einmal ihre lesbischen Avancen zurückgewiesen. Wird unsere ausgestoßene Heldin mit der Hilfe von Kalidor und anderen Spießgesellen ihre Aufgabe erfüllen, nach Gedren gehen und den Talisman zerstören?

Die meiste Zeit über verteilt Arnold wieder einmal die Aufgaben: „You go dat way, I'll go dis way." „Du gehst hier entlang, ich gehe da lang." Es gibt aber eine verblüffende Szene auf einer Waldlichtung. Er erläutert der gespannt zuhörenden Sonja/Nielsen die Vorgeschichte des Films. Während die Heldin zweifellos froh ist, daß ihr bei ihren Bemühungen um ein paar erkennbare Töne inmitten der Lautverschiebungen ihres Akzents eine Pause vergönnt ist, hält Arnold die längste Rede, die man ihm jemals in einem Film anvertraut hat. „Vor vielen Jahrhunderten", beginnt er, „hatten die großen Lords von Hircania den Talisman den Priesterinnen anvertraut, denn nur Vrouwen („vimmin") konnten ihn berühren . . ." Und so geht er weiter, dieser lange, wunderbare Wrestlingkampf eines unbewaffneten Mannes mit der englischen Sprache, bis wir an den Punkt gelangen, an dem RED SONJA beginnt – und wir dazukommen. „Ich fand deine sterbende Schwester und erfuuhr („loorned"), daß man den Talisman gestohlen hatte."

Mit der Episode von der sterbenden Schwester beginnt die Haupthandlung. Nachdem er während der Vorspanntitel durch einen Großteil von Italien geritten ist (Dino sorgte dafür, daß er seine Investition in Arnold zurückbekam, und wenn er ihn dafür sogar bei den Reitstunden aufnehmen mußte), erscheint Kalidor auf dem riesigen Trainingsgelände, auf dem Red Sonja ihren Unterricht in den Kampfkünsten erhält.

„Ich suche nach Red Son-Ya", wendet er sich an ein großgewachsenes, reizendes Mädchen in einem Designer-Kampfkostüm.

„Ich bin Sonja", antwortet das Mädchen.

Pause. Kalidors Pferd schnaubt.

„Deine Schwester stirbt, ich bringe dich zu ihr."

Und Kalidor reitet, von Sonja gefolgt, durch das Tor hinaus, das aus den zwei Beinen einer gigantischen Steinstatue besteht. (Das eigenwillige und wunderliche Produktionsdesign stammt von dem ehemaligen Fellini-Mitarbeiter Danilo Donati.)

Danach ist auch der Dummheit Tür und Tor geöffnet. Unzusammenhängende Kampfszenen und Actionsequenzen hängen vom verworrenen Ariadnefaden der Geschichte wie Wäsche von einer Leine. Arnolds eigene Rolle als Rettungsautomat zeigt, welche Schwierigkeiten Fleischer und seine Autoren hatten, eine passende Rolle für ihre Hauptattraktion zu erarbeiten, während Arnold dachte, seine Sache wäre nur ein Gastauftritt.

„Wir hielten nach Orten Ausschau, an denen wir Arnold ins Geschehen bringen konnten, ohne daß es allzu unlogisch und willkürlich aussah", sagt Fleischer. „Wir hatten das Problem, daß wir ihn zwar in die Szenen einbauen wollten, aber dabei nicht die Figur der Red Sonja schwächen konnten. Es durfte also nicht so aussehen, als müßte er sie dauernd retten. Sie sollte schließlich diese große Superwoman sein."

Nielsens nichtssagend gespielte Heldin kann aber jede nur erdenkliche Hilfe gebrauchen. RED SONJA wurde fertiggestellt, kam heraus, wurde vernichtet und verschwand wieder. Am Ende fand der Film sein Asyl in den Videoregalen.

Jetzt aber zu der Beziehung, die Brigitte und Arnold abseits der Dreharbeiten hatten. Maria Shriver wollte Arnold in einer hellseherischen Anwandlung von Anfang an von diesem Film abhalten. Sie war nicht sehr glücklich, als die ersten Gerüchte von den Drehorten in Celano und Abruzzi (nahe Rom) auftauchten, daß es zwischen den zwei europäischen Stars des Films gefunkt hatte. Wendy Leigh versichert, daß im November 1985 eine „heiße Affäre" mit der „dänischen Bombe" im Gang war. Arnolds Mutter, so Leigh weiter, kam einmal nach Rom zu Besuch, „warf einen Blick auf die Abenteurerin, die ihren Sohn verhext hatte, und war bestürzt."

Jim Lorimer wiederum, der ebenfalls nach Rom kam und mit Arnold und Brigitte ein paar Sehenswürdigkeiten besuchte, hielt alles „für einen Sturm im Wasserglas". „Die Leute maßen der Sache eine größere Bedeutung bei, als sie tatsächlich hatte."

Richard Fleischer setzt bei der Frage nach den Geschichten von einem hyborianischen Techtelmechtel ein unbehaglich defensives Lächeln auf: „Ich bin in diesen Dingen sehr naiv. Es gibt Affären beim Drehen, von denen ich gar nichts mitkriege. Später höre ich davon, und dann sage ich: ‚Kein Witz? Tatsächlich? Das ist passiert?'"

Rund um den unbekümmerten Regisseur arbeitete die Skandalmaschine auf Hochtouren. Während der Dreharbeiten tauchten Gerüchte auf, daß Maria Spione ausgeschickt hatte. Nach den Dreharbeiten, so erzählte man sich weiter, trieben sich Arnold und Brigitte in Europa herum. Sie ließen es sich auf Parties in Wien gutgehen und gönnten sich einen Schiurlaub in der Nähe von Innsbruck, bevor die dänische Bombe nach Amerika kam. Hier wollte sie die Liaison anscheinend fortsetzen, obwohl sie von Arnold bereits eine Uhr als Trost und Abschiedsgeschenk bekommen hatte. Er hatte nur noch wenige Monate oder Wochen bis zu dem Tag, an dem er sein Heiratsversprechen einlösen wollte. Also setzte er den einzigen Schritt, der ihn von dieser „bezaubernden Abenteurerin" loslösen konnte. Er trat zur Seite, während sie weiterschritt, um Sylvester Stallone zu treffen.

Arnie und Sly

„Le narcissisme post-écologique laissé partiellement de côté par son prédecesseur [Stallone], *lié a l'engouement occidental soudain pour la bonne forme et le bon* look, *consecutif au developpement intensif du darwinisme économique et l'egocentrisme de l'ère* yuppie.“ (Das französische Filmmagazin *Positif* über die Unterschiede zwischen den Starpersönlichkeiten von Arnold Schwarzenegger und Sylvester Stallone)

„Der Unterschied zwischen Sly Stallone und mir ist, daß ich ich bin und er er ist.“ (Arnold Schwarzenegger)

Beinahe zwanzig Jahre lang sind die Karrieren von Stallone und Schwarzenegger nahezu parallel verlaufen. So parallel, daß sie manchmal wie zwei Wagen beim Rennen in BEN HUR sogar kollidierten. Dann spitzte die Welt jedesmal die Ohren und staunte, daß zwei erwachsene – übergroße – Männer aneinandergeraten und dabei so einen quietschenden Lärm machen konnten.

Man muß fair zu Stallone sein und hinzufügen, daß Arnold den größeren Teil des Gekreisches verursachte. Er spürte ganz offensichtlich, daß der Mann, der 1976 mit ROCKY das Getue um den Machismo losgetreten und es dann mit den RAMBO-Filmen in die Höhen der muskulären Einbildungskraft getrieben hatte, ein gefährlicher Rivale war. Ja, letztlich sogar eine von diesen Vaterfiguren, deren Auslöschung Arnold sein Leben widmet.

Die österreichische Eiche erkannte öffentlich ihre Schuld beim italienischen Hengst an. „Ich glaube, Stallone war für meine Karriere sehr wichtig, weil er eine ganz neue Art von Filmen begonnen hat, in der man einen KÖRPER akzeptiert. Man geht hin, um den KÖRPER zu sehen. Zehn Jahre zuvor wäre das nicht passiert.“

Arnold hatte großen Respekt vor Stallones Entschlossenheit. „Sein natürliches Potential war nicht sehr groß. Er mußte hart arbeiten, um an Masse zuzunehmen, aber er hat eine riesige Willenskraft.“

Von 1985 bis 1986 (ANNI MIRABILES in der Rivalität dieser zwei Brüder im Fleischgewerbe und zugleich die Phase, in der Brigittes neues romantisches Interesse an Sly zu ihrer Verehelichung führte) änderte Arnold seinen Tonfall, und sein sanftes Schmeicheln wurde zu schneidendem Hohn.

Stallone nimmt sich zu ernst, äußert er gegenüber Jean Vallely von GQ. Arnold weiß

Bescheid, denn die beiden Männer hatten viele Jahre lang ihre Trainingseinheiten in denselben Studios.

„Wenn ich mit 60 Kilo arbeite, dann nimmt er [Stallone] sicher 65. Er ist fanatisch, und das sieht man daran, wie er sich kleidet und wie hartnäckig er einer Wohltätigkeitsorganisation angehören will. Es ist alles wie bei Rocky. Es kommt nicht vom ... [Arnold weist auf sein Herz.] Es ist keine Liebe dabei. Und das sehen die Leute. Du kannst dich so ein Jahr lang durchschwindeln, aber über zehn Jahre wird es schwer. Irgendwann holt es dich ein. Das ist meiner Meinung nach der Unterschied zwischen ihm und mir."

Hier ist Arnold noch milde gestimmt. Wenn er sich einmal gehenläßt, dann darf man sich wundern, warum Stallone nicht mit einer Klage kommt oder mit der Herausforderung zum Duell. „Ich würde mich ärgern, wenn jemand meinen Namen mit dem von Stallone im selben Atemzug nennt", stellt Arnold 1985 in einem Interview fest.

„Stallone verwendet für einige Großaufnahmen in seinen Filmen Körperdoubles. Ich nicht. Erstens würde das mein Ego nicht gestatten. Zweitens brauche ich keinen Ersatzmann, denn es gibt überhaupt niemanden mit einem besseren Körper als meinem. Wir töten in PHANTOM-KOMMANDO *[Arnolds damals gerade aktuellem Film] wahrscheinlich mehr Leute, als Stallone in* RAMBO. *Aber der Unterschied ist, daß wir nicht behaupten, das wäre durch patriotischen Stolz gerechtfertigt. Dieses ganze Getue mit der Flagge ist ein Dreck – wir sind alle im Unterhaltungsgeschäft. Und wenn man mit gutem Geschmack tötet, kann es sogar sehr unterhaltsam sein."*

Der Todesstoß kommt in einem PLAYBOY-Interview im Jänner 1988. Diesmal nimmt er Sly für seinen Mangel an politischer Korrektheit auseinander.

„Ich versuche in jeder nur erdenklichen und menschlichen Weise freundlich zu diesem Typ zu sein, aber er hat einfach die falschen Schwingungen. Alles, was er macht, kommt falsch herüber." Als Beispiel führt Arnold an, wie ihn Stallone in einen neuen, von ihm gegründeten Club einladen wollte.

„Ich sagte: ‚Was für ein Club?' Er sagte: ‚Es soll ein reiner Männerclub sein, in dem keine Frauen zugelassen sind. Wie in alten Tagen. Nur Männer. Wir sitzen herum, rauchen Zigarren und Pfeifen und lassen es uns gutgehen.' Ich sagte ihm, das wäre das Schlimmste, was er tun könnte, und daß wir in einer Zeit leben, die für dieses Thema sehr sensibel ist. Die Frauen streben nach Gleichheit. Ich sagte noch, daß ich nicht einmal mit

der Hälfte dessen einverstanden bin, was sie reden, aber ein Club wie dieser wäre ein Schlag ins Gesicht für jede anständige Frau in diesem Land. Ich riet ihm dringend davon ab.“

Aber es muß doch ein paar Gutpunkte für Stallone geben, als Mann oder als Schauspieler und Filmemacher.

„Hören Sie zu. Er hat die besten Agenten der Welt angeheuert, und sie konnten seine Sache nicht in den Griff bekommen. Es gibt nichts und niemanden da draußen, das seinen Arsch und sein Image retten könnte. Allein die Art, wie er sich anzieht. Sein Anblick im weißen Anzug, wenn er versucht, geschniegelt und hip auszusehen – das ärgert die Leute schon. Und dann noch der goldene Ring und die Goldketten, mit denen er ausdrückt: ‚Seht her, wie reich ich bin.‘ Das vergrämt die Leute. Es ist eine Schande, daß ihm niemand beigebracht hat, cool zu sein. Er sollte Schuhe von L. L. Bean tragen, dazu Cordhosen und ein kariertes Hemd. Das ist cool. So sollte ein Regisseur aussehen, statt mit einem verfluchten Pelzmantel am Set herumzulaufen.“

Stallone muß einigermaßen befremdet gewesen sein nach diesem seltsam unmotivierten Hurrikan übler Nachrede. Im Dezember 1987 gab er eine kurze, höfliche Antwort: „Das Leben ist schon Wettbewerb genug, ohne daß ein Schauspieler so aggressiv gegen einen anderen antreten muß. Dieses Vorgehen kann nur bitter enden, und unglücklicherweise wird es dabei nie einen Sieger geben.“ Es wird auch von einem Anruf Stallones bei Arnold berichtet. Es war nach dem Interview für GQ, und Arnold antwortete, man hätte ihn falsch zitiert.

Nur ein einziges Mal ließ das Opfer seinem Ärger in der Öffentlichkeit freien Lauf. Im September 1988 (diese Geschichte berichtet die NEW YORK POST) ging Stallone mit seinen Leibwächtern in einen Nachtclub und sah ein Bild von Arnold an der Wand hängen. Er holte den Eigentümer und bat ihn, das Bild zu entfernen, sonst ginge er und käme nie mehr wieder. Das Foto wurde Slys Aufpassern ausgehändigt, die es prompt zerstörten.

Im Endeffekt dürfte die Streiterei aber zu beiden Männern gut gepaßt haben. Sympathie für Stallone paßt zu seinem Image auf der Leinwand: Er ist der geprügelte Punchingball, der immer wieder zurückschnellt. Dagegen paßt die Haßliebe, die man Arnolds Superegoismus entgegenbringt, zu seinem Filmimage als Superman Schwarzenegger.

Während Stallone mehr auf Machomasochismus setzt, arbeitet Arnold als Filmstar mit überirdischer Brutalität und skandalösen Texthäppchen („Töten mit gutem Geschmack“). Sein zusätzlicher komischer und kosmischer Nerv erklärt, warum der Österreicher zum Italiener aufschloß und ihn schließlich überholte. Stallones Filme moralisieren; die Schwarzenegger-Filme pflegen eine sardonische Anarchie. Stallones Filme handeln alle von Wut; in ROCKY wird sie nach außen getragen, in der militaristischen Gesetzlosigkeit von RAMBO wird sie verinnerlicht. Die Schwarzenegger-Filme handeln von der trockenen, gefühllosen Ausübung einer rauhen Gerechtigkeit. Stallones Filme sind humorlos. Die Schwarzenegger-Filme haben einen kräftigen Sinn für das Lächerliche.

Wenn jeder Mann seine ihm bestimmte Stunde hat, dann war Stallone das Geschöpf der siebziger Jahre. Er war eine Carter-Taube im Kleid eines Falken. Schwarzenegger war dagegen die pure Essenz des Kämpferglamours der Reagan-Ära. Stallones Militarismus trägt sein Wehrkraftzersetzungsprogramm schon in sich. Wir WISSEN, daß dieser Mann weg will aus all den kriegerischen Situationen. Sein hageres Gesicht sagt es uns mit den heruntergezogenen Wangen, den beinahe femininen Lippen und den Augenlidern, die Frieden sagen, auch wenn sie für die Schlacht geschlossen werden.

Stallone ist das letzte Gesicht, mit dem man einen Werbespot für die Armeerekrutierung drehen würde (und er hat, mit ihrem trübseligen, gelispelten Quaken, auch die letzte Stimme). Schwarzeneggers gefällige Visage und seine wärmere Monotonie würden dagegen Wunder bei einer Einschreibkampagne wirken. Dieser Mann ist davon überzeugt, daß es Spaß macht, Strafen auszuteilen. Er ist als Gerechtigkeitsmaschine konstruiert, die nebenbei Witze von sich gibt.

Als Reaktion darauf ist im Lauf der Jahre eine ganze Hemisphäre entrüsteter Kommentatoren aufgetreten. Sie reicht von Michael Medved, dem Anti-Gewalt-Filmkritiker, der Arnold in seinem Buch HOLLYWOOD VS. AMERICA als Haupttäter aufknüpft, bis zu der Psychologin Carole Lieberman, der Vorsitzenden der National Coalition on TV Violence.

Medveds Abscheu gilt jenem Arnold, der als Held ein Musterbeispiel moralischer Lobotomie darstellt. „Auch in den Fällen, wo er keine Killerroboter spielen soll, agiert er mit mechanischer, unbewegter Präzision. Häufig sind die einzigen menschlichen Regungen, die er in seine Darstellung einschleichen läßt, diese mörderischen Bonmots, mit denen er die Welt von dem menschlichen Gerümpel rund um ihn herum säubert." Der Schwarzenegger-Kanon hat nur eine rückschrittliche Botschaft: „Tödliche und unreflektierte Effizienz als letzten Standard der Männlichkeit."

Lieberman steigert das „anti" noch. In der Zusammenfassung ihrer Film für Film vorgehenden Analyse gewalttätiger Handlungen (TERMINATOR hat 84, DER CITY-HAI hat 144, PHANTOM-KOMMANDO hat 165) verkündete sie: „Arnold Schwarzenegger ist zu einer amerikanischen Ikone geworden. Er wird von den besitzlosen und rechtlosen Massen als Gott der gewalttätigen Macht verehrt."

In anderen Ländern sind über die Jahre noch andere Savonarolas aufgetreten, und sie haben ihre Suaden des Abscheus gegen den Filmstar Arnold verkündet. „Er ist Beispiel und Verkörperung faschistischer amerikanischer Kunst", schrieb der britische Journalist Ian Penman. „In höchstem Maße abstoßend", rief sein Landsmann, der Kritiker und Autor Gilbert Adair, angesichts von TERMINATOR und TOTAL RECALL; und er ging sogar so weit, daß er „ruchlose Nazifizierung" ortete sowie eine „Erscheinung, die ihre Wurzeln in einem unseligen Gemisch aus Faschismus, Mode und Faszination hat".

Die päpstliche Überreaktion und politischen Klischeeregister dieser Autoren sagen uns mehr über den kritischen Wert der Verfasser, als daß sie uns irgendeine soziale Bedrohung durch den Filmstar Arnold plausibel machen können. Wenn Kommentatoren das Chaos auf der Leinwand verurteilen, dann tun sie das meistens, weil sie glauben, im Kino gehe es um Vorschriften für das Verhalten: Wenn sich die Handlungen in einem Film nicht für Mimikry eignen, dann sollten sie besser gar nicht gesehen werden. Die Freiheit und das Privileg ist es allerdings, Grenzen auszuloten, Nerven zu kitzeln, zu provozieren, zu schocken, zu entweihen. „Glauben Sie, es gab vor dem Kino keine Gewalt?" ätzt Arnold. „Haben Sie die Bibel gelesen? Wenn ich dieses Buch verfilmen würde, wäre das die grausamste Show überhaupt."

Es gibt auch neuere Parallelfälle. Wenn jemand die Geschehnisse in einem durchschnittlichen Buñuel-Film nachahmen würde (Mord, Verunstaltung, Blasphemie, Obsession, Rache), müßte man ihn für den Rest seines Lebens aus dem Verkehr ziehen. Nun ist Arnold nicht Buñuel, aber als Filmstar ist er das Beste, was das moderne, populäre amerikanische Kino in Buñuels Bereich der moralischen Desorientierung zustande gebracht hat. In der Welt des spanischen Filmemachers werden Akte der Gewalt durch surreale Sorglosigkeit gesühnt und durch einen Sinn für höhere Gerechtigkeit, mit dem man sie begeht. „Zivilisation" ist häufig ein Synonym für Heuchelei und Doppelmoral; „Brutalität" kann da der Umweg eines mutigen und geistreichen Mannes sein, um eine radikale moralische Korrektur vorzunehmen.

Das ist die Welt im Sinne des Arnold-Kinos. Was für ein Zwillingspaar ergäben der Spanier und der Österreicher in einer idealen Nachwelt! Wir malen uns eine himmlische, häretische Filmdimension aus, in der diese zwei Künstler vom Orden des anarchischen Ideals in perfekter und ewiger Kinästhesie schwelgen. ARNOLD DEL DESIERTO. LOS ARNOLDADOS. UN CHIEN ARNOLDOU. EL ANGEL TERMINATOR.

Den Müll hinunterbringen

„Der Mann hatte einen Schock. Er hielt es für eine kranke, stupide Idee. Niemand hatte so etwas zuvor gemacht. Und ich sagte ihm, das ist genau der Punkt, daß niemand es zuvor gemacht hat."

Liebesgrüße aus Val Verde

„Ich betrachtete es als eine Art James-Bond-Film, wo Sean Connery am Ende einer großen Actionsequenz immer einen dieser Sprüche abläßt", sagt Mark L. Lester, der Regisseur von Arnolds nächstem Film PHANTOM-KOMMANDO.

Lester war ein junger Filmemacher, der sich erste Meriten im Chaosfach bei dem Stephen-King-Thriller DER FEUERTEUFEL erworben hatte. Auf einer Pyjamaparty im Anwesen von Hugh PLAYBOY Hefner erfuhr er von der Existenz eines neuen, für Arnold maßgeschneiderten Actiondrehbuchs.

Lester kam mit dem Produzenten Joel Silver ins Gespräch, der seit DIE WARRIORS, einer berühmten Übung im Comic-strip-Neorealismus, seine Hand immer am Puls der Popkultur gehalten hatte. Silver beschrieb ein Drehbuch über einen pensionierten Soldaten, den man reaktiviert, weil er seine Tochter retten muß. Konterrevolutionäre aus dem lateinamerikanischen Land Val Verde haben sie gekidnappt. Das Drehbuch stammte ursprünglich von zwei Studenten der Columbia Film School, Joseph Loeb II und Matthew Weisman; es war aber inzwischen von dem angejahrten Schreiber Steven De Souza mit einigen zusätzlichen Sprüchen aufgelockert worden. Später brachte man noch einen vierten Autor ins Spiel, Richard Tuggle (der Clint Eastwoods DER WOLF HETZT DIE MEUTE schrieb und auch Regie führte). Er sollte die Geschichte wieder dunkler färben.

Daß man Tuggle schließlich in den Credits nicht nannte, deutet darauf hin, daß Lester selbst eher die witzige Version von De Souza mochte. „Ich hatte das Gefühl, ich sollte diesen Humor einsetzen. Ich kannte Arnold schon, und ich wußte, daß er im richtigen Leben komisch ist. Außerdem waren die großen Sprüche im TERMINATOR so gut angekommen."

Arnold, ein langjähriger Fan von James Bond, war nur zu gerne bereit, sich in Sean Connery zu verwandeln. Er mochte die emotionale Untermauerung der Geschichte. „Er sprach auf die Beziehung zu dieser Tochter an", erklärt Lester. „Wir bauen das auf, damit das Publikum später bei seinem Rettungseinsatz richtig mit ihm mitgeht. Es ist auf seiner Seite, auch wenn er dauernd töten muß. Es feuert ihn an."

Arnold hatte den festen Vorsatz, die Psychologie dieses liebevollen Vaters und Kriegsveteranen überzeugend zu gestalten. Er verpflichtete den berühmten Schauspiellehrer Jeff Corey. Corey ist auch ein bekannter Charakterdarsteller, der sich auf hagere Penner und Exzentriker spezialisiert hat (LADY IN THE CAGE, LITTLE BIG MAN). Er arbeitete mit Kirk Douglas für SPARTACUS und mit Jane Fonda für NUR PFERDEN GIBT MAN DEN GNADENSCHUß. Jetzt brachte er Arnold bei, wie er John Matrix spielen sollte, der sich nach einem Besuch seines altes Generals in eine Kriegsmaschine verwandelt.

„Wir saßen einander an diesem Tisch gegenüber", erzählt Corey in seinem weitläufigen, im Hüttenstil gehaltenen Haus an der Küste von Malibu:

„Ich sagte: Arnold, du bist ein pensionierter Lieutenant-Colonel der Armee, und du willst mit Krieg nichts mehr zu tun haben, aber diese Typen lassen dich nicht in Frieden leben. Du mußt so viel wie möglich polarisieren. Dieser Mann will seinen Garten kultivieren, er will den Flieder riechen und seine eigenen Radieschen ziehen. ‚Verzieht euch, Jungs. Ich will mit meinem Mädchen heim in diese idyllische, ländliche Enklave, die ich mir auf dem Hügel geschaffen habe. Verzieht euch mit euren gottverdammten Helikoptern!'

Wir haben stundenlang daran gearbeitet. Er [Matrix] hat Angst davor, ein Roboter zu werden. Er will nur, daß das nicht passiert. Das steht alles schon bei Shakespeare, wissen Sie. ‚Die Zeit ist aus den Fugen. Oh Fluch, daß ich jemals geboren wurde, um sie ins Lot zu bringen.'"

Arnold holt aus diesen Szenen ein Maximum heraus. Er sieht dabei allerdings so aus, als ob er lieber ganze Bäume ausreißen und herumtragen würde, als am Flieder zu riechen und die eigenen Radieschen zu züchten. Er zieht seine Tochter (Alyssa Milano) liebevoll wegen ihres Musikgeschmacks auf – „Warum nennen sie diesen Sänger nicht einfach Girl George? Das würde die ganze Verwirrung mit einem Schlag beenden." – und hegt und pflegt seinen vertikalen Stoppelhaarschnitt.

Arnold mochte den Vater-Tochter-Aspekt, aber „natürlich hat der Film Action, und ich habe die physische Präsenz für die Action. Sie wird immer einen Platz in meinen Filmen haben, hoffentlich irgendwann in einem geringeren Ausmaß. Vorerst aber bleibt der Blutzoll hoch." Könnte er etwas präziser werden? „Ich zerstöre eine ganze Armee. Ich glaube, es ist ein neuer Rekord."

Stu Schreibberg, ein Journalist vom San Francisco CHRONICLE, schätzt die Leichenbilanz von PHANTOM-KOMMANDO auf über hundert, mit souveränem Vorsprung auf

CONAN (50) und Stallones RAMBO (70). Inzwischen hat das Filmmagazin PREMIERE bei einer Auflistung aller Gemetzel der Filmgeschichte PHANTOM-KOMMANDO an erste Stelle gereiht. Um das Renommee des Films endgültig zu besiegeln, setzte ihn auch die American Coalition Against Screen Violence an die erste Stelle in ihrer Parade der bisherigen Arnold-Filme.

Der Star selbst war vor allem darauf bedacht, daß sich die Gewalt nicht auf routinierte Fausthiebe beschränkte. „Man versucht immer, eine einzigartige Methode zur Auslöschung von Feinden zu finden", erklärte er. Er hatte eine Idee, die – in jeder Hinsicht – ein Casus belli wurde.

„In einer Szene reiße ich einem Typ den Arm aus. Gut. Als wir das filmen, passiert etwas, was nicht im Drehbuch steht – der Stuntman beginnt zu schreien. Da hatte ich eine Idee, wie ich ihn zum Schweigen bringen konnte: Ich schlug ihm mit dem Arm, den ich gerade ausgerissen hatte, ins Gesicht. Die anderen waren der Meinung, das wäre zuviel. Ich fand, es wäre komisch."

Er fand die Idee so komisch, daß er damit direkt zu Lawrence Gordon von 20th Century Fox ging. „Ich ging zum Boß des Studios und verlangte, daß die Szene in den Film hineinkommt. Der Mann bekam einen Schock. Er hielt es für eine kranke, stupide Idee. Niemand hatte so etwas zuvor gemacht. Und ich sagte ihm, das ist genau der Punkt: daß niemand es zuvor gemacht hat."

Als Arnold bei den Dreharbeiten diesen Vorschlag machte, erwiderte Lester: „Nein, nein, das ist zu überdreht, zu dumm."

Der Vorfall verweist jedenfalls auf Arnolds wachsendes Selbstvertrauen. Der respektvolle Roboterschauspieler aus TERMINATOR fand allmählich Geschmack an kleinen inhaltlichen Interventionen, und sein Geschmack tendierte dabei in Richtung Komödie. Die Stärke von PHANTOM-KOMMANDO ist genau der beiläufige Witz, auf den Lester von Beginn an hingearbeitet hatte.

Die gesprochenen Gags des Films reichen von Einzeilern bis zu Einwortwitzen. Es gibt eine Autoverfolgungsjagd, während der Arnold mit der Heldin Rae Dawn Chong an seiner Seite durch die Straßen fegt. Seine Begleiterin fragt ihn (ganz so, wie Linda Hamilton im TERMINATOR Michael Biehn gefragt hatte), ob er ihr gefälligst erklären kann, was eigentlich los sei. Anders als Biehn, der an dieser Stelle zu seiner großen Rede im Film ansetzt, erwidert Arnold einfach: „Nein."

Dieser Held ist ein Mann weniger Worte, aber die meisten davon haben einen befriedigenden Pulp-Fiction-Witz, und sie werden mit einer Stimme gebracht, die zugleich dumpf wie eine Gruft und üppig wie eine Sachertorte klingt. Einmal hält er einen Gefolgsmann des Schurken an einem Knöchel über einer Klippe und sagt: „Erinnerst du dich, Sully, daß ich dir versprochen habe, dich als letzten zu töten?"

„Ja", sagt Sully.

„Ich habe gelogen", sagt Arnold mit einem tiefen Brummen.

Sully stürzt in den Tod. Arnold kommt zum Auto zurück, und Rae Dawn fragt ihn, was er mit dem Mann gemacht habe. „Ich habe ihn freigelassen."

Gegen diese einsilbige Magie können seine Kollegen wenig mehr ausrichten, als ihre Gestik bis zum Äußersten zu treiben. Chong wählt eine flatternde Darstellung, sie tanzt über die Gebirgsausläufer und wird die geschmeidigste Heldin in allen Arnold-Filmen. Ihre lustigsten Textzeilen scheinen ganz dazu angetan, uns den Film beim Zuschauen zu dekonstruieren. „Ich GLAUBE nicht an diesen Macho-Dreck", kreischt sie hinter einem Sofa hervor, während Arnold in einem Motel-Zimmer einen anderen Handlanger zerlegt. Und ein paar Augenblicke später: „Diese Typen essen alle zuviel rohes Fleisch."

Der australische Schauspieler Vernon Wells spielte den Chefkiller der Schurken. Er wird auf dem Höhepunkt des Geschehens in einem Kesselraum mit einem Heizungsrohr erledigt. (Arnold: „Laß ein wenig Dampf ab, Bennett.") Wells sagt:

> *„Ich sehe das ganz nüchtern. Wenn Arnold in derselben Szene mit mir ist, nehme ich mich besser an der Nase, falle um und sterbe, oder ich lasse mich von jemand erschießen, um Aufmerksamkeit zu bekommen. Auch wenn er nur dasteht und nichts tut, füllt er drei Viertel des Bildausschnitts allein wegen seiner Ausmaße. Man hätte ihm auf den Rücken klettern können und ihm mit einem Baseballschläger eine überziehen, und er hätte die Szene noch immer dominiert."*

Es gibt witzige Details im Film. Achten Sie auf den wagnerianischen Nebel, der plötzlich an einem sonnigen, verlassenen Strand auftaucht, als sich Arnold für die Schlacht ankleidet: „Ich betrachtete das einfach als Nebel, der vom Wasser kam", meint Lester leichthin. Diese Momente geben PHANTOM-KOMMANDO tatsächlich etwas von jener James-Bond-Lockerheit, die sich der Regisseur erhoffte. Wir würden jetzt nur noch gern wissen (und diese Frage drängt sich uns nicht zum erstenmal bei einem Arnold-Film auf), wie weit sich diese schnurrige Persiflagestimmung auch hinter die Kamera übertrug. Eine der kursierenden Promotiongeschichten berichtet, daß sich der Star einen Arm ausrenkte, als er einen gefährlichen Stunt drehte: Er mußte von einem startenden Flugzeug springen. „Arnold machte diesen Stunt nicht selbst", eröffnet mir Lester. Aber ein anderer Stunt von ihm endete mit einem Mißgeschick. Man drehte eine Sequenz von Aufnahmen, in denen sich Matrix am Strand für die Schlacht anzieht. Arnold bestand darauf, die Großaufnahme, in der die Hand des Helden das Kampfmesser in die Scheide steckt, selbst zu spielen. Sein Double war schon bereit. Aber „Arnold sagte: ‚Seine Hand sieht nicht aus wie meine.' Also nahm er das Messer, und – boom!" (Lester macht die Bewegung, mit der man ein Messer einsteckt) – „es ging genau in seine Hand. Wir mußten ihn ins Spital bringen. Er wurde genäht, und wir mußten für ein paar Stunden eine Pause einlegen."

Als der Film herauskam, bot er ausreichend explizite und angedeutete Blutbäder, um rotblütige Kritiker allerorten zufriedenzustellen. Nicht zuletzt den berühmten Joe Bob Briggs aus San Francisco, der fröhlich die Ungeheuerlichkeiten zählte: „Zwei explodierende Jeeps. Ein explodierendes Boot. Fünf unnötige Tode mit landwirtschaftlichen Geräten. Messer in siebzehn verschiedene Körperteile. Abgerissene Arme. Kung Fu. Cadillac Fu. Einkaufszentrum Fu. Bulldozer Fu. Couchtisch Fu."

Währenddessen war Arnold Fu auf Werbetour. „Er saß tagelang in Hotelzimmern", sagt Lester im Rückblick auf die Mühsal der Promotion, „und er kümmerte sich nicht darum, wer zu ihm hineinkam. Wenn es die kleinste Tageszeitung war, tat er so, als wäre es die NEW YORK TIMES. Es war beeindruckend. Er könnte anderen Schauspielern gut ein paar Unterrichtseinheiten in Öffentlichkeitsarbeit geben."

Arnolds eigene Meinung: „Ich bin ein Publicitygenie. Ich könnte jederzeit die Leitung der Werbeabteilung eines großen Studios übernehmen."

Arnies neuer Look

Während der Dreharbeiten zu PHANTOM-KOMMANDO witzelte Joel Silver: „Was kann ein Haufen Juden machen, damit dieser Teutone nach etwas aussieht?" Sein Konkurrent als Produzent, Dino De Laurentiis, muß sich 1985 dieselbe Frage gestellt haben, nur mit „Juden" ersetzt durch „Italiener". Jetzt waren schon ein paar Jahre seit CONAN vergangen, aber der Mogul hatte noch immer den alten Vertrag über mehrere Filme in Händen und hielt ihn nun dem Fliegenden Österreicher unter die Nase.

Das neue Vehikel für Schwarzenegger war DER CITY-HAI. Arnold sollte Mark Kaminsky spielen, einen Südstaatensheriff ostdeutscher Herkunft, der mit einer Alhoholikerin verheiratet ist. Sein Lebenslauf enthält seit einer Entlassung vom FBI eine unrühmliche Stelle. Er hatte übermäßige Gewalt gegen einen Verdächtigen angewendet, der (wie Arnold es im Film ausdrückt) ein kleines Mädchen „belästigt, ermurdet und verstümmelt" hatte („muhlested, moordered and middlated").

Er war scharf auf das Drehbuch, das Norman Wexler nach einer Originalgeschichte der Italiener Luciano Vincenzoni und Sergio Donati schrieb, weil darin an „Schußwechseln, Straßenkämpfen und allgemeinen Tritten in den Arsch" kein Mangel herrschte. Der Blutzoll war respektabel, reichte aber nicht an PHANTOM-KOMMANDO heran. „Wir bringen es vielleicht auf fünfzig oder sechzig Leute. Das klingt plausibel. Wenn man mit Uzis oder Maschinengewehren arbeitet, erreicht man massive Zerstörung."

Der britische Regisseur John Irvin wurde von Dino ausgewählt und von Arnold bestätigt. Irvin hatte einen guten Ruf durch seine Fernsehserie TINKER TAILOR SOLDIER SPY (nach John Le Carré) und wackere Actionfilme wie DIE HUNDE DES KRIEGES und HAMBURGER HILL. Irvin befand den Schauspieler „sehr seiner selbst bewußt, wie man es von jemandem erwarten kann, der ständig vor dem Spiegel steht und Muskeln aufbaut. Und er hat ein sehr klares Bewußtsein davon, was er verkauft. Er ist kein großer Schauspieler, er ist ein Markenartikel." Umgekehrt streute Arnold dem Regisseur Rosen für seine Konzentration auf die Darstellung statt auf Hardware. „John ist ein Regisseur für Schauspieler, und darauf hat er sich konzentriert. Er arbeitet mit deinen Neurosen und versucht so, am meisten aus dir herauszuholen."

Eine andere Besonderheit von DER CITY-HAI war, daß Arnold darin Anzüge tragen durfte. Wenn man dieses glitzernde Körpergebirge unter mehrere Meter Qualitätskammgarn steckte, konnte man es in weiterer Folge auch ermutigen, seine Kommunikationstalente auszubauen. „Die Dinge ändern sich langsam", erklärte er. „Mein Kostüm in CONAN kostete zum Beispiel 4 $. Für DER CITY-HAI bekam ich zwanzig teure Anzüge aus Beverly Hills. Dafür war die Rechnung für Babyöl in diesem Film sehr niedrig, in CONAN war sie hoch."

Der Direktor war mit den kosmetischen Veränderungen an Arnolds Image einverstanden. Er nickte, als der Star sein Bedürfnis nach ständig neuen Frisuren für neue Filme zum Ausdruck brachte. „Nach PHANTOM-KOMMANDO, wo er diese eher seltsame hochaufgerichtete Haarpracht hatte", sagt Irvin, „wollte er etwas, das mehr nach hinten geglättet war. Und er kümmerte sich auch um die Haarfarbe in dieser Rolle." Dabei kam ein glänzendes, an Schuhcreme erinnerndes Rostbraun heraus.

Gelegentlich mußte sich der Regisseur von diesen Beratungen über Arnolds Aussehen davonstehlen, um die weiteren Rollen zu besetzen und das Drehbuch zu überarbeiten. Irvin zog den Autor von DIE HUNDE DES KRIEGES, Gary Devore, hinzu, um das Material ein wenig aufzumöbeln. Das betraf vor allem den Mafiamumpitz, den Irvin als „alten Hut" bezeichnete. (In der Geschichte wird Arnold vom FBI wieder in Dienst gestellt. Er soll einen italoamerikanischen Verbrecherclan infiltrieren, an dessen Spitze Sam Wanamaker steht.) Devore fügte auch ein paar Sprüche hinzu, erzählt Irvin, denn „Arnold wollte immer mehr Witze". Die Besetzungspolitik lautete währenddessen: gute Schauspieler neben Arnold. Beherzte und ausdauernde Charakterdarsteller wie Wanamaker, Darren McGavin, Steven Hill und Ed Lauter wurden verpflichtet.

Trotz dieser kompetenten Mannschaft vor und hinter der Kamera ist DER CITY-HAI im Endeffekt ein aufgeblasener und wenig durchdachter Film. Er hat zu viele Schießereien mit zuwenig dazwischen. Er ist ein Hybride aus Coppolas DER PATE und Eastwoods rebellischen Sheriff-Filmen, aber er hat gegen Ende ein weiteres unvermutetes Vorbild. Arnold entschied, daß das Finale, in dem er und seine Freundin Kathryn Herrold, eine Exmafiabraut, eigentlich in den Sonnenuntergang davonfliegen sollten, mehr nach Art von CASABLANCA zu funktionieren habe. Also trennen sich die Liebenden, nachdem sie auf dem Asphalt ihre Äquivalente zu Bogarts und Bergmans Abschiedsreden gemurmelt haben. Kurz darauf kehrt unser Held zu seiner inzwischen vermeintlich ausgenüchterten Frau zurück.

Die Ehefrau wird von Blanche Baker (der Tochter von Carroll „Baby Doll" Baker aus den fünfziger Jahren) gespielt. Sie ist die einzige Figur im Film, die auf elektrisierende Weise nicht ganz in Ordnung ist. Sie bringt Arnold auch dazu, seinen besten Satz im Film zu sagen. Die Szene spielt am Abend eines harten Tages, an dem er hinter organisierten Verbrechern her war. Er ist schockiert, als er seine Frau betrunken vorfindet. Sie ist gerade dabei, einen frisch gebackenen Kuchen mit Schokolade zu glasieren, und sehnt sich dabei lautstark nach früheren geselligen Tagen zurück. Plötzlich reißt ihr der Geduldsfaden (wir sehen, daß sie „Shit" in die Glasur geschrieben hat), und sie wirft den Kuchen nach Arnold. Er bewegt seinen Kopf genau so, daß er das pfeifende Objekt an die Wand klatschen sieht. Pause. Bekümmerter Blick auf die Frau. Dann: „You should naht drink and bake." „Du solltest nicht trinken und backen."

In diesem Augenblick liegt das Publikum erfahrungsgemäß am Boden vor Lachen. Von allem anderen abgesehen, ist die Idee, diese Machismomaschine wüßte genug von der Küchenarbeit, um in der Hitze einer ehelichen Auseinandersetzung exakt das Wort „backen" zu wählen, auf ihre Weise zutiefst und sehr sympathisch – gestört.

Aber seinen ganzen Charme eines guten schlechten Films bezieht DER CITY-HAI aus den unpassenden und auffälligen Eigenschaften der Hauptfigur. Was macht dieser Mr. Mega-Muskel mit österreichischem Akzent eigentlich genau, wenn er sich in ein hinterwäldlerisches Dorf im Süden einschleicht? In ihrer Besprechung des Films amüsiert sich die Kritikerin des NEW YORKER, Pauline Kael, über diesen surrealen Leinwandhelden. „Er ist ein verblüffendes Cartoonphänomen, wie eine wandelnde Ziegelmauer ... Wie kann man einen Helden aus einem Mann machen, der auf eine sympathische und harmlose Weise gaga ist und oberhalb der Ellbogen anscheinend Schinken implantiert hat?"

Später übertraf Clive James dieses Bild noch, indem er Arnolds Physiognomie in einer denkwürdigen Metapher so beschrieb: „Ein Kondom gefüllt mit Walnüssen".

Aber auch dieses Diktum spricht von einer einheitlichen Form. Der City-Hai zeigt, daß es innerhalb des Abnormen noch Abnormitäten gibt. Der Maler Jamie Wyeth, der Arnold 1977 porträtierte, beobachtete: „Er hat einen sensiblen, klassischen Kopf, der – visuell – gar nicht zu seinem Körper paßt." Ebensowenig passen die Beine zum Torso. Wir sehen das in Der City-Hai, wo uns der Star nicht mit antiken Fantasykostümen (Conan) oder zerstörter Supertechmontur (Phantom-Kommando) ablenkt. Die Knie beugen sich leicht, wenn Arnold geht. Das ergibt ein an Groucho Marx erinnerndes Mißverhältnis zwischen dem aufrechten Oberkörper und der darunter dahinhoppelnden Stützapparatur. Arnold sieht aus wie zwei Figuren (oder sogar drei, wenn man den „klassischen" Kopf extra zählt), die nach einer zusammenfassenden Architektur suchen.

Der ungelenke Körper wie auch die Kuchenszene in Der City-Hai geben uns einen Hinweis auf die Spannung zwischen Stärke und Schwäche, zwischen Machismo und Beinahe-Weiblichkeit, von der Arnold als komische Figur in Twins oder als besiegbarer Goliath in Kindergarten Cop zehren wird. Ein früher Moment in Der City-Hai verdichtet diese Spannung in einer einzigen „Geste". Das Telefon läutet bei Arnold zu Hause (es ist der Anruf, der unseren Helden wieder in die Dienste des FBI beordert). Arnold geht zum Apparat und setzt sich, um den Hörer abzunehmen. Die Bewegung wirkt seltsam verlegen. Der Körper wird aufwendig in eine sitzende Position gebracht, während Arm und Hand den Hörer auf eine fast schon gezierte Weise vom Körper fernhalten. Ich habe die Szene auf meinem Videorecorder mehrmals vor- und zurücklaufen lassen. Dann begriff ich, was da zu sehen war. Dieser Mann kann mit kleinen Gewichten nicht natürlich umgehen!

„Er konnte es wirklich nicht", erinnert sich John Irvin. „Ich glaube, es war deswegen, weil er so an eine ähnliche Bewegung mit großen Gewichten gewöhnt war, daß das Aufheben eines Telefonhörers ihm ein Gefühl von Enttäuschung gibt. Aber Sie haben recht. Es sieht sehr unnatürlich und unangenehm aus. Wir hatten damit große Probleme."

Bekanntgabe einer Liebe

„Meine Frau – ich glaube, sie ist meine größte Errungenschaft.“

Arnold tat sich nicht nur mit dem Abheben eines Telefons schwer. Mit Liebesszenen hatte er ähnliche Schauspielprobleme. Sie „sind mir auf den Tod peinlich“, sagt er. „Irgendwie habe ich das Gefühl, ich gebe die Geheimnisse meines eigenen Schlafzimmers preis.“

John Irvin erinnert sich an Arnolds alles andere als eifrige Vorbereitung auf sein romantisches Zwischenspiel mit Kathryn Herrold in DER CITY-HAI. Der Held ist zu dem Zeitpunkt, als sie ins Schlafzimmer kommen, schon betrunken. Er knöpft gerade noch einen Hemdknopf auf und schläft ein. „Gewalt ist ein Spaß, solange sie wie ein Comic aussieht“, sagt Irvin, „und Comics sind Arnolds Stärke. Aber die Liebe ist kein Comic strip, und man kann sie auch nicht wie einen Comic strip spielen. Wenn man es ernsthaft macht, verlangt das eine physische und emotionale Preisgabe, für die er nicht geeignet ist; es nimmt nämlich etwas von der Magie und dem Geheimnis weg, das ihn auszeichnet.“

In PHANTOM-KOMMANDO wurde eine vollständige Liebesszene zwischen Arnold und Rae Dawn Chong geschnitten, weil sie nicht überzeugend war. Nichts, was einem konventionellen Liebesakt auch nur ähnelt, passiert zwischen Arnold und seinen Frauen in CONAN – DER BARBAR. Nur eine Reihe von seltsamen, wilden Ringkämpfen.

Sex als emotionale Auslieferung (im Gegensatz zu Sex als Machobestätigung) kann für den Leinwandhelden gefährlich sein. Er darf nicht verweichlichen oder beeinträchtigt werden. Er muß wachsam und kampfgestählt bleiben. Schließlich gibt es das Beispiel von Samson: ein Kriegerheld, der die Strafe dafür zahlte, daß er einschlief. Seine Geliebte schnitt ihm das Haupthaar ab.

Es sollte uns also nicht überraschen, daß Arnold im Verlauf seiner Filmkarriere meistens neben zähen Heldinnnen aufgetreten ist: Sandahl Bergman in CONAN, Linda Hamilton im TERMINATOR, Rachel Ticotin in TOTAL RECALL. Ihre ganz auf Kampf ausgerichtete Asexualität läßt ihn amourös aus dem Schneider. Sie sind für den Gefahrenfall da, nicht für Getändel. Sie sind Gefährtinnen in einer Armee, nicht in seinen Armen.

Anders verhielt sich die Sache mit der wirklichen Liebe. Hier hat man es nicht mit einem zahlenden Publikum zu tun, das bis ins Schlafzimmer mitkommt. Die Neugierigen kommen höchstens bis zu jener Kirchentür, durch die der Liebesneuling vor und nach der Schließung des heiligen Bundes hinein- und herausgehen muß. Wenn es sich dabei zufällig um Arnold handelt, dann trägt er einen geliehenen Cut mit einer breiten Krawatte, einem zurückgeschnittenen Kragen und einer straußförmigen Boutinniere. Seine Braut Maria trägt ein weißes Musslinkleid von Dior mit einer vier Meter langen Schleppe, die Marc Bohan entworfen hat.

So geschah es am 26. April 1986. Aber der Tag und das Summen der öffentlichen Erwartung begannen lange bevor sich die Kirchentüren öffneten. Um sechs Uhr morgens kamen die ersten Zuschauer, die die Straßen um die hübsche weiße Holzkirche von St. Francis Xavier, Hyannis Port, füllten. Die Zufahrt vor dem Haus einer gewissen Eleanor Siscoe wurde das Basislager für Reporter und Fotografen. Der Himmel war bedeckt und unheilschwanger, aber das hielt die athletischeren Zaungäste nicht davon ab, auf Bäume zu klettern und sich einen besseren Blick zu sichern. Durch niedrigfliegende Luftfahrzeuge waren sie nicht gefährdet, denn Verkehr dieser Art ist untertags untersagt, genauer gesagt: zwischen 10 Uhr und 18 Uhr darf nicht unter 660 Metern geflogen werden.

Die Liste der fünfhundert Gäste sollte geheim bleiben. Aus diesem Grund hatte man sogar die Fluggesellschaft Provincetown-Boston dazu bewegen können, die Computer einen Tag vor der Zeremonie abzuschalten, damit keine Passagierdaten an die Öffentlichkeit dringen konnten. Hundert Räume waren im Dunfey Hyannis Hotel reserviert worden, wo man zwanzig Sicherheitsbeamte extra gemietet hatte. Um in die Kirche hineinzukommen, in der Jack und Bobby Kennedy einst ministriert hatten, benötigte man einen Goldanstecker als „Passiercode". Die bekannteste Abwesende bei der Feier war Rose Kennedy. Mit 95 Jahren war sie bereits zu schwach, um persönlich teilzunehmen, aber sie verfolgte die Zeremonie im Fernsehen. Ronald Reagan, Kurt Waldheim und der Papst waren eingeladen worden, konnten aber nicht kommen. Reagan und Waldheim sandten Gratulationstelegramme. Der Papst schickte einen Segen.

Um 9 Uhr 30 begannen die Gäste und die Familienmitglieder in Bussen und Limousinen einzutreffen. Die Kennedys, die Shrivers; Arnolds Mutter Aurelia, die ein violettes Kleid unter ihrem Nerzmantel trug; Marias Mutter Eunice in einem grünseidenen Dior. Den lautesten Jubel gab es für Jackie Kennedy Onassis in einem schicken Marinekostüm mit einem weißen dreieckigen Einsatz. Dann kamen die offiziellen Gäste. Unter den Zeremonienmeistern war Arnolds langjähriger Freund und Stuntman Sven Ole Thorsen (sein Cut hatte Größe 54); die erste Brautjungfer: Caroline Kennedy; der Trauzeuge: der treue Franco Columbu.

Arnold überlistete die Menge und die Fotografen, indem er direkt aus einer Limousine durch die Hintertür in die Kirche schlüpfte. Die Braut kam mit einer Viertelstunde Verspätung in einer Limousine im Wert von 60.000 $. Ganz zuletzt, als die Zeremonie gerade begann, kamen Andy Warhol und Grace Jones. Der berühmte Künstler erschien mit dem berühmten schauspielernden Model, weil man ihm untersagt hatte, einen männlichen Freund mitzubringen. Jones hatte ein hautenges, smaragdgrünes Abendkleid mit einer schwarzen Nerzstola an. Warhol trug weißes Haar, schwarzes Leder und schwarze Reeboks. Das Paar stahl sich in die Kirche und setzte sich in die letzte Reihe.

Im Inneren der Kirche, die mit Rosen, Lilien und blühenden Zweigen von Zwetschken-, Birn- und Kirschbäumen geschmückt war, leitete Reverend John Baptist Riordan den eineinhalbstündigen Gottesdienst, assistiert von dem Pastor der St. Francis Church, Reverend Edward Duffy. Maria marschierte zu den Klängen des Hochzeitsmarsches aus Lohengrin durch das Seitenschiff ein. Edward Kennedy, Eunice Shriver, Sargent Shriver und Arnolds Geschäftsfreund Jim Lorimer lasen Stellen aus der Bibel. Die Eltern Shriver und Sohn Bobby sprachen Fürbitten für ein Ende von Gewalt und Terrorismus, für jüdische Freunde, die gerade Passah feierten, und für verstorbene Familienmitglieder. Der Gottesdienst hatte seinen emotionalen Höhepunkt, als Oprah Winfrey Elizabeth Barrett Brownings Gedicht „How do I love thee?" las. Schließlich, nachdem das Paar zu „Ehemann und Ehefrau" erklärt worden war (Maria zog diese Formulierung dem althergebrachten „Mann und Frau" vor) und sich zum Auszug bereitmachte, erklang THE SOUND OF MUSIC. Das Lied MARIA begleitete den Auszug aus der Kirche und den Jubel der Menge.

Vor und nach der Hochzeit gab es jede Menge opulenter und genau geplanter Feiern. Am Freitagabend davor saß Aurelia Schwarzenegger dem „Probe"-Dinner vor. Es hatte die Form eines österreichischen Gelages. Die Tische bogen sich unter Wiener Schnitzel, Hummer, Erdbeertörtchen und Sachertorte. Die Gäste mußten lachen, als sechs Brautjungfern zu den Klängen von OLD MCDONALD HAD A FARM einen Sketch aufführten, in dem der Held in McArnold umgetauft wurde.

An diesem Abend kam es auch zur Übergabe eines wertvollen Geschenks. Arnold gab seinen Schwiegereltern das Seidensiebdruck-Porträt von Maria, das er von Andy Warhol erworben hatte. Warhol hatte seit April daran gearbeitet. Sein Ausgangsmaterial bekam er bei einer Fotosession mit der zukünftigen Braut. („Sie ist wirklich hübsch, und es wurden gute Bilder", notierte er in sein Tagebuch. „Sie ist am Hintern ein wenig schwer. Sie war süß und redete eine Menge.") Arnold übergab das Bild den Shrivers mit den Worten: „Ich gewinne eine Frau, und ihr gewinnt ein Gemälde."

Eine Person, die an diesem Abend nicht viel gewann, war ein alter Freund, der Arnold zum Filmstar gemacht hatte: George Butler. Der Regisseur von PUMPING IRON hatte eine Leica und ein paar Filme bei sich und hoffte, einige unverfälschte voreheliche Momente zu verewigen. Er ging mit Franco Columbu zum Abendessen und wurde an der

Bar von einer von Arnolds Sekretärinnen aufgehalten. „Ich kannte sie schon seit Jahren." „Keine Kameras", sagte sie. Butler war verwundert und wandte ein, daß er kein professioneller Fotograf sei, die Bilder wären nur für sein Privatvergnügen bestimmt. Außerdem klärte er solche Fragen immer mit Arnold persönlich. „Mir wurde aufgetragen, alle Kameras zu beschlagnahmen", beharrte die Funktionärin. Butler erinnert sich, daß sich in diesem Augenblick seine ganze Geschichte mit Arnold „wie ein Buch öffnete und wieder schloß". In Gedanken schrie er: „Das ist die verdammte Kamera, die Arnold berühmt gemacht hat!" Nach außen setzte er ein Lächeln auf und schloß sich der Menge an.

Am nächsten Tag kamen die Après-Hochzeits-Festlichkeiten. Die Gäste verfügten sich in zwei Zelte auf dem Kennedy-Anwesen, wo Austern, Hummer und Hühnerbrüste in Champagner um ihre Aufmerksamkeit wetteiferten. Zur Kaffeestunde pilgerten alle zu der über zwei Meter und acht Lagen hohen Hochzeitstorte, die über 200 Kilo schwer war. „Nicht gut für die Linie", witzelte Arnold. Als die Band dann fröhlich zum Tanz einlud, gingen auch Arnold und Maria aufs Parkett. Sie zog sich aber zuerst noch weiße Laufschuhe an, die besseren Schutz für jene zwei Zehen boten, die sie sich bei einem Sturz in ihrer New Yorker Wohnung gebrochen hatte.

Außerdem wurden die Hochzeitsgeschenke ausgestellt. Neben den üblichen Tischgedecken und Kristallglaswaren und neben dem Siebdruck von Warhol fanden sich zwei große Skulpturen. Eine, mit dem Titel „Die Sinnlosigkeit des Krieges" war von Bill Fischler, dem Eigentümer von Patrick's Roadhouse, Arnolds bevorzugtem Speiselokal am Pacific Coast Highway. „Ich hoffe, es gefällt Maria!" hatte Fischler ausgerufen, als er das Stück Arnold bei einem Besuch des zukünftigen Bräutigams und seiner Mutter in seinem Lokal übergab. Arnold antwortete angeblich auf Deutsch: „Mir gefällt, was ich mag, und was Maria gefällt, spielt keine Rolle. In meinem Haus bin ich der König."

Die andere Skulptur trug keinen Namen. Es war ein Geschenk von Kurt Waldheim und stellte in Form zweier Papiermaschéfiguren das Paar Arnold und Maria dar. Sie trägt ein österreichisches Dirndlkleid, und er hebt sie hoch, als wollte er sie über die Schwelle des ehelichen Glücks tragen. Zu dieser Zeit kam Waldheim gerade wegen seiner Kriegsvergangenheit in Verdacht, und die Einreise in die USA war ihm untersagt. Am Abend davor hielt Arnold – das ist verbürgt – eine kleine Rede, in der er sich bei diesem Mann bedankte, den er als Freund bezeichnete und dessen damalige Kandidatur für die österreichische Bundespräsidentschaft er unterstützte. „Meine Freunde wollen nicht, daß ich Kurts Namen erwähne, wegen dieser jüngsten Nazisache und der UNO-Kontroverse. Aber ich liebe ihn, und Maria liebt ihn auch, deswegen: danke, Kurt."

Die provokante Ansprache war am Abend darauf schon weitgehend in Vergessenheit geraten. Andy Warhol beobachtete den Glamour, die Wärme, das Zusammentreffen von

Berühmtheiten, die gar nicht zueinanderpaßten. Grace Jones tanzte mit Ted Kennedy, Arnold und Maria tanzten mit allen möglichen Leuten. Es wurde gegessen. Gemüse wurde gedämpft, so schnell konnte man gar nicht schauen. Auf einem Höhepunkt bat der Bräutigam um Aufmerksamkeit.

„Arnold hielt eine Rede", schreibt Warhol. „Er sagte wunderbare Sachen von der Liebe, in der Art: Er wollte sie immer glücklich machen. Es war das erste Mal, daß ich die Bekanntgabe einer Liebe erlebte, in der alles laut ausgesprochen wird."

Dschungelpolitik

„In der ersten Hälfte habe ich etwas an. Im letzten Viertel bin ich im Schlamm. Dazwischen ziehen wir uns alle aus."

Der Wald ist unsere Heimat

Die Hochzeitsfeier unterbrach die Dreharbeiten zu Arnolds neuem Actionabenteuer PREDATOR. Man drehte in Mexiko. Es war die Geschichte eines amerikanischen Kommandos, das sich im Wald einnistet und dort ein halbunsichtbares Monster jagt, das zuvor schon ein Bataillon amerikanischer Soldaten hingemetzelt hat und auch deren Nachfolger aufreiben wird – bis auf eine Ausnahme. (Sie dürfen raten!)

Dieses Wesen von einem anderen Planeten (ein „waffenstarrendes biomechanoides Reptil") nimmt Körperwärme wahr und hat Spaß daran, seine Opfer zu häuten und sie mit dem Kopf nach unten an Bäumen aufzuknüpfen. Als der Film herauskam, verstand man ihn als ALIEN im Dschungel. Für den Regisseur John McTiernan war es sein erster entsprechend budgetierter Schritt in Richtung solcher Megafilme wie JAGD NACH ROTER OKTOBER (oder Arnolds unglücklichem LAST ACTION HERO). Er betrachtete den PREDATOR „im wesentlichen als Kampf der Titanen ... eine klassische Heldengeschichte und eine Horrorstory wie die nordischen Mythen, in denen Helden gegen überirdische Wesen antreten".

Der Film ist außerdem, durch Zufall oder durch überirdische Fügung, eine Allegorie auf Arnolds neuen Glauben an Unternehmungen in der Gruppe. „Ich bin Teil eines Teams", erklärte er. „Das war einer der Gründe, warum ich das Drehbuch angenommen habe. Ich bin gern Teil eines Teams."

Das ist eine merkwürdige Wendung in Arnolds ideologischer Entwicklung. In seiner Jugend, erinnern wir uns, war er gegenüber Teamaktivitäten beinahe allergisch. Von daher seine Manie für Muskelarbeit. „Wenn ich so wäre wie alle anderen auch, das wäre das Schlimmste", sagte er damals. „Ich hasse das. Deswegen bin ich überhaupt zum Bodybuilding gekommen. Dahinter stand der Gedanke, etwas auf eigene Faust zu riskieren und nicht mit einem ganzen Team."

Nun wissen wir, daß Filmstars ihre PR-Tonlage immer passend zum jeweils jüngsten Film neu einstimmen. Trotzdem häufen sich zu dieser Zeit Arnolds Stellungnahmen zum

Teamgeist. Gerade hat er die Vereinigung mit seiner Lebenspartnerin auch offiziell gemacht. In mehreren Interviews hat er seit DER CITY-HAI geschwätzig über die Qualitäten traditioneller Männerkleidung geschwärmt – „Team"-Kleidung. In seinem neuen Film spielt er Major Dutch Schaefer, Mitglied eines Guerillakaders, der einen außerirdischen Verwandlungskünstler bekämpft. Und in seinem nächsten Film – dem futuristischen RUNNING MAN – wird er Teil einer Kämpferbande sein, in der alle beinahe identische Kostüme tragen und in einer Tod-oder-Unsterblichkeit-Fernseh-Game-Show um ihr Leben kämpfen.

McTiernan bestand darauf, daß das Kameradschaftsmotiv so realistisch wie möglich wirken sollte. „Auch wenn viele bei diesem Film eine militärische Vergangenheit haben", sagt er, „wollte ich ihnen allen eine Chance geben, sich kennenzulernen und einen Gruppengeist zu entwickeln. Die Idee dahinter war, eine harte Erfahrung zu überstehen und gemeinsam einen Sieg davonzutragen."

Unten am Drehort, meilenweit von jeder Zivilisation in Puerto Vallarta entfernt, zeigten sich Arnold und seine Armee gehorsam. „In Mexiko standen wir um 6 Uhr früh zum Frühstück auf", erinnert sich der Schauspieler. „Dann liefen wir sieben, acht Kilometer als Konditionstraining und arbeiteten fünf, sechs Stunden im Dschungel an den notwendigen Fertigkeiten – alles mögliche war dabei, Bäumeklettern genauso wie Abseilen oder das richtige Bedienen der Waffen. Wir mußten lernen, uns lautlos durch den Dschungel zu bewegen, uns mit Handzeichen zu verständigen und uns für verschiedene Manöver in Position zu bringen. Am Ende waren wir natürlich erschöpft. Dann gingen wir zurück ins Hotel und trainierten zwei Stunden mit Gewichten, bis uns der Regisseur zu sich rief und mit den Proben begann."

Das ist Teamgeist am Rande des Irrsinns. In der Hitze des tatsächlichen Gefechts fällt die Einheit in PREDATOR schnell auseinander – und ein interessanterer Film taucht daraus hervor. Die Männer werden einer nach dem anderen von dem Wesen erledigt, bis nur noch Major Schwarzenegger übrig ist. Er muß „zurück zur Natur" gehen und auf primitives Know-how zurückgreifen, um den Feind zu zerstören. Die Waffen des Dschungels – Stöcke, Steine, Schlamm – werden in diesem Kampf auf Leben und Tod ebenso verwendet wie die Werkzeuge, die der Held selbst mitbringt: ein paar Leuchtraketen, ein Messer und (als Todesstoß) der Arnold-Spruch. „You are an ugly motherfucker", knurrt dieser Tacitus des modernen Kinos ins Angesicht einer Kreatur, die ihren Helm absetzt und ein entsetzlich zerquetschtes Gesicht preisgibt, aus dem knorrige Stoßzähne ragen.

Dutch überlebt, indem er die Umkehrung seiner Existenz vollendet. Er wird ein leidenschaftlicher Verwandlungskünstler wie der Predator, der mit seinem unverwechselbaren Reibeisengegurgel am Ende zu ihm sagt: „Ich bin, was du bist". Dutch vereinigt sich mit dem endgültigen Anführer und Aufseher aller Teams: mit der Natur. Das opferbereite Heldentum von seinen Männern ermöglicht das Überleben des einen und die Zerstörung des Feindes. Aber der wahre Sieger in PREDATOR ist die wandelbare, aber immer dominante Mutter Natur, die – jawohl! – auf alles eine Antwort hat, wenn der Mensch sie nur sehen und würdigen will und bereit ist, sich ihrem Willen zu unterstellen.

In dieser Hinsicht ist der PREDATOR der ideale Film für die Mitte der achtziger Jahre, als die Welt mit einem anderen Ausdruck von Teamerfahrung konfrontiert wurde: der Grün-Bewegung. (Wir werden sehen, daß auch Arnold, der Privatmann, sich bald mit Ökologie, Recycling, Ganzheitlichkeit und dem ganzen Zeug zu beschäftigen beginnt.)

Im Inneren dieses grünen Films steckt aber noch ein anderer Film, der wesentlich anarchistischer ist. Arnold ist der Bekämpfer des Untiers, aber er ist auch selbst das Tier. Die Unsichtbarkeit des Monsters ist nur der Spiegel für seine „Unsichtbarkeit" als Gruppenführer, der mit Tarnfarbe beschmiert ist und lakonisch der militärischen Homogenität das Wort redet. Wenn man das Monster schließlich zu Gesicht bekommt, taucht – abrakadabra! – auch Arnold als Individualist auf, der auf natürliche Ressourcen zurückgreift. Er stürzt in diesen Strudel, der allen Arnold-Actionfilmen gemeinsam ist. Die Zeit wird umgekehrt, damit sich unser Held als Urkrieger neu erfinden kann. Er ist auch dann noch frei von den Werten der Zivilisation, wenn er mit Hi-Tech-Waffen gespickt ist. Avantgarde-Arnie beweist uns, daß die Zeit gekrümmt ist, indem er Supermensch und Höhlenmensch zugleich wird.

PREDATOR ist wie eine Medaille mit zwei Seiten. Einerseits ist es ein Traum von Männern, die durch die Flamme ewiger Kampfbereitschaft zusammengehalten werden und dadurch auch überleben. Andererseits zeigt er, wie am Ende doch noch der Individualismus siegt, apokalyptisch verkörpert in der Figur von Arnold als letztem Menschen auf Erden.

Sogar die Maske und das Licht deuten in diese Richtung und zeigen ihn als Rebellenikone. Alle Soldatenfiguren haben Tarnfarben auf ihrem Gesicht; aber nur bei Arnold ist die Tünche so sorgfältig angebracht, daß sie genau seine Wangenknochen akzentuiert. Seine Stirn ist so geschminkt, daß seine Brauen ein bestimmtes rachsüchtiges, jenseitiges Runzeln zeigen. Regisseur McTiernan und sein Kameramann Don McAlpine machen geradezu ein Leitmotiv aus der Bewegung, in der Arnold langsam seinen Kopf dreht und das Gesicht der Kamera zuwendet. Es wirkt, als würde man eine urzeitliche Skulptur langsam ins Licht drehen. Jedes dieser Mittel unterstützt Arnolds Transformation von einem Schauspieler in eine Ikone: Er wird eine Statue, die sich bewegt und ihre Sprüche wie in einer Zeremonie darbringt.

Der Wald ist unser Heim

Die Spannung zwischen dem Spiel im Team und der Selbstbehauptung ist zu dieser Zeit sowohl auf der Leinwand wie abseits davon ein wichtiges Motiv in Arnolds Leben. Warum zum Teufel mußte er gerade in diesem Sommer mit Kurt Waldheim so vertraut tun? War das nur die Geste eines natürlichen Einzelgängers, der auf die Weltmeinung mit einer obszönen Geste reagiert? Oder hob sich da in einem unvorsichtigen Moment der Deckel vom Grab seiner Herkunft, mitsamt ihrer ganzen Erbschaft von Disziplin und Kameradschaft?

Die zwei Männer trafen sich in Waldheims Villa am Attersee in Salzburg. Es war am 29. August 1986. Jahre später wollte Arnold dieses Ereignis in einem Interview mit der SUNDAY TIMES herunterspielen. „Die ganzen Behauptungen, daß ich ein Freund von Waldheim bin, sind Unsinn. Ich habe ihn nur einmal in meinem ganzen Leben getroffen. Das war bei einem Urlaub in München, als ich einen Anruf von seinem Büro bekam. Man sagte, er wäre in Salzburg und ob ich nicht für einen Nachmittag vorbeischauen wollte. Ich sagte, ich wollte ohnehin hinfahren, weil ich ein paar Freunden die Stadt zeigen wollte. So ergab sich ein Besuch von einer Stunde, in der wir über seine Karriere in der UNO sprachen, und das war's. Wir haben noch ein paar Fotos gemacht, und seither bin ‚ein Freund von Waldheim'."

Waldheim war sich der besonderen Qualität dieses Treffens hinreichend bewußt und fragte Arnold, ob er etwas dagegen hätte, wenn die Zeitungen darüber berichteten. Arnold hatte nichts dagegen. „Er ist mein Präsident. Ich habe die Staatsbürgerschaft sowohl der USA wie Österreichs", kommentierte er später. Aber er wußte doch sicher von Waldheims umstrittener Kriegsvergangenheit? „Nein. Davon weiß ich nicht einmal jetzt etwas. Da gibt es gerade eine Diskussion." (Das war 1989.)

Als ihn die SUNDAY TIMES nach seinem Vater Gustav fragte, wurde Arnold noch einmal ausführlicher in seiner Stellungnahme zum Schwarzenegger-Politikverständnis: „Was meinen Vater betrifft: Das ist irrelevant, denn ich weiß nichts über seine Vergangenheit, und er hat uns auch nie etwas erklärt. Ich habe dann selber Nachforschungen angestellt mit Hilfe des Simon-Wiesenthal-Zentrums. Ich wollte die Wahrheit herausfinden, denn als ich davon hörte, dachte ich mir: Möglicherweise ist etwas Wahres dran. Was kann ich schon wissen? In unserem Haus wurde nie darüber geredet."

Aurelia Schwarzenegger hat das einmal bestätigt. Sie traf Gustav 1945 nach Kriegsende. „Ich glaube, er hat nie mehr als ein paar Worte über seine Kriegszeit gesagt. Und das in 27 Jahren Ehe."

Das öffentliche und das private Leben von König Arnold

„Ich liebe die Geschäftswelt. Ich mag auch Gemälde, Skulpturen, Lithographien, Skifahren, Reiten, Scheibenschießen, Trapschießen und Motorradfahren. Und manchmal muß ich auch Zeit mit meiner Frau verbringen."

Ein Mann, der einem dämonisierten Staatsmann die Hand schüttelt, könnte neben vielen anderen Motiven auch dieses haben: Er möchte in die Nähe des rauschenden Klangs der Macht kommen. Er möchte ihre beiden gegenläufigen Tendenzen spüren: Die Verantwortung und die Freiheit zur Verantwortungslosigkeit. Denn er hat das Gefühl, daß er selbst in diesen verrückten, faszinierenden, schizophrenen Strudel gerät.

Die zwei Arnolds

Arnold und Maria verbrachten ihre Flitterwochen in Antigua. Danach kehrte Arnold nach Mexiko zurück, um den PREDATOR fertigzustellen. Als die Jungvermählten wieder beide in den USA waren, nahmen sie ihre Routine zwischen den beiden Küsten wieder auf, obwohl das Paar 1986 sein Haus im spanischen Stil in Santa Monica (Wert: 300.000 $, inklusive ein 500 Kilo schweres Doppelbett aus dem Holz eines zerstörten Piers) inzwischen gegen ein Haus in Pacific Palisades ein Stück weit die Küste hinauf eingetauscht hatte. Wert des neuen Heims: 2,8 Millionen $.

Unter ihren neuen Nachbarn waren nun Berühmtheiten wie Walter Matthau, John Forsythe, Milton Berle und Sylvester Stallone. Die Übersiedlung spiegelt Arnolds gestiegene Einkünfte wider. „Neunzig Prozent meiner Investitionen erwiesen sich als sehr, sehr profitabel", erzählt er einem Reporter über einem Omelett aus drei Eiern in Patrick's Roadhouse. Er baut gerade Oak Plaza, seine eigene 10-Millionen-Dollar-Liegenschaft an der Hauptstraße von Santa Monica. Sie enthält drei getrennte, mehrstöckige Gebäude und sechs Geschäfte im Boutiquenstil, darunter befinden sich noch drei Ebenen eines unterirdischen Parkhauses. Dieses Massiv aus roten Ziegeln beherbergt auch Arnolds eigenes Büro, das Hauptquartier seiner Oak Productions (Zugang zu diesen Räumlichkeiten hat man nur mit einem speziellen Aufzugschlüssel) und sein Restaurant Schatzi.

Arnold macht bei den Transaktionen und geschäftlichen Manövern alles selbst. Immer noch weigert er sich, einen Geschäftsführer einzustellen, wie es alle anderen Schauspieler mit Geschäftsinteressen tun. „Er [der Manager] beschenkt sie wöchentlich mit einem Scheck", hält ihnen unser Star vor. „Das ist wie Taschengeld, das ein Kind von seinen Eltern bekommt. Der Schauspieler muß um Geld bitten, wenn er ein Auto kaufen will, und dann sagt ihm noch jemand: Kaufen Sie keinen Porsche, die Versicherung ist zu hoch. Mit einem Volvo wären Sie besser dran. Jedesmal, wenn ich Kollegen frage, ob sie in Wertpapiere, Aktien oder Immobilien investieren, blicken sie mich an, als ob ich verrückt wäre."

Die Marschroute dieses Mannes hat eine surreale Qualität, im Kino wie in der Wirklichkeit. Wie kommt es, daß dieser Nichtamerikaner den Amerikanern erzählen kann, was Unternehmergeist ist? Vielleicht spiegelt er nur die Paradoxien seiner Filmpersönlichkeit wider, in der er zur Hälfte Einzelgänger, zur anderen Hälfte Leuteschinder ist. Er ist ein Individualist, der sich eigene Regeln aufstellt; zur selben Zeit verwendet er das Megaphon seines Ruhms und seiner Macht, um die Leute ins Glied eines kollektiven Ideals zu weisen. Werdet reich, seid Teil des amerikanischen Traums.

Arnold könnte tatsächlich frustriert sein über einen finanziellen Aufpasser. Er ist seine eigene, mobile Einmannwerbeagentur für diesen Traum. Er hat ein Faible für schnittige Autos, etwa den Cadillac El Dorado Biarritz Convertible, den er 1985 fährt, oder den roten Porsche 911, den er 1987 lenkt. Er liebt es, in den Canyons rund um Los Angeles mit seiner Harley Davidson herumzukurven. Die Maschine ist in seiner Lieblingsfarbe lackiert: Violett. Er raucht teure Zigarren. Als Plutokrat kann er abheben. Er ist ein Maskottchen für die Selbstverwirklichungsideale der Neuen Welt geworden.

Das Maskottchen braucht aber auch Zeit, um aus sich herauszugehen. Arnold wurde nur deswegen Teil des Establishments, weil er gegen das Establishment war: ein Bodybuilder, der auf den Idealen und Feinheiten dieses Sports herumtrampelte und sich dann den Weg in Anschlußkarrieren bahnte, in denen er eigentlich keinen Auftrag hatte.

Der Witzbold und Gerüchtekoch von einst hat immer noch seinen Spaß daran, die Leute in Erstaunen zu versetzen. 1985 wurde er in der Los Angeles Sports Arena von Lynn Darling für den ESQUIRE interviewt. Nach Ende des Interviews näherte sich ein schüchterner junger Sicherheitsmann und bot ihm an, ihn zur Limousine zu eskortieren. Arnold begann ihn über sein Leben auszufragen und erfuhr, daß der junge Mann in einer Abendschule Wirtschaft studierte. Er wollte später ein eigenes Geschäft eröffnen.

„Du solltest Dildos verkaufen", riet Arnold.

„Pardon?", erwiderte der erstaunte Leibwächter.

„Sicher. Die Leute kaufen Dildos als Geschenke, wenn sie auf Parties witzig sein wollen. Das verkauft sich gut."

Über die Zukunft dieses namenlosen Sicherheitsbeamten nach dieser Begegnung mit einem Idol wissen wir nichts.

Eine Art der Entspannung für Arnold ist buchstäblich die Pranke. Es kann passieren, wenn man mit ihm in einem Restaurant ißt, daß er einem einen Kaffee bestellt; wenn er serviert wird, warnt er, daß die Milch sauer ist; und wenn man sich dann nach vorne beugt, um daran zu riechen, knallt er einem den Kopf hinein.

Eine ehrgeizige Variante dieses Streichs probierte er einmal in New Orleans mit Maria aus. Es war im Carribbean Room des Pontchartrain Hotel im Jahr 1978. Arnold stieß Marias Gesicht in einen monströsen Aufbau aus Baiser, Pudding und Schokoladensauße, der den Titel Mile High Pie („meilenhohe Pastete") trug. Alle Anwesenden im Raum saßen wie gebannt da; Maria war sprachlos.

Wir könnten uns Arnold als einen Joker vorstellen, der aus der Kartenreihe springt und die anderen Karten, das beste Blatt inklusive, fertigmacht. Wir können ihn uns selbst als König Arnold vorstellen, der seine Allmacht beweist, indem er Dinge anstellt, mit denen er nur durch seine königliche Immunität straffrei davonkommt. Denn inzwischen ist Arnold ein König. Um das zu entdecken, muß man nur ein Restaurant für die Berühmten am Pacific Coast Highway besuchen, wie ich es bei meinem ersten Besuch in Los Angeles getan habe. Es enthält einen Thron für Arnold, einen ebenbürtigen Thron für Maria und einen speziellen Schrein, der dem Leben und der Karriere des Stars gewidmet ist.

In der Welt von Patrick's Roadhouse

„Es begann damit, daß er mit seinem Schwager hierherkam, beziehungsweise mit seinem jetzigen Schwager, Bobby Shriver", erzählt Bill Fischler, während ich in das kleine, zweistöckige, schmuddelige Etablissement mit hölzernen Böden und Wänden geleitet werde. Es ist früh am Morgen. Ich bewege mich durch Wolken eines Jet-Lag, und ich trage ein kleines BBC-Aufnahmegerät, das Teil meiner Verkleidung als Radio-Autor-Moderator aus „London, England" ist.

Der deutschstämmige Eigentümer trägt kurze Hosen und ein enganliegendes schwarzes Leibchen über einem großen Bauch. Wir setzen uns an Arnolds speziellen Tisch. Patrick's Roadhouse ist in Kleefarben und Weiß gestrichen und liegt über dem Ozean am Pacific Coast Highway. Über Jahre war es Arnolds bevorzugtes Frühstückslokal und ist inzwischen (das ist die Macht der Könige) ein Mekka für hochkarätige Kundschaft aus Hollywood und Amerika geworden.

„Sie kamen meistens miteinander", erzählt Fischler über Arnold und Bobby Shriver. „Dann kam Arnold allein. Nach CONAN stellte ich ihm hier einen Sessel her, dann immer größere Sessel, bis wir bei diesem Thron ankamen, auf dem er jetzt sitzt. Er kostete mich ein Vermögen bei einer Antiquitätenausstellung. Dann sagte Maria, es wäre doch nett, wenn sie als Königin und Gemahlin einen eigenen Sessel hätte. Also kaufte ich den, in dem ich jetzt gerade sitze."

„Niemand sitzt hier ohne seine Erlaubnis", verlautbart Fischler. „Nur wenn Arnold nicht in der Stadt ist, können bestimmte Leute hier sitzen, zum Beispiel Jeff Katzenberg, (damals) Präsident von Disney, oder Jeff Berg (Kopf der Super-Agentur ICM)."

Emma Thompson war erst neulich im Roadhouse gewesen, mußte aber draußen sitzen, weil ihre Freunde rauchten. Prinz Andrews war dagewesen. Und es gab Fotografien, die Bill Clinton bei einem Zwischenstop auf seinem Dauerlauf zeigten. In dieser erlesenen Gesellschaft hatte Arnold immer noch den ersten Tisch inne.

„Alle lieben Arnold. Als Person ist er außergewöhnlich." Bill Fischler sucht nach weiteren Superlativen, aber plötzlich macht eine Zugpfeife „whoo-whoo". Er greift zum privaten Arnie-Phone auf dem Tisch, das wie eine Lokomotive geformt ist, und nimmt eine Frühstücksreservierung entgegen.

„Arnold aß üblicherweise Omelettes mit fünf oder sechs Eiern [fährt Fischler fort], jetzt hat er reduziert und bestellt ein spezielles Gericht aus sautierten Zwiebeln, sautierten Tomaten und darunter ein bißchen Eierspeise. Dazu kein Brot, nur englische Muffins. Keine Butter, keine Marmelade, keinen Zucker, keine Zitrussäfte. Eine Tasse schwarzen Kaffee, nicht koffeinfrei. Arnold selbst will keine Kartoffeln, aber er achtet darauf, daß Maria welche hat. Und sie nimmt dazu frisches Obst. Dafür keine Eier.

Er ist ein sehr attraktiver Mann, seine Frau ist eine sehr schöne Dame, und sie haben drei sehr schöne Kinder."

„Und Aurelia Schwarzenegger", frage ich. „Wir haben gehört, auch die Königinmutter schaut manchmal in Patrick's Roadhouse vorbei." „Sie kommt gern hierher essen, wenn sie Arnold besucht und zwei Monate hier in den Staaten bleibt." Fischler murmelt noch etwas von wegen Flucht vor Marias Küche, dann wendet er sich dem nächsten Thema zu: Sylvester Stallone.

„Er hatte einmal eine Besprechung mit Arnold an diesem Tisch" (Fischler landet einen Hieb darauf) „und er bestand darauf, daß alle Nebentische leer blieben."

Fischler blickt bei dieser Reminiszenz, die er anscheinend aus Gründen des Vergleichs hervorgekramt hat, finster. „Arnold ist immer höflich, obwohl er es auch nicht mag, wenn man ihn belästigt, während er ißt. Bei Kindern macht er einen Unterschied. Ihnen gibt er jedes Autogramm. Sie stellen sich immer voll Ehrfurcht hier auf, denn für die jungen Leute ist er ein großer Held."

„Ich bin kein Prophet und kein Zigeuner. Aber es würde mich sehr überraschen, wenn er nicht eines Tages für ein politisches Amt kandidieren würde."

Zuletzt werde ich zum „Schrein" geleitet. Dabei handelt es sich um Fischlers Sammlung von Memorabilia, Fotos und Zeitungsausschnitten in Sachen Arnold, untergebracht in und auf einem zerbeulten Schranktisch. „Den meisten Leuten zeige ich das hier gar nicht, aber ich zeige es Ihnen, denn Sie sind ein echter englischer Gentleman." Fischler fischt ein Fotoalbum hervor. Die erste Aufnahme zeigt sechs ältere Männer, die an einem Tisch sitzen. „Das sind deutsche Generäle. 2. Weltkrieg. Sie waren alle hier."

Danach gibt es Bilder von Arnolds Hochzeit. „Im Prinzip war es nicht erlaubt, dort zu fotografieren", sagt Fischler. „Aber ich hatte eine kleine Kamera, nicht größer als meine Handfläche. Ich habe sie in die Höhe gehalten, wenn die Leute vorüberkamen."

„Hier sind Grace Jones und Andy Warhol. Da, das ist Mrs. O (Onassis) und Caroline. Und hier sind russische Generäle, die einmal hier waren." Das Bild zeigt sechs ältere Männer an einem Tisch und scheint dasselbe wie das von den Deutschen zu sein. Ich sehe darüber hinweg.

„Hier bin ich mit Arnold auf seinem Polterabend. Das ist Franco Columbu ... Ich glaube, es ist besser, Sie setzen sich noch einmal hin und nehmen ein Frühstück als mein Gast." Es ist 8 Uhr 45, und das Lokal ist offiziell noch geschlossen. Ein Paar schüchterner künftiger Kunden späht durch die Eingangstür. „Lesen Sie das Schild! 9 Uhr! 9 Uhr!" schreit der Eigentümer, bevor er mich zu einem Barhocker manövriert und mich einem vorübereilenden Topagenten aus Hollywood vorstellt. Der Agent sieht durch mich hindurch und eilt weiter.

„Hier ist der Präsident", sagt Fischler und zeigt mir ein Foto von Bill Clinton, wie er vor Patrick's Roadhouse joggt. „Er war zweimal hier. [Vertrauliches Flüstern.] ARNOLD MAG IHN NICHT, WEIL ER EIN DEMOKRAT IST."

Clinton müßte ohnehin einen Tisch unterhalb von Arnold nehmen, wie jeder Gast hier. Das Restaurant erkennt nur ein höheres Wesen an. Alle anderen, im besonderen die Hollywooditen, bewegen sich auf der sozialen Skala des Lokals auf und ab, immer im Gleichklang mit dem Yo-Yo-Spiel ihrer Karriere.

„In dieser Stadt ist alles auf einer Hackordnung aufgebaut", faßt Fischler zusammen. „Wenn du nicht an den ersten vier Tischen sitzt, dann bedeutet das, daß deine Geschäfte nicht gut gehen oder daß dein letzter Film ein Riesenflop war."

Während man mir einen Teller mit Eiern, Würsten, Speck und Brot vorsetzt, fällt mir auf, daß ich im äußeren Bereich der Vernachlässigbaren sitze: direkt neben dem Kochbereich, am unteren Ende der Stufen, die von der Eßebene der Stars herunterführt; wahrscheinlich in einem Sessel, der deutlich anzeigt, daß meine letzten zwölf Filme alle Flops waren und daß mein nächster Schritt der in den äußeren Raum sein wird, wo ich mit Emma Thompson bei den Rauchern sitzen muß.

Beantragen und Zuteilen

Ein König ist zu Wohltätigkeit auf nationaler oder lokaler Ebene wie geschaffen. Deswegen erwarten wir das auch von ihm. Arnold machte seiner Krone in diesen frühen Jahren seines Filmruhms alle Ehre. Im Oktober 1985 nahm er zusammen mit LaToya Jackson und Herb Alpert ein Rockvideo mit dem Titel Stop the Madness für Nancy Reagans Antidrogenkampagne auf. Ungefähr zu dieser Zeit begann er auch mit seinen Zuwendungen an das Simon-Wiesenthal-Zentrum. Ein Anteil von jeder Filmgage ging an diese Stiftung für Frieden und Rassentoleranz. Und er engagierte sich immer stärker bei den jährlichen Special Olympics.

Diese Sportveranstaltung für Behinderte wurde in den späten sechziger Jahren von Eunice Shriver gegründet, die zehn Jahre später Arnold als den nationalen Gewichtheber-Coach verpflichtete. Abgesehen von dem karitativen Profil, das er dadurch gewann, konnte er zeigen, daß er ein seriöser Schwiegersohn zu werden versprach. (Anfangs hatte sie Maria davon abgeraten, einen Schauspieler und Athleten zu heiraten, dessen Hintergrund, Verdienste und Absichten dubios erschienen.) Arnold zeigte den Special Olympics, wie sie Gewichte heben konnten, und etablierte sich als internationaler Verbindungsmann für dieses Ereignis. Er schrieb Briefe an ausländische Staatsführer, um Gastländer für den Bewerb aufzutreiben. „Er ist die Verkörperung von allem, was unsere Athleten gerne wären", sagte Harold Connolly, der Exekutiv-Direktor der Special Olympics. „Er ist Karl der Große, Hulk Hogan und Alexander der Große in einer Rolle."

Es gibt noch mehr Geschichten von guten Taten. Immer wieder haben dankbare Väter – Reg Park, Paul Graham, Bill Fischler – bezeugt, daß Arnold ihren Söhnen in Amerika sehr geholfen hat. Er half mit Jobs oder Ausbildungsmöglichkeiten, und im Fall von Paul Grahams Sohn, der eine Lernschwäche hatte, brachte er die Grahams zu den richtigen Fachleuten. „Arnold unterstützte uns, indem er Ärzte durch die Kennedy Foundation in New York empfahl", sagt Graham. „Er besorgte uns Professoren, die unserem Sohn das richtige Sprechen beibrachten. Solche Sachen macht er ständig."

Arnold sorgte nach dem Tod von Meinhard Schwarzenegger auch für seinen Neffen Patrick. Er schickte der Witwe seines Bruders Geld. Er zahlte für das Studium ihres Sohnes in Lissabon. Und er bestritt die Ausbildungs- und Lebenskosten von Patrick, als er später nach Amerika kam.

Auch Kaliforniens Strafvollzugssystem profitierte von Arnolds Bemühungen. Mitte der siebziger Jahre, bevor er ein Filmstar wurde, begann er mit Gewichthebeunterricht an Orten wie dem Terminal Island Gefängnis. (In PUMPING IRON sieht man, wie er dort einen Kurs abhält.) Er wollte die Selbstachtung der Insassen ebenso aufbauen wie ihre Muskeln. „Das ist viel besser, als wenn man sie mit zwanzig Dollar in der Tasche an irgendeiner Bushaltestelle hinauswirft, und schon sind sie wieder auf der Straße und begehen Verbrechen.“ Man fragte ihn, ob es nicht ein wenig riskant wäre, die Gefängnisbevölkerung so aufzupäppeln. „Überhaupt nicht. Das Training mit Gewichten hat den gegenteiligen Effekt. Man läßt Dampf ab, feindselige Gefühle und Streß werden durch eine positivere Einstellung zum Leben ersetzt.“

In jüngerer Zeit entdeckte Arnold, der Philanthrop, das Barrio von East Los Angeles. Er investierte Zeit, Mühe und über eine Million Dollar in das Hollenbeck-Youth-Zentrum, ein nicht profitorientiert arbeitendes Rehabilitationsprogramm für junge Menschen, die von der Verbrechens- und Drogenszene auf den Straßen kommen. In den frühen neunziger Jahren wurde er der ausführende Direktor der im selben Programm laufenden „Inner City Games“, die jährlich für neun Tage 100.000 Kinder im Alter zwischen 8 und 18 Jahren aus insgesamt 21 Wohnprojekten in Los Angeles versammelt. 1995 gab er die Ausdehnung dieses Programms auf fünf weitere Städte bekannt.

Simon Wiesenthal kannte von Beginn an nur diesen großzügigen Arnold. In den neunziger Jahren verlieh ihm sein Zentrum in Los Angeles eine Auszeichnung für besondere Verdienste. In den frühen Achtzigern, so Wiesenthal, nahm Arnold schon Kontakt mit dem Zentrum auf (das war noch vor den Fragen nach der Vergangenheit seines Vaters) und erkundigte sich, ob es für Nichtjuden möglich war, zu spenden, an den Treffen teilzunehmen und Funktionen zu übernehmen. Zu seinem 80. Geburtstag im Dezember 1988 gaben Arnold und Maria für Simon Wiesenthal eine Party, bei der es, wie mir der Geehrte erzählte, „eine Torte von einer Wand zur anderen gab“.

„Er hat so viel für behinderte Menschen aller Hautfarben und Rassen getan, ohne Ansehen der Person“, sagt Wiesenthal. „Andere Leute geben nur Geld, er gibt Zeit und Geld. Das sollte man ehren. Dieser Mann opfert seine freie Zeit, um etwas für diese Menschen zu tun, dadurch haben sie einen Sinn für ihr Leben.“

Eine Eigenschaft dieses freigebigen Charakters ist allerdings, daß der König (der sich daran gewöhnt hat, daß die Welt seinen guten Willen gnädig anerkennt) auch ungeduldig werden kann, wenn er bei sich zu Hause kleinere Beispiele von mangelnder Unterordnung bemerkt.

Ein König in seinem Heim

Zuerst die gute Nachricht. In Pacific Palisades überwindet Arnold seinen alten Junggesellenzynismus, mit dem er über den Ehestand gesprochen hatte. „Ich muß nicht heiraten, nur damit meine Hemden gebügelt werden", war damals zu hören. Jetzt trägt er sich sogar mit dem Gedanken der Vervielfältigung. Er und Maria „haben keine großen Pläne, eine Familie zu gründen, aber natürlich ist Reproduktion einer der hauptsächlichen Gründe für eine Heirat." Und wie, so fragt ein Journalist, wird er die Vaterschaft gestalten? „Ich glaube, man muß Kinder mit eiserner Faust behandeln", sagt Arnold. „Sie sollten wissen, daß sie noch nicht imstande sind, eigene Entscheidungen zu treffen. Sie müssen ihre Eltern vollständig respektieren. Sie müssen lernen, ihre Schuhe zu putzen, ihre Hemden zu bügeln, ihre Sachen in Ordnung zu halten. Täglich." Gustav Schwarzenegger wäre stolz gewesen.

Und wenn die kleinen, trippelnden Schwarzenegger-Shrivers einmal im Haus sind, wird Arnold sie dann seine eigenen gewalttätigen Filme wie den TERMINATOR oder PHANTOM-KOMMANDO sehen lassen? Wahrscheinlich nicht? „Lassen? Ich werde sie dazu bringen. Ich werde sie in einen Sessel binden, werde den Film einschalten und sagen: Das ist Papa."

Jeder Monarch sollte einen Sinn für Humor haben. Manchmal gibt es auch kleine temperamentvolle Showeinlagen. „Ich steige in das Auto und beginne zu schreien. Und Maria sagt: ‚Ja, gut, sei brutal – schau wie der Terminator.'"

Die Auseinandersetzungen des Paars gründen oft in ihren verschiedenen politischen Ansichten und Erziehungen. „Ich komme aus einem sozialistischen Land. Das ist bei mir nach hinten losgegangen und hat mich konservativer gemacht. Sie ist aus einer demokratischen Familie. So ist sie eben. Es macht mir nichts aus."

Jedenfalls nur manchmal. Maria ist entspannt, wenn es um Reichtum und Kleidung geht. Damit gerät sie bei Arnold an den Falschen. „Wenn wir Fußball spielen, dann trage ich ein altes Leibchen", sagt er. „Das ist der Unterschied zwischen mir und Maria. Sie denkt sich nichts dabei, wenn sie sich mit einem Kaschmirpullover in der Wiese herumwälzt!" Darüber kann sich Arnold in mehr als nur einem Interview ärgern: wie seine Frau sich in einem Kleidungsstück um 400 $ „so wohlfühlt und schwitzt und mit Bällen wirft und damit Tennis spielt. Das könnte ich nicht." „Das kommt natürlich durch meine Herkunft", erklärt er. „In Österreich war uns Seide oder Kaschmir nicht einmal ein Begriff."

Wenn er auch hilflos zusehen muß, wie seine Frau ihre Sweatshirts schmutzig macht, so bezieht er doch in anderen Kleidungsfragen massiv Position. „Ich will Maria nichts vorschreiben, aber ich mag es nicht, wenn sie Hosen trägt. Ich mag nur Kleider und

Röcke. Maria sieht ein, daß das weiblicher wirkt." Und wie ist das bei seiner Mutter? „Sie darf genausowenig mit Hosen gehen, wenn sie mit mit ausgeht."

Normalerweise hätte ihm Maria (wenn schon Mutti nicht) deutlich sagen müssen, was von seinem Kleidersexismus zu halten war. Daß sie es nicht tat, könnte damit zu tun gehabt haben, daß ihr eigenes Ego und ihre Karriere 1986 (im Jahr ihrer Hochzeit) wie ein defekter Lift zwischen „Aufwärts" und „Abwärts" hin und her pendelte. Im Juni wurde sie in das Aufsichtskomitee der Georgetown University gewählt, eine Ehre, die ihr noch dazu als Jüngste in der Geschichte der ältesten römisch-katholischen Universität Amerikas widerfuhr. Aber im selben Monat erfuhr sie, daß ihr Vertrag bei den CBS MORNING NEWS wegen schlechter Einschaltziffern nicht verlängert werden sollte. Man bot ihr eine Stelle in Los Angeles an, aber laut NEW YORK TIMES „zögerte sie". Am Ende des Sommers verließ sie CBS und ging zur NBC-Sendung „1986". Dabei nahm sie ein empfindlich geringeres Salär in Kauf: Statt 500.000 $ bekam sie jetzt nur mehr 160.000 $.

Sie zögerte, einen Job in Los Angeles anzunehmen? Das ist seltsam, denn dadurch hätte sie mehr Zeit mit Arnold verbringen können. Aber vielleicht war das noch kinderlose Paar ganz zufrieden mit einer Ehe, in der sie nicht zusammenlebten. Manchmal flog Arnold für ein Wochenende an die Ostküste. Er nahm einen Mitternachtsflug aus Los Angeles und traf zum Frühstück bei Maria ein. „Auf dem Heimweg lese ich Drehbücher, und inzwischen gibt es auch Telefone im Flugzeug, also telefoniere ich. Ich verliere keine einzige Stunde, und ich kann doch bei Maria sein. So weit, so gut."

Maria saß inzwischen während der Woche in New York. Früher, in den Tagen der MORNING NEWS bei CBS, hatte ihr Wecker um 3 Uhr früh geläutet, was ihr von den Kollegen schnell den Spitznamen „Maria Striver", „Kämpfer-Maria", eintrug. Jetzt fragte sie sich, welche Aktivitäten sie wohl am Wochenende versuchen sollte. „Ich habe eine Beziehung, die über 4000 Kilometer entfernt ist. Das ist hart. Ich bin hier ganz allein und denke darüber nach, ob ich an diesem Wochenende zu meinen Eltern oder zu Arnold fahren soll." Offensichtlich dachte sie aber auch, sie sollte keinen so drastischen Schritt setzen, wie es die Übersiedlung ins Lotusland gewesen wäre.

1986 fragte Boston TV Arnold, wie es um die Intimität in seiner Ehe bestellt sei: „Wir fliegen so oft wie möglich hin und her, und wir zahlen Tausende Dollar für unsere Telefonrechnung." Wenn gar nichts mehr hilft, fügt er hinzu, „dann haben wir Sex durch das Telefon."

Diese letzte Aussage löste damals ein kleineres Medienbeben aus. „Haben wir das korrekt gehört?" japsten Dutzende Kommentatoren im Namen von Hunderten Matronen aus dem Mittleren Westen. War das nun ein Versprecher von Arnold – oder hatte wieder einmal der Joker hinter dem König hervorgelöckt?

Allzuoft kann er sich das nicht leisten. Eine königliche Persönlichkeit muß in würdevoller Verbindung mit ihren öffentlichen Pflichten bleiben. 1986 fand man den seriösen Arnold dabei, wie er seine Beiträge an die republikanische Partei zahlte. USA TODAY verbuchte allein im September einen Scheck über 1800$. Und er beantwortete Fragen über seinen Ehrgeiz nach einem politischen Amt. Drei Jahre zuvor hatte er alle Hoffnungen auf eine diesbezügliche Beförderung verscheucht, weil er sich im klaren war, daß er durch die Verfassung von der Präsidentschaft ferngehalten wurde. Jetzt wirkte er wieder kampflustig. „Das Vergnügen in einem öffentlichen Amt ist ungeheuer", tönte er. „Ich halte es für die größte noch denkbare Herausforderung." Und er erzählte Jean Vallely von GQ, daß im Falle einer Kandidatur von seiner Seite die Ziele jedenfalls höher gesteckt wären als die von Clint Eastwood, der Bürgermeister seiner Heimatstadt Carmel war. Arnold: „Ich glaube nicht, daß ich der Typ bin, der für eine so kleine Stadt kandidiert. Zum Beispiel Santa Monica. Ich meine, wenn ich einmal antreten würde, dann für etwas Größeres – wie den Gouverneur von Kalifornien."

Um im Training zu bleiben, steuerte er gelegentlich einen politisch getönten Artikel zu einer Zeitschrift oder einer Zeitung bei. AMERICAN FILM schickte für seine Ausgabe März 1986 die folgende Umfrage an verschiedene Filmpersönlichkeiten: „Haben die Leute, die an der jüngsten Welle von rechtsgerichteten Filmen beteiligt sind, tiefergehende politische Überzeugungen, oder machen sie nur ‚Unterhaltung'?"

Arnold schaffte es, diese Prüfungsfrage auf einer Seite Papier, aber von beiden möglichen Seiten in der Problemstellung zu klären:

„Leute, die mit heroischen Filmen erfolgreich sind und überlebensgroße Stars werden, kommen in eine Situation, in der sie mehr sind als nur Schauspieler. Man sollte diese beiden Aspekte so oft wie möglich getrennt halten, denn man will den Rest des Publikums nicht verstören. Es ist nicht so, daß man immer nur rechtsgerichtete Filme machen möchte, weil man konservativ ist – denn das würde alle anderen Leute mit liberalen Philosophien abschrecken. Deine Filme sollten für alle sein. Aber ich würde mich anstrengen, niemals einen Film zu machen, der Propaganda für den Kommunismus macht oder der zum Filmfestival in Moskau eingeladen wird."

Zwei Jahre später drehte Arnold einen Film IN Moskau. Er spielt ein Mitglied der städtischen Polizei, das durch die USA stampft, um dort den sowjetischen Weg in der Verbrechensbekämpfung zu demonstrieren. Aber 1988 hatte sich Rußlands politisches Gesicht gründlich verändert, und der Politiker Arnold war vor Ort, um zu zeigen, daß sein eigenes Gesicht dieser Veränderung in nichts nachstand.

Auf der Stelle laufen

„Ich bin nicht in der Politik, ich bin im Überlebenskampf."
(Arnold Schwarzenegger in *The Running Man*)

Slalomläufer

RUNNING MAN ist der dämlichste von Arnolds Filmen aus seiner „reifen" Periode, wenn wir uns diesen Ausdruck gestatten dürfen. Zu dieser Zeit war sein Bild im Kino schon weitgehend festgelegt, aber dieser Film sieht aus, als hätte man eine nie ausgestrahlte Episode der britischen TV-Serie The Avengers mit dem Tech-Noir-Stil des TERMINATOR verschnitten.

Stephen King schrieb die Originalnovelle unter dem Pseudonym Richard Bachman. Der Text ist ein zwar nicht glänzender, aber effizienter futuristischer Thriller über einen Mann, dem man dreißig Tage Zeit gibt, sich irgendwo in den Vereinigten Staaten zu verstecken. Eine Bande von „Jägern" wird von einer Fernsehshow hinter ihm hergeschickt. Das Prinzip der Show ist Tod oder Ruhm. Diese Ausgangsbasis ist surreal, aber wir lassen uns darauf ein, weil die Hauptfigur und die Orte verkommen genug und dabei atmosphärisch dicht sind. Regisseur des Films war Paul Michael Glaser (der Starsky aus der TV-Serie STARSKY AND HUTCH), nachdem Andrew Davis aufgrund „kreativer Differenzen" ausgeschieden war. (Davis machte später ALARMSTUFE: ROT und AUF DER FLUCHT.)

Man hat den Eindruck, THE RUNNING MAN spielt praktisch vollständig in einem riesigen überdachten Sportareal mit Start und Ziel. Arnold legt zwischen den vorgeschriebenen Wendepunkten der Erzählung (Kämpfen, Verfolgen, Töten, Flammenwerfen) einen Slalomlauf hin. Mit seinen Fluchtgefährten hetzt er durch Dekorationen, die entweder fahl oder grell ausgeleuchtet sind. Die Kostüme gleichen abgetragenen Overalls, die man gebraucht von einem Werbefilm für Skibekleidung übernommen hat.

„Es gibt in RUNNING MAN sicher Elemente, die aus Comics stammen", meint Steven De Souza, „aber Arnold ist dabei sehr menschlich und hat sehr menschliche Probleme."

In Wahrheit ist Arnolds Figur der pure Schund. Er spielt einen Cop, der während eines Aufstands (wir schreiben das Jahr 2017, die Ernährungslage ist schlecht) einen Schußwechsel provoziert hat und dafür zur Verantwortung gezogen wird. Jetzt bekommt er eine Chance, dem lebenslänglichen Gefängnis zu entkommen. Er muß nur für die Fernsehshow den Gladiator machen. Richard Dawson, der auch im richtigen Leben Game-Shows präsentiert, spielt den Conferencier der Sendung als maßlos übertreibenden Widerling, nicht unähnlich der Darstellung von Michel Piccoli in dem mehr oder weniger identischen französischen Film LE PRIX DU DANGER (KOPFJAGD – PREIS DER ANGST). Und wie Piccoli stiehlt er allen die Show. Nach jedem Schnitt auf die Jagd verhungert der Film über endlosen Kampf- und Fluchtszenen in einer bizarren postindustriellen Umgebung. (Die Dreharbeiten fanden zur Hälfte in einem Stahlwalzwerk und zur Hälfte in den Warner-Studios statt.) Arnold und seine mehr oder minder identisch angezogenen Mitläufer, darunter Jim Brown, Jesse Ventura und die Alibifrau Maria Conchita Alonso, hecken die ganzen neunzig Minuten über immer neue Todesarten aus. Sie legen Hinterhalte und stellen narrative Fallen.

Außerdem birst der Film förmlich vor Selbstreferenzen in der Causa Arnold. „I'll be back, Killian“, brüllt unser Held noch zu Dawsons schleimigem Zeremonienmeister zurück, bevor er sich auf den Weg macht. An einer anderen Stelle (noch vor den Skioveralls) trägt Arnold ein „World-Gym“-T-Shirt. Im richtigen Leben hatte er gerade erst von Joe Gold dessen Anteile an der berühmten Fitneßstudiokette erworben. Wenn Sie später die Augen noch offen haben, dann können Sie für einen Sekundenbruchteil Franco Columbu als Sicherheitsmann erspähen. Diese Insiderwitze sind aber so stumpfsinnig wie die Gewalt im Film. Hier haben wir es mit dem vollen Programm zu tun: Faustkämpfe, Kettensägen, Dynamitstäbe in die Lendengegend.

Es ist kaum Arnolds Schuld, daß RUNNING MAN so schlecht ist. Es war nur eine schlechte Karriereentscheidung. Die Regisseure kamen „heute daher, morgen gingen sie wieder“ (so seine eigenen Worte). Die Erzählung war ein dubioses Gemenge aus Daten der Marktforschung (die Filmemacher, erzählt Arnold, „arbeiteten viel systematischer für das weibliche Publikum, weil sie in ihren Studien herausgefunden haben, daß der Film die Frauen viel besser anspricht“). Der Drehplan wucherte von zuerst 54 Tagen auf 60, später 67, und man hatte immer mehr den Eindruck eines überladenen Flugzeugs, das nicht abheben kann.

„Es gibt eine Formel für erfolgreiche Filme“, befand Arnold in einer frühen Marketingphase des Films großspurig. „Man kombiniere Action, Abenteuer, futuristisches Zeug und ein bißchen Komik zur Erleichterung – der Erfolg ist garantiert.“ Der Film landete in den USA auf dem Bauch, spielte an den Kinokassen weniger als 40 Millionen Dollar ein und bewies, daß keine Formel irgend etwas garantiert. Er bewies auch, daß keine noch so starke Werbetrommel aus Hollywood das Publikum verläßlich so einschüchtern kann, daß es sich widerstandslos ergibt. Bei LAST ACTION HERO mußte sich Arnold diese Lektion, die er schon beim RUNNING MAN lernen mußte, endgültig zu Herzen nehmen.

Der Läufer konnte sich aber immer noch ein Stolpern leisten. 1987 erhielt er voller Stolz seinen Stern in der Asphaltdecke des „Walk of Fame“ in Hollywood. Auf Bildern sieht man, wie er neben seiner Frau über dem Pflasterstein kniet. Sie sehen aus wie dessen Eltern. Im selben Jahr wurde Arnold von der NATO als Star des Jahres geehrt. Dabei handelte es sich allerdings nicht um einen bizarren Kreuzritterquerschlag, obwohl die Kriegsindustrie zweifellos gleich nach der Filmindustrie ein Interesse daran hatte, Arnold zu ehren. Nein, hier handelte es sich um eine Auszeichnung von der National Association of Theatre Owners: Die Kinobetreiber der USA wählten 1987 Diane Keaton und Arnold zu ihren Superfiguren. Die Verleihungszeremonie fand im Marriott Marquis Hotel in Atlanta statt, und Arnold trat dort in bewährt imagebewußter Manier auf. „Könnten Sie bitte aufstehen“, ersucht er einen vor ihm knienden Reporter, „es sieht besser aus, wenn ich gerade in die Kamera blicke.“ Einem anderen Journalisten faßt er seinen bisherigen Karriereverlauf in zwei Sätzen zusammen: „Die Studiobosse begriffen, daß ich genausoviel Geld einspielte, wenn ich meine Kleidung anbehielt. Seither bekomme ich nicht mehr die Drehbücher, in denen Reserve-Conans oder Wikinger oder Gladiatoren ihr Unwesen treiben, sondern Drehbücher und Rollen mit normalen Menschen.“

Wir erinnern uns an die Rollen: ein Game-Show-Kandidat, der 2017 auf Leben und Tod spielt; ein CIA-Söldner, der ein Wesen aus dem Weltall bekämpft; ein Einmannkommando, das eine Armee zerstört, um seine Tochter zu retten – was Arnold zu dieser Zeit unter Normalität versteht, hat mit den Vorstellungen der restlichen Welt nicht viel zu tun.

Das kann jedem Superstar passieren. Zwar war unser Held davon überzeugt, daß er tief in seinem Innersten ein ganz normaler Kerl war, aber er wußte ebensogut, daß er außergewöhnlich war. Im Juni 1987 war er in Tokio, um Promotion für PREDATOR zu machen. Nachts konnte er nicht schlafen, und um 4 Uhr früh erhielt er im Hotel einen Anruf von Tom Green von USA TODAY. Der Reporter erkundigte sich nach Arnolds Befinden in einem Land, in der er sich wie Gulliver in Lilliput vorkommen mußte. „Hier sind die Leute klein. Ich muß ihnen wie ein Riese erscheinen“, berichtet Arnold telefonisch. Er meint vermutlich „riesig“ in einem physiognomischen Sinn. Aber war da nicht noch die andere, die ikonische Dimension? Und hatte Arnold vielleicht ein paar unbehagliche Momente vor dem Einschlafen? Schließlich hatte er gerade wieder einmal einen dieser unpassend leichten Telefonhörer auflegen müssen.

Wir müssen uns den gnadenlosen Kulturschock vorstellen, den er hier erfährt. Ein austroamerikanischer Megastar fährt nach Japan, um einen Film anzupreisen, der in Mexiko vor und nach einer Hochzeitsreise gedreht wurde, die den Star in Begleitung einer frisch angetrauten Frau aus deutsch-irisch-bostonianischem Elternhaus nach Antigua führte.

Daneben gibt es noch andere Orientierungsprobleme, Widersprüchlichkeiten, Abweichungen: Nach all den glanzvollen gesellschaftlichen Auftritten wurde jetzt nach erfolgter Eheschließung vor allem Häuslichkeit von ihm erwartet; nach dem ganzen Getöse, das er um seine Filme erzeugt, treffen die mäßigen aktuellen Einspielergebnisse einen wunden Punkt; und Arnold, das Vorbild für alle sozialen Aufsteiger, der Mann, der in die Kennedy-Familie eingeheiratet hat und jetzt die Wände seines Büros mit Siebdruckmalereien von Warhol und mit Kennedy-Konterfeis behängt – dieser Arnold will zugleich eine hart arbeitende Ikone sein, die an den Drehkreuzen zur 42nd Street den Schmutz beseitigt: „In Wirklichkeit ist es so, daß mein Jeep vor der Tür steht. Ich gehe um sieben Uhr früh zur Arbeit wie ein Installateur. Ich werde dreckig und muß am Boden herumkriechen."

Einen letzten Spannungsfaktor in seinem Leben und in seiner Seele müssen wir noch erwähnen. Arnold geht zwar gern mit Scherzen und Witzen aus sich heraus, aber er behält seine persönlicheren Gedanken für sich. Diese Einstellung hat er seit seiner Kindheit. „In meiner Familie waren alle sehr zurückhaltend mit ihren privaten Gedanken", erzählt er einem Reporter.

> *„Niemals wurde beim Essen über etwas gesprochen. Die Regel lautete: Beim Essen ißt man. In Marias Familie gab es mehr Zusammenleben, und das bedeutet auch, daß alle das erzählen, was sie untertags gemacht haben. Wenn es ein Problem gibt, dann wird das beim Abendessen offen besprochen. ‚Was sollte ich machen?' Jeder trägt seine Meinung dazu bei. Ich hingegen kann eine Entscheidung innerhalb einer Sekunde treffen. Ich warte nicht, bis alle ihre Meinung gesagt haben."*

Er wartet nicht einmal auf die Meinung seiner Mutter. Sie möchte, daß er weniger arbeitet und mehr ausspannt. Sie kann nicht begreifen, wie ein Mann bei einem derartigen Terminkalender mit seinem Herz und seiner Seele in Harmonie leben kann. Sie kommt jedes Jahr für zwei Monate in die Casa Arnold nach Kalifornien, und jedesmal kommt Arnold bei ihrem Eintreffen gerade von einer Trainingseinheit. Sie: „Warum trainierst du so früh? Warum ißt du nicht zuerst?" Er: „Man soll VOR dem Frühstück trainieren, das ist besser." Sie: „Das soll gesund sein?"

Manchmal kommen zwei Neffen von Maria Kennedy zu Besuch. Arnold scheucht sie dann jedesmal früh aus den Federn und verordnet ihnen Fitneßübungen. Maria protestiert: „Arnold, sie haben Ferien. Das hier ist kein Ausbildungslager." Arnold: „Nein, nein, wir sollten sie ruhig ein bißchen abhärten. Vielleicht wollen sie ja einmal das Familiengeschäft übernehmen, die Politik." Arnold war sehr darauf bedacht, daß Maria sich fit hielt. „Ein Ehemann kann unmöglich Lust auf seine Frau haben, wenn sie wie ein Faultier herumhängt und sich Süßigkeiten in den Mund schiebt. Ich erwarte mir von einer Frau, daß sie sich schon aus reiner Höflichkeit in Form hält."

Jim Lorimer, ein regelmäßiger Gast bei Arnold, berichtet uns, wie die Abende gewöhnlich verliefen. Arnold entspannt sich beim Tennis oder reitet aus, wenn er nicht mit seinem Motorrad unterwegs ist. Fallweise sieht er sich nach dem Essen einen Videofilm an oder läßt Strauß-Walzer aus der Stereoanlage erklingen und tanzt dazu mit seiner Tochter Katherine. Selten sieht er fern. Manchmal liest er oder sitzt bis spät in die Nacht über Drehbüchern und anderen Projekten. Maria steht ihm dabei gern mit Rat und Tat zur Seite. „Sie hat einen sehr guten Instinkt", sagt Arnold. „Sie liest schnell, analysiert kurz und – boom! – schon hat sie ihre Anmerkungen. Wie ein Agent!"

Kein Wunder, daß Aurelia schier verzweifelt. „Sie hält mich für einen Workaholic", sagt ihr Sohn. „Man muß sich in Erinnerung rufen, daß sie aus Graz ist. In dieser kleinen Stadt in Österreich sitzen die Leute viel herum, trinken Kaffee und unterhalten sich. Sie sitzen manchmal zwei Stunden bei einer Tasse Kaffee."

Arnold hat dafür keine Zeit. Der nächste Film wartet. Also schnell noch am Morgen eine Schüssel Haferflocken mit Rosinen und Bananen, danach eine Eierspeise, dann vielleicht (oder auch nicht) ein hastiger Kuß von Maria und Aurelia – und schon sitzt er im Flugzeug nach Moskau. Der neue Film heißt RED HEAT. Arnold spielt darin einen sowjetischen Polizeibeamten, der wie Greta Garbo aussehen soll.

Verblüffende Verwandlungen

Walter Hill (DIE LETZTEN AMERIKANER, NUR 48 STUNDEN) führt Regie. Er erläutert uns die Sache mit Garbo näher: „Ich wollte Arnold erklären, wie ich mir sein Spiel vorstellte. Dazu spielte ich ihm Ninotschka vor. ‚Du bist in unserem Film die Garbo. Du darfst die Witze nicht spielen, dann werden sie komisch.' Und Arnold studierte die Garbo in Ninotschka und bekam es dann prima hin."

Hill verfaßte das Drehbuch nach einer eigenen Geschichte: Captain Ivan Danko (Arnold) kommt mit einem Auftrag nach Chicago, USA. Er soll jenen Drogendealer finden und auslöschen, der Dankos Partner auf dem Gewissen hat. Arnold trägt praktisch den ganzen Film hindurch dieselbe slawische Feierlichkeit zur Schau, mit der die Garbo in der von Billy Wilder geschriebenen und von Ernst Lubitsch inszenierten Spionagekomödie spielte. Für die Garbo endete die Sache damit, daß sie sich verliebte und (dafür gab es Schlagzeilen) sogar „lachte". Für Arnold endet die Sache damit, daß er Schurken pulverisiert, Autos zerstört und seinen üblichen Weg geht.

Unter der Anleitung von Hill schafft er es aber, daneben noch komisch und erfreulich zu sein. Er sagt über die Garbo in NINOTSCHKA: „Sie spielt die gleiche Figur wie ich in RED HEAT. Sie ist ein Russin, die nach Paris kommt, und sie ist sehr kühl. Sie verliebt sich in einen französischen Mann und entdeckt in sich völlig neue und unbekannte Gefühlsregungen. Ich sah den Film täglich während der Dreharbeiten zu RED HEAT und studierte ihn sehr sorgfältig."

In Hills Buddy-Thriller gelingt es dem Vertreter der neuen sowjetischen Selbstkontrolle nicht wirklich, bisher unbekannte Gefühlsregungen zu entdecken. Aber er sorgt für die wenigen erbaulichen drolligen Momente im Film. Sein sprücheklopfender Partner ist James Belushi. Seine Sprüche sind selten komisch, aber Arnolds wenige Sager (sie kommen wie aus einer Echokammer und können Robert Easton als Trainer für den russischen Akzent nicht verleugnen) wiegen das auf. An einer Stelle fragt Peter Boyle als geplagter Polizeichef den Gast, wie man in der Sowjetunion mit Streß und Anspannung umgeht. Arnold antwortet mit Nachdruck und versteinerter Miene: „Wodka." Einmal wird Danko von seinem Partner darauf hingewiesen, daß er einem Verdächtigen zuerst seine Rechte vortragen muß, bevor er ihn in die Mangel nimmt: „Du darfst nicht einmal seinen Arsch berühren!" Arnold erwidert: „Ich vill seinen Arsch nicht berühren. Ich vill ihn zum Reden bringen."

Man setze das alles zusammen: einen ähnlich steilen Haarschnitt wie den von Grace Jones in CONAN 2, einen Namen, der an Hotelrezeptionen für Verwirrung sorgt („Danko." – „Bitte, gern geschehen"), und eine fröhliche Unkenntnis aller Ausprägungen amerikanischer Kultur („Who is Doordy Herry?"). Das sollte eigentlich eine erfolgreiche Komödie über den Zusammenprall von Kulturen ergeben. RED HEAT hingegen lahmt. Alle Funken guten Humors werden durch die Klischees des Krimiplots erstickt. Sogar Hill sieht das im nachhinein ein.

> *„Wir hätten besser daran getan, einen amerikanischen Cop nach Rußland zu schicken und die Sache dort auszutragen. Die Atmosphäre und die Landschaften wären interessanter, die soziale Dynamik wäre interessanter. Statt dessen wurde der Film nur als ein weiteres Exemplar aus der Reihe der Cop-Kumpel-Filme gesehen. Er hat nicht das Feuer und die Frische, die ein echter Superhit braucht."*

Außerdem glaubt Hill, daß das Publikum noch nicht dafür bereit war, Arnold als normales menschliches Wesen zu sehen. „Sie wollten ihn weiterhin so wie im TERMINATOR sehen: überlebensgroß, gerüstet für Superheldentaten und jederzeit imstande, durch Wände zu gehen."

So gesehen ist der Film vor allem deshalb beachtenswert, weil er Arnold an einer Wegkreuzung seiner Karriere zeigt: Arnold schärft seine politische Wahrnehmung in dem Jahr, in dem er beginnt, George Bushs Kampagne um die US-Präsidentschaft zu unterstützen. Schon während seiner komödiantischen Mission nach Moskau und auch noch danach nützt der Star jede Möglichkeit, sich über den Zustand in Rußland nach der Befreiung zu äußern. „Es haben verblüffende Verwandlungen stattgefunden. Die Menschen sind heute viel entspannter und fühlen sich frei. Es gibt inzwischen privat geführte Restaurants in Moskau. Ich habe Breakdancing gesehen und Heavy-Metal-Bands . . ."

Arnold setzt eine deutliche Geste der Entspannung. Er fordert die US-Filmindustrie dazu auf, das neue Rußland nicht länger als Schurkenreservoir zu mißbrauchen. „Die Russen haben die Nase voll davon, daß sie in bestimmten amerikanischen Actionabenteuerfilmen immer als die Bösen dargestellt werden." Aber warum haben sie dann die Crew von Red Heat überhaupt gewähren lassen? Immerhin durfte dieses Team als erstes aus Hollywood überhaupt den Roten Platz filmen. „Ich glaube, ein Grund, warum sie uns freundlich aufgenommen haben, war der, daß es sich hier um den ersten Film handelt, in dem ein Sowjetbürger sehr heroisch und positiv gezeigt wird."

Als Präsident Gorbatschow den sowjetischen Rückzug aus Afghanistan genau an dem Tag verkündete, an dem Red Heat in Moskau seinen Kinostart hatte, wirkte das beinahe wie eine Geste der Dankbarkeit. Sylvester Stallone muß sich an diesem Tag in Grund und Boden geärgert haben. Er schwitzte in der afghanischen Wüste (beziehungsweise in deren nähergelegenem Hollywood-Simulacrum), um den nunmehr obsoleten Rambo 3 fertigzubekommen. Währenddessen befand sich Arnold Schwarzenegger in der sowjetischen Hauptstadt und schüttelte die Hand des großen Vorsitzenden Michail.

Neben all den öffentlichen Verkündigungen seines Stars bekam Walter Hill für einen kurzen Moment auch seine privatere Seite zu sehen. Die Sache hatte damit zu tun, daß Bernie Dobbins, der Stuntkoordinator des Films, während der Dreharbeiten an einer Herzattacke starb. Es geschah am Rande einer Kampfszene im Schnee, bei der Danko und ein sowjetischer Handlanger nackt einen Faustkampf austragen. Die Szene ist der Höhepunkt des russischen Filmabschnittes. Dobbins hatte zuvor sowohl mit Hill (bei Southern Comfort) als auch mit Arnold (Phantom-Kommando, Predator) gearbeitet und war indirekt dafür verantwortlich, daß der Regisseur und der Schauspieler nun miteinander drehten. „Er sagte mehrmals zu mir, ich sollte einen Film mit Arnold machen", erinnert sich Hill. Als Dobbins starb, unterbrach Hill für einen Tag die Dreharbeiten, und als sie die Szene am nächsten Tag fortsetzten, war niemand so richtig bei der Sache.

Nach der Rückkehr nach Amerika fand das Begräbnis statt. Arnold hielt dabei eine fünf Minuten lange Ansprache, und Hill – der nicht gerade für sentimentale Übertreibungen bekannt ist – war baß erstaunt über das, was er vernahm.

„Es ging bei dieser Ansprache viel um die Arbeit beim Film, um das Geheimnis des Lebens, um diejenigen, die zu früh abberufen werden, und darum, daß niemand von uns sein Schicksal kennt. Ich kann mich nicht mehr an den genauen Wortlaut erinnern, aber es war ein FÜRCHTERLICH *bewegender Augenblick tiefer Einsichten. In diesem Moment dachte ich mir, jetzt kenne ich Arnold besser und mehr von seinem ‚Innenleben', als ich während der gesamten Arbeit an dem Film von ihm mitbekommen hatte."*

Träume und Alpträume

„Ich bin kein harter Typ, der niemals lächelt . . .
Ich bin ein friedfertiger Mensch, dem es gutgeht.“

Vor jedem neuen Film hat Arnold denselben Traum.

> *„Ungefähr eine Woche bevor ich mit den Dreharbeiten beginne, habe ich immer einen Alptraum. Ich sitze nackt im Dunkeln, und die Kamera ist startbereit. Ich bin nicht vorbereitet – ich habe mein Kostüm nicht an, der Szenenaufbau ist nicht fertig, und ich habe keine Ahnung, was ich drehen möchte. Dann wache ich auf, es ist mitten in der Nacht, und ich blicke mich um und denke mir: Ich bin noch nicht bereit.“*

Jede Andeutung, es könnte sich hier um eine psychische Äußerung handeln, wischt Arnold beiseite. „Ich habe keine Geduld mit meinen Träumen – mein Leben ist auch so interessant genug, und da bleibt nicht mehr viel Platz für eine andere Dimension.“

Dafür gab es nach RUNNING MAN und RED HEAT genug Platz für eine neue Karrierestrategie. Das Image des harten Mannes bröckelte langsam ab (und konnte mit den nicht einmal 80 Millionen Dollar der amerikanischen Einspielergebnisse auch nicht mehr richtig saniert werden). Es schien an der Zeit zu sein, einen anderen, weicheren Schwarzenegger zu erfinden. „Ich möchte, daß die Menschen mein wahres Ich kennen“, trichtert er allen ein. „Es ist ja in Wirklichkeit nicht so, daß ich Situationen mit einer Waffe löse. Ich bin nicht die harte Figur, die niemals lächelt. Ich bin ein friedfertiger Mensch, dem es gutgeht.“

Arnold steht dem Leben positiv gegenüber und möchte das auch der Öffentlichkeit vermitteln. Zu diesem Zweck verstärkt er seine Neigung, sich selbst auf witzige Weise herunterzumachen. Schon vor einiger Zeit hat er damit begonnen, sich über die frühen Phasen in seiner Karriere zu amüsieren. „Die Kritiker bezeichneten mich als Ding. Wenn ich zusammen mit einem Pferd ins Bild kam, dann schrieben sie, daß das Pferd ausdrucksstärker war als ich.“ Später deutet er an, daß er wachsende Lust dazu verspürt, einmal in einer Komödie zu spielen. „Ich glaube an eine systematische Vorwärtsbewegung. Es geht nicht darum, daß irgendein Studio der Meinung ist, ich sollte jetzt eine Komödie machen, sondern daß ich glaube, daß ich es jetzt kann. Man muß ein bißchen mehr von sich selbst investieren, damit das Publikum auch mitgeht.“

Während der letzten Feinarbeit an Red Heat bemerkte auch Walter Hill das ansteigende Interesse des Schauspielers an komischen Elementen:

„Nachdem ich den Film geschnitten hatte, war Arnold der Meinung, daß ich zu viele Witze weggelassen hatte. Ich nenne das die ‚feuchten' Witze im Gegensatz zu den trockenen Witzen. Mir schien, die ‚feuchten' funktionierten nicht so gut, sie sind zu forciert. Aber Arnold hat diese ‚Knöpfe', wie wir sie nennen, am Ende einer Szene gern. Sie wissen schon, dieses letzte Wort: Er rammt einem Kerl das Messer hinein und sagt dann: „Bleib in der Nähe". Das mag Arnold sehr, ich bin aber kein so großer Fan davon. Es gab ein paar Witze in der Art, und wir ließen uns beim Drehen noch ein paar weitere einfallen. Am Ende habe ich praktisch alle geschnitten. Und dann gab es dieses seltsame kleine Treffen, als der Film fertig war, bei dem Arnold seine Zweifel äußerte, ob das gut war."

Aber nicht nur im Kino war der Star eifrig damit beschäftigt, keine komische Gelegenheit auszulassen. Langsam gewöhnte er das Publikum an einen neuen, lustigeren Arnold. Eine Möglichkeit war zum Beispiel, sich als Hulk von einer passenden, kontrollierbaren Menge auslachen zu lassen. Niemand wäre für eine derartige Inszenierung besser geeignet gewesen als sein Nachbar, der Komiker Milton Berle. Walter Hill schildert Berle als einen Mann, der sich am liebsten über den Zaun in Pacific Palisades schwingen würde, um Arnold kleine Pointen und Epigramme zuzustecken. Am 5. April 1988 moderierte Berle einen „Roast" des California Friars Club zu Arnolds Ehren. Ort des Geschehens war das Beverly Hilton Hotel. „Roasts" sind Abende, an denen rituell Unfug getrieben wird. Sie werden jährlich abgehalten und bringen regelmäßig eine ausgewählte berühmte Persönlichkeit „ins Schwitzen". Diesmal war also Arnold dran. Berle gab einen ersten Hinweis auf das, was kommen sollte, indem er Arnold als „unehelichen Sohn von Kurt Waldheim" vorstellte. „Waldheim sagt, er hätte nur seine Pflicht erfüllt."

Wenn Arnold darüber lachen konnte, war der Rest auch kein Problem. „Wir erweisen hier einem Mann die Ehre, der größere Brüste hat als seine Frau." Und weiter: „Er ist die Nummer Eins als Publikumsniete in der Welt – er ist für das Schauspielfach, was Raymond Burr für das Stabhochspringen ist." Und noch weiter: „Das Warten auf einen Oscar für Arnold ist ungefähr so, als ließe man für Jimmy Hoffa das Hoflicht brennen."

Abseits der sozialen Galas machte sich Arnold daheim nützlich. „Ich wasche jetzt manchmal das Geschirr ab, wissen Sie", erzählt er dem Magazin Time. „Ich mache es aber oft mehr als Show, wenn meine Freunde da sind. Sie sagen dann: ‚Seht euch diesen Jammerlappen an! He, Maria, wo hast du die Peitsche?' Diese Dinge kann man sich nur leisten, wenn man von seiner Männlichkeit überzeugt ist."

Schließlich infizierte sich Arnold mit Umweltbewußtsein, und mit dieser neuen Einstellung wurde er politisch unwiderstehlich. „Man muß verrückt sein, wenn man sich nicht für die Umwelt interessiert", rief er aus. „Wir geben unsere Zeitungen zum Altpapier und wenn wir Papierhandtücher kaufen, dann entweder wiederverwendbare oder zumindest biologisch abbaubare. Ich würde in meinem Haushalt niemals Styroporgeschirr zulassen, und wenn die Party noch so groß ist."

Für Menschen, die an Conan den Republikaner gewöhnt waren, muß das mehr als schrullig klingen. Früher hätte man von Arnold eher erwartet, daß er über heiße Kohlen spaziert als zum Altglasbehälter. Jetzt aber paßt plötzlich alles zusammen, damit unser Held auf jenes menschliche Maß schrumpft, mit dem er endlich Teil einer Welt der Rücksichtnahme und des verbindlichen Lächelns werden kann. Sogar sein Körper scheint da mitzuspielen. 1 Meter 90 war über Jahre hinweg seine kolportierte Größe gewesen. 1987 aber, als Arnold einmal das California Institute for Women in Frontera besuchte, hielt einer der Aufseher anschließend mit seiner Enttäuschung nicht hinter dem Berg und erzählte einem Reporter: „Eigentlich ist er sogar beinahe klein." Im März 1988 faßte der DAILY MAIL ein Treffen mit dem Giganten so zusammen: „Es tut uns leid, Arnold, aber 1,90 gilt anscheinend nur an einem GUTEN Tag." Und im August desselben Jahres verkündete TIME OUT das Urteil: „Es sieht alles danach aus, daß er ein paar Zentimeter kleiner ist, als seine Biographen schreiben – außer, er kann auch Knochen zum Anschwellen bringen."

Es ist wirklich verblüffend. Aber vielleicht hat das Schicksal wirklich eingegriffen und die Versuche eines Gulliver unterstützt, der gern in die Lilliputwelt der Komödie passen wollte. Daneben gab es ohnehin noch andere, wesentlich humorlosere Kräfte, die an diesem Denkmal ein bißchen rütteln wollten.

Am 21. Februar 1988 oder kurz danach stieß Arnold auf ein Exemplar der britischen Zeitschrift NEWS OF THE WORLD. Er fand darin eine Schlagzeile: „Das Nazigeheimnis eines Hollywoodstars". Zwei britische Journalistinnen – Wendy Leigh (Hollywood) und Sharon Ring (London) – legten in ihrem Artikel eine Reihe von Beschuldigungen vor, die alle die politischen Sympathien des Schauspielers betrafen. (Aus rechtlichen Gründen können die Vorwürfe hier nicht wiederholt werden.)

Zuerst unternahm Arnold gar nichts. Dann wurde der Artikel in anderen Ländern nachgedruckt, und nun klagte er. Der Fall wurde fast zwei Jahre lang verhandelt. Am 21. Dezember 1989 zogen NEWS OF THE WORLD und Sharon Ring ihre Behauptungen mit dem Ausdruck des Bedauerns zurück. Sie bezahlten 30.000 Pfund Sterling als Entschädigung und gelobten, die Vorwürfe nie mehr zu erheben. Robert Clinton, der NEWS OF THE WORLD als Anwalt vertrat, sagte anschließend: „Meine Klienten akzeptieren, daß Mr. Schwarzenegger niemals nazistische oder antisemitische Ansichten geäußert hat und niemals ein Bewunderer von Adolf Hitler war beziehungsweise davon, was Hitler und sein übles Regime verkörpern."

Nur Wendy Leigh, die ihre eigene Biographie über Arnold vorbereitete, schloß sich dem Vergleich nicht an. Sie behauptete, daß ihr Ausgangsmaterial für den Artikel noch viele Recherchen erforderte, und war überzeugt, daß auch die Zeitschrift diese Nachforschungen betreiben würde, um sich vielleicht im nachhinein noch reinzuwaschen.

Die Fakten, die in der Zeitung genannt werden, sind unbestritten: Arnold traf Waldheim im August 1986, und er lud ihn auch zu seiner Hochzeit ein. Außerdem wollte er, wie der Artikel es andeutet, die Vergangenheit seines Vaters nicht unbedingt erörtern.

Es stellt sich die Frage, ob das schlechte oder bloß unbedachte Handlungen waren. Es könnte auch sein, daß sie uns einfach einen Arnold zeigen, der gegen Ende der achtziger Jahre das Gefühl hatte, die Vergangenheit seiner Familie wäre beigelegt und das Gespenst der Schuld seines Vaters wäre vertrieben. Bis in die frühen achtziger Jahre, behauptet Arnold immer wieder, hatte er von Gustavs NS-Parteimitgliedschaft keine Ahnung gehabt. Es war wohl 1984, erinnert sich Rabbi Marvin Hier, daß Arnold mit dem Simon-Wiesenthal-Zentrum in Los Angeles in Kontakt trat, weil er Aufklärung über die politischen Taten seines Vaters suchte.

> *„Als die Presse auf Arnolds Vater aufmerksam wurde, sagte ich allen Journalisten, daß sie nicht die ersten wären. Die erste Person, die diesbezüglich Erkundigungen einzog, war Arnold selbst. Er rief mich an und erkundigte sich, ob man Aufzeichnungen über die Nazimitgliedschaft seines Vaters bekommen könnte. Er wollte alles wissen, was das Wiesenthal-Zentrum in Erfahrung bringen konnte. Ich bat dann Simon Wiesenthal persönlich um Hilfe."*

Hier und Wiesenthal fanden heraus, daß Gustav kein Mitglied der SS oder Gestapo gewesen war, auf keiner offiziellen Kriegsverbrecherliste aufscheint und daß nach dem Krieg keine irgendwie geartete Anklage gegen ihn erhoben wurde. „Ich habe nichts Negatives über ihn gehört", sagt Wiesenthal. „Es war ein relativ normaler Umstand, daß er als Mitglied der Gendarmerie auch Parteimitglied wurde. Es gibt Unterschiede zwischen dieser Tatsache und einem echten Nazi. Es gab viele Männer, die Parteimitglieder waren, weil sie sonst ihren Job verloren hätten. Aber nicht alle haben auch aus eigenen Stücken im Sinne der Partei aktiv gehandelt."

Rabbi Hier weist noch auf einen anderen Aspekt hin: Selbst wenn Arnolds Vater sich schuldig gemacht hätte, könnte man das Arnold nicht zum Vorwurf machen. „Ich habe der Presse immer geantwortet, daß die Juden im Lauf der Geschichte wiederholt Opfer

Arnold beamt sich auf die Avenue of the Stars, Maria lächelt ebenbürtig

Eine Party für Tochter Katherine Eunice

Ein stilles Österreicher-Treffen: Arnold, Aurelia, Beleuchtung, Kamera, Musik

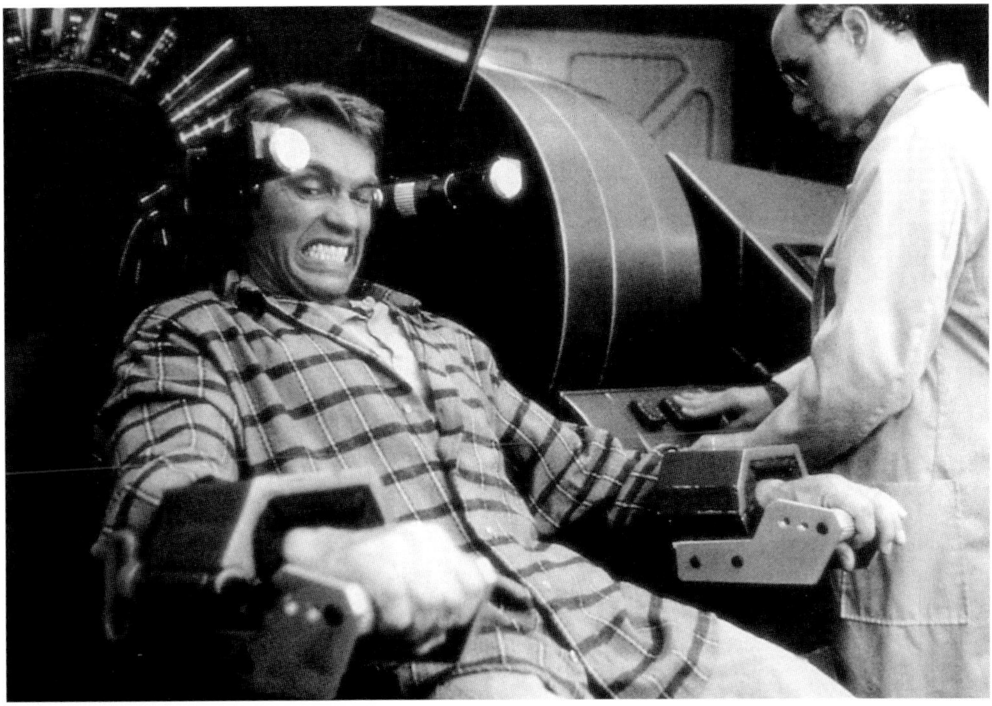

Arnold erlebt die „totale Erinnerung“

Der Filmstar als Fitneß-Zar: KINDERGARTEN COP

Die „große amerikanische Turnstunde“ im Weißen Haus

Arnie und Sly: Zwei Rivalen wagen in Cannes ein Tänzchen

Von Mäusen und Menschen

Eunice Shriver mit ihrem Schwiegersohn

Arnold verwandelt sich kurzfristig in einen Cyborg bei der Premiere des Films BACKDRAFT

Arnold (rechts) kündigt sein Debüt als Regisseur an: THE SWITCH in der Fernsehserie TALES FROM THE CRYPT

Der größte Ballon in der Geschichte: LAST ACTION HERO

Drei Männer und eine Kette: Stallone, Schwarzenegger und Bruce Willis bewerben Planet Hollywood

Ein Mann und ein Baby:
Arnold bringt Junior zur Welt

Arnold seriös – seriös genug für das höchste Amt im Staat?

einer ‚Kollektivschuld' wurden. Es ist nicht in unserem Sinne, daß man mit Arnold das abrechnet, was sein Vater getan hat."

Arnold selbst zögerte, die politische Zugehörigkeit seines Vaters öffentlich zu diskutieren. Im Jänner 1989 ging er immerhin in einem Interview mit PENTHOUSE auf die von NEWS OF THE WORLD erhobenen Vorwürfe ein. „Ich hasse die Nazizeit gründlich", sagte er. „Wenn man aus Österreich oder Deutschland stammt, bekommt man immer wieder Witze darüber zu hören ... Ich bin vollkommen gegen diese Zeit. Ich verabscheue sie."

Rabbi Hier findet, daß Arnold einen Weg gefunden hat, sich von der Geschichte seines Vaters abzugrenzen. „Er war nicht beim Begräbnis", stellt Hier fest. Hatte das mit dem Nazifaktor zu tun? „Es war ihm peinlich. Ich glaube, er war in einem Dilemma." Es bleibt aber unklar, worin das Dilemma genau lag, und weder die Geschichte noch Hier können das klären. Wir erinnern uns, daß Arnold auch die Beisetzung seines Bruders versäumt hat, und rätseln, ob Arnolds Dilemma nicht mit Begräbnissen generell zu tun hat.

Die Motive, warum Arnold das Wiesenthal-Zentrum 1984 konsultierte, bleiben unklar. Vielleicht war es wirklich politischer Instinkt: Er wollte dem Interesse, das die Sensationsmedien für die Vergangenheit seines Vaters entwickelten, den Wind aus den Segeln nehmen. Er wollte einen möglichen Schaden für seine inzwischen kosmische Filmkarriere von vornherein begrenzen. Rabbi Hier gibt zu, daß „man nicht in das Gewissen eines Menschen sehen kann", aber er legt Wert auf die Tatsache, daß Arnold schon vor seinem „Karrieregipfel" mit ihm in Kontakt war. Die Daten deuten darauf hin, daß Arnold sich nach CONAN – DER BARBAR zum erstenmal meldete, also jenem Film, der ihn zum Star machte.

Schließlich geht es in der ganzen Sache auch um Geld. Geld trübt immer die moralischen Gewässer. Als offizieller Vertreter des Wiesenthal-Zentrums würdigt Rabbi Hier die Großzügigkeit Arnolds. Er hat dem Zentrum „mehr als eine Viertelmillion Dollar" gegeben, einen Großteil davon aus seinen Filmgagen. „Bei jedem Film, den Arnold dreht", sagt Hier, „spendet er uns eine bestimmte Summe. Ein, zwei Wochen nach dem Start des Films kommt immer ein Scheck von ihm."

An anderen Stellen liest man, daß Arnold insgesamt fast fünf Millionen Dollar an das Zentrum gespendet hat. Ein Artikel des NEWSWEEK-Reporters Charles Fleming, veröffentlicht 1992 im San Francisco CHRONICLE, behauptet das zum Beispiel. Wenn man Fleming heute fragt, kann er nur vage Auskunft geben, woher er seine Zahl hatte. Er hält es für möglich, daß die Summe auch Zuwendungen an das Los Angeles Museum of Tolerance enthielt, das vom Wiesenthal-Zentrum errichtet worden war.

Auf diese Weise wollte Arnold vielleicht die Irrtümer seines Vaters sühnen. Vielleicht wollte er aber auch nur sein eigenes Gewissen beschwichtigen, das in dieser Sache durchaus gespalten war: Einerseits wollte er die Kontroverse über seinen Vater endlich beilegen, andererseits war er selbst beileibe noch nicht über autokratische Anwandlungen erhaben. Rick Wayne erinnert sich an einen Wettbewerb in Deutschland, bei dem Arnold die matte Stimmung ein wenig anheizen wollte. Er versetzte das Publikum in Aufruhr, indem er eine „Sieg-Heil"-Geste machte. Die Zuschauer antworteten mit Buhrufen. Arnold verzog sich in die Garderobe und sagte: „Diese Menschen sind nichts, wenn sie nicht von einem Österreicher geführt werden."

Wayne erzählt auch, daß Arnold mit dem Juden Joe Weider mehrmals Hitler-Imitationen spielte. Weider widerspricht dieser Erzählung nicht, aber er legt Wert auf die Feststellung, „daß wir auch eine Menge anderer Imitationen gemacht haben".

Manchmal überkommt auch den Frömmsten eine Laune, und er kühlt sein Mütchen mit schmutzigen Witzen. Es ist wohl mehr ein Zeichen von satirischer Majestätsbeleidigung als von Verehrung und Respekt, wenn man heute Hitler imitiert. Und was den erhobenen rechten Arm in Deutschland betrifft, so hält Wag Bennett die Geste überhaupt für eine klassische „Pose", die unter Bodybuildern seit Jahren geläufig war, und keineswegs für den Nazigruß.

Problematisch bleiben Arnolds eigene Ansichten in dieser Sache allemal. Gut, er haßt die Nazizeit leidenschaftlich. Umgekehrt ist sein Charisma als Filmstar auf einem Comics-Machismo aufgebaut, der von einem brutalen Totalitarismus nicht allzuweit entfernt ist. Genau dieser Schauder der Zwiespältigkeit macht seine Persönlichkeit an den Kinokassen so interessant: Warum sollte er ihn also aufs Spiel setzen? Arnold, der Übermensch. Arnold, die grimmige Mähmaschine aus außerirdischen Reichen oder drakonischen Regimes.

Dieser Arnold muß vorerst in die Garage, während er sich inzwischen die eine oder andere Spritztour in einem anderen Vehikel gönnt. Etwa TWINS, eine Komödie um Unschuld und genetische Manipulation, die aussieht, als hätte man THE BOYS FROM BRAZIL mit RAIN MAN verschnitten. Zwei Engländer, William Davies und William Osborne, erfanden diese Geschichte von zwei grundverschiedenen Zwillingsbrüdern aus der Retorte (Schwarzenegger, Danny DeVito), die in Los Angeles aufeinandertreffen. Die beiden hoffnungsvollen Autoren – hauptberuflich Rechtsanwälte – reisten in den späten achtziger Jahren nach Kalifornien. In einer Einkaufstasche von Waitrose trugen sie zwei Drehbücher. Sie versuchten ein paar Tage lang vergeblich, jemanden dafür zu interessieren. Dann trafen sie Ivan Reitman, den Regisseur von GHOSTBUSTERS. Er suchte nach Ideen für eine Komödie mit einem außergewöhnlichen Thema (keines der beiden Drehbücher in der Waitrose-Tasche entsprach dieser Anforderung). Aber Davies und Osborne setzten sich ein paar Stunden an den Strand und kamen mit einer Idee zurück: Es sollte um ein genetisches Experiment in den fünfziger Jahren gehen und um die Idee des perfekten Menschen.

In einer brillanten Eingebung brachte man Arnold und Danny als die beiden unwahrscheinlichen Eineiigen zusammen: Ein Gangster der eine, rund und gedrungen wie eine Cartoon-Bombe; ein entzückend verstörter Riese der andere. In seiner neuen Erscheinung als Blödmann ist Arnold eine komische Offenbarung. Er ist angezogen wie ein hochgeschossener Schuljunge. Ständig lächelt er mit seiner Zahnlücke ein Lächeln allerhöchster Gemütsruhe. Nur sein österreichischer Akzent muß in einem unbeobachteten Moment einmal in den Genpool gefallen sein. Mit diesen Zutaten brachte es der Film auf 120 Millionen Dollar allein in den USA, wo er im Dezember 1988 startete. Arnold profitierte besonders, denn er hatte sich vertraglich eine Beteiligung an den Einnahmen ausbedungen.

TWINS ist ein flotter Film für die Weihnachtssaison, aber er wird seiner charmanten Grundidee nicht ganz gerecht. Kritiker verstanden ihn als einen jener Filme, die viel versprechen und dann nicht mehr als ein paar zufällige Pluspunkte aufweisen. Das Drehbuch von Davies und Osborne wurde von Timothy Harris und Herschel Weingrod (DIE GLÜCKSRITTER) überarbeitet und geht schnell von einer einigermaßen witzigen Romanze in ein lustloses Roadmovie inklusive Love-Story über. Die besten Momente bleiben die zu Beginn, wenn sich die beiden Brüder fassunglos gegenüberstehen: Der kantige, hoch aufragende Arnold beäugt den menschlichen Knödel Danny. Zumindest versucht er es. Dann aber machen sich die beiden Brüder mit den obligaten Mädchen im Schlepptau (Chloe Webb, Kelly Preston) recht rasch auf den Weg, um Mama und den Sinn des Lebens zu finden.

Arnold mochte die romantischen Aspekte. „In meinen letzten fünf, sechs Filmen galt meine Liebe hauptsächlich Gewehren, Sprengstoff, Granaten und Raketen." Und er genoß die Tatsache, daß dieser neue, herzlichere Arnold eine Stimmung unbeholfener Unschuld verbreiten mußte. „Julius" ist ein Bub aus der Retorte, der aus einem mönchisch abgeschirmten Institut in der Südsee direkt in die Welt der schönen Frauen versetzt wird. „Sie können sich vorstellen, wie das ist, wenn ich eine Jungfrau spiele", wärmt Arnold einen alten Werbespruch aus den Zeiten von KAKTUS-JACK wieder auf. „Ich mußte mich als Schauspieler ordentlich anstrengen, und ich mußte mich weit zurück in meine Kindheit versetzen, so als ginge es noch einmal um den ersten Kuß. Und ich mußte unbedarft wirken."

Ivan Reitman nahm im Gegensatz dazu an Arnold eine natürliche Unschuld wahr. „Im richtigen Leben hat er diese liebenswürdigen, naiven Eigenschaften. Er ist sehr intelligent, sehr konzentriert und sehr nett. Man sieht nicht oft solche Menschen, und ich wollte rund um diese Eigenschaften eine Figur erfinden."

Auf seltsame Weise ist Arnold in TWINS tatsächlich nett. Das ist wohl das Frankensteinsyndrom: Wir entwickeln einen Beschützerinstinkt für den Pechvogel, auch wenn er ein über 1,80 großes Monster ist und nur dann eine Pause bei seinen Untaten macht, wenn er uns sein entwaffnendes, zurückgebliebenes Lächeln schenkt.

Der lustigste Augenblick in TWINS bringt Arnolds neues Charisma so richtig zum Vorschein. Wir sind auf einer belebten Straße, und ein Räuber auf einem Motorrad versucht Julius die Tasche zu entreißen. Es braucht nur ein fast unbewußtes Schlenkern Arnolds mit einem seiner 60 Zentimeter langen Arme, und schon liegt der Räuber am Boden. „Ich habe nichts getan", sagt Arnold zu den verwunderten Passanten. „Der Asphalt war sein Feind." Aber das ist nicht mehr der Mann, der in Actionfilmen verkniffen seine Sprüche von sich gibt. Das ist ein Satz der Selbstverteidigung von einem Mann, der von seiner Kraft keine Ahnung hat. „Ich veränderte den Rhythmus meiner Stimme", erklärte er einem Reporter. „In Actionfilmen kommen die Helden viel besser an, wenn sie wenig sagen, und sie sind glaubwürdiger. Nur Leute, die schwach sind, müssen sich aus einem Schlamassel herausreden."

Die Szene deutet uns aber auch an, daß die Wirkung eines Stars immer auf der schlummernden Präsenz einer gegenteiligen Regung beruht: Arnold ist so großartig als leidenschaftsloser Killer-Android im TERMINATOR, weil wir um seine lebendigen Qualitäten wissen (oder sie zumindest ahnen). PUMPING IRON hat sie uns gezeigt. Die unterdrückten Eigenschaften formen das Spiel und machen es energischer. Arnolds Charisma in TWINS hat viel damit zu tun, daß dieser schusselige, unschuldige Riese auch die verborgenen, bedrohlichen Negativenergien in sich trägt, die wir aus anderen Arnold-Filmen kennen. Das bereichert den Witz und macht ihn großzügiger.

Ein Schwarzenshriver für Arnold und Maria

„Ich wäre gern Vater. Es ist Zeit."

Babyparty

Im Frühsommer 1989 besuchte Maria Arnold in Mexiko. Er begann gerade mit der Arbeit an einem neuen Film, TOTAL RECALL. Sie wollte die sozialen Verpflichtungen des Herbsts mit ihm durchgehen: hier eine Geburtstagsparty, dort ein Hochzeitstag ... Ja, ja, seufzte Arnold, und unterschrieb alle Termine gehorsamst.

„Oh, und dann wäre es noch gut, wenn du am 1. Dezember Zeit hättest", sagte Maria.

„Was ist da?", fragte Arnold.

„Da wirst du Vater werden."

Arnold machte eine Rolle rückwärts auf sein Trainingsfahrrad zu. Vater? Es schien wie ein kleines Wunder.

Man muß es sagen, wie es ist: Arnold und Maria hatten lange und hart gearbeitet, um ein Kind zu zeugen. Die Tratschkolumnisten dieser Welt, allesamt mitfühlend und nicht schwanger, waren verunsichert. In der weniger seriösen Presse gab es sogar Gerüchte, daß Mr. und Mrs. S. die berühmten Sextherapeuten Masters und Johnson konsultiert hatten, nachdem die ersten tausend Tage der Ehe mit fruchtlosen Streitereien über Unfruchtbarkeit vergangen waren.

Nach einem besonders heftigen Streit, bei dem die Türen knallten und beide Parteien mehrmals ihren Rückzug androhten oder sogar ausführten, geschah folgendes: Das Paar, so will es die Tageszeitung STAR wissen, hatte ein „prächtige Liebesnacht" in einem Hotel in Washington.

Der STAR erfuhr das aus „vertraulicher Quelle" und verkündete sofort der ganzen Welt, daß es bei dieser besonderen Vereinigung zur Empfängnis gekommen war. Bald war die Schwangerschaft bei Maria nicht mehr zu übersehen. Am 13. Dezember 1989 schenkte sie nach fünfzehnstündiger harter Arbeit einem 4200 Gramm schweren Mädchen das Leben. Arnold durchtrennte die Nabelschnur.

„Es ist großartig, bei einer Geburt dabeizusein", verkündete er gleich nachdem er die

Gesichtsmaske und die Chirurgenhandschuhe abgelegt hatte. „Man respektiert die Frau gleich viel mehr. Der Schmerz und die stundenlange Qual brachten uns näher zusammen."

Schnitt. Die nächste Szene spielt in Arnolds Haus. Das Baby ist inzwischen drei Monate alt und hört auf den Namen Katherine Eunice. Arnold hat zwei Filmangebote, jedes 5 Millionen Dollar schwer, ausgeschlagen, weil er mit der Hand an der Wiege in Los Angeles bleiben wollte. (Andere Quellen sagen sogar, eines der Angebote lautete auf 10 Millionen Dollar und betraf ein langgehegtes Actionprojekt von Joel Silver mit dem Titel SGT. ROCK.) Maria arbeitet bereits wieder in der Fernsehshow, die sie präsentiert: SUNDAY TODAY.

Arnold ging in seiner neuen Vaterrolle sofort an die Öffentlichkeit: „Ich habe auch meine sanfte Seite. Ich helfe bei Katherine, so gut ich kann. Ich füttere sie, ich halte das Fläschchen, ich lege sie am Morgen auf meine Brust, und ich sehe zu, daß sie aufstößt." Er wechselt sogar gern ihre Windeln und steht gern „mitten in der Nacht auf, um sie in den Schlaf zu wiegen".

Die Öffentlichkeit mag sich gefragt haben, ob das gut für das Baby sein kann. Wie mag sich die Kleine wohl gefühlt haben, wenn Arnold mitten in der Nacht ins Zimmer kam, um sie in den Schlaf zu wiegen? Die meisten von uns würden sofort zum Fenster stürzen und über die Feuerleiter die Flucht ergreifen. Aber die Kleine hatte keine Probleme. Bei einem Auftritt als Vater in Oprah Winfreys Fernsehshow zeigte sich Arnold ganz wunderlich. Seine Augen leuchteten, die Zahnlücke entblößte sich in einem hinreißenden Lächeln, und der Akzent zog sich auf das gemütlichste Österreichisch seit langem zurück. „Dey come into de bed and lie on yer chest, and den dey smile and play with yer heer or scratch yer face. You jusd melt." „Sie kommen zu dir ins Bett und legen sich auf deinen Bauch, dann lächeln sie, spielen mit deinem Haar und kratzen dein Gesicht. Du schmilzt ganz einfach dahin."

Ungeachtet seiner Millionen ist Arnold gegen ein Ganztagskindermädchen. „Ich könnte das nie so machen, wie man es von den englischen Aristokraten berichtet", erzählt er einem britischen Reporter:

„Sie übergeben ihr Kind einem Kindermädchen, sehen es eine halbe Stunde am Tag und schicken es später ins Internat. Maria und ich beschäftigen auch eine Nannie, aber Katherines Wiege ist bei uns im Schlafzimmer. Sie soll wissen, wer ihre Eltern sind. Wir wollen eine vertraute Familie sein. Ich verändere mich, seit das Kind da ist. In den meisten Filmen habe ich diesen eisernen Ausdruck im Gesicht. Wenn ich als Geschäftsmann meine Termine habe, habe ich dafür ebenfalls einen eigenen Gesichtsausdruck. Aber wenn ich bei meinem Kind bin, brauche ich diese Masken nicht mehr. Ich kann so dumm sein, wie ich will."

Natürlich kommen auch viele Freunde und Kollegen in dieses Neue Jerusalem für Eltern. Regisseur Ivan Reitman schenkte Maria aus Anlaß der „Babyparty“ für Katherine Eunice einen Camcorder. Das Gerät wurde sofort vom Ehemann übernommen. „Wir sind genauso wie eine dieser verrückten Familien im Fernsehen“, sagt Maria. „Arnold läßt das Ding keine Sekunde aus den Fingern.“ Höchstens für die Dauer einer Aufnahme, bei der er einmal demonstrativ die Windeln wechselt. „Beim ersten Mal habe ich den Bund um den Hals des Babys gelegt“, lacht er. Man brauchte drei Versuche, bis die Einstellung im Kasten war.

Arnold ist ein engagierter Vater, aber er macht sich deswegen keine Sorgen, daß man ihn als „Conan der Babysitter“ verspotten könnte. „Es ist eine wunderbare Sache, ein Kind zu haben. Aber ich bin dadurch nicht verweichlicht. Das kann ich mir nicht leisten. Draußen auf der Straße muß ich so hart sein wie eh und je. In Los Angeles verwechselt man schnell Sanftheit mit Schwäche.“

Blutbad

Sein neuer Film Total Recall gibt keineswegs dazu Anlaß, Arnold als einen Softie zu betrachten. Es ist ein gewalttätiger Zukunftsthriller über Bürgerkrieg auf dem Mars. Regie führte Paul Verhoeven, nach einem langwierig entwickelten Drehbuch von den zwei Alien-Verfassern, Dan O'Bannon und Ron Shusett. Schon 1981 hatte Disney eine Option auf das Drehbuch gekauft. Danach wurde es lange Zeit zwischen Studios, Produzenten und Regisseuren hin- und hergeschoben. David Cronenberg sollte es in Italien mit Richard Dreyfuss machen. Bruce Beresford sollte es in Australien mit Patrick Swayze verfilmen. Geschätzte sieben Millionen Dollar Kosten liefen aufgrund dieser Fehlstarts auf, und ein Kurs im American Film Institute mit dem Titel „Die zehn größten nichtproduzierten Filme in Hollywood“ nahm Total Recall bereits ins Programm.

„Arnold hat die Sache eigenhändig gerettet“, sagt Shusett. In den späten Achtzigern veranlaßte Arnold die Produktionsfirma Carolco, das Drehbuch für ihn zu kaufen. Der Eigentümer war damals übrigens ausgerechnet Dino De Laurentiis. Arnold bekam also Gelegenheit, ein klein wenig Rache für seine Behandlung während der frühen Karrierejahre zu nehmen. Er wies Carolco an, deutlich unter dem Ausrufpreis zu bieten: 3 Millionen $ statt 7. Der Mogul hatte keine andere Möglichkeit, als einzuschlagen. Sein Studio war gerade in Konkurs gegangen.

Total Recall basiert auf einer Geschichte des Science-fiction-Autors Philip K. Dick mit dem Titel We Can Remember It For You Wholesale (Erinnerungen

EN GROS; eine andere Geschichte von Dick war die Vorlage für BLADE RUNNER). Die Handlung entwickelt sich auf erfrischend verrückte Weise rund um die zentrale Plotidee von implantierten Erinnerungen. War Arnold schon früher einmal auf dem Mars? Oder bildet er sich das nur ein, weil er einmal einen dieser Gedächtnis-Chip-Urlaube gebucht hat, die von ReKall Inc. angeboten werden? Die Erklärungen des Schauspielers sind mutige Versuche, eine komplexe Geschichte zu vereinfachen: „Man glaubt, man wäre tatsächlich auf dem Mars gewesen (durch den Chip). Aber bei mir passiert es so: Ich gehe dorthin (zu ReKall), lasse mir den Chip implantieren, und plötzlich ist die Hölle los. Ich werde sehr gewalttätig, und dann finde ich heraus, daß ich ein Doppelleben führe."

Douglas Quaid (Arnold) ist ein ruheloser Bauarbeiter mit einer umwerfenden, blonden Frau (Sharon Stone, damals noch kein Star). Eine hartnäckige Erinnerung plagt ihn: Er glaubt, er hätte einmal einen Aufstand gegen die Marsbosse angezettelt, die den Planeten vergiften und die Arbeiter ausbeuten. (Wir befinden uns im Jahr 2084, und der Aufstand hätte auf einer früheren Reise zu der industrialisierten Erdkolonie stattgefunden.) Jetzt soll er wieder auf den Mars geschickt werden. Er schmuggelt sich als großgewachsene Frau auf den streng bewachten Planeten. Erst als es bei den intergalaktischen Immigrationsformalitäten zu Problemen kommt, zeigt er sein wahres Gesicht.

Dieser Trick ist ein echter Coup des Films. Die Schichten des künstlichen Kopfes springen auf wie ein von Dali gezeichneter Kasten, und darunter kommt Arnolds eigener grimmiger Schädel zum Vorschein, während er noch immer den gelben Mantel der Frau trägt. Ein Schal mit Paisleymuster macht das bizarre Bild komplett. Dann greift er nach dem abgelegten Kopf, der eine heimtückische Grimasse zeigt, und ergreift die Flucht. Das Bild wurde in der Werbung massiv eingesetzt.

Die Geschichte von TOTAL RECALL funktioniert nach einer grundsätzlichen Formel. Sie ist Ausgangspunkt für Verweise an den ganzen Kinokanon und beweist einmal mehr, daß hinter dem Tumult immer das gleiche Spiel von der Moral ausgetragen wird. Ein Mann mit einer gefährdeten Identität wird für eine Mission rekrutiert (oder er teilt sich selbst ein). Er muß seine verwundbaren Reflexe (Mitleid, Schmerz) überwinden, um die notwendige Gerechtigkeit durchzusetzen. In Ausübung dieser Mission entdeckt er sein wahres Selbst: Dieser Prozeß wird meistens durch eine heilsame Wiederbegegnung mit der wichtigsten Frau in seinem Leben zum Ausdruck gebracht. Das kann die Tochter aus PHANTOM-KOMMANDO sein, die betrunkene Ehefrau in DER CITY-HAI oder die Marsbewohnerin Melina (Rachel Ticotin) in TOTAL RECALL. Das kann, in einem mehr metaphysischen Sinn, sogar Mutter Natur sein, wie in PREDATOR.

Wenn man Arnolds Gesamtkunstwerk unter diesem Aspekt betrachtet, dann bedeutet das Abstreifen des Frauenkopfs bei der Einwanderungsbehörde auf dem Mars mehr als einen großartigen Science-fiction-Stunt: Es ist eine Geste der Vermännlichung, bevor die Mission beginnt. Es ist eine als schwarze Komödie ausgeführte Version all der anderen Szenen in Filmen wie DER CITY-HAI oder PHANTOM-KOMMANDO, in denen sich Arnold zum Kämpfen ankleidet. Die Kamera inszeniert ihn dabei wie in einem Kaleidoskop aus ehrfürchtigen Blicken, während er seine Waffen und sein Lederzeug anzieht. Der Höhepunkt ist dann erreicht, wenn Arnold noch Gelegenheit hat, einen prüfenden Blick in einen Spiegel zu werfen. (In der Postmoderne ist die narzißtische Selbstgewißheit einer Ikone ebenso wichtig wie die Action. Pauline Kael hat die Spiegelszene in DER CITY-HAI als „die einzige Liebesszene des Films" beschrieben.)

Gegen Ende von TOTAL RECALL bringt Arnold den sexuell-existentiellen Symbolismus zu einem Abschluß: Er entledigt sich der falschen Frau-Anima, indem er Sharon Stone erschießt. Inzwischen ist ans Licht gekommen, daß sie eine Spionin war, die unseren Helden hereinlegen sollte. „Consider thadda divorce", „Betrachte dassalseine Scheidung", bellt er der durchlöcherten Blondine noch nach. Ein weiteres Arniegramm, das sofort in die Geschichte einging.

„Der Film ist seltsam und bizarr", verkündete der Schauspieler, „und er handelt genausoviel von Wirklichkeit und Träumen, wie er ein Actionfilm ist." Das stimmt. TOTAL RECALL handelt genauso von der Wirklichkeit und den Traumpotentialen der originalen Schwarzenegger-Mystik. Die Figur Quaid hat zahlreiche Anklänge an den lange Zeit unsichtbaren marsianischen Widerstandshelden Kuato: die Namen klingen ähnlich, sie sprechen ähnlich, und sie sehen ähnlich aus. Kuato (Er? Es?) erscheint gegen Ende des Films als lebendiger Spezialeffekt. Er ist Zwerg, ja beinahe ein Fötus, der sich zur Hälfte aus dem Bauch seines ausführenden Kommandanten stemmt.

Diese Szene ist ein Inbegriff dessen, wovon die besten Filme Arnolds handeln: die Gegenwart, die mit der Zukunft schwanger geht. (Die Szene ist aber auch schon eine Probe für die „richtige" Schwangerschaft in JUNIOR.) Arnolds metamenschliche Qualität als Ikone hat immer etwas von einem Hermaphroditen. Deswegen wundern wir uns nicht, wenn er hier als Held auftritt, der das Morgen als Keim in seinem Leib trägt. Es ist nicht anders als in anderen Rollen, in denen er seine denkwürdigen Figuren aus mehreren „Schichten des Daseins" aufbaut. Wir denken an die Roboter in den TERMINATOR-Filmen, bei denen immer wieder ein Rest von Humanität zum Vorschein kommt; der Hi-Tech-Soldat, der den primitiven Krieger in sich zuerst verschüttet und dann wieder freilegt; die Körperschockspiele, die seine Figuren mit verschiedenen Häuten und Armaturen spielen; der Koloß, der in den Komödien auf seine freundlichen Reserven zurückgreift.

Nur die äußere Physiognomie dieser Figuren bleibt meistens konstant: Es ist der muskulöse Moloch. Damit verkauft man Schwarzenegger an den Kinokassen. Damit wird gesagt: „Leg dich nicht mit mir an.“ Abgesehen von der Szene mit dem Kopf gibt es noch einen anderen komisch-dramatischen Höhepunkt in TOTAL RECALL: Ein Roboter-Taxifahrer nimmt unseren Helden auf eine Alptraumfahrt und macht dann den Fehler, einen Fahrpreis zu verlangen. „Das macht dann 18 Credits.“ Arnold: „Geh vor Gericht, du Knallkopf.“ Am Ende liegt der Roboter mit losen Schrauben auf dem Rücksitz. Auch wenn es auf diesem Mars so viele Zeitsprünge wie in Marienbad gibt, eines muß klargestellt werden: Arnold macht der Gerechtigkeit Beine. Auf Aktion folgt unmittelbare Reaktion, auf Provokation sofortige Bestrafung. Für diesen Mann sind Taxameter vernachlässigbar. Seine Mission ist es, dem ganzen lasterhaften Universum den Marsch zu blasen.

Conan der Workaholic

„Manchmal bin ich frustriert, weil ich mehr Energie in mir habe, als ich loswerden kann. Derartig viel Energie."

Regelmäßig zählt das Magazin FORBES das Geld der Reichen. Arnolds Zweijahreseinkommen aus Anlage- und Investitionskapital betrug Ende 1987 26 Millionen Dollar. 1987 allein belief sich sein Einkommen auf knapp 18 Millionen. 1990 brachte FORBES neue Zahlen, diesmal war Arnold schon bei einem Jahresumsatz von 35 Millionen. In dieser Summe war auch sein Salär für TOTAL RECALL enthalten: 10 Millionen $ plus 15 Prozent der Einspielergebnisse. Freunde und Mitarbeiter schätzten seine Aktiva auf insgesamt 40 Millionen Dollar.

Angesichts derartiger Dimensionen des Mammon würden wohl viele Männer nur mehr im Whirlpool sitzen und am Champagner nippen. Nicht so Arnold. Ihn sah man höchstens auf Marketingfotos in dieser Pose. Sein monetärer Muskel sollte für die Sache der Republikaner arbeiten. Arnold selbst wollte sich jetzt persönlich am Politgeschehen des Landes beteiligen. 1988 finden wir ihn an der Seite von George Bush bei Wahlkampfveranstaltungen. Er steht neben Bush auf der Rednertribüne: ein unbezahlbarer Werbepartner für einen Bewerber um das Weiße Haus. Arnold spart nicht mit Sprüchen: „Michael Dukakis ist der wahre Terminator." Er macht für den Kandidaten der Republikaner den Zwilling: Die Fotos zeigen zwei Männer, die einander mit ihren hageren und wie Laternen geformten Köpfen merkwürdig ähneln. Sie lächeln und lachen und blicken einträchtig in Amerikas Zukunft. Bush revanchierte sich bei Arnold und besuchte die TWINS-Premiere in Washington.

Das Team George – Arnold entstand mehr oder minder zufällig. An einem Freitag im Jahr 1988 (die Wahl war für den darauffolgenden Dienstag angesetzt) lud Jim Lorimer Arnold nach Columbus, Ohio, ein. Es sollte eine Veranstaltung für George Bush geben. Der Star stand dort auf und stellte den republikanischen Kandidaten vor, der zu diesem Zeitpunkt Vizepräsident war.

„Am selben Tag stieg Arnold in Bushs Flugzeug und begleitete ihn in drei andere Städte", erinnert sich Lorimer. „Sie gerieten im Flugzeug ins Diskutieren, und daraus entstand eine Freundschaft. Damals hatte Bush erstmals die Idee, daß Arnold in das Fitness Council des Präsidenten kommen könnte. Vorausgesetzt, Bush gewann die Wahlen."

Er gewann und bedankte sich sofort öffentlich bei Arnold für seine Unterstützung. „Es gibt viele verschiedene Formen von Courage. Besonders groß ist der Mut meines Freundes Arnold, der mehr als einmal meine Kampagne im ganzen Land unterstützt hat – und dann mußte er nach Hause fahren und die Familie seiner Frau besänftigen."

Weder Maria noch die Kennedys erschienen allerdings besonders ergrimmt. Arnold hielt den Clan ohnehin auf Distanz, und sein Terminkalender war seine Sache. Zum Beispiel ließ er sich kaum einmal für ein Zeitschriftencover mit Maria gemeinsam fotografieren.

„Das hat seinen Grund. Da weiß ich dann sofort, daß der Redakteur eine Geschichte über Arnold und Maria im Sinn hat und nicht so sehr etwas, das dem Film dienlich ist. Es hat nichts mit Eifersucht auf Maria zu tun. Wenn jemand sie und nicht mich auf das Titelbild geben will, bitteschön. Ich bin froh darüber."

Das neue Team im Weißen Haus wählte Arnold wie versprochen für die neue Behörde. Er wurde Vorsitzender des President's Council on Physical Fitness and Sports und schickte sich an, alle 50 Bundesstaaten zu bereisen, um ihnen des Evangelium nach Arnold zu verkünden. Es hagelte nur so Weisheiten.

„55 Prozent der Mädchen im Alter zwischen sechs und siebzehn und 25 Prozent der Jungen zwischen sechs und zwölf schaffen nicht einmal einen Klimmzug."

„In meiner Kindheit in Österreich mußten alle Schüler täglich eine Stunde Sport betreiben."

„Ein Philosoph hat einmal gesagt: ‚Ich will, daß die Welt besser wird, und ich will bei mir anfangen.' Denken wir darüber einmal nach. Das ist die Einstellung, mit der wir dafür sorgen sollten, daß unsere Kinder körperlich fitter werden."

„Wenn ein Kind in einer Familie aufwächst, in der die Mutter fett ist, der Vater fett ist, und alle vor dem Fernseher sitzen und Hamburger und Fritten mampfen, dann wird dieses Kind als Erwachsener genau so werden."

Ein Hulk trat also gegen Junk-Food an. Sogar seine Tochter Katherine, gerade fünf Monate alt und 8 Kilo schwer, nahm am „Great American Workout" teil, der großen amerikanischen Fitneßstunde am Rasen vor dem Weißen Haus im Mai 1990. Arnold wollte daraus eine jährliche Einrichtung machen. Katherine kuschelte sich in Marias Rucksack, während die Wichtigen und Berühmten mit Hufeisen warfen, auf Körbe zielten, auf Heimtrainern radelten und ihre Armmuskeln dehnten – alles auf Arnolds Kommando, der vom Podium aus die Anweisungen gab („Okay, General Powell, es geht NOCH weiter!").

Der Präsident beobachtete Arnold beim Gewichtheben und wandte sich dann an seinen Enkel Sam LeBlond, der gerade zu Besuch war: „Wenn Arnold das schafft, warum kannst du dann nicht einmal deine Socken aufheben?" Später legte der Anführer der freien Welt selbst einen kurzen Aerobictanz hin und witzelte dann über seinen neuen Fitneßzar: „Er ist stärker, als ich dachte. Er hat beim Bankdrücken sogar das Staatsbudget geschlagen." Die Menge war begeistert. Sie sah unter der Schirmherrschaft von Arnold und Maria und George und Barbara ein neues Jahrzehnt immerwährender Gartenfreuden heraufdämmern.

„Ich war sehr beeindruckt von der ernsthaften Arbeit in unserem Fitness Council und von seinem Vorsitzenden Arnold Schwarzenegger", bilanzierte George Bush, nachdem Arnold die neue Funktion ein halbes Jahr ausgeübt hatte. „Die Leute dachten anfangs, wir wollten nur ein hohes Tier, das ein wenig die Muskeln spielen läßt. Aber Arnold ist kein hohes Tier, ganz im Gegenteil. Er ist ganz davon beseelt, ein gutes Beispiel zu geben. Und das tut er."

Arnold verkündete der Öffentlichkeit notfalls auch, daß er körperliche Fitneß (seine eigene und die der ganzen Nation) sogar über die Arbeit als Schauspieler stellte. Im Gegensatz zu einigen Langschläfern unter den Kollegen. „Es ist toll, daß er HAMLET dreht", sagte er über Mel Gibson. „Er hatte wahrscheinlich Zeit genug. Diesen Luxus muß man sich leisten können: Er hängt in Schottland herum und dreht HAMLET. Ich bin lieber in Amerika und werbe für die Fitneß."

Vergegenwärtigen wir uns die unermüdliche Energie dieses Mannes anhand von fünf bezeichnend intensiven Monaten im Jahr 1990. Im März gab es den Arnold-Classic-Bodybuilding-Wettbewerb in Columbus, Ohio. In nur einer Stunde ließ er sich mit fast tausend Menschen, einer nach dem anderen einzeln, fotografieren. („Das war hart. Mein Gesicht schmerzt.") Jeder dieser Fotopartner hatte 250 $ für ein VIP-Paket bezahlt, das außerdem ein Bankett und ein Seminar mit Arnold beinhaltete. Messianische Selbstinszenierung stand hinter diesem Ereignis, das er im Vorjahr mit seinem Partner Jim Lorimer erfunden hatte. Der Arnold Classic hatte auch noch einen Frauenbewerb, ein „Fitneß-Weekend", Auftritte, Essen und Fotomöglichkeiten mit dem Star zu bieten. „Eine Menge Leute kommt Jahr für Jahr wieder, um sich mit Arnold fotografieren zu lassen", erzählt Lorimer. Außerdem wurde eine Viertelmillion Dollar an Preisgeldern ausgeschüttet.

Am 4. April nahm sich Arnold einen Tag frei und verließ die Vorbereitungen zu seiner neuen Komödie für Universal Pictures mit dem Titel KINDERGARTEN COP. Er traf den BBC-Dokumentarfilmer Nicolas Kent zu einem langen Interview. Kent arbeitete gerade an einer Serie über die Filmhauptstadt: NAKED HOLLYWOOD. Arnold ließ sich über alle möglichen Themen aus. Er sprach von seinem Idol Clint Eastwood („ein Mann mit Substanz, kein weinerlicher Typ"). Er redete über seinen Aufstieg und über die Personalpolitik in Hollywood.

Unter anderem gab er bemerkenswerte Einblicke in sein Charismamanagement:

> *„Als Schauspieler wird man niemals zu einem Studioverantwortlichen sagen: Nein, diesen Film mache ich nicht, die Gage ist zu gering. Das schafft nur Probleme, denn dieser Mensch könnte persönlich beleidigt sein, und das kann sich auswirken, wenn später einmal eine andere Entscheidung ansteht. Deswegen ist das ganze System so aufgebaut, daß der Regisseur oder der Schauspieler immer die unschuldige und gute Rolle übernehmen, während der Agent den Schurken spielen muß. Er geht dann hin und sagt: Ich fordere diese Summe für meinen Klienten. Und ich glaube, diese Aufteilung in Gute und Böse wird in Hollywood verstanden wie nirgendwo sonst."*

Auch wenn die Kamera ausgeschaltet war, blieb Arnolds Charmeoffensive auf Touren. Während er mit Kent vor dem Interview plaudert, setzt er kleine, freundliche Spitzen gegen seinen gegenwärtigen Arbeitgeber Tom Pollock, den Präsident von Universal:

„Sagen Sie ihm, Arnold hätte einen Vorschlag gemacht: Sie filmen ihn, während er von seiner Frau geschlagen wird. In Wahrheit beherrschen ja nicht die Männer diese Stadt, sondern die Frauen hinter ihnen. Sie besorgt es ihm immer am Abend. Das wäre eine gute Aufnahme."

Im Mai fand das Filmfestival in Cannes statt. Arnold gab Interviews, feierte bis in die Nacht, tanzte mit Sylvester Stallone (sic!) und besuchte mit einer Gruppe behinderter Kinder ein Fitneßstudio in Monaco. Die Kinder nahmen im Juli an den Special Olympics in Glasgow teil. Er schirmte die Kinder vor der Meute der Medienleute ab, die vor der Tür lagerte („Ich werde nicht zulassen, daß diese Kinder terrorisiert werden"), aber die Geschichte war dann doch in allen lokalen Zeitungen.

Im Juni startete TOTAL RECALL. Arnold war der Star einer rauschenden Premierenfeier im berühmten Griffith Observatory in Los Angeles (wo die Höhepunkte von DENN SIE WISSEN NICHT, WAS SIE TUN gedreht worden waren). Die Gäste wurden mit Lasershows verwöhnt, bekamen Tarotkarten in die Hände gedrückt und übten sich in Parapsychologie und Handlesen. Im selben Monat schmückte Arnolds Konterfei die Titelblätter von fünf amerikanischen Publikationen. Und er brachte seine Fitneßbotschaft weiterhin an jeden, der bereit war, ihm zuzuhören. Sein jünster Slogan war eine Hommage an jenes berühmte Zitat, das George Bush unter anderem zu seinem Wahlsieg 1988 verhalf (und an seiner Niederlage 1992 großen Anteil hatte): „Read my hips: no more fat." „Lesen Sie es von meinen Hüften ab: kein Fett mehr."

In den Monaten darauf fand Arnold Zeit für die intensiven Dreharbeiten zu KINDERGARTEN COP. Er entwarf einen Plan, wie man Gewichthebegeräte zu den US-Soldaten schaffen konnte, die während der Golfkrise in Saudi-Arabien stationiert waren. Er bekam die Nachricht, daß er bei der 59. Hollywood-Weihnachtsparade das Amt des Grand Marshal bekleiden sollte (in der Nachfolge von großen Männern wie Bob Hope und James Stewart). Und er wurde von einem hungaroamerikanischen Büchsenmacher auf eine Million Dollar verklagt. Lajos Goncz behauptete, Arnold hätte einen Vertrag gebrochen, der vorsah, daß sein Name in den Abspann-Credits von TOTAL RECALL genannt wurde, weil er für den Film Waffen zur Verfügung gestellt hatte. Außerdem klagte er auf Aufführungsverbot für den Film, solange sein Name nicht darin vorkam. Und er hatte Carolco, der Produktionsfirma von TOTAL RECALL, schon seine Meinung gesagt, weil sie die Spielzeugversionen seiner Waffen in Übersee erzeugen ließen: „Meine Produkte sind 100prozentig made in USA!"

Arnold überlebte diesen Krach. Aber Superstars sind inzwischen häufig das Ziel von millionenschweren Rechtsstreitigkeiten. Manchmal sind sie berechtigt, manchmal an der Grenze zum Irrwitz. In der Öffentlichkeit sieht man den Star als Melkkuh, die nur auf den Melker wartet.

Umgekehrt geht auch der Star manchmal vor Gericht. Entweder er will Gerechtigkeit und kann sich das auch leisten. Oder er hat einfach nur das Gefühl, daß die Schnüffler unter den Medienleuten einen Warnschuß gut vertragen könnten.

Kontrolle über das Image

„Nur weil ich aus Österreich komme, identifizieren mich die Leute immer wieder mit diesen deutschen Eigenheiten. (. . .) Ich bin kein Kontrollfanatiker. Ich möchte nur, daß Ordnung herrscht.“

Hähnchen auf dem Grill

1990 erschien ARNOLD, eine Schwarzenegger-Biographie von der englischen Journalistin Wendy Leigh. Das Buch stellte einige ernste Fragen bezüglich der Methoden, mit denen Arnold seine Medienpräsenz zu kontrollieren versucht.

Leighs Buch wurde zuerst in Chicago von Congden and Weed herausgebracht. Es bietet ein mit Ausdauer recherchiertes Bild von Arnolds frühen Jahren, von der Volksschule bis zu PUMPING IRON. (Die Filmkarriere nach 1977 wird weniger gründlich besprochen.) Arnolds Exfreundinnen steuern private Informationen bei, und Leigh fördert Material über so kontroverse Themen wie Arnolds Geld, Arnolds vermutete Beziehung zu schwulen Bodybuildern und Arnolds Vater zutage.

Verleger des Buches war Harvey Plotnick, der Präsident von Contemporary Books (unter diesem Logo erschien auch ARNOLD). Er erzählt eine Geschichte aus der Zeit, als das Buch schon in Druck war. Zwei Bodybuilder, die sowohl mit ihm als auch mit Arnold befreundet waren, riefen bei ihm an, um ihm einen Rat zu geben. „In einem Fall“, sagt Plotnick, „deutete der Anrufer an, daß Arnold bei einem anderen Buch mit mir zusammenarbeiten würde, wenn ich das aktuelle in aller Stille stoppen, die Rechte einbehalten und die Verfasserin auszahlen würde.“ Der andere Anrufer hätte ihm sogar angeboten, das Geld für Leighs Honorar beizusteuern, und noch etwas „extra“.

Kurz darauf, sagt Plotnick, erhielt er einen Anruf von einer New Yorker Anwaltsfirma, unter deren Teilhabern auch Sargent Shriver war, Arnolds Schwiegervater. Der Anrufer wies darauf hin, daß die Biographie möglicherweise einen Rechtsstreit heraufbeschwören könnte. Plotnicks Anwalt schrieb zurück: „Sie teilen uns implizit mit, daß Mr. Schwarzenegger über ausreichende Mittel verfügt, um Congden das Leben extrem schwer zu machen, wenn die Biographie erscheint . . . Wir wollen hoffen, er macht keine unstatthaften Versuche, mit seinem Muskelspiel das erste Grundrecht zu hintertreiben.“

Später gab es mysteriöse Anrufe bei Donnelly in Crawsford, Indiana, wo ARNOLD gerade gedruckt wurde. Ein Mann meldete sich als Produktionsleiter von Contemporary Books und versuchte ganz offensichtlich, nähere Informationen über das Buch herauszubekommen. Ein Anrufer stellte sich gar als Plotnick vor. Man verlegte die Produktion in eine andere Zweigstelle in Virginia und verschob den Veröffentlichungstermin um drei Wochen nach vor. Auch am neuen Druckort wurden entsprechende Sicherheitsvorkehrungen getroffen. Wenn das Personal über das Buch sprach, mußte es dies unter dem Code „Chicken on the Grill", „Hähnchen am Grill" tun, als ginge es um einen Titel aus der Kochbuchreihe des Verlags. Wenn jemand dieses Losungswort genannt hatte, mußte er noch eine Frage beantworten: „Gegen wen haben die Cubs gespielt?" Richtige Antwort: „Die Houston Astros."

Inzwischen gab es Gerüchte, Arnold wollte Contemporary Books kaufen. Seine flinke Publicity-Dame Charlotte Parker beschwichtigte und teilte dem Los Angeles HERALD-EXAMINER mit: „Über dieses Thema wurde nie gesprochen."

Nach Erscheinen des Buches reagierten die Medien kühl. Die Werbetour der Autorin kam bald ins Stocken. Viele zeigten ihr die kalte Schulter. Ein Interview mit Leigh, geführt von Elizabeth Hickey, sollte in der Woche nach dem 8. Juli in der Washington TIMES erscheinen, aber es kam nie dazu. Die Fernsehshow A. M. L. A. warf einen Beitrag über Leigh in der Nacht vor dem Sendetermin aus dem Programm (behauptet Leigh). Und die populäre Interviewsendung Larry King Live lehnte Leigh als Gast ab und lud statt dessen am 11. Mai Arnold selbst ein. King sprach mit Arnold über den anscheinend schleppenden Verkauf des Buchs, und Arnold verkündete: „Schund verkauft sich nicht. Die Leute sind nicht so dumm." King fragte Arnold, ob er das Buch gelesen hatte. „Nein, ich habe es nie gelesen. Nein."

Er wollte nicht einmal davon hören. 1990 gab es ein Pressebuffet mit Arnold in Cannes. Die teilnehmenden Journalisten mußten vorher eine Erklärung unterschreiben, in der sie auf Fragen nach dem Buch verzichteten. Nur gelegentlich ließ er sich zu einer Stellungnahme überreden. Er nahm die Sache auf die leichte Schulter: „Warum sollte ich zornig sein? Sie tut mir leid. Sie ist bloß eine Skandaljournalistin, und ich bin ein Topstar."

Im Land der freien Rede kam Leighs Buch unbehelligt davon, aber vor der Veröffentlichung in England sah sich Leighs Anwalt Mark Stephens aufgrund der strengeren Gesetzgebung genötigt, einige Streichungen vorzunehmen. Wir können diese Streichungen hier nicht nennen, weil wir andernfalls unter denselben Gesetzen belangbar wären. (In der Londoner TIMES erschien ein Artikel über diese Affäre und das britische Rechtssystem. Er trug den Titel „Verleumdungsrecht macht uns zum Lachschlager".)

Normalerweise müßte sich die Welt nicht gerade um Behauptungen kümmern, jemand hätte eine Biographie verhindern wollen, die sich ohnehin schlecht verkauft. Aber Leigh erwidert: „Die Menschen müßten ein Interesse daran haben, weil Arnold inzwischen in einer extrem guten Ausgangsposition für eine politische Karriere ist. Wenn er heute mit mir so umspringen kann, wen wird er dann morgen mundtot machen? Er ist nur ein Filmstar, aber das war Ronald Reagan auch."

Die SUNDAY TIMES meldete das Erscheinen des Buches am 19. August mit einem Artikel über die Probleme beim Schreiben einer Starbiographie. Leigh beklagte sich darin gequält, daß Arnold ihr noch keine Blumen geschickt hatte. Der unautorisierte Biograph ist eine unpopuläre Spezies, anders als „der durchschnittliche Showbusineßjournalist, der um die ganze Welt geflogen wird, bei Presseterminen durch ein ‚intimes Gespräch' mit dem Star eingelullt wird und dann bereitwillig einen Artikel schreibt, in dem erklärt wird, daß das innere Leben jedes Erdenbürgers außerordentlich bereichert wird, wenn er oder sie sich eine Eintrittskarte für den neuesten Film des Stars kauft".

Leigh erzählt von gelegentlichen Drohungen und merkwürdigen Vorfällen während ihrer Nachforschungen. Es gab mitternächtliche Anrufe, die zur Vorsicht rieten, denn „Arnold war eine Gottheit". Sie berichtet, daß sie einen internationalen Sicherheitsberater konsultierte, aber es fanden sich keine Bomben unter ihrem Auto, und durch ihr Fenster kamen auch keine Geschosse geflogen. Trotzdem zog sie sich für eine Weile ins „hinterste Colorado" zurück, wo sie „täglich Dokumente dem Reißwolf übergab und immer darauf achtete, daß alle Tonbänder in Banktresoren verwahrt wurden". „Ich habe Arnold zwei Jahre lang gründlich studiert", schloß sie ihren Bericht ab, „und ich habe das sichere Gefühl, daß er irgendwann begreifen wird – vielleicht erst in 25 Jahren –, daß unautorisierte Biographien ein Teil seines Geschäfts sind. Dann wird er Interflora anrufen und die Blumen schicken."

Statt dessen liefen Arnolds Leitungen nach Großbritannien heiß. Leigh widersetzte sich zwei Jahre einem Vergleich in dem Rechtsstreit um ihren Artikel in NEWS OF THE WORLD, und sie weigerte sich noch zwei weitere Jahre, ihre Behauptungen zurückzuziehen. Im Juli 1993 war es dann soweit. Arnolds Anwalt Martin Kramer zog Bilanz: „Mr. Schwarzenegger hat zu keinem Zeitpunkt Nazistandpunkte vertreten, war niemals ein Bewunderer des üblen Regimes von Hitler und niemals antisemitisch. Das ganze Gegenteil ist wahr. Er unterstützt aktiv jüdische Wohltätigkeitsorganisationen in den USA und ist ein Freund des Nazijägers Simon Wiesenthal."

Wendy Leigh lebt jetzt in Florida. Aufgrund einer Klausel in dem geschlossenen Vergleich darf sie zu der ganzen Angelegenheit nicht mehr Stellung nehmen.

1990 machte ein anderer Engländer seine Erfahrungen mit Arnolds Medienregime, wenn auch nicht so drastisch wie Wendy Leigh. Nicolas Kent widmete eine Episode seiner BBC-Serie NAKED HOLLYWOOD dem Triumph der Selbstvermarktung Arnold

Schwarzeneggers: Arnold als brandneues, von ihm selbst kreiertes „Arnoldprodukt", von ihm selbst verpackt und eigenhändig in die beste Regalposition im Supermarkt geschlichtet. Für Kent wurde er dadurch zum Paradebeispiel des neuen Filmzeitalters. „Für Schwarzenegger ist der freie Markt das Metier", sagt er heute.

„Wenn er es noch mit dem alten Studiosystem zu tun gehabt hätte, dann wäre er jetzt wahrscheinlich Johnny Weissmüller. Niemand hätte ihm die Chance gegeben, sich selbst neu zu erfinden, selbst Projekte auszuwählen oder gar über Regisseure, Drehbuchautoren und Besetzung zu entscheiden. Diese Karriere ist nur im neuen Hollywood möglich."

Kent brachte diese Auffassung im Film zum Ausdruck. Außerdem stellte er Arnold, dem Selfmadestar, einen Schauspieler gegenüber, der seinen Beruf noch als Handwerk begreift: James Caan wird ausdrücklich als weniger protziger, dafür nachdenklicher Filmkünstler präsentiert. Damit zog sich Kent den Zorn von Charlotte Parker zu. Noch vier Jahre später verwendete sie mir gegenüber Kents Namen als abschreckendes Beispiel aus der Saga „Arnie gegen Albion". „Vertrauensverlust . . . dieses Wort verbinde ich mit Nicolas Kent." „Ich hätte mir nicht im Traum einfallen lassen, daß jemand in seiner hohen Position lügen würde." „Wir waren alle wütend; aber das hat nichts mit Ihnen zu tun, Nigel. Nehmen Sie das nicht persönlich."

„Ich kann mir vorstellen, daß sie sich betrogen vorgekommen ist", sagt Kent. Er gibt zu, daß Caan und Schwarzenegger im Film sehr unterschiedlich präsentiert werden. Das Interview mit Caan besteht ohne Zwischenschnitte einfach aus Fragen und Antworten; bei Arnold sieht man zwischen den Wortpassagen noch die Parties der Mächtigen und die Arbeit mit der Presse. Aber damit, so Kent, zeige er „ganz unverhüllt das Kalkül und die Manipulation, mit der Schwarzenegger seine Karriere organisiert". Das war schließlich die ursprüngliche Idee hinter der Serie gewesen: „Ich wollte Hollywood als Unternehmerstadt zeigen und Arnold darin vor allem als einen Geschäftsmann, der einen Superstar als Markenartikel entwickelt."

Operation Wandschrank

Ist Arnold nun ein Kontrollfanatiker? Oder sorgt er nur dafür, daß alles nach seinem Willen läuft? Seine Kontrollinstinkte beschränkten sich jedenfalls nicht auf öffentlichen Aufruhr in den Medien. „Ich bin ein Organisationsfreak. Manchmal erwarte ich einfach zu viel", gab er in diesem aufwühlenden Sommer 1990 einmal zu. Zur Illustration erzählte er eine Geschichte von den Schiebetüren in seinem neuen Ferienhaus in Sun Valley.

Eines Tages sucht er vergeblich eine Schachtel mit Trainingssachen, die er aus Los Angeles mitgebracht hat. Dabei ärgert er sich besonders über den begrenzten Einblick in die Wandschränke, den ihm die Schiebetüren gestatten. „Also reiße ich die Türen heraus und werfe sie durch das ganze Zimmer, damit der Architekt mein Problem auch begreift." Danach nimmt sich Arnold den zweiten Wandschrank vor, aber in diesem Augenblick kommt Maria herein. „Auf diese Weise kann ich den ganzen Schrank mit einer Aufnahme (sic!) überblicken und meine kurzen Hosen finden", rechtfertigt er sich. Seine Frau beruhigt ihn sanft. „Sie schaut mich an und sagt: ‚Du siehst wirklich wild aus. Wow!' Da muß ich selbst über mich lachen."

Die Geschichte mit den Wandschränken ist sozusagen die häusliche Variante der älteren Geschichte vom „Besuch beim Chef, ohne anzuklopfen". Wenn man will, KANN man das als Verhalten eines Kontrollfanatikers bezeichnen. Aber ein echter Fanatiker würde die besagten Schiebetüren methodisch (und monomanisch) entfernen und sie sorgfältig niederlegen, dann erst würde er in einer Weitwinkeleinstellung das Areal der fehlenden kurzen Hosen überblicken. Und dann würde er, auf eigene Faust oder auf Geheiß der Ehefrau, die Schiebetüren wieder an ihren Platz setzen, genau nach Bedienungsanleitung.

Vielleicht ist es aber noch einmal anders: Ein Kontrollfanatiker, der nicht als solcher ERSCHEINEN möchte, würde sich der Welt gern so präsentieren wie Arnold mit den Schiebetüren. Wir sehen ein Wesen, das zu gleichen Teilen hilflos seinen verrückten Impulsen ausgeliefert und dabei doch von entwaffnender Offenheit ist. Jetzt mußte er nur noch auf eine Gelegenheit warten, bei der er selbst zum Opfer einer Kontrolle wird.

Diese Gelegenheit kam 1989. Maria untersagte Arnold, bei der Miss-America-Konkurrenz in Atlantic City als Mitglied der Jury dabeizusein. Wenige Tage vor dem Aufmarsch der Mädchen mußte Arnold absagen. Charlotte Parker erklärte, er wäre „bei Dreharbeiten in Mexiko unabkömmlich". Die Medien wußten es besser. Sie wollten es jedenfalls besser wissen. Hier wurde Arnold, der Organisator, „zurückorganisiert". „Maria war unerbittlich", sagte der Regieveteran Leonard Horn. Sie schob einen offiziellen Grund vor: Als Berichterstatterin von diesem Ereignis konnte sie es sich nicht leisten, wenn sie durch Arnolds Anwesenheit beeinflußt wurde.

Niemand konnte sich genau erklären, wie sie sich diese Beeinflussung vorstellte. Hätte sie sich die ganze Zeit auf Arnolds Bleistift konzentrieren müssen, um herauszufinden, welches der Mädchen ihn anmachte und welches nicht? Hätte sie dann von den Favoritinnen positiv berichtet oder negativ?

Wir können annehmen, daß es einfach eine kleine eheliche List war. Arnold sollte endlich einmal dem Diktat des Terminkalenders entsagen. Er sollte verspüren, wie es ist, wenn ein Kontrollfanatiker es mit höflichen Gegenfanatikern zu tun bekam. Für seinen neuen Film KINDERGARTEN COP konnte ihm das nur helfen. Der Komödienheld Arnold darf zwar zu Beginn der Geschichte in ein paar rüden Schlägen sein Machoimage noch einmal in Erinnerung rufen, aber dann muß er vor einem alles andere als gleichwertigen Gegner langsam und auf nette Art zerbröckeln. Der nicht gleichwertige Gegner: Das kann Maria genausogut sein wie Schiebetüren, die sich gegen ihn verschworen haben. Noch besser aber war ein Klassenzimmer voll mit lärmenden Kindern.

Der Weltverbesserer

„Ich freue mich auf die Gelegenheit, mit vierzig oder fünfzig kleinen Kindern in Kindergarten Cop *zu arbeiten, und ich freue mich immer auf die Arbeit mit Tieren."*

1990 entdeckte Amerika wieder einmal die Familie. „Family values" war das Modewort. Arnold war nach wie vor wie kein anderer imstande, den Zeitgeist zu erkennen. Er war ganz auf George Bushs Seite, der die traditionelle Moral beschwor. Arnold achtete dabei allerdings darauf, es sich mit neueren Bewegungen wie dem Feminismus und den Umweltschützern nicht zu verderben. Aber er pries die Familie als Heiligtum und beschwor dabei seine eigenen Erfahrungen als Vater. „Wer ein Baby hat, erfährt an sich ganz neue Möglichkeiten, mit Gefühlen umzugehen. Ich fand heraus, daß ich meinen Umgang mit dem Baby gut für die Arbeit an KINDERGARTEN COP verwerten konnte. Es ist sehr wichtig, daß man Gefühle zeigt, wenn man mit Kindern zu tun hat."

Seinen Schwenk zur Filmkomödie, der mit der Vaterschaft zeitlich zusammenfällt, verdankt Arnold nach eigener Aussage vor allem dem Regisseur von TWINS und nunmehr KINDERGARTEN COP.

> *„Ivan Reitman ist ganz allein für meinen Erfolg auf diesem Gebiet verantwortlich. Wenn man einer von seinen Schauspielern ist, dann wird man von ihm wie von einem Psychiater studiert. Er verbringt Zeit mit mir und findet heraus, was er im Film gebrauchen kann. Er war dabei, wenn ich mit Maria zusammen war, wenn ich mit Katherine gespielt habe, wenn ich geschäftliche Verhandlungen geführt habe, auch dann, wenn ich zornig gewesen bin."*

Mit diesen Informationen über Arnolds Seelenleben konnte Reitman das richtige Projekt für den Star ausfindig machen. Anfangs war der Regisseur von KINDERGARTEN COP nicht überzeugt. Es gab einen Entwurf von Murray Salem, für den Ron Howard die Rechte besaß (der selbst mit der Generationenkomödie vertraut war: Er ist unter anderem der Regisseur von EINE WAHNSINNSFAMILIE). Arnold bewegte Howards Firma Imagine Films dazu, das fertige Drehbuch an Reitman zu schicken. Die Geschichte von einem Polizisten, der als Kinderpädagoge „in geheimer Mission" hinter der Beute eines Gauners her ist, klang „anspruchsvoll". Aber das Originaldrehbuch, so Reitman, „strapazierte diese Idee zu stark, es gab zuwenig Hintergrund und Nebenthemen. Es fehlten die starken Familiengeschichten, das zerbrochene Elternhaus, der Kindesmißbrauch, ja sogar eine Liebesgeschichte."

Die vielen Hintergrundgeschichten, die daraufhin eingebracht wurden, brachten den Film beinahe zum Kentern. Arnold und Reitman aber dachten sich zweifellos, daß in den „gefühligen" neunziger Jahren eine gute Portion Sentiment und Moral dem Film nur zuträglich sein konnte. Der Film bekam grünes Licht, Arnold bekam eine Gage von 12 Millionen $ zugesichert. Von nun an war er ganz bei der Sache: Er entschied bei der Besetzung mit. Er eignete sich die Techniken eines verdeckten Ermittlers an (Bartwuchs, Regenmantel, Haarwuchs). Und er half bei der Auswahl der 100 Kinderdarsteller, alle zwischen vier und sechs Jahren alt. „Ivan Reitman brachte mich einmal in einen richtigen Kindergarten", erinnert er sich, „um herauszufinden, wie gut ich mit den Kindern zurechtkomme. Beim ersten Kontakt brach mir der Schweiß aus. Ich sagte: Hi. Sie blickten mich seltsam an. Ich sagte: Wie geht es euch heute? Und sie blickten einander an, als hätte ich Russisch geredet."

Inzwischen wurde an dem Film immer noch geschrieben. Das alte Team Herschel Weingrod und Timothy Harris (TWINS) wurde von Universal wieder einberufen. Sie sollten für mehr Komödie sorgen. Das freundliche Duett wurde aber innerhalb kürzester Zeit zu einer ganzen Schreibkolonie ausgebaut. Arnold erzählte Nicolas Kent: „Es gibt einen Autor für die Beziehungen, und einen für die Action. Einer befaßt sich nur mit den Kindern, mit den Beziehungen der Kinder untereinander und zu mir. Jeder dieser Drehbuchschreiber ist ein Experte für irgend etwas."

Aber viele Köche verderben bekanntlich den Brei. KINDERGARTEN COP torkelt als Polizistenthriller in eine Kinderkomödie, dann in eine Liebesgeschichte (Penelope Ann Miller), dann in eine sentimentale Fabel über Besitz und Verlust, und zuletzt endet er wieder als Polizistenthriller.

Die einzige lebendige Angelegenheit dabei ist Arnolds Beziehung zu den Kindern. Er präsentiert sich tonnenschwer und linkisch, ein Goliath am falschen Ort, um den die kleinen Davids herumtollen. Sie nützen jeden erdenklichen unfairen Vorteil. Eine Biologiestunde wird zur Demonstration sexueller Frühreife. Kleiner Junge: „Jungen haben einen Penis, Mädchen eine Vagina." Arnold: „Danke für den Tip." Als Arnold über Kopfschmerzen klagt, sorgt sich ein Fünfjähriger: „Vielleicht ist es ein Tumor." Ein Spielzeugtier sorgt einen Moment lang für die dringend notwendige Ablenkung. „Ja, sehr gut", feuert Arnold die Kinder an, „jetzt ist es lustig." Aber allzuschnell hebt von Neuem der Lärm und das Chaos an, und mit der Härte eines Terminators muß Arnold die zahlreichen Bitten um die Erlaubnis zum Austreten abschlagen: „Dair ISS no bathroom." „Es gibt kein WC." Arnold gerät ins Wanken. Er führt bei seiner Kollegin, der

Polizistin Pamela Reed, Beschwerde, weil ihn die Kinder einfach niederrennen: „Sie sollten einmal die Farben aufwischen. Sie sollten die Geschichten von Bären, die einkaufen gehen, vorlesen."

KINDERGARTEN COP zeigt uns einmal mehr, wie gut Arnold ist, wenn er versprengte Außerirdische spielen muß. Bei diesem Lehrerschwindel könnte er genauso gut von einem anderen Planeten sein, so wenig weiß er über den Umgang mit Kindern. Sein ausländischer Akzent paßt da perfekt ins Bild. Es geht ihm wie dem Terminator: Er ist aus der Zukunft in eine Gegenwart geschleudert worden, in der er sich erst orientieren muß. Jedes Bild wird durch seinen inneren Monitor auf seinen Datengehalt analysiert, und dann muß der Lehrer auf die Grundbegriffe menschlicher Interaktion zurückgreifen, damit er eine Beziehung zu diesen gefährlichen, noch kaum erforschten Menschenwesen aufbauen kann.

In den Komödien ändert sich die Funktion von Arnolds Akzent. Was einst bedrohlich war, stiftet jetzt Verwirrung. Zehn Jahre sind seit CONAN – DER BARBAR vergangen, als Robert Easton sich damit abmühte, Arnold mit „Queen Victorias velvet woollies" vertraut zu machen. Und noch immer klingt der Star, als hätte er den Mund voll mit österreichischen Mehlspeisen. Eine Einsicht dämmert uns: Vielleicht trainieren sie Arnold inzwischen darin, seinen Akzent zu BEHALTEN. Vielleicht sitzt Easton bei den Dreharbeiten immer herum und rauht die allzu glatten Amerikanismen auf: „Nein, nein, Arnold. Es heißt nicht: Bären beim Einkaufen. Es heißt: BEERS DAT GO SHAH-PING."

Aber nein, nichts und niemand kann diese naturbelassene und wildgewachsene Anziehungskraft trainieren oder gar manipulieren. In KINDERGARTEN COP ist Arnold fast monströs in seiner Unglaubwürdigkeit, und seine Gesten in Richtung „normaler" Menschlichkeit berühren uns gerade, weil sie so hilflos sind. Er zeigt uns, wie ein gewaltiger Held von kleinen Sabotagewaffen erledigt wird: von Kindern.

In den achtziger Jahren gab es eine Reihe ähnlicher Komödien mit „Fischen auf dem Trockenen". In ihnen bildete sich die Lage Amerikas ab, das nach einer Reihe militärischer Fehlschläge (in Vietnam, im Iran und in Beirut) ein neues Gleichgewicht suchte. Ein Polizist verwandelt sich in einen Lehrer, um das Gesetz auch in den entferntesten Winkel von Amerika einzuschmuggeln, und wird dann von vermeintlich „unterlegenen" Kräften ausgetrickst – von hier ist es kein gewagter Schluß auf eine Weltpolizeination, die ihre Männer im Gewand von Beratern (Lehrer) in entlegene Gegenden des Globus schickt und dort von den Eingeborenen ähnlich gedemütigt wird. Amerikas jüngere militärische Abenteuer wurden hier wieder einmal in altem Gewand nacherzählt: Die ewig aktuelle Geschichte von Gulliver in Lilliput, und ein Mann war der ideale Gulliver.

Aber KINDERGARTEN COP hat auch andere Facetten. Der heilsame Friedensschluß mit Rußland und die „neue Weltordnung“ von George Bush waren darin schon zu erkennen. Es gibt sentimentale Nebenhandlungen mit Kindern, die ihre geschiedenen Eltern wieder zusammenbringen. Das klingt stark nach der Familienpolitik der Präsidenten Reagan und Bush und auch ein bißchen nach den messianischen geopolitischen Ambitionen dieser Ära.

Arnold war die perfekte Besetzung für den fahrenden Ritter, der das neue „freundlichere, nettere“ Amerika vertreten sollte. Er war ein Krieger und ein Dussel. Er hatte eine charmant unbeholfene Beziehung zu Kindern und einfachen Leuten. Er konnte erbauliche Volksweisheiten in gebrochenem Englisch vortragen. Mit einem Wort: Er war wie George Bush in Übergröße. Er war eine Mischung aus gemeingefährlichem Fitneßtrainer und Hofnarr für die vorpubertäre Generation. Unermüdlich sonderte er neue Vorschriften zur Ertüchtigung ab. Seine Aussagen waren mit Statistiken überladen und genauso ehrfurchtgebietend und unverständlich wie die gewöhnlich unleserlichen Rezepte von Ärzten.

„Das nationale Gesundheitsbudget stieg von 230 Milliarden Dollar 1980 auf 606 Milliarden im letzten Jahr“, polterte Arnold 1991. „Die Summe kann sich in den nächsten zehn Jahren neuerlich verdreifachen, wenn unsere körperlich untüchtigen Kinder zu bewegungsscheuen und kränklichen Erwachsenen werden.“ Der passende Vergleich folgte sofort. „Die Situation erinnert mich an einen Mechaniker, der einen neuen Ölfilter in ein Auto einbauen möchte: Man kann ihm jetzt eine kleine Summe zahlen oder später eine große.“

Ein Rat an die Kinder war: Sie sollten turnen, während im Fernsehen die Werbung lief, „statt sich den Mund vollzustopfen“. Und wenn schon essen, dann ernährungsbewußt: „Alles, was hervorragend schmeckt, ist gewöhnlich schlecht für den Körper.“ Ausgenommen sind Kalbfleisch und Schwertfisch, die sowohl „gut“ als auch „gut für dich“ sind. Bei seinen Besuchen in Schulen und Turnhallen hatten die Kinder nicht selten Schwierigkeiten, in diesem Prediger den Filmstar wiederzuerkennen, der Menschen tötete, Polizeistationen in die Luft jagte und Autos mit der bloßen Hand auf den Kopf stellte. Ein Kind fragte ihn: „Können Sie eine Schule heben? Ich hätte sie gern an einer anderen Stelle.“

Für Arnold stand das ganze Jahr im Zeichen eines ausgeflippten Generationenkonflikts. Im Four Seasons Hotel von Los Angeles wimmelte es von schlecht programmierten Kindern (seinen Co-Stars aus KINDERGARTEN COP), die zwischen Fernsehkameras und Interviewmikrophonen hin- und herfegten und mit Erzählungen von ihren diversen Erlebnissen mit dem Star unsterblich werden wollten. Ein Mädchen: „Arnold war wie ein hoher Berg. Er hob mich hoch und sagte mir, ich bin ein sexy Teufel.“ Ein Junge: „Wir möchten auch große Muskeln haben und wie Arnold werden, wenn wir erwachsen sind.“ Ein anderes Mädchen: „Ich mag es, wenn er Leute umbringt. Vor allem, wenn er zwei Köpfe nimmt und sie zusammenkrachen läßt. Dann macht es ‚boing‘.“

Wir wissen nicht, was George und Barbara Bush von diesen Aussagen hielten. Sie hatten bald darauf ihr eigenes Problem, bei dem Arnold Augenzeuge war. Zwei Wochen nach dem Pressetermin für KINDERGARTEN COP besuchte Arnold in seiner Funktion als nationaler Fitneßzar das Präsidentenpaar in Camp David. Er sah, wie Barbara Bush auf einen Baum krachte, als sie mit den Kindern spielte und auf großen Schlauchreifen rodelte. „Am Baum war kein Schaden feststellbar“, merkte Bush an. Mrs. Bush zog sich einen leichten Bruch im linken Bein zu.

In diesem Jahr verletzte sich nicht nur die First Lady. Die Statistiken warfen beinahe von Minute zu Minute ein schlechteres Licht auf Arnolds Bemühungen um das nationale Gewichtheberethos. Zu Jahresende verbuchte die Nationale Verletzungsrechnungsstelle in Washington D. C. beinahe 30.000 Zwischenfälle mit Stemm- und Hebegeräten, darunter 399 Quetschungen, 459 ausgerenkte Gliedmaßen, 681 Amputationen, 3701 Knochenbrüche und 6191 Fleischwunden. Vielleicht war es doch sicherer, vor dem Fernseher zu sitzen und Hamburger zu mampfen.

Offensichtlich kreuzte unser Mann auf dem Weg in seine mittleren Jahre ein launisches Kraftfeld. Im Juli wurde er 43, und er fragte sich, ob er nun als Höllenhund oder als Weltverbesserer weitermachen sollte. An der Oberfläche wirkte er angesichts derartiger Alternativen demonstrativ ruhig. „Nachdem ich erst ein Drittel meines Lebens hinter mir habe, habe ich keinen Grund, mir Sorgen zu machen.“ Für diese Aussage bekommt er ein Minus in Mathematik, aber einen Pluspunkt für Optimismus.

Der gute Mensch Arnold bekam weiteren Auftrieb, als ihn das Simon-Wiesenthal-Zentrum im Juni 1991 mit einem Preis für National Leadership auszeichnete. Wieder war George Bush an seiner Seite. 1300 Gäste bezahlten 750 Dollar pro Kopf, um einen Platz im großen Ballsaal des Century Plaza Hotels zu ergattern. Der teuerste Tisch kam auf 50.000 $. Auf der Liste der Eingeladenen fanden sich Namen wie Sylvester Stallone, Goldie Hawn, Lou Ferrigno, Eunice Shriver sowie sieben Studiobosse und eine Menge Superagenten. Das renommierte Produzentenduo Peter Guber und Jon Peters (BATMAN) moderierte gemeinsam den Abend. Vor dem Galadinner gab es einen Aufmarsch von Überlebenden der Konzentrationslager. Sie trugen eine US-Flagge durch den Saal, die von Insassen des KZ Mauthausen vor der Befreiung heimlich verfertigt worden war. Es folgte eine kurze Dokumentation über Arnolds Leben. Sprecher war der Fernsehmoderator Tom Brokaw. Dann kam das Essen.

Anschließend hielt der US-Präsident eine Ansprache zu Ehren des Stars. Er spielte noch einmal auf Barbaras Unfall im Garten an und erzählte, wie Arnolds Besuch das kleine Unglück heraufbeschworen hatte. Dann machte er einen Vorschlag: „Du könntest mein Sonderbotschafter beim Repräsentantenhaus werden. Überleg es dir." Der Geehrte beschloß den Abend mit artigen Worten: „Ein Toast auf den Präsidenten der Vereinigten Staaten und auf alle Anwesenden – aus vollem und dankbarem Herzen ausgesprochen von einem kleinen Jungen aus Österreich."

Bush bekam selbst auch eine Auszeichnung (den „Cup of Elijah" für die Mitarbeit an einer Luftbrücke, über die äthiopische Juden nach Israel gebracht worden waren), aber es war Arnolds Abend. Jeder Gast erhielt einen schwarzblauen Wollbeutel, in dem sich ein TERMINATOR-2-T-Shirt befand und eine Flasche mit Parfüm von Fred Hayman. TERMINATOR 2 war Arnolds nächster Film. Später wandte sich Arnold noch an die Presse: „Es war einer der schönsten Abende in meinem Leben. Wir haben 1,5 Millionen $ eingenommen. Es ist sehr wichtig, daß die neue Generation ihre Führungsrolle in Anspruch nimmt und gegen Vorurteile und all das eintritt."

In den Medien gab es leichte Verwunderung über diese Orgie des guten Willens. Was hatte Arnold eigentlich getan, daß er sich das verdiente – und die Riesenpublicity dazu? Heute sagt Rabbi Marvin Hier: „Wir haben ihn für seine Bemühungen um das Zentrum und für seine Menschenfreundlichkeit ausgezeichnet. Er unterstützt unsere Arbeit seit acht oder neun Jahren aktiv und ist mit Simon Wiesenthal befreundet. Er hat beträchtliche Summen gespendet und immer wieder Ereignisse organisiert, bei denen Geld für das Zentrum gesammelt wurde, nicht selten sogar bei sich zu Hause."

Böswillige Menschen könnten Arnold natürlich unterstellen, er wollte sich nur in die Gesellschaft der Philanthropen einschmeicheln. In Wahrheit war es so, daß man in jeder Gesellschaft, ganz gleich, wohin man sich wandte, auf Arnold traf, der für sich die Werbetrommel rührte.

Für die behinderten Sportler entzündete er bei den Special Olympics auf dem Berg Pnyx gegenüber dem Parthenon die Olympische Flamme. Er beehrte ein Treffen von 6000 geistig behinderten Athleten in Minneapolis. Neben ihm waren Warren Beatty, Whoopi Goldberg, Melanie Griffith und das Fernsehen anwesend.

Arnold warb sogar um die Sympathie von TV-Komikern. „Hans and Franz" (Dana Carvey, Kevin Nealon) aus „Saturday Night Live" widmeten ihre ganze Nummer jedesmal dem Austroamerikaner. Eines Tages wurden sie zum Arnold Classic eingeladen und brachten den ganzen Tag damit zu, Arnolds Sekretär ihre Witze zu erzählen. Arnold war meist in der Nähe und mischte sich immer wieder ein: „Now, how do you do de accent?" „Also, wie macht ihr das mit meinem Akzent?"

Sogar die Hell's Angels hatten ihren Spaß mit ihm. John Milius erinnert sich an ein Erlebnis in einem Hamburgerrestaurant im Valley, als sie von einer Motorradgang bedrängt wurden. Die Biker schrien im Chor „Conan! Conan! Conan!“ und forderten Arnold zum Armdrücken. Arnold hielt ihnen seine muskulöse Extremität hin und fragte: „Habt ihr jemals einen so schönen Arm gesehen? Was ist, wenn ich mich jetzt verletze?“ Einer der Biker probierte es anders: „Hey, Mann, willst du meine Alte ficken?“ Arnold nahm das Mädchen in Augenschein und sagte: „Wenn ich sie jetzt ficke, wie wird es ihr dann mit dir gehen?“ Jede Provokation lief ins Leere. Gegen Abend war die Stimmung schon so einträchtig, daß Arnold mit den Motorrädern der Gangmitglieder fuhr. Die Hell's Angels verliehen ihm ihre Vereinsfarben und luden ihn ein, dem Club beizutreten.

Die ganze Welt war Arnolds Familie, aber auch in der Kleinfamilie gab es neuen Nachwuchs. Seine Tochter Christina Aurelia kam am 23. Juli 1991 im St. John's Hospital in Santa Monica zur Welt. Maria meldete sich in der Klinik unter dem Namen „Fitzgerald“ an. Das Baby hatte anfangs Schwierigkeiten bei der Atmung und kam in einen Brutkasten mit Sauerstoffzelt. Aber das Problem war geringfügig, und bald fuhr die Mutter mit dem Kind sicher zurück zur Casa Arnold.

Alles ist eitel Wonne. Arnold verträgt sich mit Hell's Angels, setzt Kinder in die Welt und arbeitet für wohltätige Zwecke. Könnte dieser Mann eigentlich noch eine bedrohliche Figur spielen? Er kann es nicht. In seinem nächsten Film TERMINATOR 2 kehrt Arnold zu der Rolle zurück, die ihn zum Star machte: ein Cyborg aus der Zukunft. Diesmal spielt er aber einen „guten“ Terminator.

Jenseits von Gut und Böse

*„Denken Sie nicht, ich spiele jetzt einen Babysitter.
Meine Figur ist so hart und rauh wie im ersten Film."*

Bubenverein

Am Wochenende rund um den 4. Juli 1991 entfielen über die Hälfte der verkauften Kinoeintrittskarten in den Vereinigten Staaten von Amerika auf TERMINATOR 2 – JUDGEMENT DAY. Im Jargon von Hollywood nennt man einen Film, der sein Potential für eine Fortsetzung bewiesen hat, eine „Konzession". Das bedeutet, daß nach dem ersten Film alle Welt auf den zweiten wartet und dann auf den dritten, ganz so, wie McDonalds und Burger King ihre Filialen errichten.

Wie jede Fortsetzung mußte auch diese Ähnlichkeiten mit dem Original haben, aber anders sein. „Es war eigentlich Arnold, der mich auf die Idee brachte", sagt James Cameron. „Er mochte die Rolle und wollte sie wieder einmal spielen." Es wäre aber widersinnig gewesen, noch einmal dieselbe Geschichte zu erzählen. Diesmal gingen Cameron und sein Co-Autor William Wisher anfangs von zwei Terminator-Figuren aus: die eine sollte attraktiv und heldenhaft sein, die andere böse aussehen und ebenso agieren. Arnold sollte beide Rollen spielen. Cameron sah aber schnell den Haken bei der Sache: „Das hätte bedeutet, daß er praktisch die gesamten Dreharbeiten, fünf Monate lang, bei den Maskenbildnern verbracht hätte. Das wollte ich ihm nicht zumuten."

Man entschied sich aber, das Konzept mit den zwei Cyborgs beizubehalten. Arnold sollte den Roboter spielen, dem unsere Sympathien gelten. Er wird wieder aus der Zukunft in die Gegenwart geschleudert, um den inzwischen herangewachsenen John Connor zu beschützen (Edward Furlong spielte den Teenager, der zum Messias für die Menschheit bestimmt war). Der Newcomer Robert Patrick spielte den Schurken, der jederzeit seine Gestalt ändern kann, durch feste Gegenstände hindurchgeht und die Gegner mit seinen metallischen Gliedmaßen durchbohrt.

Cameron selbst hält die Unterscheidung zwischen einem Helden und einem Schurken für unzutreffend: „Die Terminators existieren außerhalb moralischer Grundsätze – sie sind Maschinen. Man sagt ja auch nicht, eine Waffe ist gut und die andere ist schlecht." Arnold pflichtet ihm bei: „Für mich ist der Terminator kein Guter. Er wurde darauf programmiert, den Jungen zu beschützen. Abgesehen davon wurde nicht viel verändert. Wenn Sie das nicht glauben, dann fragen Sie eines meiner Opfer im Film."

Davon hat man eine reiche Auswahl. TERMINATOR 2 – TAG DER ABRECHNUNG ist eine Zerstörungsorgie wie schon Teil 1, nur der Tonfall ist unbeschwerter. Der Film kostete 100 Millionen $ und war damit vorerst die teuerste Produktion aller Zeiten. Trotzdem leistet er sich den riskanten Luxus, zwischen Science-fiction-Schocker und Anklängen einer pikaresken Komödie hin und her zu spielen. Cameron gewinnt die Witze aus den außerirdischen Eigenschaften des Roboters: Er ist ein Geschöpf mit programmierten Reaktionen und einer unbeteiligten Sprache. Seine surreale Gefühllosigkeit läßt ihn auf dem Planeten der Gefühle komisch wirken.

Die Rettungsaktion führt den Cyborg mit John Connor und seiner Mutter (Linda Hamilton) von einer psychiatrischen Anstalt in ein Versteck in der Wüste und anschließend in einen zerstörten Wolkenkratzer. Unterwegs nimmt der Terminator beinahe so etwas wie menschliche Züge an. Der Junge bringt ihm vieles bei, darunter den nächsten Arnold-Sager, der in die Geschichte eingeht: „Hasta la vista, baby!" Der Satz – ein betont lockerer Sprachenmix – paßt sowohl auf den irritierten Cyborg zwischen zwei Welten wie auf den Österreicher, der in Amerika sein Glück sucht.

Die Beziehung zwischen dem Jungen und dem Androiden ist der gelungenste Teil des Drehbuchs. Die beiden bringen einander nicht nur starke Sprüche bei, sondern auch spezifische Formen von Anarchie und Moral. „Hast du Kleingeld?" fragt der Junge vor einer öffentlichen Telefonzelle. Arnold zertrümmert den Münzbehälter und reicht dem Jungen das Geld. Später beginnt das Gemetzel. Der Junge schüttelt den Kopf und sagt: „Du kannst doch nicht einfach herumgehen und Leute umbringen." – „Warum?" erwidert Arnold mit der ganzen Unbekümmertheit einer Roboteridentität.

Die frühreife, lockere Art des Jungen bringt Arnolds unbeholfenen Formalismus erst so richtig zur Geltung. Der Android übernimmt die coolen Sprüche des Jungen nicht einfach. Er nähert sich ihnen, als wären sie verdächtige Objekte auf einem Gehsteig, die man zuerst einmal gründlich in Augenschein nimmt, bevor man sie benützt. Die Beziehung wirkt so glaubwürdig, daß man auch die Geschichte glauben möchte, daß die beiden Schauspieler einander abseits der Dreharbeiten sofort ins Herz schlossen. Furlong erzählt:

> *„Ich habe mit Arnold viel herumgealbert. Jim [Cameron] geriet darüber manchmal ziemlich in Rage, weil er davon im Film nichts sehen wollte. Arnold konnte das: Er schaltete einfach vom Terminator um auf Arnold und dann wieder zurück zum Terminator. Ich konnte das nicht. Deswegen mußte ich manchmal abschalten, wenn Arnold wieder seine Witze machte. Das war nicht leicht."*

Linda Hamilton, die aus diesem Bubenverein ausgeschlossen war, aber die ganze Zeit an seiner Seite spielen mußte, erinnert sich an „Arnolds Vorliebe für schmutzige Witze". Während sich die Geschichte quer durch Kalifornien bewegte, hörte sie immer wieder ein „Aachh!" „Dann waren Arnold und Eddie Furlong wieder zusammen. Gefühlsmäßig sind sie ja im selben Alter. Wir mußten tagelang miteinander im Auto sitzen. Ich mußte hilflos mit anhören, wie Arnold dem Jungen Tips gab, wie er mit Frauen umgehen sollte. Es war unerträglich."

Auch die Tatsache, daß sie die Lebensgefährtin des Regisseurs war, half Hamilton nicht viel. Cameron war zuvor mit Gale Ann Hurd und der Regisseurin Kathryn Bigelow (NEAR DARK – DIE NACHT HAT IHREN PREIS; GEFÄHRLICHE BRANDUNG) verheiratet gewesen. Hurd war die Produzentin und Co-Autorin beim TERMINATOR I und bekam nun von Cameron und der Firma Carolco 5 Millionen $ für die Freigabe der Originalrechte an dem Film. Jetzt war Hamilton die Partnerin von Cameron, und dennoch mußte sie hilflos dabei zusehen, wie die männlichen Filmpartner ihr trotz aller ihrer spektakulären Szenen die Show stahlen.

Es sollte auch Rückblenden geben, in denen Hamilton eine Liebesszene mit Michael Biehn aus dem TERMINATOR I hatte. Die Schauspielerin fand, daß ihre Figur und der ganze Film dadurch eine zusätzliche Dimension bekamen. Die Szenen wurden letztendlich geschnitten. „Man sagte mir, daß sie ein Problem für den Rhythmus des Films waren. Es waren zärtliche und stille Momente, die nicht in Jims Plan paßten. Er ist genial beim Schneiden und verzichtet sogar auf brillante Szenen. Wenn sie nicht in den Rhythmus passen, dann heißt es: Schnipp, schnipp, schnipp."

Gab es da keinen Streit? „Sie müssen sich vorstellen, wir waren intim miteinander, aber davon hat er nichts erzählt. Erst allmählich wurde mir klar, daß es keine Liebesszenen und keine Traumszenen mehr geben wird. Ach! Es ist feig! Ich habe in die Liebesszene mit Michael Biehn soviel hineingelegt. Man konnte meiner Figur geradezu ins offene Herz sehen, und zwar nur an dieser Stelle im Film."

In einer „Director's Version", die später auf Video herauskam, kann man diese Szenen inzwischen sehen. Sie bestätigen Camerons damalige Entscheidung bei der Montage. Wie schon im ersten TERMINATOR gilt auch hier das Interesse des Publikums kaum dem Seelenleben von Sarah. Das Herz beider Filme ist Arnold und das Rätsel, ob er ein Herz HAT: diese Maschine, die für kompromißlose Durchschlagskraft und sparsame Kommunikation konstruiert wurde. Ihre Gabe (und ihr Vermächtnis an die neuere Filmkunde) ist, daß sie immer den kürzest möglichen Weg zur Erfüllung eines Bedürfnisses findet. In einer bezeichnenden Szene in TERMINATOR 2 stellt ein Wissenschaftler (Joe Morton) fest, daß sein Code zum Betreten des Hochsicherheitstrakts der cyberdenen Systeme nicht mehr gilt. „Hier, nimm meinen", hilft ihm Arnold und bläst die Tür mit seiner Waffe weg.

Gefühllosigkeit ist für den Schauspieler harte Arbeit, und mehr noch die sparsame Dosierung emotionaler Anwandlungen. Das gilt auch für Arnold, der wie für Androiden geschaffen scheint. In einer Szene, erzählt er, „mußte ich ungerührt durch einen Gang spazieren, der in Flammen stand. Rund um mich war die Hölle, und ich mußte meine Waffe nachladen und weiterfeuern, ohne den geringsten Anschein einer menschlichen Reaktion." Die Dialoge waren mindestens genauso entscheidend. „Ich spielte ja eine Maschine, deswegen mußte ich auch wie ein Tonband klingen. Ich mußte detailreiche Antworten mit vielen technischen Informationen herunterrattern, ohne humane Zwischentöne. Ich durfte keine Pause machen. Jedesmal, wenn ich geringfügig aus dem Rhythmus kam, wurde die Szene abgebrochen und von vorn begonnen."

Arnolds Gegner ist der T-1000 von Robert Patrick, eine Maschine in ständiger Metamorphose, die nicht nur die äußere Gestalt verwandeln kann, sondern auch ihre Waffen direkt aus dem Körper wachsen läßt. Ihre Verletzungen verheilen sofort wieder. Die Konfrontation dieser beiden Figuren erinnert an ein altes Duell aus der Frühzeit von Arnolds Karriere: Conan, der Barbar, gegen den schlüpfrigen Verwandlungskünstler Thulsa Doom. Als Filmstar stellt Arnold nach wie vor die tragenden Säulen des Universums dar. Andere gefallen sich in immer neuen Formen, er bevorzugt das Monolothische und Einsilbige. Selbst wenn er einmal mutiert oder sich verändert, ist das nur der Schluckauf einer priesterlichen Einheit. Arnold erscheint jetzt nicht mehr einfach als Macho, sondern als Machomonster.

Die Kunst des Ungeschlachten

Diese Monstrosität hat aber, wie bei allen großen Kinoungetümen, etwas Sympathisches. Seit den Tagen des Maciste hat das Kino auf starke Männer gesetzt. Der muskulöse Sklave aus dem antiken Rom tauchte zum ersten Mal 1913 in dem Stummfilmepos CABIRIA auf. Später wurde dieser populäre Held für ein ausländisches Publikum in Samson umbenannt. Wie ein Laokoon lieferte er den italienischen Konsonanten und Selbstlauten einen hoffnungslosen Kampf. „Ma-chee-stay": Der Klang dieses Wortes weist schon deutlich auf Schwarzenegger voraus. „Macho" plus „Maschine" plus ein bißchen „Masochismus".

Arnold fügte diesen überlebensgroßen Eigenschaften noch einige Züge bizarrer Menschlichkeit hinzu. Dadurch steht er in einer reicheren Tradition, und sein Image ist ausgeprägter. „Filme hatten schon immer ihre liebenswerten Ungetüme", sagt die Filmkritikerin Pauline Kael. „Denken Sie an Victor McLaglen. Arnold Schwarzenegger hätte früher gut den VERRÄTER spielen können, wenn er mit dem irischen Akzent zurechtgekommen wäre."

MacLaglen war der massige Ire mit dem demolierten Gesicht, der in Filmen wie John Fords DER VERRÄTER oder DER SIEGER auftrat. Ähnlich wie McLaglen spielt Arnold seine monumentalen Rollen mit einem Anflug von komischem Pathos. Aber er deutet mit kleinen, trockenen Kommentaren auch an, daß ihm diese Andersartigkeit bewußt ist. „Er hatte Glück, so früh den Terminator zu spielen", sagt Kael. „Und er war so gescheit, ihn noch einmal zu spielen. Er ist ideal für nicht ganz humane Figuren. Er macht daraus etwas Komisches – am Ende erscheinen sie uns menschlicher als die Menschen, die Arnold spielt."

Auf diese Weise ragt Arnold auch deutlich aus der Reihe all jener Sportler heraus, die im Kino durch athletische Erscheinung und minimales Schauspiel glänzen. Das Etikett des sportlichen Abenteuerhelden paßt auf ihn weit weniger als auf Buster Crabbe, Johnny Weissmüller, Reg Park oder Steve Reeves. Arnold ist mehr als Körper in Bewegung. Man müßte schon Reeves mit Lon Chaney (junior oder senior) kreuzen oder Crabbe mit Boris Karloff, um nur halbwegs das gleiche Ergebnis zu erzielen wie Arnold. Sein Verschnitt aus fotogenen und primitiven Qualitäten, aus supermenschlichen und unheimlichen Effekten ist zutiefst originell.

Arnold erweckt den Eindruck einer paradoxen Synthese. Deswegen die vielen Witze über ihn, die ihn eher als Produkt eines verrückten Wissenschaftlers darstellen denn als Kind von Mann und Frau. Daß Arnold ein wenig wie ein gentechnisch hergestelltes Wesen wirkt, läßt ihn im heraufdämmernden Filmzeitalter des synthetischen Schauspiels erst recht Avantgarde sein.

In absehbarer Zukunft wird die Erscheinung jedes Schauspielers beliebig veränderbar sein. Der Computer macht es möglich, Grenzen gibt es nicht. Letztes Jahr geriet ich in ein Labor für Spezialeffekte in den Hollywood Hills. Dort arbeitete man gerade an verschiedenen Retuschen zu Sylvester Stallones Erscheinungsbild in JUDGE DREDD. Stallones Gesicht starrte mich an wie ein Gütesiegel auf der Rückseite einer Cornflakespackung: ein zweidimensionaler Nummerncode, der auf der Benutzeroberfläche der Softwareanwender bereitlag wie auf einem Operationstisch.

Ich durfte davon nichts weitererzählen, aber inzwischen ist die Pixelmanipulation ein offenes Geheimnis, und Arnold Schwarzenegger ist ihr Prophet. Sein Gesicht hat seit den Tagen von TERMINATOR und TOTAL RECALL mehr computerkosmetische Veränderungen hinter sich als jedes andere in Hollywood. Sein Gesicht wirkt sogar dann mechanisiert und außerirdisch, wenn es nicht pixeliert ist. Und wenn das Buch vom synthetischen Schauspiel einmal geschrieben ist, dann wird er sicher als erste, beste und prägendste Erscheinung genannt werden.

Die Kritiker haben damit immer noch ihre Probleme. Sie waren skeptisch, als Arnold ein Held und Unhold aus den Tiefen der Evolution war. Jetzt stritten sie, weil Arnold das erste Amalgam für das New Age zu werden schien. Bei der Komödie KINDERGARTEN COP war die Kontroverse harmlos und handelte hauptsächlich davon, ob Arnolds Größe und Kraft ein Vorteil oder ein Handicap ist. Bei TERMINATOR 2 ging die Verwirrung weiter: Spielte er hier eigentlich einen Übermenschen oder einen Untermenschen?

Terrence Rafferty führte im NEW YORKER Beschwerde, daß „der ganze Film auf der unsinnigen Annahme basiert, daß Arnold Schwarzenegger der Unterlegene ist“. Dagegen schrieb J. Hoberman in der VILLAGE VOICE einen Text, der auf ältere und in linken Zirkeln noch immer virulente Argumentationsmuster zurückgriff. Arnold ist als Filmstar ein unheimliches Totem aus der arischen großdeutschen Kultur. Hobermans provokanter Essay (er wurde später im britischen Fachmagazin SIGHT AND SOUND nachgedruckt) beschäftigt sich ausführlich mit der Beziehung zwischen dem Schauspieler und einem Philosophen, der immer wieder in diesem Zusammenhang genannt wird: Friedrich Nietzsche.

Also sprach Schwarzenegger

Der Essay trägt den Titel „Nietzsche's Boy“ und geht von dem Zitat aus, das John Milius an den Anfang von CONAN, DER BARBAR gestellt hatte: „Was mich nicht umbringt, macht mich stärker“. Hoberman entwirft das Bild einer gigantischen Überlebensmaschine, eines Golem, dessen Antriebskraft der Erfolg beim Publikum ist. Durchgehend schreibt Hoberman „Der Arnold“. Er analysiert ihn als eine Zusammensetzung aus alten Bewegungen und neuerem Unheil. „Es brauchte den Fitneßwahn der achtziger Jahre, fünfzehn Jahre Filme über ‚body horror‘, die Ausbreitung der Umweltvergiftung, die Seuche Aids und das JAWOHL von Ronald Reagan, um den Arnold zu ermöglichen.“ (Die genaue Rolle von Aids und Umweltvergiftung bei diesem Vorgang wird nicht erklärt.)

Aus all diesen Voraussetzungen hat sich Arnold als postnietzscheanische Figur herauskristallisiert. Hoberman schaudert es vor seiner eigenen Deutung. „Anders als frühere Stars“, schreibt er, „umfaßt und verkörpert er die heimlich bewunderten teutonischen Tugenden.“

Natürlich gibt es tatsächlich Bezüge zwischen dem deutschen Denker und dem österreichischen Mimen. Diese Idee war sogar ziemlich populär. Noch in den Neunzigern verkündete John Milius lautstark seine Idee: „Arnold ist sehr nietzscheanisch. Er glaubt an den Willen." Und George Butler erwähnt in seiner 1990 erschienenen Fotomonographie ARNOLD SCHWARZENEGGER: A PORTRAIT die Anspielungen des Schauspielers auf seinen generalstabsmäßigen Plan für die Karriere. Butler beschreibt diesen Plan (ohne nähere Details zu liefern) als „unverfrorene Mixtur aus nietzscheanischer Philosophie und sowjetischem Fünfjahresplan".

Aber wenn man Nietzsche genauer liest und nicht nur mit einer Reader's-Digest-Einstellung, dann erhält man wenig Munition für die landläufigen Klischees von Totalitarismus. Die Schriften beweisen, daß Nietzsches Feindbilder zuallererst die Moral der Gruppe und die überlieferten ethischen Systeme waren. Darin hätte er Arnold als Bruder betrachtet, ohne daß der gleich zu Hobermans arischem Killer werden muß. Der schuftende Sportler, der sich als Junge aus Teamaktivitäten zurückzieht, und der Erfolgreiche in einer neuen Welt, der nacheinander alle Erscheinungsbilder in seiner Karriere verspottet: Das hätte Nietzsche vielleicht geschätzt an Arnold.

Das Gelächter ist die große Fanfare überschwenglicher Verachtung bei Nietzsches allegorischen Helden. Jede neue Weisheit macht die vorangehende lächerlich und zerstört sie. Er führt einen Krieg gegen alles Absolute und ist damit buchstäblich am entgegengesetzten Pol zu allen tausendjährigen Dogmen teutonischer Diktatur in diesem Jahrhundert. („Es giebt KEINE EWIGEN Thatsachen: sowie es keine absoluten Wahrheiten giebt." MENSCHLICHES, ALLZUMENSCHLICHES) Sein Krieg gegen allgemeine Ideale ist die Vorlage für einen Helden, der niemals für die Sache anderer Leute eintritt: „Man muss den schlechten Geschmack von sich abthun, mit Vielen übereinstimmen zu wollen. ‚Gut' ist nicht mehr gut, wenn der Nachbar es in den Mund nimmt" (JENSEITS VON GUT UND BÖSE).

Manchmal wirkt Nietzsches Denken beinahe wie eine Vorwegnahme von Arnolds Leben und Karriere. Aber nie dort, wo man es vermutet, sondern an entlegenen Stellen. Es gibt eine Stelle, die sich wie ein verschlüsselter Lobgesang auf das Bodybuildingideal lesen läßt: „Vieles Schwere giebt es dem Geiste, dem Starken, tragsamen Geiste, dem Ehrfurcht innewohnt: nach dem Schweren, und Schwersten verlangt seine Stärke. Was ist das Schwerste, ihr Helden? so fragt der tragsame Geist" (ALSO SPRACH ZARATHUSTRA).

Nietzsche hatte eine Vorliebe für Verwandlungsgeschichten. Auch das gibt ein Muster vor für Arnolds bizarren Fortschritt durch eine Reihe höchst unterschiedlicher Berufungen. In ALSO SPRACH ZARATHUSTRA durchläuft der menschliche Geist drei Stadien auf dem Weg zu Weisheit und Glück. Zuerst ist er ein Kamel, ein beladenes Tier, ein Gewichtträger. Arnold der Bodybuilder. Dann ist er ein Löwe: „Freiheit will er sich erbeuten und Herr sein in seiner eignen Wüste." Arnold, der Actionstar, der Immobilienmillionär, der dynamische Geschäftsmann. Zuletzt wird er ein Kind: „Unschuld ist das Kind und Vergessen, ein Neubeginnen, ein Spiel, ein aus sich rollendes Rad, eine erste Bewegung, ein heiliges Ja-sagen." Das ist der Arnold aus TWINS, KINDERGARTEN COP, JUNIOR.

Manchmal wirkt Nietzsches Schreiben sogar wie ein lebendiges Bild von Arnolds Verhaltensweisen. „... der Wille zur Ökonomie grossen Stils: seine Kraft, seine BEGEISTERUNG beisammenbehalten ..." (DER ANTI-CHRIST) ist eine Vorwegnahme der einsilbigen, unsentimentalen Helden aus RED HEAT oder PREDATOR; PHANTOM-KOMMANDO ist in einer anderen Passage des ANTI-CHRIST vorweggenommen: „Man muss geübt sein, auf Bergen zu leben – das erbärmliche Zeitgeschwätz von Politik und Völker-Selbstsucht unter sich zu sehn."

Bedauerlicherweise hat Nietzsche nicht lang genug gelebt, um ein Auftragsautor in Hollywood zu werden. Heute würde bei ihm das Telefon niemals stillstehen, wenn es darum geht, neue Werbesprüche für Arnold zu kreieren: „Ich bin kein Mensch, ich bin Dynamit" (ECCE HOMO).

Natürlich sind alle Theorien von einer Beziehung zwischen einem modernen Filmstar und einem alten Philosophen verwegen, wahrscheinlich auch verwirrt – im allerbesten Fall. Aber die Berufung auf Nietzsche zeigt, daß bei einem Verfahren gegen einen kulturellen Giganten nicht nur die Anklage auf den Denker verweisen kann, sondern auch die Verteidigung. Vorausgesetzt, sie hat ihre Hausaufgaben gemacht.

Der verlorene Actionheld

„Niemand bleibt ständig an der Spitze.
Das gab es bisher nicht, und das wird es auch nicht geben.“

Sollte jemand wirklich so kühn sein, Arnolds Leben als Realisierung eines langfristigen Plans zu interpretieren, dann muß er erst einmal das Jahr 1992 in seine Theorie einbauen. Es sind verwirrende und manchmal bestürzende zwölf Monate. Unser Held läuft durch die Gegend, als wäre er ein Anschlagbrett für Jobs. Er eröffnet Speiselokale, führt bei Fernsehfilmen Regie und wagt sich in Filmprojekte, die seine Karriere verändern sollten. Sein Erfolg ist bestenfalls gemischt, aber sein Enthusiasmus ist ungetrübt.

Arnold der Ernährer

Im Februar 1992 eröffnete Arnold sein eigenes Restaurant in Venice, Kalifornien. Den Namen „Schatzi“ hatte er von einer deutschen Delikatessenhandlung in Santa Monica um 21.000 $ gekauft, vermeldete eine Zeitung. „Das stimmt nicht einmal ungefähr“, sagt Lilo Finston, die sechzigjährige Eigentümerin, sagt aber nicht, ob die Summe tatsächlich höher oder niedriger war. „Arnold kam regelmäßig zu uns, weil er unsere Würste schätzte“, sagt Finston. Bald nach der Eröffnung seines Restaurants klingelte auch im Feinkostladen ständig das Telefon, weil wieder einmal jemand die beiden Schatzis verwechselt hatte.

Die ersten beiden Jahre des Restaurants waren geprägt von kaum verheimlichten Personalrochaden. Das erste Opfer war die Chefköchin Lisa Stalvy, die vom berühmten Restaurant Spago's gekommen war. (Spago's, hoch oberhalb des Sunset Boulevard hingepfercht, ist ein Epizentrum des sozialen Lebens in Hollywood.) Nach einer Woche bekam Stalvy den Kündigungsbrief. Sie machte die Burger nicht fett genug. Es brauchte drei weitere Chefs, bevor die Schwarzenburgers zufriedenstellend schmeckten.

Während die Köche einander die Klinke in die Hand gaben, sorgte Geschäftsführer August Spier für einen einfachen Stil bei den Gerichten, während Arnold und Maria der Innenausstattung des Lokals ihren steirisch-südkalifornischen Stempel aufdrückten. Maria wählte das Design für die Teppiche und das Geschirr. Arnolds Beitrag bekommt man erst auf der Toilette mit. Eine geheimnisvolle Stimme aus der Wand gibt dort

Deutschlektionen, während man sein Geschäft verrichtet. Der unsichtbare Mr. Berlitz hat eine Vorliebe für Vokabeln wie „kontrollieren", „disziplinieren", „berichtigen". (Ist am Ende der Geist von Gustav, den man bisher auf dem Friedhof von Weiz in Österreich wähnte, nach Venice Beach gekommen?)

Arnold besaß nun also ein Restaurant. Aber was bedeutet das für einen Mann, der Macht und Vermögen hat, um Hunderte Restaurants zu eröffnen? Bald stand er Schulter an Schulter mit Sylvester Stallone und Bruce Willis vor den Pressekameras. Die drei Männer gründeten eine Restaurantkette mit dem Namen Planet Hollywood. Die Gründer und Co-Financiers der weltweiten Kette waren im engeren Sinn Keith Barish (der bei Arnolds RUNNING MAN dabei war) und der britische Restaurant- und Unterhaltungsmogul Robert Earl (der, wie Barish, auch bei der Finanzierung und Leitung von Schatzi seine Hände im Spiel hatte). Dieses Duo im Hintergrund hatte drei der wirkungsvollsten Werbeträger der Welt in die erste Reihe gestellt. Wenn diese Megastars erst einmal im Boot waren, konnte nichts mehr schiefgehen.

Arnold war am häufigsten bei Werbeveranstaltungen präsent. Bei der Eröffnung eines Planet Hollywood in Santa Ana, Kalifornien, brach Arnold durch die Kette der Sicherheitsvorkehrungen, um Hunderten von schreienden Fans persönlich für ihre Anwesenheit an diesem feuchten Herbstabend 1992 zu danken. Sly und Bruce blieben zurück und winkten nervös in die Menge. „Es ist eine Frage der Intelligenz", sagte Arnold später zu einem Reporter. „Diese Leute, die im Regen stehen, machen dich zum STAR."

In New York gab es den größten Rummel um Planet Hollywood. Der BATMAN-Ausstatter Anton Furst sorgte für die Inneneinrichtung. Es gibt Pfeiler, die wie Marilyn Monroes Beine geformt sind. Überall sind Fernsehschirme angebracht, auf denen alte Filme zu sehen sind. Besonders spektakulär sind jedoch zwei Memorabilia: James Deans Motorrad aus DENN SIE WISSEN NICHT, WAS SIE TUN und der Metall-Cyborg aus TERMINATOR 2.

Das Essen scheint hier Nebensache, aber es gleicht dem Irrsinn rundherum. Die Gerichte tragen Namen populärer Filme oder Stars. Nach einem brutzelnden Hamburger kommen gewöhnlich vielfarbige Eiscremes. Wenn die Auswahl einmal zu einseitig amerikanisch wird, dann taucht garantiert Aurelia Schwarzenegger auf. Eines Tages, sie ist gerade erst aus Graz gekommen, marschiert sie in das Lokal und nimmt ohne Umschweife Kurs auf die nächstbeste Bratpfanne. „Jedesmal wenn sie in das New Yorker Restaurant kommt", schwärmt Arnold, „hat sie eine neue Idee für ein Gericht. Sie geht dann sofort in die Küche und kocht es vor. Mein ganzer Erfolg rührt von ihrer Erziehung her. Wissen Sie, warum ich ein Weltmeister beim Bodybuilding wurde? Es hatte nichts mit Gewichtheben zu tun, sondern alles mit der Küche meiner Mutter."

Seine eigene Rolle im Alltag der Restaurantkette will Arnold keineswegs herunterspielen: „Ich bin mit allem befaßt. Ich suche neue Standorte, ich setze die Eröffnungen fest, ich wähle die Memorabilia für die Inneneinrichtung aus und setze fest, wieviel Geld wir investieren. Wir sind in jede einzelne Geschäftsentscheidung eingebunden, bis zu den Plänen der Architekten."

„Alles Blödsinn", korrigiert Jackie Stallone, Sylvesters Mutter. „Sie werden dafür bezahlt, daß sie ihre Namen hergeben. Sie sind die Männer im Vordergrund. Vielleicht stecken sie einen Dollar hinein."

Jedenfalls wird das Trio zu jeder größeren Eröffnung auf dem Erdball losgeschickt. Der erste europäische Ableger von Planet Hollywood landete auf dem Piccadilly Circus in London, wo man sich zwei Millionen Besucher pro Jahr als Ziel setzte. Die Eröffnungszeremonie im August 1992 übertraf alles bisher Dagewesene. Anschließend gab es eine Party für Arnold, ausgerichtet von dem britischen Filmemacher Michael Winner. John Cleese, Michael Caine, Lord (Lew) Grade, Ridley Scott und Billy Connolly tummelten sich in der Menge, aber am heftigsten tummelte sich der Ehrengast selbst. Er bewegte sich wie ein Riese unter Pygmäen und blieb sogar in dem Moment die Liebenswürdigkeit selbst, als er seinen heißgeliebten Birnenschnaps über Winners Möbel schüttete.

„Es war ihm sehr peinlich. Er machte einen Fleck auf meinen Eßzimmertisch. Er sagte zu seiner Frau: ‚Wenn das jemand bei mir in Beverly Hills macht, sind seine Tage in der Society gezählt.'"

Arnold tat Buße und plauderte mit allen Gästen. Er stellte sich um das Essen an wie alle anderen und hielt sogar eine lustige Rede: „Michael ist mehr als ein guter Freund für mich. Er ist ein vollkommen Fremder." Er blieb bis in die frühen Morgenstunden und gab Winner noch eine Trainingseinheit in seinem privaten Fitneßstudio. Am darauffolgenden Abend revanchierte sich Arnold für die Einladung und aß mit Winner bei Tramps.

Vom Restaurantmanagement zur Filmregie ist es nur ein kleiner Schritt für einen Mann, der in seiner Karriere ohnehin immer alle Zügel straff in der Hand hielt. Schon früher hatte Arnold seine Absicht verkündet, selbst einmal Filme zu machen: „Es ist eine große Herausforderung. Ich weiß nicht, wie Clint Eastwood das macht. Ich frage ihn jedesmal." Jetzt bekam er die Gelegenheit, bei einer 25-Minuten-Episode für die TV-Serie TALES FROM THE CRYPT selbst Regie zu führen. Die Geschichte ist ein kleines, aber durchaus brauchbares Schauermärchen. Ein liebeskranker alter Mann zahlt sechs Millionen Dollar für einen Körpertausch mit einem attraktiven jungen Mann. Auf diese Weise hofft er das Mädchen seiner Träume zu gewinnen. Die Pointe ist, daß sie am Ende mit dem anderen Mann fortgeht, der jetzt zwar älter, aber auch wohlhabender ist.

Die Einleitung ist ganz im Stil von Alfred Hitchcock. Arnold tritt auf. Er trägt ein purpurfarbenes T-Shirt mit dem Logo der TALES FROM THE CRYPT. Leutselig legt er seinen Arm auf die Schulter der mumifizierten Leiche, die der Conferencier der Serie ist. (Heute trägt sie ein Stirnband und hält eine Hantel aus Gebeinen in Händen.) „Unsere heutige Geschichte erzählt von einem alten Mann, der mit einem neuen Trick einen Jungbrunnen entdeckt – es ist eine verschlungene Geschichte mit dem Titel ‚De Svitch', ‚Die Verwandlung'."

THE SWITCH ist buchstäblich eine Erzählung vom „Bodybuilding". Sie gefiel Arnold wahrscheinlich, weil sie von Selbstertüchtigung handelte, dabei aber nicht ernsthaft war, sondern klassischer Grand Guignol. Stilistisch ist die Episode belanglos. Es gibt aber einen großartigen Moment. Wie durch einen Zufall handelt er von dem, was Arnolds Leibthema in diesem Jahr zu sein scheint: Essen. Der wahnsinnige Wissenschaftler, der die Oberaufsicht über die okkulte Operation hat, schneidet gerade Salami, während er die Transplantation des heikelsten männlichen Körperteils bespricht. (Ist das deutscher Humor?)

„Nach dieser kleinen Regiearbeit war ich wie in Ekstase", schwärmte Arnold. „Ich hatte nie etwas in der Art erwartet. Mit Schauspielern arbeiten und eine Szene gestalten. Eine wilde Sache."

Das nächste Projekt war dementsprechend größer. Es war ein Fernsehfilm mit dem Titel CHRISTMAS IN CONNECTICUT, die Neuverfilmung eines gleichnamigen Originals aus dem Jahr 1945. Barbara Stanwyck spielte damals eine Topjounalistin mit einer Koch- und Haushaltskolumne, die weder vom Kochen noch von Haushaltsführung eine Ahnung hat. Ihre Gourmetgerichte werden von einem geheimen Mann im Hintergrund verfertigt. Jetzt sollte Arnold dieselbe Geschichte mit einer Schauspielerin gestalten, die schon mit ganz berühmten Regisseuren gearbeitet hatte. Otto Preminger, Paul Mazursky, Sidney Lumet – sie alle hatten schon ihr Glück mit Dyan Cannon versucht.

„Zuerst dachte ich mir: ah, Arnold, nicht schlecht", erinnert sich die Schauspielerin.

„Aber versteht er sich auf Komödie? Ich konnte bei der Wahl des Regisseurs ein Wort mitreden und hatte meine Zweifel. Aber er war sehr offen und hatte sehr gute Ideen. Er hörte allen zu. Oft standen wir vor einem Szenenaufbau und hatten schon unsere Anweisungen, und dann sagte ich etwa: ‚Arnold, wäre es nicht lustiger, wenn wir da-da-da-dah.' Wenn ihm die Idee gefiel, dann warf er noch einmal alles über den Haufen. Man muß ein gefestigtes Ego haben, um so zu reagieren. Wir mußten sehr schnell arbeiten, schließlich war es nur Fernsehen. Fünf Tage die Woche wurde gedreht, am Samstag wurde geprobt. Die meisten hatten Grippe, während sie drehten."

Stanley Brooks, der Produzent des Films, war verblüfft von Arnolds Effizienz. „Er hat für jede Einstellung eine Zeichnung vorbereitet. Vor den Dreharbeiten ist er stundenlang mit Ivan Reitman zusammengesessen und ist alles mit ihm durchgegangen. Am Drehort hatte er dann sein ganzes Material auf einem Notenständer jederzeit in Reichweite. Bei einem Fernsehfilm, der in zwanzig Tagen fertig sein soll, ist das enorm hilfreich."

Aber es hilft alles nichts. CHRISTMAS IN CONNECTICUT endet als 90 Minuten lange Peinlichkeit. Das Drehbuch ist dürftig, die Schneelandschaft ist künstlich, die Besetzung ist ein Who's who abgehalfterter Stars (Tony Curtis, Kris Kristofferson, Richard Roundtree). Und Arnold macht noch den Fehler, die Schauspieler mehr statt weniger spielen zu lassen. Die Kamera klebt förmlich an den Gesichtern. Jede Textzeile wird wie ein Signal eingesetzt. Das Publikum japst nach einem Augenblick der Entspannung. Wenn gar nichts mehr geht, dann baut Arnold ein paar selbstironische Witze ein: Kristofferson muß in seinem Heimstudio ein wenig Bodybuilding treiben (er spielt einen Forstmeister, der früher vergleichende Literaturwissenschaft unterrichtet hat); im Fernsehen läuft eine Szene aus TWINS; der Filmsohn von Dyan Cannon tritt in einer Ledermontur auf und sagt an einer Stelle den berühmten Satz: „I'll be back." Arnold hat diese Stelle persönlich nachsynchronisiert.

Wie so oft in Arnolds Karriere war auch hier das Geschehen abseits der Dreharbeiten amüsanter als der Film. Während der Nachproduktion kam eine Reporterin vom TV GUIDE vorbei. Arnold sagte zu ihr: „Sie können hier nicht einfach zusehen, während wir arbeiten. Sie müssen schon ein bißchen mithelfen." Die Journalistin mußte schließlich den Schrei einer Frau nachsynchronisieren, die von Tony Curtis zu Boden gestreckt wird. „Sie haben eingeatmet!" Arnold war aufgebracht. „Niemand atmet ein, während er zu Boden fällt."

Später legte er sich ins Zeug, um den Film zu vermarkten. 759 Gäste kamen zu einer Party im Gebäude der Director's Guild of America. Und auf dem American Film Market ließ Arnold niemanden ungeschoren: „Haben Sie meinen Film gekauft?" Als Charlton Heston sich heimlich von einem Poster des Films wegstehlen wollte, wurde Arnold auf ihn aufmerksam und rief: „Hey, Charlton, machen wir ein bißchen Werbung für CHRISTMAS IN CONNECTICUT." Und schon wurde der ehemalige Moses und Exmichelangelo wieder zurückgeholt und posierte für ein Foto vor der Reklamewand.

Der Film wurde im April auf Ted Turners Kanal gezeigt. Arnold trat in Werbespots auf, in denen er die Frage beantwortete, warum ein Weihnachtsfilm im April auf Sendung ging: „Weil ich es so bestimmt habe." Die Rechnung ging anscheinend auf: CHRISTMAS IN CONNECTICUT bekam die vierthöchsten Einschaltziffern in der Geschichte von Turner Television.

Die Titanic

Nun sind Stubenhocker, die mit einer abschätzigen Geste irgendeinen Fernsehfilm einschalten, aber ein anderes Publikum als das große Filmpublikum. Wer ins Kino geht, unternimmt etwas zu seiner Unterhaltung. Man besorgt Babysitter, wirft sich in Schale, steigt ins Auto, fährt über Straßen, die entweder vereist oder verdreckt sind, zum Kino, zahlt zwanzig Dollar für Eintritt, Cola und Popcorn, läßt die Werbung und die Vorschau über sich ergehen, und dann kommt – LAST ACTION HERO.

Der Film begann wie die Titanic als unsinkbares Projekt. Columbia Sony Pictures versprach eine Actionkomödie, die alle Register ziehen sollte: Special-Effects; Autoverfolgungsjagden und Unfälle; ein jugendlicher Held für die Kids; Insiderwitze und Anspielungen für Filmexperten; Arnie für alle anderen.

Das Budget war hoch und kam im Endeffekt auf 93 Millionen Dollar, lag damit aber immer noch unter dem TERMINATOR 2. Der Präsident von Columbia, Mark Canton, beschrieb seine Geschäftspolitik so: „Wir haben der Kostenexplosion ein Ende bereitet. Früher haben wir immer gesagt: Wir wollen das Projekt, egal wieviel es kostet. Jetzt richten auch wir uns nach der Devise jedes guten Geschäfts: Wir wollen das Projekt, wenn der Preis stimmt – oder wenn Arnold dabei ist."

Arnold war der unumstrittene Mittelpunkt bei LAST ACTION HERO. Also verkündete er auch mit entsprechend großer Geste, daß die Stunde für ein friedfertigeres amerikanisches Actionkino gekommen war. Wie TERMINATOR 2 ist auch LAST ACTION HERO die Geschichte einer Freundschaft zwischen den Generationen. Ein Junge (Austin O'Brien) findet ein Kinoticket, das ihn mitten in ein Filmgeschehen versetzt. Er gerät an den Film-im-Film-Actionstar Jack Carter (Arnold). Zusammen tollen sie durch eine Phantasiedimension, in der Waffen feuern und Autos zusammenkrachen können, ohne daß jemand verletzt wird.

„Das Land wendet sich immer mehr gegen die Gewalt", stellt Arnold fest. „Amerika hat genug Gewalt in den eigenen Städten gesehen. Für den Arnold der achtziger Jahre war es in Ordnung, wenn er 275 Menschen getötet hat. Für den Arnold der Neunziger ist das undenkbar."

Arnold hatte noch ein paar andere interessante Angebote, bevor er sich für LAST ACTION HERO entschied. Er hätte die Titelrolle des GRAFEN VON MONTE CHRISTO spielen sollen, blieb aber skeptisch: „Wie soll das funktionieren, mit meinem Akzent?" Für einen Augenblick reizten ihn die Möglichkeiten von CURIOUS GEORGE, einem Fantasyabenteuer, das auf einem Kinderbuch basierte. Das Buch erzählt die Mißgeschicke eines Affen in Afrika. In seiner Begleitung ist ein Mann mit einem gelben Hut. (Arnold sollte den

Mann im gelben Hut spielen.) Schließlich war er schon beinahe breitgeschlagen, bei SWEET TOOTH zu unterschreiben. Die Komödie sollte von Norman Lear produziert und von Ron Underwood (CITY SLICKERS – DIE GROSSSTADTHELDEN) in Szene gesetzt werden.

Sie handelt von einem US-Mariner, den sein Märchenonkel auf dem Totenbett darum bittet, die Familientradition fortzusetzen. Ein netter Film für Kinder. Aber Arnold hatte vielleicht ein wenig Angst vor dem Medienecho auf dieses Projekt. Vielleicht würde ihn ein Reporter fragen: „Arnold, welche Familientraditionen hat IHR Vater Ihnen hinterlassen?"

LAST ACTION HERO hatte keinerlei derartige Fußangeln, dafür war er vom sportlichen Standpunkt gesehen ansprechend. Er war sogar in gewisser Weise avantgardistisch, indem er Illusion und Wirklichkeit durcheinanderbrachte. Andererseits blieb er deutlich sichtbar auf dem Boden und unterschied klar zwischen Guten und Bösen.

Inzwischen wurde bereits der Markt bearbeitet. Zielgruppe waren die Kinder vor der Pubertät. Die Devise war diesmal: gesunde Produkte. Die Dreharbeiten waren erst wenige Tage alt, als die Marketingabteilung eine Puppe von Jack Slater präsentierte. Erstmals sollte ein Spielzeug verkauft werden, das Arnold wirklich ähnlich sah, aber Arnold erhob nicht deswegen Einspruch: Er verlangte, daß die Puppe nicht – wie ursprünglich vorgesehen – mit einer Waffe in der Hand produziert wurde. Am Ende kostete das Stück 22 $, und es war tatsächlich unbewaffnet. Dafür konnte es den Schlüsselsatz aus dem Film aussprechen: „Beeg mistake." „Riiiesenfehler." Auf der Verpackung stand zu lesen: „Spiel locker. Spiel niemals mit echten Waffen."

LAST ACTION HERO war ein Drehbuch von zwei bislang unbekannten Studenten, Zak Penn und Adam Leff. Das Buch bekam seinen letzten Schliff von Shane Black (LETHAL WEAPON) und David Arnott (FORD FAIRLANE). Danach korrigierte William Goldman (BUTCH CASSIDY AND THE SUNDANCE KID, MISERY) vier Wochen lang weiter. Er bekam dafür eine Million Dollar. Dann kam der Regisseur ins Spiel: John McTiernan, Arnolds alter Kamerad aus PREDATOR-Tagen.

Also stach die Titanic in See. Einer der Passagiere, der noch spät an Bord kam, war der Schauspieler Charles Dance. Dance sollte den Schurken spielen, der in allen Dimensionen zu Hause ist. Er bekam die Rolle, nachdem ein anderer Engländer, Alan Rickman, abgesagt hatte. Dance erzählt: „Als ich nach Culver City zu den Dreharbeiten kam, ließ ich mir von den Requisitenleuten ein Sweatshirt machen, auf dem stand: ‚Ich bin billiger als Alan Rickman.' John McTiernan war entsetzt, daß ich Bescheid wußte, aber Arnold kaute einfach auf seiner Zigarre herum und fand das einen großartigen Witz."

Dance war bald von der leutseligen Art des Stars gefangengenommen.

„Er schafft beim Drehen eine außergewöhnliche Atmosphäre. In der Filmindustrie sind alle unfaßbar unsicher und paranoid. Jeder ist freundlich, weil jeder um den nächsten Job fürchtet. Aber je mehr ich gearbeitet habe, desto deutlicher wurde mir, daß die gute Stimmung bei uns vor allem von Arnold ausging. Er ist sehr freundlich, sehr volksnah. Das gilt auch für seine Sicht auf Filme. Eines Nachts saßen ein paar Leute im Make-up-Wohnwagen herum und unterhielten sich über die Filmindustrie. Als ich dazukam, sagte Arnold: Charles, du machst deine Kunstfilme, und ich mache Filme für die Polyester-Leute.“

Einige dieser Polyester- beziehungsweise Baumwoll-Polyester-Leute waren in Arnolds Gefolge. Er war immer noch ein sehr loyaler Mensch und umgab sich gern mit den Stuntmanfreunden aus alten Tagen. „Das waren enorme Burschen“, erinnert sich Dance. „Sie trugen alle Trikots, die ein paar Nummern zu klein waren, wodurch die Muskeln besser sichtbar waren. Neben Arnolds Wohnwagen stand ein Trainingsrad, das ständig benutzt wurde. Und bei jeder Mahlzeit gab es diese großen Behälter mit Vitaminpillen, aus denen sie sich immer beträchtliche Mengen herausnahmen.“

Das war also die Fitneßabteilung auf der Titanic. Wie stand es auf der Kapitänsbrücke? Wurde das Steuer mit Vernunft und Augenmaß geführt? Es machte bald den Anschein, daß dem nicht so war. Man unternahm einige riskante Manöver. McTiernan begann, den Film mit Insiderwitzen und überdrehten Späßen vollzuräumen. Arnold war mit Feuereifer bei der Sache. Der Film wurde mit jeder Minute postmoderner, wenn diese Steigerung gestattet ist. Es gibt eine Szene, in der Arnold sich selbst spielt. Der Star überredete Maria, ebenfalls mitzuspielen. Sie sollten gemeinsam zu einer glamourösen Filmpremiere im Film gehen. „Es bedurfte einiger eindringlicher mitternächtlicher Diskussionen, um Maria zu gewinnen“, erinnert sich Arnold.

„Ich sagte zu ihr: ‚Du mußt nichts weiter tun als du selbst sein und mir die Hölle heiß machen, wie du es immer tust, wenn wir zu irgendeiner Veranstaltung unterwegs sind.‘“

Die Eingangshalle des riesigen neuen Columbia-Sony-Gebäudes wurde als Polizeihauptquartier des Films im Film verwendet. Das Publikum kann in diesen Szenen Ausschau nach „echten“ Stars halten, die zufällig durch das Bild laufen: Sharon Stone, Robert (T 2) Patrick. In einer Szene in einem Videoladen hängt ein Poster, das „Sylvester Stallone in TERMINATOR 2: JUDGEMENT DAY“ anpreist. Und in einer frühen Szene in der Schule kommt sogar Shakespeare ins Spiel. Joan Plowright alias Lady Olivier zeigt einen Ausschnitt aus HAMLET mit Sir Laurence Olivier. Der kleine Junge Danny phantasiert in seinen

Tagträumen das klassische Drama als Trailer für einen Actionfilm. Arnold ist der Prinz von Dänemark: „Etwas ist faul im Staate Dänemark, und Hamlet bringt den Müll vor die Tür."

LAST ACTION HERO gelangte langsam an den Punkt, an dem alle Beteiligten begriffen, daß es – trotz aller involvierten und noch immer aktiven Drehbuchschreiber – kein Drehbuch gab. Eine ganze Armada von Ideenlieferanten arbeitete nach dem Prinzip: für jeden etwas. Am Ende erfanden die Beteiligten selbst etwas. Sogar Charles Dance schrieb schon seinen eigenen Text und erfand neue Szenen, mit McTiernans ausdrücklichem Einverständnis.

> *„Ich spielte zwei Szenen extra. In einer davon tanze ich um drei Uhr früh mit einer Pennerin über die 42nd Street. Ich mußte zuerst einen Mann erschießen und hatte dann die Textzeile: ‚Ist das allen egal?' Dann wandte ich mich der Kamera zu und sang: ‚What a day this has been, what a rare mood I'm in, it's almost like being in love'."*

Die Szene fehlt allerdings im fertigen Film. Eine beträchtliche Menge Zelluloid fand sich am Ende der Nachproduktion auf dem Boden des Schneideraums. McTiernan hatte nicht nur das Problem, aus dem absichtsvollen Chaos einen halbwegs verständlichen Film zu schneiden, sondern auch Termindruck. Columbia entschied sich für einen Starttermin im Frühsommer. McTiernan blieben für die Nachproduktion ganze zweieinhalb Monate. Drei Teams arbeiteten rund um die Uhr. Der Streß war so groß, daß eigens eine Masseuse verpflichtet wurde, um die schmerzenden Nackenmuskeln zu lockern. „Es herrschte aber keine panische Stimmung. Niemand hatte den Eindruck, der Film sei eine Pleite", berichtet Shane Black. Trotzdem versammelten sich schon die Geier: die Medien.

Die erste öffentliche Testvorführung fand so geheim wie nur irgend möglich statt. Die LOS ANGELES TIMES berichtete von einer Sneak-Vorführung in Pasadena. Die Reaktionen wären schlecht gewesen. „Diese Vorführung fand nie und nimmer statt", vermeldete Mort Gill, der Vizepräsident von Columbia, zu dessen Agenden die Werbung zählte. „Ich habe nie etwas von einer Vorführung in Pasadena gehört."

Die Premiere wurde zu einer denkwürdigen Nacht. Wir befinden uns in Westwood, L. A. Eine Gala soll stattfinden, mit allem Schnickschnack. Der rote Teppich ist ausgerollt, die Scheinwerfer sind eingeschaltet. Ein riesiger aufblasbarer Arnold bewacht die Szenerie. In den Büros der Journalisten und Fernsehreporter formt sich die öffentliche Meinung zu einem menschlichen Eisberg. Die Titanic kommt in Sichtweite. Das erste Leck schlägt Gene Shalit von TODAY: „Man hat uns gesagt, LAST ACTION HERO ist ein Film im Film. Jetzt stellt sich heraus, es ist ein Film ohne Film." Ein anderer Kritiker fand den Film wie „CINEMA PARADISO aus der Hölle".

Charles Dance glaubt, LAST ACTION HERO wurde dafür bestraft, daß er keinen Fließband-Arnold präsentiert – und daß man im Vorfeld schon einen unverschämten Wirbel um den Film gemacht hat.

„Die Leute hatten den Eindruck, man wollte sie ‚schwarzeneggern'. So hat es ein Journalist aus L. A. formuliert. Es ist, als würdest du ein toll aussehendes Produkt im Supermarkt kaufen. Du kommst nach Hause und stellst fest, daß es leer ist. Arnold war daran am wenigsten schuld. Es war die Schuld des ‚Komitees'. Diese Art von Filmen wird immer von ‚Komitees' gemacht."

Columbia versuchte, den Schaden zu begrenzen. Im Mai kam Arnold nach Cannes. Sein riesiges aufblasbares Ebenbild wurde vor der Küste vertäut (der Bürgermeister hatte keine Genehmigung für den Stadtbereich erteilt). Arnold sollte ein Wunder wirken, wie man es nur ihm zutraute. Aber seine Anstrengungen bewirkten zu wenig und kamen zu spät.

Am 28. Februar 1994 druckte der NEW YORKER einen neunseitigen Artikel über die Auswirkungen dieses Films und einiger anderer Managemententscheidungen auf die Bilanzen von Sony. Das Hollywood-Engagement des japanischen Konzerns war zu diesem Zeitpunkt drei Jahre alt. Ein Firmensprecher versicherte dem NEW YORKER, daß LAST ACTION HERO am Ende doch noch seine Kosten einspielen würde. Aber eine interne Rechnung von Columbia enthielt eine atemberaubende Zahl: Drei Monate nach dem Kinostart war der Film immer noch ein Defizit im Ausmaß von 124,053.994 Dollar. Damit löste LAST ACTION HERO den Western HEAVEN'S GATE als größten Flop in der Geschichte Hollywoods ab.

Der postmoderne Arnold

Und wie reagierte der erfolgsverwöhnte Star auf diese erste größere Demütigung an den Kinokassen? Zog er sich auf die Haltung von Norma Desmond aus SUNSET BOULEVARD zurück, die ihren Abstieg bekanntlich so kommentierte: „Ich BIN groß. Nur das Publikum ist kleiner geworden."? Oder berief er eine Krisensitzung im Oak Plaza ein, um mit seinen Mitarbeitern das Arnie-Image neu zu entwerfen und den Karriereplan umzuschreiben?

Arnold ging achselzuckend zur Tagesordnung über. Stanley Brooks erinnert sich an ein Essen mit dem Star. Sie trafen sich bei Schatzi an dem Tag, an dem die „Zahlen" von

Last Action Hero herauskamen. „Jurassic Park war auch gerade gestartet, und jeder konnte sehen, daß er viel besser lief als Last Action Hero. Variety brachte eine Schlagzeile: ‚Echsen verspeisen Arnold zum Mittagessen.' Aber man sah ihm nicht an, wieweit er getroffen war. Er war gut aufgelegt und voller Zuversicht, wie bei der ersten Studiovorführung, als alle noch an einen Hit glaubten."

Last Action Hero war ein gewagter Film, beinahe schon Avantgarde. Er wollte weiter gehen als alle anderen, und er ging dabei einen Schritt zu weit. Das Spiel mit Realität und Phantasie ist kühner als in Bill & Teds verrückte Reise durch die Zeit. Einem Zen-Spinner wie Keanu Reeves konnte man es abnehmen, wenn er die Grenzen des komisch-dramatischen Universums hinter sich ließ. Aber Arnold war für das Publikum der Garant für besinnungslose Beständigkeit. Wenn er sich schon über sich selbst lustig machen wollte, dann bitte mit versteinerter Miene. Sobald der Eindruck entsteht, daß Arnold – wie wir beim Zusehen – über einen Witz mitlachen kann, weil er ihn begreift, hört sich der Spaß auf.

Last Action Hero fällt nicht aus dem Rahmen. Er vernichtet jeden Rahmen. Die Postmoderne bringt alles aus dem Gleichgewicht – für das Publikum gibt es keine Haltegriffe mehr. Die Gags sind schelmisch und beziehen sich oft auf den Film selbst. In der Galapremierenszene scherzt Arnold-als-Arnold mit den Reportern: „In diesem Film töten wir nur 48 Leute, während wir im letzten noch 119 umgebracht haben." In den früheren Filmen haben wir über Arnolds Blutzoll gelacht, weil er ernst gemeint war.

In einer Szene mit einem Taxifahrer stellt sich Arnold neuerlich selbst ein Bein. Er zieht mit seinem jugendlichen Begleiter durch die Straßen und kommt zu einem Taxi. Dort brüllt er den mürrischen Lenker so an, daß es den fast aus dem Wagen bläst. „Sie kennen sicher diese Filme, in denen es heißt: ‚Make muh day' [‚Verpiß dich'] oder ‚Uh'm your worst nightmare' [‚Ich bin dein schlimmster Alptraum']. Jetzt hör dir das an: ‚Rubber baby buggy bumpus.'" Er dreht sich zu dem Jungen um. „Ha! Damit hast du nicht gerechnet, daß ich das sage, oder?"

Dieser Witz funktioniert auf Kosten jener Sprüche, die sonst Arnolds Talisman waren. Das ist doppelt fatal. Erstens gibt er damit an, daß er darüber Bescheid weiß, daß diese Sager nichts anderes als zynische Marketingtricks sind, mit deren Hilfe man das Publikum bei der Stange hält. Zweitens mißversteht der Witz die magische Qualität dieser Sprüche. Sie sind nicht einfach Nonsens-Mantras, sondern alltägliche Floskeln, die erst in ihrem neuen Kontext ihre einschüchternd-triumphale Wirkung bekommen. „Make my day" war nur ein Klischee, bevor Clint Eastwood die Redewendung verwandelte. Arnolds „I'll be back" nahm den langweiligsten aller Sätze und gab ihm im Terminator-Kontext eine aufregend brutale Note.

Ed Porter schrieb in THE MODERN REVIEW einen satirischen Essay über Arnolds postmoderne Anwandlungen. Porter beschreibt einen fiktiven Besuch am Drehort zum jüngsten Schwarzenegger-Film und findet unseren Helden in der Zwickmühle. Arnold beruft sich auf Shakespeare, Stoppard und Pirandello: „Ein gebildeter Kinobesucher sollte einen Film in seiner Fiktionalität durchschauen können und trotzdem aus vollem Herzen mit der Erzählung mitleben."

Arnold räsonniert über Brechts Verfremdungseffekt und andere hochgestochene Konzepte im Vorfeld der Postmoderne: Zur gleichen Zeit muß er sich aber ständig ein Krokodil vom Leibe halten, das ihm ans Leder will.

Es gibt wohl kaum einen anderen Star, der bei den Intellektuellen ein derartiges Delirium aus Spott und Kritik auslösen könnte. Porters Schlußfolgerung ist plausibel: Arnold kann nicht die Action und ihre postmoderne Parodie zugleich haben. LAST ACTION HERO ist dafür der Beweis.

Andererseits erfindet und kommentiert sich Arnold die ganze Karriere hindurch immer wieder neu, und Selbstironie ist ein Leitmotiv in seinen Filmen. Adam Mars-Jones merkte in seiner Kritik von LAST ACTION HERO an, daß sogar der sportliche Hintergrund von Arnold in dieses Muster paßt. „Auf seine Art ist Arnold Schwarzenegger ideal als die arisierte Ikone, denn Bodybuilding ist wesensgemäß ein postmoderner Sport. (...) Der preisgekrönte Körper ist ein Stück Muskelentwicklung, die man schon in Anführungszeichen sehen muß; er gewinnt den Preis nicht dafür, wozu er imstande ist, sondern weil er so aussieht, als wäre er dazu imstande."

Kein Wunder, daß die gesamte Weltpresse immer wieder hinter Arnolds Fassade blicken möchte. Immer wieder versucht jemand herauszufinden, wo hinter den vielen Anführungszeichen vor seinem Image, seinen Worten und Taten die Wahrheit zu finden ist. Wenn man überhaupt von Wahrheit sprechen kann. Unmittelbar vor den Dreharbeiten zu LAST ACTION HERO gab es einen Artikel von Charles Fleming in der Zeitschrift SPY. Fleming nahm sich noch einmal all die Gerüchte und Kontroversen vor, die Arnolds Aufstieg begleitet hatten. Der Artikel handelte vor allem von Medienmanipulation.

Fleming zitiert einen ungenannten leitenden Mitarbeiter von Paramount mit den Worten: „Arnold ist ein Machtmensch wie die alten Mogule der Filmindustrie – die konnten jedes Problem verschwinden lassen." Fleming erzählt von einem Interview, das TIME mit Arnold führen wollte. Die Pressebetreuerin Charlotte Parker „legte vorher die Bedingungen fest: jede Erwähnung von Wendy Leighs Buch hätte das Interview sofort beendet. Gleiches galt für die Nazivergangenheit von Arnolds Vater und für das Thema Steroide." Einmal kam es auch vor, daß Parker einer Zeitschrift nur 30 Minuten Interviewzeit einräumte. Sie sagte: „Wir wollen nicht schon wieder einen dieser langen Artikel, der Arnold aufdecken möchte."

Aber wie KOMMT man hinter das Geheimnis eines postmodernen Helden? Arnold bringt sich als öffentliche Figur ständig neu in Form. Er stellt seine „wahren Mythen" zwischen immer neue Anführungszeichen, und das Publikum akzeptiert das. Anders läßt sich sein Talent nicht erklären, mit dem er aus jedem neuen Aufruhr in den Medien unbeschädigt hervorgeht. Nach dem Artikel im SPY war es wieder einmal soweit. Für kurze Zeit blies ihm der Wind ins Gesicht. Aber Arnold entwaffnete Zeitungsreporter mit dem Satz: „Das war doch gute phantastische Literatur. Ich freue mich schon auf die Verfilmung." Nicht weniger schlagfertig war er in der Oprah-Winfrey-Show im Fernsehen. Den größten Anteil an der Aufregung um den SPY-Artikel hatte ein Nacktfoto von Arnold aus den siebziger Jahren, das Fleming aus ungenannter Quelle aufgetrieben hatte. Arnold war darüber keineswegs verlegen: „Warum sollte mich ein Foto stören, auf dem ich für einen Künstler, für einen Bildhauer Modell stehe? Ich habe nichts zu verbergen." (Zustimmendes Lachen aus dem Publikum.)

Vergeblich versuchen wir uns zu entsinnen, wo wir ein Gemälde oder eine Skulptur eines nackten Arnold gesehen haben könnten. Von Francesco Scavullo konnte ich allerdings in Erfahrung bringen, daß das Foto in SPY aus der Serie für COSMOPOLITAN stammte, die nie in Druck ging. „Die Druckqualität war so schlecht, daß ich zuerst nicht einmal sicher war, ob es von mir war. Es wurde mir erst langsam klar, aber ich wollte nicht klagen. Wozu?"

Das Geheimnis um diese Fotografie wird bei Oprah nicht gelüftet. Das darf man von diesem Mediengeturtel, das sich Talk-Show nennt, auch nicht erwarten. Nur einmal in dieser Sendung zeigt Arnold für einen Augenblick so etwas wie Unbehagen. Die Frage betrifft den Vergewaltigungsprozeß gegen William Kennedy Smith und die Reaktion des Kennedy-Clans darauf. Hier murmelt Arnold nur, daß er darüber nicht sprechen will. Höflich, aber bestimmt verweigert er jede weitere Antwort zu dieser Frage.

Arnold kommt mit seinen unverschämten Selbstmythologisierungen durch, weil sein Charme unvergleichlich fröhlich und seine Glaubwürdigkeit hart erarbeitet ist. Niemand versucht ihn zu stoppen. Warum auch? Solange Arnold guter Laune ist, haben auch die Journalisten ihren Spaß. 1993 gab es eine Umfrage, aus der Arnold als der Mann hervorging, den die meisten Amerikaner auf einem Langstreckenflug gern als Gesprächspartner hätten. Nur eine Frau kann ihn in dieser Hinsicht noch ausstechen: Oprah Winfrey. Präsident Clinton, Madonna und Boris Jelzin landen weit abgeschlagen auf den Rängen.

Arnold muß weitermachen, solange das Publikum sich von ihm unterhalten fühlt. „Für immer und ewig" ist das Motto, das sowohl auf seine Filmfiguren wie auch auf seine Karriere zutrifft. Das amerikanische Publikum hat ihm diesen Imperativ auferlegt.

Zur Zeit aber sieht es schwierig aus. Er hat LAST ACTION HERO gemacht. Er hat seine erste, wenig berauschende Filmregie hinter sich. Er nähert sich den besten Jahren. „Für immer jung" – das wäre vielleicht ein besseres Motto.

Der Mann und die Menopause

„Ein gewisses Alter ist ein Vorteil."

Statussymbole

Im Juli 1992 gelangte Arnold an einen Wendepunkt: Er wurde 45. Sofort gab er eine neue Parole aus: Das Alter entspricht dem Charakter. Im März 1993 erzählte er der New York Times:

> *„Bob Rafelson sagte vor Jahren zu mir: ‚Warte mit Kriegsfilmen oder Western, bis du 40, 45 Jahre alt bist. Dann beginnst du interessant auszusehen. Du hast gute Knochen, das ist ein Vorteil.' Ich war zuerst beleidigt. Ich dachte mir, was will er eigentlich? Ich sehe doch großartig aus. Aber er hatte recht . . . Ein gewisses Alter ist ein Vorteil."*

Das trifft vielleicht für den Charakterkopf zu. Unterhalb entwickeln sich die Dinge gewöhnlich nicht gerade zum Vorteil, besonders bei einem Actionstar, der laufen, springen und kämpfen muß. Entsprechend wurden andere virile Statussymbole wichtig. Wie ein Pawlowscher Hund stürzte sich die Presse zu dieser Zeit auf Arnolds Autos, auf seine Geschäfte und auf alles, was nach Geschwindigkeit, Ansehen und Ruhm aussah. Jetzt war er nicht mehr das angeschwollene Pin-up, dessen Tätigkeit im wesentlichen darin bestand, Kleidungsstücke abzustreifen. Jetzt heftete sich der Held von CONAN und PHANTOM-KOMMANDO und PREDATOR neue Insignien der Männlichkeit an den Körper.

Eines der Statussymbole war Geld. Arnold hielt die Öffentlichkeit genau auf dem laufenden, wie es um seine Rolle als Midas stand. Er wußte um jeden Dollar, den er besaß; da konnte er sich leicht auch noch über sein Finanzgeschick lustig machen. Im Fernsehen wurde er einmal gefragt, ob Geld glücklich macht: „Nein. Ich besitze jetzt 50 Millionen Dollar, und ich bin auch nicht glücklicher, als ich mit 48 Millionen war."

Einmal kam seine Tochter Katherine bei den Dreharbeiten zu LAST ACTION HERO zu Besuch. Er gab ihr die neueste Ausgabe von DAILY VARIETY: „Hier, Katherine, lies die Einspielergebnisse. Sie sind sehr interessant." Katherine war drei Jahre alt. Ein paar Minuten später brachte Arnold noch einmal Geld ins Spiel. Katherine stand bei einer Aufnahme im Weg. Ihr Vater schickte sie mit den Worten weg: „Katherine, diese Firma kann sich nur einen Schwarzenegger leisten, nicht zwei."

Das ist frech und witzig. Aber es trug dazu bei, daß die Öffentlichkeit seinen grenzenlosen Reichtum nicht mehr vergaß. Schließlich hatte er als guter Republikaner auch eine Mission: Er mußte Macht und Reichtum hochhalten, während der Clintonismus ein Zeitalter des gefährlichen, gleichmacherischen Liberalismus ausrief. Im Juni 1993 war ein Journalist von GQ bei Arnold zu Gast. Beim gemeinsamen Fernsehen bekam er einen Eindruck von der Psyche eines Kämpfers.

„Wir sehen eine Sendung, aus der hervorgeht, daß ihn Clintons Einkommenssteuerreform fast vier Millionen Dollar im Jahr kosten wird. In diesem Moment beobachte ich ihn genau. Er schwitzt, aber das ist wahrscheinlich, weil er gerade trainiert hat. Sonst zeigt das Steuerpaket keine sichtbare Wirkung. Er kaut weiter auf seiner Zigarre herum, nippt an dem Schweizer Birnenschnaps, mampft Nüsse und sieht CNN. Er zuckt mit keiner Wimper. Er verhält sich also genauso, wie sich Filmhelden verhalten müssen, wenn sie schlechte Nachrichten bekommen."

1992 durfte sich Arnolds Ehefrau über einen Wahlsieg der Demokraten freuen. Auch keine gute Nachricht für ihn.

Im Juni 1993 brachte Arnold sein Mißvergnügen an dem neuen Zeitgeist zum Ausdruck: Er trat als Chef der nationalen Fitneßbehörde zurück. Im selben Jahr ließ er sich zum Vorsitzenden des kalifornischen Governor's Council of Physical Fitness and Sports ernennen. Das war ein deutlicher Liebesbeweis für seinen Lieblingsstaat in einem Land, das ihm die Liebe entzogen hatte. Vielleicht war es auch ein Vorzeichen für eigene Ambitionen auf einen Gouverneursposten.

Unterdessen baute Arnold weiterhin an seinem eigenen Reich, in dem er allein der Souverän war: sein Büro. Es nahm inzwischen schon die Hälfte des 3. Stocks in seinem Gebäudekomplex in der Hauptstraße von Venice ein. Über 900 Quadratmeter erstreckte sich dieses Areal der Selbstbehauptung. „Das Büro", sagt Arnold, „ist für jeden Mann der einzige Platz, an dem er sagen kann: ‚So und nicht anders will ich es haben.'"

Der japanische Architekt Ted Tanaka brachte in minimalistischem Stil Form und Inhalt in Übereinstimmung: „Ich verwendete geschwungene Linien an den Wänden, den Muskeln und der körperlichen Spannkraft entsprechend, die Arnold als Bodybuilder mitbrachte." In diesen biovisuellen Raum stellte Arnold seine Trophäen und Schätze. Der Innenarchitekt Waldo Fernandez war ihm dabei behilflich. Man findet Conans Schwert;

eine bronzene Elefantenskulptur von Lorenzo E. Ghiglieri als Symbol des Republikanismus; eine JFK-Skulptur von Robert Berks (JFK war zwar Demokrat, aber trotzdem eine Ikone – und außerdem ein Verwandter.)

Die Räume sind fast sechs Meter hoch. Zentraler Mittelpunkt ist natürlich ein schwerer Konferenztisch aus Aluminium, dessen Beine Arnold selbst entworfen hat: Sie sind schraubenförmig wie eine österreichische Weinpresse. Nebenan ist der „österreichische Raum". Hier hat der Star einen kleinen, mit Kiefernholz vertäfelten Extrabereich mit einem Bett und einem Eßtisch eingerichtet. In diesem Zimmer verbringt er mit Maria und den Kindern gemeinsame Stunden. Der Eindruck eines Zeitsprungs nach Thal wird durch ein Wandbild aus der Heimat noch verstärkt. Auffällig ist auch die Wiege von Katherine. „Sie stand meistens neben meinem Schreibtisch. Ich machte eine Schnur daran fest und konnte sie so jedesmal problemlos in den Schlaf wiegen."

Hier haben wir Arnolds größte Errungenschaft: ein Eigenheim, in dem der Ehemann der unumschränkte Meister ist. Er führt den Haushalt, schunkelt die Wiege und besitzt den Schlüsselbund. Aber das Büro ist nur eine Festung, auch wenn sie von einem japanischen Minimalisten entworfen wurde. Arnold braucht bewegliche Statussymbole. Reichtum auf Rädern: Männlichkeit beweist sich durch den Verbrennungsmotor.

Der Fahrzeugpark der Schwarzeneggers ist zu dieser Zeit eine eigenwillige Sammlung. Man erkennt darin einen Mann, der sich überschwenglich als hemdsärmeliger Pionier und als eleganter Plutokrat gefällt. Im April 1992 verschaffte sich ein englischer Reporter einen Überblick in der Garage der Casa Arnold: „Es gibt einen Porsche, einen Mercedes, ein El-Dorado-Biarritz-Kabriolett mit Oldtimerwert, einen Jeep und eine Harley Davidson. Aber seit der Operation Wüstensturm fuhr Arnold einen Humvee aus ehemals militärischem Besitz (ein High Mobile Multi-Purpose Wheeled Vehicle, ein extrem geländegängiges Mehrzweckfahrzeug)."

Der Humvee war eine besonders gewagte Errungenschaft. Vor Arnold durfte kein Bürger der USA ein derartiges Fahrzeug besitzen. Ohne den nicht serienmäßigen Geschützturm kostete das Gefährt 45.000 $. (Die US-Regierung zahlte 26.000 $ pro Stück, als sie für die Operation Wüstensturm 20.000 Humvees ankaufte.) Arnold war in das neue Auto verliebt und fuhr damit regelmäßig zum World Gym. Die Kinder liebten den Humvee. Nur Maria leistete Widerstand. „Sie haßte ihn von Beginn an", erzählt Arnold. „Sie sagte: ‚Ich kann dich überhaupt nicht hören und ich kann mich nicht konzentrieren.' Ich sagte: ‚Deswegen habe ich ihn gekauft.'"

Maria zog den Privatjet vor. Den Gulfstream III bekam Arnold angeblich aufgrund seines Vertrags für TERMINATOR 2. Arnold behauptet, er hätte den Jet selbst gekauft. Er hat neunzehn Sitzplätze; graue Teppiche und blaugraue Sitzbezüge; Videorecorder und

Stereoanlage; dazu ein Videosystem mit Landkarten, auf denen die jeweilige Position des Flugzeugs angezeigt wird. Die Produktionsfirma Carolco (oder Arnold) bezahlte dafür 12,75 Millionen Dollar.

Ein Gefährt aber übertraf alle anderen aus seiner Sammlung: die NASA-Weltraumrakete. Sie gehörte ihm nicht, und Arnold saß auch nicht selbst am Steuer. Aber sie trug den Namen seines letzten Films: LAST ACTION HERO. Und der Name Schwarzenegger war in scharzen Buchstaben auf die Startraketen gemalt, der Filmtitel stand auf dem Haupttank zu lesen. Anfangs war Arnold von diesem Publicity-Coup begeistert. Als dann die ersten Ergebnisse des Films bekannt wurden, verflog dieser Enthusiasmus. Einer der Studioverantwortlichen klagte händeringend über die 500.000 $ teure Torheit: „Es ist so peinlich. Es ist, als würde man Howard die Ente neben eine Rakete stellen."

Vielleicht sollte man, wie bei CITIZEN KANE, nach einem Rosebud in Arnolds Kindheit suchen, das seine Begeisterung für sündteure und angeberische Fortbewegungsmittel erklärt. Was war die prägende Lust, die ihn dazu brachte, daß er ein Lenkrad oder einen Steuerknüppel als Inbegriff männlicher Allmacht betrachtet?

Vielleicht waren es die Panzer, die ihm in der Kindheit so viel bedeuteten. Der eine Panzer, mit dem er wie ein kleiner Fürst in die Schule fuhr; oder vielleicht der andere, der ihn mitnahm, wenn er nach einem späten Training zu Fuß von Graz nach Thal unterwegs war. In diesen Panzern befanden sich bekanntlich Menschen aus dem magischen Reich – auch wenn er England und Amerika verwechselt – Amerika! Und dann gibt es da noch den österreichischen Panzer, den Arnold während seiner Militärdienstzeit fuhr. Wo dieses Gerät wohl heute sein mag?

In Amerika. Es steht vor einem Planet Hollywood Restaurant in Santa Ana, Kalifornien. Die Kette kaufte es in Arnolds Auftrag für 20.000 $. Wie beim Humvee war es an und für sich nicht erlaubt, militärische Geräte an Privatpersonen zu verkaufen. Aber im August 1994 beschloß die österreichische Regierung auf Arnolds Antrag eine Ausnahmeregelung für den berühmtesten Auslandsösterreicher.

Räderwerk

TRUE LIES ist der endgültige Traum (oder auch Alptraum) für einen Filmstar, der in Fortbewegungsmittel verliebt ist. Hier gibt es ein Pferd, einen Hubschrauber und zuletzt einen Harrier-Jet. Zahlreiche Autos gehen bei Verfolgungsjagden zu Bruch oder stürzen von gesprengten Brücken. Aber das größte Gerät in dieser Orgie ist der Film selbst – der teuerste Film aller Zeiten (vor Waterworld).

Am Ende schätzte man die Gesamtkosten auf 120 Millionen $, deutlich über den Zahlen des bisherigen Rekordhalters TERMINATOR 2. Der Drehplan zu diesem Exzeß mit männlichen Statussymbolen wurde um Monate überzogen, und kein anderer Film in der Geschichte hatte einen ähnlichen Aufwand an teurer Hardware wie TRUE LIES.

Die Idee für den Film hatte Arnold, als er die französische Komödie LA TOTALE sah. Sein Schwager Bobby Shriver hatte den Film einmal in der Casa Arnold vorbeigebracht; zum Dank bekam er in TRUE LIES eine Nennung als ausführender Produzent.

Arnold und James Cameron waren manchmal mit den Motorrädern (sie nannten sie „Schweine") in den Canyons unterwegs. Gewöhnlich folgte darauf ein Besuch in Patrick's Roadhouse und eine geschäftliche Unterredung. „Ich habe den Film, den du als nächstes machen willst", verkündete der Schauspieler dem Regisseur. Er erklärte ihm die Geschichte: Ein Spion operiert international und führt deswegen ein Doppelleben, in das nicht einmal seine Ehefrau eingeweiht ist. Das führt zu wechselseitigen Verdächtigungen und ehelichen Mißverständnissen, bei denen es nicht immer politisch korrekt zugeht, sondern gelegentlich ziemlich sexistisch. Die Grundidee, die Arnold gefiel, war das Mißverhältnis zwischen einem Superhelden, der weltweit für Ordnung sorgt, aber daheim, in der kleineren Arena seiner Ehe, völlig überfordert ist.

Wir können nur darüber spekulieren, ob Arnolds Interesse für Ehekrisen etwas damit zu tun hatte, daß Maria jetzt mehr Zeit mit der Familie verbrachte. Viel mehr Zeit. 1990 hatte sie einen neuen Vertrag mit NBC unterschrieben, der ihr einen Wohnsitzwechsel nach Los Angeles erlaubte. Das Pendeln von Küste zu Küste war damit vorüber. Zweieinhalb Jahre zuvor mußte sie ihr Berufs- und Privatleben sogar zwischen Los Angeles, New York (wo sie die Samstagsausgabe der NBC NIGHTLY NEWS moderierte) und Washington (wo sie für SUNDAY TODAY arbeitete) aufteilen.

Jetzt trafen Arnold und Maria in Pacific Palisades wesentlich häufiger aufeinander. Kein Ehepartner konnte einfach abends nach Hause kommen, die Schuhe abstreifen und dann bei einem Buch, mit einer Zeitung oder vor dem Fernseher in aller Ruhe ausspannen. Sie waren an eine unregelmäßige Frage gewöhnt gewesen: „Wie war deine Woche?" Jetzt hieß es gnadenlos: „Wie war dein Tag?"

Aber vielleicht war Arnolds Interesse an LA TOTALE gar nicht so autobiographisch bestimmt. Unabhängig davon eröffnete ihm die Geschichte neue dramatische Möglichkeiten. Ein Star in mittlerem Alter, der seines Übermenschentums müde wurde, konnte ein bißchen Menschlichkeit und Schwäche zeigen. Noch immer durfte er die Hälfte des Films damit zubringen, Schurken mit überlegenen Waffen zu demontieren (darunter sogar eine Atombombe). Aber die andere Hälfte, genauer gesagt das mittlere Drittel, zeigt uns einen Helden in den Anfechtungen einer Ehekrise.

Darüber hinaus konnte Arnold in der Rolle des freundlichen CIA-Agenten Harry Tasker endlich in die Fußstapfen des verehrten James Bond treten. Die Helden waren aus dem gleichen Holz geschnitzt: ein geistreiches Wort, ein Smoking, eine Mission zur Rettung der Welt. „Seit zehn oder fünfzehn Jahren hat die Welt keinen großen James-Bond-Film mehr gesehen", schwadronierte Arnold. „Wir wollten diese Qualitäten in die Neunziger retten: die trickreiche Ausrüstung und die männliche Weise, in der Bond agiert." Cameron brachte sein Interesse mehr auf den Punkt: „Bond ist ein alternder britischer Alkoholiker. Wir wollen ihm eine kleine Blutauffrischung verpassen."

Im August 1993, als die Dreharbeiten begannen, herrschte eine Hitzewelle. 180 Tage später kamen sie nach einer Produktionsgeschichte, die VOM WINDE VERWEHT wie einen Quotenquickie aussehen läßt, zum Abschluß. (Cameron behauptet, es waren nur 130 Tage.) Cameron verhielt sich ganz so, wie es seinem Ruf als Leuteschinder entsprach. Wenn wichtige Stuntaufnahmen anstanden (sie bilden mehr als nur das Gerüst des Films), dann durften die Beteiligten nicht einmal ein kleines Geschäft zwischendurch erledigen. Wer auf die Toilette mußte, konnte gleich ganz gehen. Das betraf auch Harry Tasker, der hilflos in seinem Harrier-Jet (eine Leihgabe vom US-Verteidigungsministerium; Benzinkosten pro Stunde: 15.000 $) festgezurrt war:

„Ich befinde mich in einer Höhe von zwanzig, dreißig Stockwerken [erinnert sich Arnold], und müßte dringend auf die Toilette. Cameron schreit mich an: ‚Unmöglich, du bist ein Soldat im Einsatz. Was machst du, wenn du tatsächlich ein Pilot bist und einen Einsatz fliegst? Machst du eine Zwischenlandung, um auszutreten?' Er hätte sich eher in die Hosen gemacht, als kurz wegzugehen, wenn gerade etwas los ist."

John Bruno, der die visuellen Effekte überwachte und dabei ständig in der Nähe der Dreharbeiten war, kann sich an derartige Anekdoten nicht erinnern. Er beobachtete nur Arnolds totale Identifikation mit dem Film. Einmal, während eines Stunts mit dem Harrier-Jet, soll er sogar ausgerufen haben: „Dis is where de money is!" „Hier machen wir das Geld!"

Trotzdem waren die Dreharbeiten klarerweise alles andere als bezahlter Urlaub. „In einer Szene auf dem Hoteldach", erzählt Arnold, „wurde das Pferd nervös und ging beinahe durch. Um ein Haar wäre ich mit dem Tier zehn Meter in die Tiefe gestürzt."

So kamen die Dreharbeiten voran. Komparsen flogen in die Luft; Autos wirbelten wie Konfetti umher; und Jamie Lee Curtis, die Darstellerin von Taskers Frau, hatte eine besonders atemberaubende Szene zu spielen. Sie ist in einem Fluchtauto der Terroristen gefangen, das auf einer Brücke in Florida dahinrast. Ein paar hundert Meter weiter ist die

Brücke unterbrochen, weil der Harrier-Jet ein Geschoß darauf losgelassen hat. „Der Trick ist: Curtis war niemals wirklich gefangen im Auto. Sie war mit einem Hubschrauber verbunden, der mit gleicher Geschwindigkeit über dem Auto dahinflog. Sie war nie in Gefahr, selbst in den Abgrund zu stürzen."

Die Gefahr entsteht erst für den Zuschauer. An anderen Stellen arbeitete Cameron mit Computertricks, vor allem in der Szene mit dem Harrier-Jet, dem abschließenden Höhepunkt von TRUE LIES. Die meisten Actionfilme hätten vermutlich mit der Szene davor schon geendet: Harry Tasker und seine Frau fallen sich nach dem überstandenen Abenteuer in die Arme, während im Hintergrund über den Florida Keys eine Atombombe detoniert. Hier aber gibt es noch zehn Bonusminuten, in denen der Held mit dem Jet zu einem Wolkenkratzer in Miami fliegt, wohin ein arabischer Terrorist seine Tochter entführt hat. Die Jagd, bei der Arnold mit dem Jet mehrere Stockwerke des noch in Bau befindlichen Hochhauses demoliert, endet buchstäblich über dem Abgrund: auf dem äußersten Ende eines Baukranes.

Nach TRUE LIES gab es einige Leute in der Crew, die schworen, nie wieder mit Cameron zu arbeiten. Nirgendwo sonst in der Filmindustrie waren die Stunts so riskant, die Spezialeffekte so aufwendig und die Überstunden so zahlreich wie hier. Gegen Ende der Dreharbeiten tauchten T-Shirts auf: TERMINATOR 3 – NOT FOR ME. Ohne mich. Und der Chefelektriker ging vor der letzten Szene zu Cameron und sagte: „Es gibt sicher einen Trick, das hier noch härter zu machen, aber er ist Ihnen nicht mehr rechtzeitig eingefallen."

Nach den Dreharbeiten wurde Cameron erst recht angefeindet. Auslöser war die Geschichte von TRUE LIES: Der Konflikt wird darin von einer Gruppe muslimischer Terroristen heraufbeschworen, die sich „Roter Djihad" nennt und über Atomwaffen verfügt. Schon vor dem Filmstart hatten arabisch-amerikanische Organisationen davon Wind bekommen. Sie erhoben bei 20th Century Fox Protest und forderten das Publikum zum Boykott auf. Der Vorsitzende des National Council on Islamic Affairs, M. T. Mehdi, sagte: „Der Film wird Vorurteile gegen Araber und den Islam verstärken. Er beschmutzt 1,5 Milliarden Menschen, die mit Terrorismus nichts zu tun haben wollen." Fox reagierte mit einer ausdrücklichen Anmerkung im Abspann: „Dieser Film ist frei erfunden und zeigt keineswegs Handlungen oder Glaubensgrundsätze einer bestimmten Religion oder Kultur." Aber Mehdi behauptet, er habe nach dem Start des Films Anfang Juli über 10.000 erboste Reaktionen bekommen. In Washington gab es eine Protestkundgebung gegen den Film, bei der die Transparente mit Parodien auf Arnolds berühmte Film-Sprüche beschriftet waren: „Open Your Eyes and Terminate the Lies" („Öffne deine Augen und lösche die Lügen aus"), „Hasta la vista, fairness".

Im Zeitalter der politischen Korrektheit ist ein einwandfreier Actionfilm praktisch ein Ding der Unmöglichkeit, vor allem, wenn er sich auf das Feld der Weltpolitik wagt. Aber die Kontroverse in Sachen TRUE LIES machte nicht bei erzürnten Muslimen halt. Feministinnen fanden die Darstellung von Taskers Ehefrau verwerflich. Jamie Lee Curtis spielt eine unscheinbare Hausfrau, die von der CIA verhört wird, weil Arnold sie in flagranti (glaubt er) mit einem Autoverkäufer erwischt. Daraufhin wird sie zu einem demütigenden Striptease gezwungen. „Man sollte das nicht so ernst nehmen", wehrte sich Arnold in der ABC-Sendung GOOD MORNING, AMERICA. Bei der Premiere in London fragte man ihn, ob die Stripteaseszene nicht entwürdigend für Frauen sei: „Nein. Ich lasse meine Frau auch für mich strippen. Ich weiß nicht, wie aufregend Sie es daheim haben, aber ich glaube, daß eine gute Ehe auf diese Weise lebendig bleibt."

Viele fanden auch die Gewalt im Film zu exzessiv. Arnold verteidigte TRUE LIES weiterhin wacker: „Das ist doch eine Cartoon-Gewalt wie in JÄGER DES VERLORENEN SCHATZES. Die Gewalt bedeutet darin gar nichts. Wir haben das auch aus den Bond-Filmen übernommen, die über Knochenbrüche und derlei mehr einfach hinweggehen."

An den Kinokassen ließ TRUE LIES die Konkurrenz locker hinter sich. Man zählte 28 Millionen Dollar am ersten Wochenende, aber dann kam ein merkwürdiger Einbruch. Plötzlich tauchte ein bisher kaum wahrgenommener Film namens FORREST GUMP auf und setzte sich an die Spitze der Charts. TRUE LIES litt wahrscheinlich nicht einmal so sehr unter dem negativen politischen Echo als unter der Tatsache, daß das Publikum hier schon wieder mit einem Mehrzweck-Arnold konfrontiert wurde: Als Held in einer komischen Actionliebesgeschichte wollte er es allen recht machen. Die Kritik im DAILY VARIETY beschrieb den Film als „141 Minuten außerordentliches Material für einen 3-Minuten-Trailer". TIME bezeichnete den Film als „lärmende Fehlzündung", prognostizierte aber regen Publikumszuspruch. „Die Menschen werden gern dabei zusehen, wie Hollywoods gerissenster Showmensch in großem Stil Talent vergeudet."

Arnold hat seine effektivsten Momente allerdings gerade dann, wenn er nicht in großem Stil agiert. In den Eifersuchtsszenen zu Beginn kann er an seinem komischen Talent arbeiten. Er spielt seinen Argwohn nicht so sehr – er stellt ihn förmlich aus. Seine Stimme, die ohnehin nicht gerade wegen ihres Oktavenumfangs berühmt ist, verfällt in eine grimmig-lustige Monotonie. Der Akzent sorgt für eine neue, bedrohliche Wortschöpfung: Seine Frau hat eine „afee-ar". Und nie war sein Blick wirkungsvoller als hier: eine Maske aus Granit, aus der zwei Suchscheinwerfer leuchten. An einer Stelle richtet sich dieser Blick von einem Beifahrersitz auf den vermeintlichen Nebenbuhler (Bill Paxton); an einer anderen Stelle lodert er quer über den Tisch auf die gegenübersitzende

Jamie Lee Curtis. Noch später wird er durch das Cockpitglas des Harrier-Jets vergrößert und sorgt für Panik unter den Terroristen.

Es ist der großartigste Moment im Film. Arnold ist der Deus ex machina IN einer Maschine. Er ist der Racheengel hinter einer doppelten Glaswand. Die Schurken starren auf sein vergrößertes Gesicht. In dieser Perspektive wirkt es mysteriös und majestätisch wie das Turiner Grabtuch.

Nach LAST ACTION HERO stellt TRUE LIES seine Glaubwürdigkeit als Bedrohung für die Menschlichkeit wieder her. Er ist der gefährlichste Messias der Geschäftswelt. Liberale werden mit den frauenfeindlichen Andeutungen in der Eifersuchtsgeschichte keine Freude haben, aber der lustige, selbstironische Mr. Freundlich aus dem vorangegangenen Film ist damit gründlich getilgt. Ein Interview mit Michael Cartel von VALLY VANTAGE eröffnet einen erfrischenden Einblick in die Sexualpolitik von Arnold. Sie funktioniert noch ganz im alten Stil.

„Da gab es diese ganze Sache mit Tia (Carrere) und Jamie Lee (Curtis)“, berichtet Arnold. „Sie wetteiferten, wer den längsten Kuß von mir bekam. Sie (Carrere) saß lange auf meinem Schoß und küßte mich ausdauernd, nicht ohne immer wieder zu Jamie Lee Curtis hinüberzuschauen. Dann sagte sie: ‚Ich weiß nicht, wie lange du Arnold geküßt hast‘, und so weiter. Und sie (Curtis) sagte: ‚Du Schlampe, verzieh dich‘, und so weiter. Es gab also auch im richtigen Leben Eifersucht: Wer hat den längeren Tango mit mir, etc. Ich habe das genossen.“

„Oh, das hätte ihm so gefallen“, merkte Jamie Lee Curtis dazu nur an.

Der Film TRUE LIES und die dazugehörige Werbekampagne hallt nur so wider von Arnold-Sagern, in denen er seine postmodernen Anwandlungen zurücknimmt. Kam jetzt die Rückkehr zu seinen Ho-Ruck-Wurzeln? Im November 1993 war es nach zwei Töchtern endlich soweit: Die Götter des Machismo schenkten Arnold einen Sohn, Patrick. Der Junge kam um 6 Uhr 30 morgens auf die Welt (das ist die übliche Zeit zum Aufstehen für einen Bodybuilder). Sein Startgewicht betrug vier Kilogramm.

Zur Feier des Tages erweiterte Arnold sein privates Reich. Mit drei Kindern und einer Ehefrau war es unpraktisch, in einem Haus mit nur sieben Schlafzimmern zu leben. Deswegen kaufte Arnold das Nachbarhaus von John „Dynasty“ Forsythe dazu. Der Preis belief sich auf ungefähr drei Millionen Dollar. Casa Forsythe wurde somit zum Gästehaus der Schwarzeneggers. Dazu wurde noch um 100.000 $ ein Basketballfeld für den neugeborenen Sohn errichtet.

Mit selbstbewußter territorialer Gebärde leistete sich Arnold auch einen Lobbyisten,

Kei Uyeda, der für 3.150 $ bei der Stadtverwaltung für Tempo sorgte. Arnold erhob Anspruch auf einen Flecken Land am Rande seines Grundstücks. Die Stadtverwaltung hatte das Land übernommen, um eine Straße zu verbreitern. Jetzt übte Arnold Druck aus, diesen Plan fallenzulassen, und er hatte Erfolg. Ein amerikanisches Sprichwort sagt: „You can't fight city hall", „Gegen die Stadt kannst du nichts ausrichten." Arnold empfahl dem Sprichwort einen schleunigen Abgang.

Das zeichnet ihn aus: Wenn er Widerstand verspürt, dann bläst er erst recht zum Angriff. Nach Last Action Hero war True Lies eine regelrechte Gegenattacke, wenn auch keine durchschlagende. Nach der Machtübernahme von Clinton wandte er sich von Washington ab und verewigte sich statt dessen auf den Boulevards der Berühmten in Kalifornien. Nach zwei Töchtern bekam er einen männlichen Stammhalter – das Schicksal erfüllte seine patriarchale Sehnsucht. Da war es nur ein kleinerer Rückschlag, als unter anderem „sein" Stern auf dem Hollywood Boulevard im April 1994 ausgegraben wurde. Ausbauarbeiten am U-Bahn-System von Los Angeles machten dies notwendig. Zum Trost durfte er im Juli ein weiteres Mal mit Hand und Fuß in feuchten Zement langen: Das Ritual galt seiner Aufnahme in die Avenue of the Stars. Arnold trug Cowboystiefel Größe 12 und unterschrieb jene Textzeile, die sein Markenzeichen ist: „I'll be back." Dann wandte er sich an die 3.500 Fans und sagte: „Das ist absolut eine große Ehre und ein riesiges Vergnügen."

Er war jetzt wieder so absolut zufrieden mit seinen Errungenschaften und seiner Männlichkeit, daß er bereit war, das ultimative Risiko einzugehen. Er konnte jetzt die Rolle spielen, für die wir ihn insgeheim schon immer geeignet fanden: eine Frau – oder zumindest einen Mann, der schwanger wird.

Vermehrung

„Ich glaube, man kann eigentlich alles spielen, wenn man will. Aber das Publikum wird nicht alles mitmachen. Ich könnte niemals Tootsie spielen. Ich bin doch viel zu groß für Kleid und Stöckelschuhe."

1993 schwirrten eine Menge Filmideen herum. Praktisch jeder Produzent mit 15 Millionen $ im Talon wollte etwas mit Arnold machen. Das galt auch nach dem Schock für das Starsystem, den LAST ACTION HERO auslöste. Noch war TRUE LIES nicht einmal fertig, aber alle waren sicher, daß es den Schauspieler an jene Position zurückbringen würde, die ihm allein zustand: Nummer eins.

Der Produzent Bernie Brillstein wollte Arnold für eine Komödie verpflichten, in der er sich selbst auf die Schulter genommen hätte: HANS AND FRANZ GO TO HOLLYWOOD IN SEARCH OF ARNOLD. „Wir brauchen ihn nur zwei, drei Wochen", warb Brillstein, aber es half nichts. Das Projekt ist bis heute nicht realisiert worden. Vielleicht ging dem Star hier die Selbstironie ein wenig zu weit. Gleich drei Film-Schwarzeneggers – er selbst sowie Dana Carvey und Kevin Nealon, die beiden Komiker aus SATURDAY NIGHT LIVE – auf Kosten des einen echten: Das war wohl zuviel des Guten.

Fast schien es, als wollte Arnold das noch bestätigen, indem er einen Gastauftritt als „er selbst" in einem anderen Film annahm. Ivan Reitman holte ihn für einen Kurzauftritt in DAVE. Arnold spielt den Fitneßdirektor, der den Präsidenten (Kevin Kline) bei einer Kinderparty im Weißen Haus mit Diätvorschriften nervt: „Ich will Ihnen ein paar Kleinigkeiten über dissoo-erts [Desserts] erzählen", krächzt Arnold. „Sie haben niemals Lust auf Doughnuts. Verstehen wir uns? KEINE DOUGHNUTS!" Im selben Atemzug schleudert er eine dieser Süßspeisenzumutungen von sich und verwandelt gleich darauf einen Handschlag mit dem Präsidenten in ein heiteres Armdrücken, bei dem der Gegner zu Boden geht.

Ein drittes Projekt sah ebenfalls Arnold als Arnold vor. Seine Frau Maria arbeitete an einem Drehbuch, das auf ihrem eigenen Leben basieren sollte. Die Idee zu dieser „sentimentalen Komödie" wurde von Michael Ovitz geboren, dem Chef der mächtigen Creative Artists Agency. Arnolds Agentur, die nicht weniger mächtige International Creative Management, war darüber entsprechend erbost. Marias Geschichte handelte von einem Republikaner, der in eine demokratische Familie einheiratet. Ovitz brachte das Projekt bei Universal unter. Ivan Reitman wurde für die Regie nominiert. Seit 1993 herrscht allerdings Funkstille in dieser Angelegenheit.

Damit blieb die Frage weiter offen: Was WIRD der nächste Film von Arnold? Zwei Projekte kamen in Frage. Das erste war eine weitere Reitman-Komödie: Die Geschichte von zwei Wissenschaftlern (Arnold und Danny DeVito), die auf eine seltsame Schwangerschaftsdroge stoßen und nun nach einer männlichen Testperson suchen. Der Film sollte billig werden, und wie bei TWINS sollten die beiden Stars an den Einspielergebnissen beteiligt werden. Dagegen sah CRUSADE von Paul Verhoeven schon zu diesem Zeitpunkt ganz wie das furchteinflößende Megaopus aus, das Arnold wieder einmal hoch zu Roß in die mythische Welt entsendet. Er sollte den Ritter Hagen spielen, der im ersten Kreuzzug in Gefangenschaft gerät. Hier hätte Arnold noch vor Drehbeginn anstandslos seine 15 Millionen Dollar überwiesen bekommen.

Aber CRUSADE (verfaßt von Walon Green, dem Autor von THE WILD BUNCH) bereitete finanziell und logistisch schon bald beträchtliche Kopfschmerzen. Die Produktionsfirma Carolco wollte sichergehen, daß ihr Geld nicht sinnlos in Massenszenen und Schlachtgemälde investiert wurde. Man konnte davon ausgehen, daß 120 Millionen $ die Untergrenze des Budgets werden würde. Also sollten wenigstens hochkarätige, aber billige Schauspieler neben Arnold ins Gefecht geworfen werden. John Turturro bekam die Rolle des bösen Bruders angeboten. Viele Rollen sollten mit Neulingen besetzt werden. Robert Duvall sollte einen Kurzauftritt haben.

Ein bekannter britischer Schauspieler, der lieber ungenannt bleiben möchte, wurde ebenfalls kontaktiert. Er fand das Drehbuch nicht gerade beeindruckend.

> *„Es war wie Monthy Python's* Die Ritter der Kokosnuss – *aber ohne die Witze. Nun, es gab Komik, aber ich glaube nicht, daß sie beabsichtigt war. Die Figur, für die ich vorgesehen war, wird von einem Schwert halbiert und fällt zu Boden. Das ist wie die Szene mit John Cleese, in der sie ihm alle Gliedmaßen abschlagen, und er schreit immer noch: ‚Wer wagt es? Kämpft mit mir!‘*
>
> *Auf der großen Leinwand könnte es aber ganz gut wirken. Eine Szene im Drehbuch beschreibt eine Einstellung, in der die Kamera rückwärts fährt und den Blick freigibt auf* Tausende *Menschen, die in den Kreuzzug ziehen. Das könnte sensationell aussehen.“*

Paul Verhoeven ist, wenig überraschend, derselben Meinung. Deswegen hält er auch ein neunstelliges Budget für unvermeidlich.

> *„Je mehr ich von den logistischen Schwierigkeiten weiß und den hohen Kosten von Dreharbeiten in Europa, desto weniger kann ich mir eine knappere Kalkulation vorstellen. Ich rede hier von Szenen mit 10.000 Menschen. Die müssen erst einmal durch das Gebirge.*

Dann müssen sie kämpfen. Wir brauchen 1500 Pferde. Meine Vision von diesem Drehbuch war ein Epos, und ich sagte zu Walon Green, wenn er es kleiner konzipiert, dann ist es nicht mehr CRUSADE, *sondern einfach* THE WILD BUNCH *im 11. Jahrhundert."*

Im Mai 1994 gab Carolco das Projekt wegen zu hoher Kosten auf. Arnold bot zuletzt noch an, seine Gage um fünf Millionen Dollar zu reduzieren, und statt dessen einen Anteil aus dem Verkauf der Merchandisingrechte zu kassieren. Auch das half nichts mehr. Dafür kaufte Arnold dann selbst die CRUSADE-Rechte und entfachte gegen Jahresende einen neuen Bieterstreit, in dem Warner und Buena Vista die lautesten Gebote stellten. Im Oktober saß Michael Gorbatschow bei der Vergabe der Environmental Media Association Awards in Los Angeles mit dem Schauspieler an einem Tisch. Der Mann aus Rußland bot sich an, im Streit um CRUSADE zu vermitteln. „Ich war früher ein Anwalt", erklärte Gorbatschow. Arnold machte sich eine Notiz.

Für JUNIOR war der ideale Drehtermin der Frühsommer. Zu Weihnachten sollte der Film in den Kinos sein. Die Geschichte war für ein Schwarzenegger-Projekt purer Surrealismus: Arnold wird schwanger. Aber sie bot wieder die Möglichkeit eines gemeinsamen Auftritts des Gespanns Schwarzenegger – DeVito. Nach TWINS konnte man die Absurdität dieser Konstellation nur noch steigern, indem man die Spaßvögel als männliche Mutter und Aushilfshebamme besetzte.

Arnold wischte alle Zweifel beiseite, ob JUNIOR seinem Image gut bekommen würde. „Ich bin so ein Hengst, und niemand zweifelt an meiner Männlichkeit. Da kann ich mit meiner weiblichen Seite gut umgehen, da habe ich keine Komplexe . . . Jedesmal, wenn meine Frau schwanger war, habe ich daran großen Anteil genommen und mich gut in ihre Lage versetzt."

„Ich erinnere mich, wie sie im Auto erbrechen mußte", erzählt er. „Wir waren auf dem Weg zu einer größeren Party. Wir mußten auf dem Sunset Boulevard anhalten, und sie erbrach sich über die Leitschienen (Arnold macht das entsprechende Geräusch). Dann stieg sie wieder ins Auto. Wir fuhren zu dieser Party und verloren weiter kein Wort darüber."

Emma Thompson kam aus England, um die weibliche Hauptrolle zu übernehmen. Sie spielt die konfuse Ärztin, die eine Eizelle zu Arnolds Sprößling beisteuert. Der Wagemut ihres Kollegen nötigte ihr Respekt ab: „Ich war schon immer von ihm fasziniert. Er ist ein Selfmade-Mythos, jemand, der sich selbst erfunden hat und immer die Kontrolle über seinen Werdegang behalten hat. Und jetzt macht er Filme, in denen er die Kontrolle über seinen Körper verliert. Ausgerechnet Arnold."

Nicht alle reagierten so positiv wie Thompson auf Arnolds Kontrollverlust. Adam Greenberg, der Kameramann aus den TERMINATOR-Tagen, der gewöhnt war, Arnolds

Gesicht infernalische Konturen zu verleihen, mußte nun in Pastellfarben arbeiten. Die Sache erschien ihm höchst fragwürdig.

„Das ist doch keine sympathische Geschichte. Wer hat Spaß dabei, wenn er einen großen, weltbekannten Star wie Arnold schwanger sieht? Ich behielt meine Bedenken für mich, aber während der Dreharbeiten dachte ich mir bei jedem neuen Anblick Arnolds: ‚Warum macht er diesen Film? Warum tut er sich das an, bei seinem Image?' Aber ich war wohl im Irrtum. Alle anderen – der Produzent, der Regisseur – waren sehr zuversichtlich, und Arnold war begeistert."

Aber auch Arnold bekam Hinweise darauf, daß er sich auf gefährlichem Territorium bewegte. Seine Kinder beispielsweise riskierten ein Trauma. Sie kamen eines Tages zu Besuch, während der Vater gerade im Kostüm für den Besuch in der Frauenklinik war. „Ich trug ein Kleid, die Perücke, eine Brille, und ich war im achten Monat schwanger. Die Mädchen fragten: ‚Mammi, wo ist Papa?' Maria zeigte auf mich. Die Mädchen protestierten: ‚Unmöglich, das ist nicht Papa.' Ich mußte die Perücke herunternehmen, um sie zu überzeugen . . . Ich glaube, sie waren ein bißchen besorgt um mich." (Zu einem anderen Reporter wird er fast vertraulich: „Ich habe dieses Kleid selbst ausgesucht. Gefällt Ihnen die Minzfarbe?")

Schließlich zeigte auch der Regisseur Ivan Reitman erste bedenkliche Symptome. „Wenn ich mein Frauenkostüm trug, wurde ich von den Leuten anders behandelt", sagt Arnold. „Sie waren viel aufmerksamer und zuvorkommender. Ivan ertappte sich dabei, daß er mich häufiger berührte. Er sagte: ‚Ich weiß nicht, was mit mir los ist, aber jedesmal, wenn du dich hinsetzt, würde ich dich am liebsten umarmen.'"

Arnold nimmt sich die Rolle sichtlich zu Herzen. Er verfällt nie in eine parodistische Manier, wie sie Männer in Frauenrollen oft zeigen. Statt dessen spielt er ganz aus der kurzsichtigen Sanftheit heraus, die den Fruchtbarkeitsexperten Alex Hesse im Film auszeichnet – den nachgiebigen Gegenspieler zu der streitbaren Kollegin (Emma Thompson). Selbst eine Orgie der Sentimentalität spielt er noch immer auf eine bizarre Weise bewegend: Er sitzt vor dem Fernseher und muß weinen, als die Werbung ihm die Freuden des Ehestandes vorgaukelt. Und er reagiert sensibel auf die körperlichen Veränderungen: „Muh nipples are very senzitive." „Meine Brustwarzen sind sehr empfindlich."

Hat Arnold eine unerlaubte Dosis Stanislawski zu sich genommen – oder hat er wieder auf seine Erfahrungen mit Eric Morris zurückgegriffen? In seinen Äußerungen über das „Spielen" einer Schwangerschaft blieb er ungewohnt ernsthaft. „Es war nicht die unüberwindliche Hürde, die ich mir zuerst vorstellte. Es ist mehr eine körperliche Herausforderung, wenn man sich kaum mehr bewegen kann. Plötzlich kann ich meine Schuhe nicht mehr selbst zubinden, und ich spüre das Gewicht. Wenn ich Katherine in die Schule bringe, dann beobachte ich die schwangeren Frauen, wie sie herumwackeln, und bekomme ein Gefühl für die Masse."

Am Ende wurde Arnold für den Golden Globe als bester Schauspieler in der Sparte Komödie und Musical nominiert. Zum ersten Mal seit MR. UNIVERSUM war er wieder in der Nähe einer Auszeichnung, aber er wurde von Hugh Grant (VIER HOCHZEITEN UND EIN TODESFALL) geschlagen. Die Einspielergebnisse waren weniger schmeichelhaft. Zwar gab es enthusiastische Vorberichte und eine positive Stimmung rund um den Filmstart. Die Besprechung im VARIETY prognostizierte gar „die Krone dieser Saison", aber der Film purzelte bald die Charts hinunter. Vor allem im amerikanischen Süden lief das Geschäft sehr schlecht. Das konservative Publikum verweigerte offensichtlich die surreale biologische Voraussetzung der Geschichte. Chris Conrad, die am Drehbuch mitgearbeitet hat, betrachtet das Konzept „als einen Test für Männer" und als „Schock". „Männer, die selbstsicher sind, gehen gern in den Film, aber unsichere Männer nicht", sagte sie. „JUNIOR erzählt etwas Neues, und die Menschen fürchten sich vor dem Neuen."

Am Ende wurde in Amerika bei armseligen 30 Millionen $ abgerechnet. Damit blieb JUNIOR sogar hinter LAST ACTION HERO, allerdings bei wesentlich geringeren Produktionskosten. Außerhalb der USA waren auch die Kritiken schlecht, vor allem in England. Aber weltweit beliefen sich die Einspielergebnisse auf 100 Millionen $.

„Ich glaube, der Film war zu ernsthaft", meint Adam Greenberg. „Hätte man ihn mehr auf Slapstick ausgerichtet, hätte er besser funktioniert. So ist er beinahe seriös, das schreckt die Leute ab."

Vor allem langjährige Fans von Arnold dürften irritiert gewesen sein. Sie wollten keine Beule auf seiner Machophysiognomie sehen, und schon gar nicht eine unverhältnismäßige Schwellung. Hier hatte Arnold, dem man sonst eher das Gegenteil vorwarf, vielleicht zu viel riskiert.

Aber wie soll sich ein Star verhalten? Soll er sich zurücklehnen und warten, was ihm das Publikum diktiert? Soll er sich von den Massen befruchten lassen? Oder sollte er seinen eigenen Schrullen und Instinkten folgen, ungeachtet des Risikos?

In dieser Spannung lebt Arnold, der Designer seiner selbst, der unermüdlich an seinen Karriereplänen arbeitet und zugleich das Rohmaterial für die Projektionen anderer Leute ist. Die Filmemacher wollten ihren Arnold erschaffen, das Publikum wollte seinen Arnold sehen. Und die Chronisten und Mythographen liegen ihrerseits ständig im Streit miteinander, weil jeder den „wirklichen" Arnold präsentieren will.

Das Lied von Arnold

Wir befinden uns wieder einmal im Zentralbereich dieses wahren Mythos. Die Spielleute haben Aufstellung genommmen zum Wettstreit. Wir wollen uns zwei davon näher ansehen, einen Arnold-Fan und einen Widerpart. Der Fan ist Robert Kennedy (nicht verwandt mit Marias Sippe). Er ist der Herausgeber von MUSCLEMAG, einem kanadischen Magazin. Diese Zeitschrift bringt regelmäßig die Arnold Hotline, die ergiebigste Quelle neuer unterwürfiger Tratschereien und journalistischer Speichelleckerei.

Das neue Baby von Arnold und Maria! Das neue Restaurant von Arnold und Maria!! Der neueste Kassenrekord von Arnold!!! Kennedy füttert sein Publikum mit immer neuen Ergüssen seiner holprigen Prosa. Auf Hochglanzpapier präsentiert er den immer gleich jungen, immer lächelnden Arnold in Pin-up-Posen.

Kennedy ist auch sofort zur Stelle, wenn es gilt, Arnold gegen Skandalgerüchte oder frontale Nacktfotos im SPY in Schutz zu nehmen. „Ich glaube", schreibt er, „daß die Abbildungen im SPY nur ein weiteres Mal Arnolds gutes Verhältnis zu seinem eigenen Körper beweisen. (...) Anscheinend wollen hier Leute aus einer unbedeutenden Sache (sic!) das große Ding machen."

Der Widerpart heißt Lacey H. Rich jr. Er war der Mann, der SPY die besagten Fotos überhaupt zugespielt hat. Rich lebt in Los Angeles und widmet sich mit Hingabe der Zirkulation aller schlechten Nachrichten über Arnold, die er herausbekommt. Er verfügt über Computer und Faxmaschine, eine Wohnung voll mit Ordnern, Dossiers, übervollen Aschenbechern und unabgewaschenen Kaffeetassen. Er ist der Vorsitzende einer Vereinigung, die gewissermaßen das Gegenteil eines Fanclubs darstellt – ein Feindclub? Er bombardiert die Zeitungen und Zeitschriften regelmäßig mit Neuigkeiten über den Star aus Mitteleuropa. Daneben gehen seine Auskünfte auch an private Abonnenten und Leute, die Arnold übelwollen.

Ein guter Teil der Mißgunst richtet sich dabei auch auf Arnolds Freunde und Mitarbeiter, über die Rich dubiose Dinge berichtet in der Hoffnung, damit auch den Star selbst ein wenig anzuschwärzen.

Ich frage Rich nach seinem Motiv für die ganze Arbeit. Er macht es für seinen Freund, den Bodybuilder Mike Mentzer. Rich behauptet, Mentzer wäre nach Arnolds skandalumwitterter „Comeback"-Trophäe in Sydney 1980 psychisch nie wieder ganz auf die Füße gekommen. Rich begann, sich um Mentzer, der im gleichen Gebäude wohnte, zu kümmern. Mentzer will dazu nichts sagen, äußert aber Respekt für Rich. Er attestiert ihm grundsätzlich Glaubwürdigkeit und staunt selbst über das Detailwissen, das Rich über all die Jahre seit 1980 angehäuft hat. „Wenn ich Lacey über diese Affäre sprechen höre", so Mentzer, „bin ich immer wieder verblüfft, wieviel er weiß. Viel mehr als ich selbst."

Es ist durchaus möglich, daß Leute in Arnolds Umgebung irgendwann einmal zweifelhafte Sachen gemacht haben, aber bisher wollte keine Zeitschrift oder Zeitung die abstrusen Informationen von Rich drucken. Vielleicht ist das Material einfach zu vage und nicht zu verifizieren, und es hat auch mit Arnold selbst zu wenig zu tun. Vielleicht ist es aber auch so, wie Charles Fleming von NEWSWEEK vermutet: Die Journalisten warten noch, bis Arnold in eine politische Laufbahn wechselt. Dann werde die Schmutzkampagne losgehen.

„Die Hollywood-Reporter sind vergleichsweise harmlos", sagt Fleming. „Aber wenn sich einmal ‚richtige' Journalisten auf den Fall Arnold stürzen, dann hätte er keine Chance. Wenn es irgend etwas in seinem Leben gibt, das nicht ans Licht der Öffentlichkeit soll – ich verspreche Ihnen, das ist binnen kürzester Zeit heraußen, falls er tatsächlich einmal um den Gouverneursposten von Kalifornien antritt."

Jim Lorimer, Arnolds Freund und Geschäftspartner, stimmt hier überraschenderweise zu:

> *„Es lastet ein beträchtlicher Druck auf ihm, zu kandidieren. Hochrangige Republikaner [Lorimer verweigert konkrete Namen] wollen, daß er irgendwann antritt. Er wäre ein guter Kandidat für Kalifornien. Er ist attraktiv, gescheit und er ‚lebt' den amerikanischen Traum. Ich würde ihm aber raten, lieber in seiner gegenwärtigen Karriere zu bleiben. Die Politik schafft nur Belastungen für dich und für die Familie. Es gibt jede Menge Leute da draußen, die nur darauf warten, dich zu zerreißen."*

Sollte er aber doch einmal antreten, kann man dann jetzt schon abschätzen, ob er ein guter oder ein schlechter Politiker wäre? Wir wissen, daß Wendy Leigh in ihm vor allem einen weiteren, schlimmeren Reagan sieht. Lacey Rich, den ich noch einmal ins Gebet nehme, sagt:

> „PUMPING IRON *war eine Gehirnwäsche, und davon haben wir uns noch nicht erholt. Es war der ganze Männermythos vom überlegenen Wesen ... Wir sprechen über einen Bodybuilder, der ‚Schauspieler' wurde und jetzt als möglicher Senator und Gouverneur gehandelt wird, sogar als späterer Präsident. Dafür muß zwar die Verfassung geändert werden, aber ich möchte nicht ausschließen, daß Arnold das zuwegebringt. Der Teufel soll mich holen, wenn diese Heuchelei ausreicht, um in das höchste Amt in Amerika zu gelangen."*

Eines ist sicher kein Hindernis auf dem Weg ins Weiße Haus: Talent im Umgang mit der Mythenmaschinerie, aus der ein Image entsteht. Jede Führungspersönlichkeit, ob sie nun populär ist oder nicht, muß mit dieser Maschine umgehen. Was Arnold auf dem Weg zu einer politischen Karriere am ehesten disqualifizieren könnte, ist sein Mangel an – tja, Qualifikationen. Kaum jemand, der in der kalifornischen Politik ein gewichtiges Wort mitzureden hat, kann mit der Idee eines „Senator/Gouverneur Schwarzenegger" viel anfangen.

„Vor ein paar Jahren wurde viel darüber gesprochen", sagt Bernard Weinraub, Chef des L.-A.-Büros der New York Times. „Arnold kommt gut an, wenn er ein Fitneßprogramm verkaufen muß. Er hat im letzten Wahlkampf ein bißchen mitgeholfen. Aber als politische Persönlichkeit ist er nicht sehr deutlich auszunehmen."

Sam Popkin, Professor für politische Wissenschaften an der University of California in San Diego, verweist zu Beginn auf das Beispiel eines anderen geborenen Österreichers, der in den USA ein wichtiges Amt innehatte: der ehemalige Außenminister Henry Kissinger. Aber dann äußert sich Popkin eher skeptisch. Er bezweifelt, daß Arnold schon eine gute Ausgangsposition für den Weg in den Kongreß, geschweige denn ins Weiße Haus hat.

„Wenn man ihn mit Ronald Reagan vergleicht, gibt es auffällige Unterschiede. Reagan war Präsident der mächtigsten Gewerkschaft im Staat, der Screen Actor's Guild. Er hatte zahlreiche handfeste Erfahrungen. Er war im Goldwater-Wahlkampf tätig, er war ein Radiokommentator, und er war ein Prediger für den Kapitalismus. Seine Kandidatur für den Gouverneursposten war bereits der dritte oder vierte Schritt seiner Karriere, nicht der erste. Außerdem tauchte Reagan zu einer Zeit auf, als zwei, drei markige Positionen gefragt waren. Was kann uns Arnold als Ho-Ruck-Republikaner noch bringen? Die Todesstrafe haben wir auch so schon wieder in Kalifornien.

Ich kann mir nicht vorstellen, daß die Republikaner einen dringenden Bedarf nach ihm verspüren. Man greift dann auf Leute mit Glamour zurück, wenn man sonst niemand hat. Aber vielleicht liegt es einfach daran, daß die Demokraten derzeit so ramponiert wirken, daß die Republikaner eine Chance wittern, wenn sie einfach einen Star aufstellen."

Auch Bewunderer von Arnold, die ihm eine politische Karriere durchaus zutrauen, hegen Zweifel, ob er sie tatsächlich anstreben sollte. „Ich weiß nicht, ob es gut für ihn wäre", sagt Simon Wiesenthal. „Er arbeitet in seinem Bereich sehr erfolgreich. Da sollte er auch bleiben, und seine wohltätigen Aktivitäten fortführen. Wenn wir miteinander reden, spüre ich, wie er das Geld und den Ruhm als Verantwortung empfindet."

Arnold selbst hat schon lange begriffen, daß die Politik leicht ein Spiel für Verlierer wird. Bei den Dreharbeiten zu LAST ACTION HERO gab es ein Interview mit der NEW YORK TIMES. Er sagte damals: „Warum sollte ich mich um den Gouverneursposten streiten? Sehen Sie sich an, wie ich jetzt lebe. Ich sitze ganz entspannt hier und rauche meine Zigarre. Das könnte ich im Gouverneursbüro gar nicht tun. Man würde mich sofort attackieren und schreiben, ich sehe wie ein Gangster aus." Statt dessen kann er bei Filmdreharbeiten herumsitzen „und schmeichelweiche Gespräche mit Filmjournalisten führen. Die sind viel angenehmer als ihre aggressiven Kollegen aus dem Politikressort."

Sein Widerstand, so Lorimer, hält nach wie vor an. „Er kann sich noch immer nicht für die Idee erwärmen. Aber er ist bald 50, und eine Persönlichkeit, die wie er in so vielen verschiedenen Bereichen Erfolg gehabt hat, muß sich fragen, ob es noch neue Ziele und Herausforderungen gibt. Dieser Faktor könnte noch einmal den Ausschlag geben: „Daß er nach einem neuen Hügel Ausschau hält, auf den er steigen kann."

Nach LAST ACTION HERO und JUNIOR sah es für einen Augenblick so aus, als wäre der Zeitgeist gegen Arnold. Der Held der achtziger Jahre (Reagan, Patriotismus, Selbsthilfe) ist in die Neunziger geraten – in das Jahrzehnt des unentschlossenen, konfliktscheuen Clintonismus.

„Es wäre zu einfach, Arnold als Opfer des Zeitgeists zu sehen", glaubt die Filmkritikerin Pauline Kael. „Wenn er ein Phänomen der Achtziger ist, warum profitiert er dann nicht vom neuen republikanischen Aufschwung und von Newt Gingrich? Er sollte eigentlich einen neuen Aufbruch erleben. Vielleicht sind seine Tage als Star überhaupt schon gezählt, wenn er nicht einen neuen Außerirdischen findet, den er spielen kann."

Den Skeptikern sei aber in Erinnerung gerufen, daß das Etikett „Ausgeschlossen" und „Unmöglich" schon für Arnolds bisherige Karrieren galt, bevor er darin Erfolg hatte. Der schmächtige österreichische Junge als Mr. Universe? Lächerlich. Der Mann mit schwerfälligem Namen, Akzent und Körper als Filmstar? Ausgeschlossen. Heute wissen wir es besser.

Seit 1994 versetzt er uns auch mit seinen politischen Taten in Erstaunen. Im Oktober 1994 überschritt er eine Demarkationslinie und warb für Ted Kennedy, der sich wieder um den Senatorenposten von Massachusetts bewarb. Im April 1995 tauchte er im Dienste der eigenen Partei in Washington auf, um Newt Gingrich, den republikanischen Mann der Stunde, zu unterstützen. „Unser Führer!" rief Arnold aus. Die Presse schaltete wegen des Nürnberger Beigeschmacks dieser Formulierung sofort auf Alarmstufe Rot. „Sieg Newt" lautete eine der Schlagzeilen.

Im Juli erweiterte Arnold einmal mehr seinen politischen Horizont. Er besuchte Israel. Während eines 24stündigen Aufenthalts in Tel Aviv sprach er eine halbe Stunde mit

Premierminister Yitzhak Rabin. Thema der Unterredung waren „einige wichtige Aspekte der Friedensverhandlungen, die gerade im Gang sind. Ich bin fasziniert davon." Arnold erhielt die Schlüssel der Stadt überreicht, ließ auf einem Restaurantdach eine weiße Taube frei, und rief: „Shalom. I'll be back. Ich komme wieder."

Sogar Sylvester Stallone beugte zuletzt seine Knie vor dem Staatsmann Arnold – wenn auch nur ironisch und im Kino. In dem Science-fiction-Thriller DEMOLITION MAN gerät Sly auf eine Zeitreise ins 21. Jahrhundert. Er trifft dort in einem Taxi auf Sandra Bullock. Sie gibt ihm die notwendigsten Informationen über die aktuellen Weltkrisenherde. „Ich habe schnell die News-Datenbank aus der Schwarzenegger-Bibliothek durchgesehen", sagt sie. „Moment", unterbricht sie der schockierte Stallone, „Sie sagten, die SCHWARZENEGGER-Bibliothek?" „Ja, die Schwarzenegger-Präsidentschaftsbibliothek. War er nicht ein Schauspieler zu der Zeit, als Sie . . .?" – „Stop. Er war PRÄSIDENT?" – „Ja. Obwohl er nicht einmal in dem Land geboren war. Er war so populär, daß man den 61. Verfassungszusatz beschloß, demzufolge . . ." Stallone schneidet ihr mit einem leidenschaftlichen Grunzen das Wort ab. „Ich will es nicht wissen. (Er blickt zur Seite.) PRÄSIDENT!"

Das ist beste Komödie. Aber es mögen noch so viele historische und logistische Hindernisse dagegen sprechen, Arnold hat noch jede Hürde zu Kleinholz verarbeitet. Er kracht mit einer Wucht durch das Große Amerikanische Hindernisrennen, daß man beinahe sagen könnte, Amerika SCHULDET ihm die Präsidentschaft, wenn es seinem Selbstbild als Sprungbrett für Immigranten entsprechen will.

Dazu müssen wir noch Arnolds Sportsgeist addieren und die zwanzig Jahre seiner Haßliebe für die „erste Familie" der amerikanischen Politik. Wie lang bewahrt dieser Mann noch die Geduld, bevor er sich anschickt, die Kennedy-Legende zu übertreffen?

Die nervösen Neunziger

„Es ist irgendwie total komisch, wenn man mit mir an einem Tisch sitzt und den ganzen Blödsinn mit anhört, den ich zu sagen habe. Es ist alles komisch. Das Leben ist komisch.“

Die mittleren neunziger Jahre waren eine bezeichnende Ära für einen Superstar. 1995 erweiterte Arnold einmal mehr seine Besitztümer in Pacific Palisades. Zwei Jahre nachdem er John Forsythes Schlüssel in Empfang genommen hatte, kaufte er nun um zwei Millionen Dollar das Anwesen seines anderen Nachbarn, des Schauspielers Daniel J. Travanti. Er besitzt nunmehr drei Häuser in einer Reihe. Die Zahl der Schlafzimmer beläuft sich auf 15, der Gesamtwert liegt bei knapp zehn Millionen Dollar.

Arnold wurde dadurch aber alles andere als häuslich. Er brachte den Rest des Jahres damit zu, daß er Babys küßte, Staatsmännern die Hände schüttelte und Bänder durchschnitt. Viel Zeit verwendete er auf die Erweiterung seiner eigenen „Inner City Games“. Er gewann weitere Städte dafür, diese Sportveranstaltungen für unterprivilegierte Stadtkinder abzuhalten. Im Frühling 1995 war er in Miami bei einem Hollywood-Empfang, bei dem Gäste für das Dinner und den Empfang 5.000 Dollar für zwei Personen bezahlten. Wenn man weitere 84 Dollar investierte, kam man in ein Adoptionsspiel. In Atlanta schlug er bei einer „Durchbruchs“-Zeremonie fünfmal mit einem Hammer gegen eine Wand. Die Stadt, die sich bald darauf nur mehr auf Olympia konzentrierte, gab mit dieser Geste ihre Mitgliedschaft bei Arnolds „Games“ bekannt.

„Im Grunde“, erklärt Arnold das Konzept dieser Spiele, „bringen wir den Jugendlichen nur bei, ein aktives und gutes Mitglied der Gemeinschaft zu werden, statt destruktiv gegen sie vorzugehen.“ Heute erreichen die ICG schätzungsweise eine Million Kinder. Das allein sollte als Grund ausreichen, daß der Star im März 1997 den prestigeträchtigen ShoWest Humanitarian Award bekam.

1995 beehrte Arnold zusammen mit Maria noch eine Eröffnung. Das Paar hatte den Neubau und die Innenausstattung der Kinderstation des St. John's Hospitals in Santa Monica unterstützt. An der Stelle, an der Maria schon Schwarzenshrivers zur Welt gebracht hatte, wurde nun mit ihrem Einverständnis eine Erinnerungsplakette angebracht. Der Text lautete: „Dies ist ein Ort nahe unserer Herzen. Er weckt in mir die Sehnsucht nach einem weiteren Baby.“ Arnold stand daneben und lächelte ergeben.

Ein Jahr später wurde Maria tatsächlich schwanger. Zuerst mußte sie jedoch noch aus einem anderen, beunruhigenden Grund ins Krankenhaus. Anfang 1997 wurde sie mit Hyperemesis (übermäßig starkem Erbrechen) ins Spital gebracht, einem Krankheitsbild, das mit kurzfristiger Dehydrierung zusammenhängt. Die Ärzte befanden Maria für gesund, aber an Arnold stellte man „Streß" fest.

Die Jahre zuvor waren für die Ehepartner nicht leicht gewesen, aber sie hatten alles überstanden. Im April 1995 kam es zu einem peinlichen Vaterschaftsprozeß gegen Arnold. „Arnold-Wunschkind-Skandal" trompetete der Canadian GLOBE am 25. April von seiner Titelseite. Eine Mutter aus Texas behauptete, sie wäre am 14. oder 15. Jänner 1982 in Indianapolis von Arnold schwanger geworden. Sie hätte ihn im Nachtclub Naughty Lady getroffen. Als Beweis für ihre Behauptung führte sie die dreizehnjährige Christina Lynn Bentlage vor, ein Kind, das wenig äußerliche Ähnlichkeiten mit der österreichischen Eiche aufwies. „Vielleicht hatte er damals das Gefühl, er müßte sich als Mann beweisen", spekulierte die Mutter, „schließlich ging er damals schon lange mit Maria, aber von Heirat war noch keine Rede." Arnolds Anwalt setzte dagegen, daß Arnold zum besagten Datum gar nicht in der besagten Stadt war. Der Fall wurde beigelegt, als Arnold in einen DNA- und Bluttest einwilligte.

Der Schauspieler ging auch ungeschoren aus dem Enthüllungsskandal rund um die „Hollywood Madam" Heidi Fleiss hervor. Im Juli gewann er einen Rechtsstreit mit dem französischen Magazin VOICI, das berichtet hatte, er hätte eine der Prostituierten von Fleiss engagiert. Die Zeitschrift berief sich auf die Aussage einer ehemaligen Mitarbeiterin von Heidi Fleiss. Der Star: „Wenn derartige Dinge über mich veröffentlicht werden, schreite ich sofort zur Tat, um den guten Ruf zu retten, den ich mir erworben habe." Das Magazin brachte zwar keinen Widerruf, bezahlte aber eine Entschädigung in unbekannter Höhe. Arnold übergab das Geld an Special Olympics in Frankreich.

Das Paar ließ sich inzwischen nicht einmal mehr durch politische Meinungsverschiedenheiten auseinanderdividieren. Während Amerika sich wieder einmal auf ein Rennen um den Einzug ins Weiße Haus vorbereitete, kommentierte Maria (sie war natürlich für Bill Clinton) die Treue ihres Mannes zur republikanischen Grand Old Party nachsichtig: „Wenn man heiratet, dann gilt das auch für die Tage, an denen der Ehemann krank ist. Die republikanische Politik, das ist Arnolds Krankheit."

Arnold erschien allerdings gesünder als manche Politiker, die er unterstützte. Als der Präsidentschaftsanwärter Bob Dole nach Hollywood kam, um sich über die Filmindustrie auszulassen, fiel er fast mit der Tür ins Haus. Bei einem Dinner mit 600 Magnaten und Adabeis zog er über Oliver Stone (NATURAL BORN KILLERS) und Quentin Tarantino (TRUE ROMANCE) her – „Da wurde eine Grenze überschritten, nicht nur eine des Geschmacks, sondern auch der menschlichen Würde und des Anstands" – und nahm eigenartigerweise Arnolds gewalttätigen Film TRUE LIES als „familienfreundlich" von seiner Kritik aus.

Eilfertig merkten Berater an, daß Dole nicht alle (gar keinen?) von den erwähnten Filmen selbst gesehen hatte. Der Hollywood-Regisseur Rob Reiner fand in Doles Äußerungen dagegen keine einzige Bemerkung zu einem Film, an dem rechtslastige Stars und Regisseure beteiligt waren. „Einen Film wie TRUE LIES läßt er nur deswegen aus dem Spiel, weil Schwarzenegger ein Republikaner ist."

Arnold schlug sich in dieser Debatte auf die Seite Hollywoods. „Ich mag Bob Dole", sagte er. „Aber wenn er zum Ausdruck bringen möchte, daß wir für die sozialen Übel in diesem Land verantwortlich sind, dann liegt er falsch. Wir können allenfalls das Ausmaß an Gewalt in den Filmen einschränken, aber das ist nur ein Aspekt unter vielen. Wenn man mit dem Finger auf Hollywood zeigt, gibt man eigentlich zu verstehen: ‚Wir in Washington haben versagt. Jetzt suchen wir jemand, dem wir die Schuld zuschieben können.'"

Arnold war wieder einmal elegant ausgewichen, aber schon landete der nächste Prügel vor seinen Beinen. Anfang 1996 tauchte ein Drehbuch von CRUSADE in England auf. Der Inhalt fand sich schnell auf den Titelseiten der Sonntagsblätter wieder. Zum schaudernden Ergötzen der ganzen Presse entdeckte man in diesem Schwarzenegger-Projekt so viel Gewalt durch und gegen das christliche Abendland, daß sogar Senator Dole seine Mühe hätte, den Film noch unter „Familienunterhaltung" einzuordnen. Zwei Szenen wurden besonders hervorgehoben. In der einen werden die muslimischen Opfer von den christlichen Siegern verzehrt, in der anderen werden die Schädel von getöteten Muslimen als Wurfgeschosse verwendet. In Amerika gelobte die Christian Film and Television Commission mit Sitz in Atlanta, sie würde mit Inseraten in der Hollywood-Branchenpresse gegen die „plumpe und falsche Darstellung von Christen" protestieren. Historiker aus nichtwestlichen Ländern entgegneten, daß christlicher Kannibalismus aus dieser Epoche gut belegt ist.

Deutlich anders verliefen die Dinge bei der Planet-Hollywood-Kette, wo Küche und Klientel international und ohne Glaubenskriege zueinanderfinden. Die Kette umfaßte inzwischen 29 Restaurants und reichte von Hollywood über Honolulu bis Helsinki. Ein neues Glied wurde im Herbst 1996 in Moskau eingefügt, als Arnold mit mehr als tausend Gästen den zuletzt bedenklichen Gesundheitszustand von Präsident Jelzin bedauerte. Kurz darauf wurden Arnold, Bruce und Sylvester in einer riesigen Baggerschaufel zu einer Baustelle in Las Vegas gebracht. Dort kündigten sie den Bau eines Planet-Hollywood-Hotels an. Das 8-Millionen-Dollar-Projekt soll 3.000 Räume bieten und 1999 fertiggestellt werden.

Die Geschäftswelt reagierte überrascht, als die Gesellschaft ihren Börsengang mit einer angepeilten Ertragssumme von 1,2 Milliarden Dollar bekanntgab. Konkurrenten merkten an, die Kette wäre nur halb so viel wert. Schließlich hätte es zwar 1995 einen Gewinn gegeben, aber die vier Jahre davor hätte man Verluste in Höhe von 120 Millionen Dollar geschrieben. Trotzdem war das Echo auf den Börsengang im April 1996 bestens. Arnold und seine Geschäftspartner konnten jeweils um die 50 Millionen Dollar einstreifen.

Ein paar Monate zuvor stand Arnold Seite an Seite mit Sylvester Stallone in einem Prozeß, den die beiden Männer gegen eine Imbißbude in London anstrengten, die sich „Planet Bollywood" zu nennen wagte.

Es war zu diesem Zeitpunkt taktisch klug, sich mit Sly gutzustellen. Die Karriere des Veteranen zeigte verblüffende, ja merkwürdige Zeichen einer Wiederbelebung. 1995 begann er Verträge zu sammeln wie andere Leute Goldbarren. Höhepunkt war ein Abschluß über 20 Millionen Dollar für ein noch unbetiteltes Warner-Projekt. Man sprach von dem höchsten Angebot, das jemals ein Studio an einen Schauspieler gerichtet hatte. Am 3. Juni erhielt Stallone auch den Icon Award bei den Blockbuster Entertainment Awards. Stallone war zu diesem Zeitpunkt an den Kinokassen der erfolgreichste Actionabenteuerstar der Geschichte.

Arnold konnte aber bald feststellen, daß kein Grund zur Aufregung bestand. Ein Stallone-Projekt nach dem anderen ließ an den Kinokassen kräftig Federn: THE SPECIALIST, JUDGE DREDD, ASSASSINS. In jedem dieser Fälle war auch Schwarzenegger für die Hauptrolle im Gespräch gewesen. Stallone fand sich schnell unter den normalsterblichen Stars wieder. 1996 verlieh er seinem Ärger Ausdruck, indem er seine Agentur wechselte. Er verließ ICM und ging zu William Morris. Besonders erbost war er laut Branchenberichten darüber, daß er die Rolle des Mr. Freeze in BATMAN AND ROBIN nicht bekommen hatte, dem dritten Teil der Batman-Reihe aus dem Hause Warner. Im Fernsehen hatte schon einmal ein Europäer diese Rolle gespielt: Otto Preminger verlieh dem frostigen Schurken nachdrücklich eine teutonische Bedrohung. Nun sollte im Kino ein weitaus berühmterer Teutone zum Zug kommen: Arnold Schwarzenegger.

Im Sommer 1995 stand diese Tatsache für Arnold jedoch noch in den Sternen. In diesen Monaten nach dem enttäuschenden Abschneiden von JUNIOR wählte er vorerst einen bewährten Weg, in einer gebieterischen Rolle auf die Leinwand zurückzukehren. Im Juli feierte er ein kurzes Comeback als Terminator und drehte mit James Cameron ein 50 Millionen Dollar teures Spektakel in 3-D für den Universal-Abenteuerpark in Florida. Es gab zwar eine verunglückte Stunt-Einlage, aber Arnold tröstete die Schaulustigen, als man ihn ins Krankenhaus verfrachtete: „I'll be back." Die neue Attraktion soll im April 1997 eröffnet werden.

Dann gab es auch noch die Möglichkeit, selbst einen Film zu machen. Zumal die Menschen inzwischen CHRISTMAS IN CONNECTICUT vergessen hatten. Der Produzent von damals, Stanley Brooks, fragte Arnold, ob er irgendeine Idee hätte. Etwas „ein bißchen Dramatischeres, aber trotzdem für die ganze Familie", antwortete Arnold. „Etwas wie Heidi."

Heidi? Regie: Arnold Schwarzenegger? „Nun, es spielt in seiner Heimat", argumentierte Brooks. Aber auch er fand das Projekt ein wenig weit hergeholt. Also verständigten sich die beiden Männer auf eine andere Geschichte, in der ein Mädchen in wunderschöner Umgebung heranwächst: THE GOOD MASTER, ein Kinderroman aus dem Jahr 1950. Jenny Wingfield machte sich daran, ein Drehbuch zu entwerfen. Sie hatte früher einen sentimentalen Lieblingsfilm von Brooks und Arnold geschrieben: THE MAN IN THE MOON.

Als Schauspieler aber wollte Arnold unbedingt zurück zu Männlichkeit und Heldentum. Eine neue Vision sollte höchstens hinter der Kamera sichtbar werden. Die letzten Filme von Arnold stammten allesamt von Veteranen der gemeinsamen Arbeit: James Cameron (T2 und TRUE LIES); Ivan Reitman (KINDERGARTEN COP und JUNIOR); und John „Predator" McTiernan (LAST ACTION HERO). Zusammengerechnet ergab das einen Erfolg, zwei knappe Siege und zwei Demütigungen. Es war also Zeit für ein neues Gesicht, für einen neuen Mann, der „Action!" rief.

Auf den Skipisten von Aspen und Sun Valley hatte Arnold mit Charles „Chuck" Russell Freundschaft geschlossen. 1994 hatte es Russell mit DIE MASKE auf die A-Liste der Hollywood-Regisseure geschafft. Es war eine verrückte Komödie mit vielen Spezialeffekten. Den besten Spezialeffekt hatte der Film in Jim Carrey, der über Nacht zum Superstar wurde.

Russell konnte neue Stars schaffen, also konnte er wohl auch alte Stars erneuern. Im Verein mit Arnold brütete er 1994 über Drehbüchern. Ein früher Favorit war CAPTAIN BLOOD. Arnold sollte darin die Rolle von Errol Flynn spielen. Aber wartete die Welt tatsächlich auf einen Freibeuter aus Österreich? Eine seriösere, passendere Idee war zweifellos ATTILA THE HUN, die Geschichte eines martialischen Tyrannen, dessen Siegeszug ausgerechnet vor den Toren von Wien zum Stillstand kam. Das Projekt roch nach Blut, Gewalt und primitiver Politik. Das bedeutete aber auch einen Haufen Arbeit, wenn es nicht zu sehr nach den alten Conan-Tagen aussehen sollte.

Schließlich stießen sie auf einen Thriller mit dem Titel ERASER. Das Projekt stammte von einem Neuling. Tony Puryear legte aber einen Ehrgeiz ganz nach Arnolds Geschmack an den Tag: Bevor er sich auf das Schreiben verlegte, hatte er als Maler, Küchenchef und Werbetreibender gearbeitet. Sein Drehbuch war von Zeitungsberichten über das amerikanische „Zeugenschutzprogramm" inspiriert. Bedrohte Informanten wurden vom FBI mit neuen Identitäten ausgestattet. In den Medien braute sich über diesem Programm gerade Unheil zusammen.

„Einen FBI-Agenten ziehe ich für eine Tasse Kaffee über den Tisch", sagt Puryear. „Die Jungs waren früher tadellos, aber jetzt herrscht dort Korruption. Ich ging von folgender Überlegung aus: Angenommen, es gibt einen letzten unbestechlichen Mann, für den es eine Frage der Ehre ist, noch die verkommenste Existenz zu beschützen."

Die Geschichte handelt also von einem dieser letzten Männer. Er muß ein Mädchen beschützen und einen verschlagenen Kollegen austricksen. Der erste „Arnold“, bei dem das Projekt landete, hieß Kopelson und nicht Schwarzenegger. Der Produzent von PLATOON und AUF DER FLUCHT sah in ERASER ein Star-Vehikel. Steven Seagal wurde kurz in Erwägung gezogen, aber Kopelson dachte eine Klasse höher. Harrison Ford und Mel Gibson wurden diskutiert. Dann trat ein großgewachsener Austroamerikaner auf den Plan.

Puryear war verärgert. Er hatte sich seinen FBI-Helden nach Art der harten Außenseiterrollen von Clint Eastwood vorgestellt. „Wer soll eigentlich Arnold Schwarzenegger vermöbeln?“ Aber er machte sich daran, die erforderlichen Änderungen zu schreiben. Unter anderem mußte Arnolds Akzent erklärt werden. „Wir lösten das, indem wir ihn zu einem europäischen Waisenkind aus dem Zweiten Weltkrieg machten. Er hatte eine beschissene Kindheit, bevor er zur Armee kam. Wir wollten das so hinkriegen, daß unsere ‚Eraser‘ alle vom Militär zum FBI kamen.“

Bald steckte Puryear tief in den Wirrnissen einer Produktionsvorbereitung à la Arnold. Mitten in der Nacht läutete das Telefon. Der Star wollte wissen, was er in Eraser anhaben würde. „Sie meinen, symbolisch?“ fragte Puryear zurück. „So etwas wie eine schwarze Maske?“ – „Nein, nein“, sagte Arnold. „What do I way-er? Was werde ich tragen?“ Puryear ahmt den Akzent getreulich nach. „Wissen Sie, Tony, in TOORMINATOR trage ich doch diese Lederjacke, und in COMMANDO habe ich diese Weste und den super Haarschnitt. Also, was werde ich diesmal tragen?“ Puryear beschwichtigte seinen Helden mit ein paar Andeutungen und ging wieder ins Bett.

Das war in der Nacht nach einem Tag, den der Autor ohnehin in Arnolds Büro und bei Schatzi's verbracht hatte. Sie waren die ausgiebigen Drehbuchanmerkungen des Stars durchgegangen. Ständig waren sie von Bodyguards umgeben, die bedeutsam mit ihren Funkgeräten hantierten. Dienstfertige Geister schwirrten herum und reichten frisch gepflückte Erdbeeren, während Arnold in seinen Zetteln blätterte. „Auf Seite 34, da würde ich gern wissen, ist das jetzt die Frau oder ist das nicht die Frau. Sie ist verkleidet ...“

Puryear hatte nie den Eindruck, Arnold wäre ein Star unter Druck. „Es gab nie eine Andeutung, daß er bestimmte Elemente in der Geschichte für sein Image brauchte. Er benahm sich wie ein hübsches Mädchen auf einem Ball, mit dem ohnehin jeder tanzen möchte. Er stellte Zigarren auf den Tisch, und Kopelson sagte gleich: ‚Oh, Arnold, das sind die besten Zigarren, die ich jemals geraucht habe.‘ Es war, als säßen wir alle vor dem Prinzen, um ihm die Schuhe zu küssen.“

Im September 1995 war es dann so weit. James Caan, James Coburn und die Sängerin und frühere „Miss America“ Vanessa Williams waren verpflichtet worden. Jetzt begannen die Dreharbeiten zu ERASER. Und dann hörten sie lange nicht auf, abgesehen von einer

Pause zu Weihnachten. Erste Gerüchte verkündeten ein explodierendes Budget und einen entsprechenden Terminkalender. Ursprünglich waren 90 Tage und Kosten von 72 Millionen Dollar geplant gewesen. Stunt-Einlagen gingen schief. Einmal fing Arnolds Haar Feuer, einmal wurde Arnolds Beleuchtungsdouble fast erschlagen. Ein Studioaufbau bei Warner im Wert von 600.000 Dollar blieb unbenutzt, weil man die Szenen verlegte. Wieder einmal wurde Arnold von einem Alligator bedroht, der sich bei einer Zoo-Sequenz losgerissen hatte: „Ich sah die Szene später auf Video, und ich muß sagen, so schnell war ich noch nie", bemerkte Arnold. Vor allem aber gab es Differenzen zwischen dem Star und dem Regisseur. Russell drehte viele Szenen achtmal. „Schau, Chuck", rief Arnold eines Tages, „du machst denselben Fehler, den schon James Cameron gemacht hat. Ich bin ein Bodybuilder, kein Schauspieler. Mach es auf zweimal."

Arnold stellte sich aber loyal an die Seite von Russell, als die Financiers den Regisseur feuern wollten. „Das ist eine Charaktereigenschaft von mir", erklärt der Schauspieler. „Ich ziehe Sachen mit Menschen bis zum Ende durch. Chuck war kein guter Kommunikator, und manchmal verhielt er sich nicht fein der Crew gegenüber – dann habe ich jedesmal zur Crew gesagt, es war nicht persönlich gemeint. Chuck war bloß erschöpft."

Letztlich kam auch diese Produktion an ihr Ende, und Arnold Kopelson sorgte für Ruhe: „Bei einem Film in der Dimension von ERASER sind solche Dinge ganz normal." Die Kritiker begrüßten Arnold schon vorsorglich in seiner neuen alten Rolle als Mann und Held. „Welcome back, big guy", schrieb das Magazin TIME. Der Text setzte fort: „Natürlich ist Arnold ein bezahlter Baumstrunk. Und zum ersten Mal seit langem ist die Figur, die er spielt, so hart wie er selbst."

Es war in der Tat erfrischend, Arnold dabei zuzusehen, wie er aus Flugzeugen seinem eigenen Fallschirm nachspringt, wie er mit fünf Meter langen, im Computer noch gestärkten Alligatoren kämpft, und wie üblich Gebäude, Autos und Züge in die Luft jagt. Für eines der besiegten amphibischen Wesen hat er noch einen Satz übrig: „You're luggage." „Du kommst in den Gepäckraum."

Einige Kritiker bemerkten allerdings das Fehlen einer zusammenhängenden Geschichte. Auch an überzeugenden Figuren herrschte ein gewisser Mangel. Während die Action von einem Ort zum nächsten hetzt, blieben die menschlichen Wesen auf der Strecke – und ein Gutteil des Publikums. ERASER schnitt an den Kinokassen respektabel ab, aber er kam nie in die Nähe von TRUE LIES.

In bester Hollywood-Tradition ging der Schauspieler nach der Sommer-Action sofort zum Weihnachtsspaß über. In VERSPROCHEN IST VERSPROCHEN (Regie: Brian Levant) spielt er den geplagten Vater Howard Langston, der das gesamte tiefverschneite Minnesota durchstreift auf der Suche nach dem geeigneten Weihnachtsgeschenk für seinen Sohn:

eine Action-Puppe namens „Turbo Man" beziehungsweise, wie Arnold es mit charakteristischem Brummen ausspricht, „Toorbo Man".

Der Film ist lustig, wenn auch nicht immer mit Absicht. Lustig ist vor allem, wie hier ein menschliches Mammut ein ganz normaler Bürger sein möchte. Er keucht, schiebt und drängt wie der Rest der Menschheit auch durch das Gedränge beim Weihnachtseinkauf. Ältere Fans von Arnold fragten sich vielleicht: „Wo ist der Raketenwerfer, der diese Massen in fünf Sekunden beseitigen könnte?" Er ruft panisch zu Hause an, wo er seine Frau nur zögernd in der Obhut des Nachbarn, eines öligen Frauenhelden, gelassen hat (komisch: Phil Hartmann). Wir wissen inzwischen längst, daß sich unter der bescheidenen mittelständischen Garderobe der eigentliche Turbo Man verbirgt.

Im Film hat er eine abschließende heroische Szene, die für die meisten Kritiker wohl schon zu spät kam. In ihren Augen hatte er inzwischen bereits weniger Spielraum als in den engen Einkaufsstraßen von VERSPROCHEN IST VERSPROCHEN. Nach ERASER zweifelten sie an der Dauerhaftigkeit seiner Macho-Figur, zumindest in Filmen, deren Geschichte unter seinem Gewicht kollabiert. Nach VERSPROCHEN zögerten sie, Arnold die Lizenz zum Blödeln zu verlängern. „In Anbetracht des bleiernen Drehbuchs hatte nicht einmal Schwarzenegger eine Möglichkeit, es zu stemmen", spottete die Los Angeles TIMES.

Wie immer gab der Star bei der Publicity sein Bestes. Eines Tages gab er am Set von VERSPROCHEN IST VERSPROCHEN ein Interview. Es war der Tag, an dem er von einem desorientierten Hirsch verfolgt werden sollte. Der Hirsch, so bezeugt es ein Reporter, „stand am Ende vor einem Weihnachtsbaum, starrte ihn an und urinierte seelenruhig auf den Teppich". Arnold sagte, daß alles nach Plan verlief. „Ich habe kein Problem, wenn ich mich dumm stellen muß", stellte er fest. „Genaugenommen würde es mir sehr gefallen, wenn ich einer von den drei Stooges wäre." Und die Szene mit dem Hirsch? „Das wollen die Leute doch sehen. Ich bin in einer schrecklichen Zwickmühle, und die Leute fragen sich: Wie kommt er da wieder heraus?"

Damit liegt er richtig, aber auch falsch. Arnophile wollen auch sehen, wie er andere Leute in schreckliche Zwickmühlen bringt wie in den guten alten Terminator-Tagen. Seither hatte er keinen Schurken mehr gespielt. Um so sensationeller die Neuigkeit, daß er – für den angemessenen Betrag von 20 Millionen Dollar und ein paar Merchandising-Prozente – den Mr. Freeze in BATMAN AND ROBIN spielen würde. Die Produktion begann 1997. Der Film soll nach der Jahresmitte herauskommen.

„Mr. Freeze erinnert mich sehr an den Terminator", kommentierte Arnold. „Er hat nur eine andere Einstellung." Wie das? Vielleicht mußte Mr. Freeze nie auf Worte wie „I'll be back" zurückgreifen. Vielleicht konnte Mr. Freeze der Gerechtigkeit schon bei der ersten Begegnung die entsprechende Strafe zufügen. Er mußte nichts weiter tun als seinen eisigen

Waffenarm ausstrecken und feuern. Die Hand ist Teil einer Schurkenausstattung, die dazu noch einen kahlen Kopf, eine gefrorene Zigarre und einen temperierten Gefrieranzug umfaßte. Als Patrick, der Sohn des Stars, die Dreharbeiten besuchte, war er von diesem „verrückten Outfit" (Arnolds Worte) so verunsichert, daß er sagte: „Ich werde dich nicht küssen, Papa."

„Das wird eine denkwürdige Figur", schwört Arnold. „Der Schurke ist oft die beste Rolle, wissen Sie." Und er fügt hinzu: „Warner Bros kann froh sein, daß ich in diesem Film bin – vom Marketing-Standpunkt betrachtet. Der letzte Batman lief außerhalb der USA nicht so gut wie auf dem Heimmarkt. Dieser Film müßte eigentlich 500 Millionen oder mehr einspielen. Ich kann ihnen das Publikum in Übersee bringen. Deswegen sind sie so freigebig."

Großzügig zeigte sich das Studio auch bei der Festsetzung der Rangfolge der Stars. Arnold bekam den ersten Platz zugesichert, noch vor dem Star, der Batman spielen wird. Dabei handelt es sich um George Clooney, den Star der Fernsehserie EMERGENCY ROOM, der für den früher amtierenden Batman Val Kilmer in die Bresche sprang. Kilmer setzte sich auf andere Volkshelden-Gefilde ab und spielt jetzt THE SAINT.

„Clooney ist der neue coole Junge in der Szene", bestätigt Arnold. „Er ist sehr hip. Es hat nichts zu tun mit Schauspiel, sondern damit, wer gerade in ist, an wem sich die Kids noch nicht sattgesehen haben. Ich sagte zu Joel Schumacher (dem Regisseur): ‚Ich bin für diesen Wechsel.'"

Schumacher seinerseits war für Arnold. Er lobte die Arbeit des Schauspielers in den entscheidenden ersten Tagen am Warner-Gelände. „Er ist sehr lustig, aber das hat das Publikum schon früher gesehen. Er ist sehr bedrohlich, auch das kennt das Publikum schon. Aber ich weiß nicht, ob sie beides schon einmal in einer Rolle vereint gesehen haben."

Arnold Schwarzenegger: Mann oder Mythos?

1997 folgte Arnold dem Beispiel von Sylvester Stallone und wechselte die Agentur. Er beendete seine lange Zusammenarbeit mit Lou Pitt von ICM und ging zur William Morris Agency. Pitt blieb höflich: „Es waren aufregende und erfüllte fünfzehn Jahre. Wir hatten gemeinsam großen Erfolg. Arnold bleibt ein hochgeschätzter Freund, und wir wünschen ihm alles Gute." Arnold erläutert: „Ich komme mehr und mehr darauf, daß ich nach wirklich interessanten Drehbüchern suche, nach Drehbüchern in der Art, wie sie Tom Hanks so hervorragend spielt. Ich würde gern an künstlerischere Filme herankommen."

Ist der Star am Ende ein wenig nervös? Blickt er sich um? Nur eine Woche nachdem ihm die Ärzte und Schwestern im St. John's Hospital von Santa Monica Streßsymptome bescheinigt hatten, kam er noch einmal in das Krankenhaus und klagte über Schmerzen in der Brust. Man brachte ihn direkt vom Set von BATMAN AND ROBIN. „Er war weiß wie ein Geist", erfährt man aus berufener Quelle. „Er dachte, er müßte sterben – ganz wie sein Vater, an einem Herzleiden." Die Ärzte beruhigten ihn zwar und bestätigten ihm, daß kein ernsthaftes Leiden vorlag. Aber sie rieten ihm doch zu einer Diät und zu einer Einschränkung bei den Zigarren.

Weniger Zigarren? Die Zigarren waren doch gerade das Emblem von Arnolds gebieterischen mittleren Jahren geworden. Gerade hatte ihn Fidel Castro zu einem Zigarrenabend nach Havanna eingeladen. Der kubanische Staatspräsident wollte den 30. Geburtstag der berühmten „Cohlba"-Zigarren mit einem Wohltätigkeitsbankett feiern. Die Erträge sollten an das gebeutelte nationale Gesundheitssystem gehen, zu dessen Beschäftigung die „Cohlbas" so viel beigetragen hatten. Ebenfalls eingeladen waren Danny DeVito, Jack Nicholson und Matt Dillon.

Aber es war illegal und unamerikanisch, nach Kuba zu reisen. Also sagte Arnold ab. Statt dessen verbrachte er den Abend wahrscheinlich daheim und annektierte das Wohnzimmer für sein Inhalationsvergnügen, das seine Frau mit erzwungenem Großmut erduldete. „Maria hat kein Argument gegen mich", sagt Arnold. „Ihr Vater brachte mich 1977 auf die Zigarren. Es kann sich also um nichts Schlechtes handeln, denn ihr Vater bedeutet ihr alles. Ich sage nur: Dein Vater liebte Zigarren, mein Rauch sollte also ein Vergnügen für dich sein."

Maria gewann dafür einige ihrer eigenen Auseinandersetzungen. Arnold war verärgert, weil sie sich weigerte, die Haare von Sohn Patrick schneiden zu lassen. Die buschige blonde Haarpracht gefiel ihm nicht. Sie erschien ihm wie ein Rückfall in die schlimmsten Tage der demokratisch regierten, von Hippies belagerten sechziger Jahre. Nicht, daß er das große Vermächtnis der Kennedy-Familie ablehnte, beeilte er sich immer hinzuzufügen. Sein Argwohn galt mehr der Johnson-Ära und später der Carter-Regierung, „als ich das Land wirklich absinken sah". Bei der Jacqueline-Kennedy-Auktion 1996 gab Arnold 772.500 Dollar aus. Unter den Sachen, die er für seine Kinder erwarb, waren ein Satz Golfschläger und ein signierter Golfbeutel von John F. Kennedy und ein JFK-Gemälde von Norman Rockwell. „Ich bin ein großer Fan von Kennedy, und ich dachte mir, für die Kinder ist es gut zu wissen, von wo sie einen Teil ihres Blutes haben."

Arnold schätzte seine Kinder immer mehr. Sie waren ein Leuchtstern in einem häufig schwierigen Leben. „Ich habe keine Arbeit, und meine Frau ist hochschwanger", witzelte er bei einem Lunch der Publicist's Guild 1997. „Deswegen habe ich so viele Kinder. Sie machen jetzt meine Öffentlichkeitsarbeit."

Arnold hält sich nicht an die alte Weisheit: „Viel Feind, viel Ehr." Zweimal ging er auch in den letzten Monaten des Jahres 1996 wieder vor Gericht. Eine Klage galt einer Autofirma, die ohne Erlaubnis ein Bild von ihm auf einem Zeitschriftentitel gebracht hatte (er war mit einer eindeutig positiven Geste vor einem Porsche Carrera zu sehen). Eine weitere Klage galt dem ESQUIRE-Magazin, das eine Fotomontage von ihm in Nazikleidung gedruckt hatte.

Es gibt eine Regel in Hollywood. Sie ist einfach, aber sie gilt uneingeschränkt, auch wenn man sich schon in den mittleren Jahren befindet, schlechte Kritiken hat, Schmerzen in der Brust verspürt und mit der Familie im Streit liegt: An der Image-Front darf man nichts einreißen lassen.

„Es ist wahr, ich kontrolliere mein Image", erläutert Arnold. „Wenn ich es nicht kontrolliere, wer dann? Jeder versucht, aus der Presse das Beste herauszuholen. Man will als seriöser Studiomanager gesehen werden, als guter Geschäftsmann oder als ernsthafter Künstler. Politiker machen das die ganze Zeit. Jeder versucht, ein Image von sich zu entwerfen."

Und jeder versucht, das Image zu bewahren. Schließlich ist auch Arnold Schwarzenegger, die Kino-Ikone, noch keineswegs verbraucht in diesen nervösen neunziger Jahren. Im Oktober 1996 wählten die Besucher von Madame Tussauds Wachsfigurenmuseum in London ihren liebsten Wachsmann: Arnold. Als Dollarmaschine bringt Arnold auch nach JUNIOR und VERSPROCHEN IST VERSPROCHEN noch immer 74 Millionen Dollar im Jahr nach Hause. Mit dieser Summe kam er immerhin an die siebente Position unter den bestbezahlten Unterhaltungsstars in Amerika, schätzte die Zeitschrift FORBES. (An der Spitze ist, wie könnte es anders sein, Oprah Winfrey.) Und eine wahre Begebenheit aus seiner Heimat dokumentiert, daß Arnold noch immer bizarre Delirien der Heldenverehrung auslösen kann.

Im März 1996 trat der in Graz geborene 31jährige österreichische Bodybuilder Andreas Münzer beim Arnold Classic in Columbus, Ohio, an. Der von Arnold besessene Mann, der sein Leben, seine Karriere und seinen Körper nach seinem Idol modellieren wollte, kam auf den bescheidenen sechsten Platz. Knapp zwei Wochen später starb er an inneren Blutungen, nachdem man ihn noch in ein Krankenhaus in München gebracht hatte. Das Ergebnis von Münzers Autopsie wurde nicht veröffentlicht, aber die Verdachtsmomente gingen in Richtung exzessiver Verwendung von Steroiden, harntreibenden Mitteln und anderen Suchtgiften. Man erzählt sich, er hätte blutende Magengeschwüre ignoriert, während er für den Arnold Classic trainierte.

Arnolds Kommentar: „Das Traurige an dieser Sache ist, daß ein junger Mann aus einem kleinen Dorf in Österreich kam und ein zweites Mal ich sein wollte."

Ein anderer, seltsamerer und vielleicht noch ergreifenderer Vorfall aus der Rubrik

Heldenverehrung geschah ein Jahr davor in Arnolds neuem „Heimatland“. Im Februar 1995 investierte ein britischer Fan seine ganze Sozialhilfe in ein Flugticket nach Amerika, um sein Idol zu treffen. Er wurde erschossen, während er versuchte, in ein Haus in Los Angeles einzubrechen.

Das psychisch kranke Opfer hatte die Adresse von einem Arnold-Fanclub eingesteckt. Der Hausbesitzer sah nur einen Fremden mit einer Handfeuerwaffe vor seinem Haus. Ganz nach dem (vermutlich aus Schwarzenegger-Filmen entnommenen) Motto „Sicherheit durch Overkill“ feuerte er sechsmal mit einer Smith and Wesson .44-Automatik. Dann verfolgte er sein Opfer noch auf die Straße und feuerte eine weitere Kugel direkt in den Kopf.

Unter Fans gab es immer schon Verrückte und weniger Verrückte. Ihre Haltung ist ein Tribut an die Macht des Idols, und das Idol trägt für derartige Tragödien keine Verantwortung, so wie eine Kerze nichts für den Tod der Motten kann, die um sie herumschwirren.

Für unser spezielles Idol muß sich allerdings die Frage stellen: Was habe ich an mir, das diese Glut entfacht und diese Hitze erzeugt? Ist das ein Zufall, oder habe ich diesen Effekt selbst entworfen? Und gibt es ein „Ich“, das einfach „ich“ bin, unabhängig und losgelöst von dem Medien-Messias?

Der wirkliche Arnold

Kurz vor diesen tragischen Geschehnissen kam ein anderer Fan nach Amerika. Hier waren die Konsequenzen weniger tragisch. Wie ich zu Beginn erzählt habe, folgte ich den Spuren bis zu Schatzi's und kam eines Samstag morgens zur Frühstückszeit dort an. Ich aß also im öffentlich zugänglichen Teil mein Gemüse und bemerkte an einem Tisch in der Nähe einen kräftig gebauten Mann mit karottenfarbenem Haar und einem österreichischen Akzent.

Natürlich war es Arnold. Er frühstückte mit dem Regisseur Paul Verhoeven, dem Produzenten Alan Marshall und seinem Agenten Lou Pitt. Aus einigen Konversationsfetzen konnte ich entnehmen, daß die drei Männer den offensichtlich letzten Krisengipfel in Sachen CRUSADE abhielten, bevor Carolco das Projekt abblies.

Ich ließ mein Müsli für einen Augenblick stehen und ging hinüber zu Arnolds Tisch. Ich glaube (mit Sicherheit weiß ich es nicht), daß wir uns die Hände schüttelten. Der Große musterte mich mit wachen, aber passiven Augen. Ich bildete mir ein, ein Maschinengeräusch an Schwarzenegger wahrzunehmen. Wurde ich von einer biomechanischen Videokamera aufgezeichnet? Ich murmelte ein paar halbwegs vorbereitete Worte über mein Buch. Ich versicherte ihm, ich schriebe aus der Warte eines Enthusiasten und Bewunderers, und sagte, ich wollte meinen Besuch in Los Angeles nicht enden lassen, ohne daß ich ihm persönlich davon erzählt hätte und daß ich ihn nicht unter Druck setzen wollte. Wie kriecherische Ansprachen eben so gehen.

Arnold ließ gnädig und sonor ein „Oh, danke“ ertönen und wandte sich wieder seinem Frühstück zu. Ich kehrte zu meinem zurück. Er blickte sich nicht mehr um. Aber ich sah noch ein paarmal hinüber. Die große Hand führte mit flinken, roboterhaften Bewegungen eine Zigarre. Der Kopf wirkte enorm groß. In einem fort waren Arnyismen zu vernehmen, die geschäftlichen Elan verrieten. Ich hörte ein „Das gefällt mir, das gefällt mir“ und etwas wie „Verhandle den Preis“. Arnolds Präsenz schien kraftvoll genug, alle anderen Anwesenden an diesem Tisch zu überstrahlen; zugleich aber schien sie keine wahrnehmbare menschliche Form zu haben.

Ich hatte Avantgarde-Arnie vor meinen Augen: der digitale Mann, der sich mit analogen Männern umgibt. Der Digital Man verwendet die klaren, lebendigen Töne und Farben der menschlichen Persönlichkeit und verwandelt sie in etwas gänzliche Neues: jenseits von HiFi Sci-Fi. Der analoge Mann hat kleine unreine Elemente in seinem Klang. Man verspürt die Wärme des Beiläufigen und Zufälligen. All die Menschen, die zu diesem Zeitpunkt mit mir in Schatzi's saßen, hatten diese Eigenschaften. Ich kannte sie nicht, aber ich hatte das Gefühl, sie zu kennen. Nur die eine Person im Raum, die wir alle zusammen „kannten“, erweckte in mir den Eindruck, daß niemand von uns sie „kannte“.

Das ist ein Syndrom. Ich nenne es das Syndrom vom unglaublichen Verschwinden der Berühmtheiten. Ein Superstar, der sein Image wie einen auratischen Schild aufbaut, zieht sich mit seiner normalen Persönlichkeit zurück. Seine Schwächen und Schrullen werden hinter die Schutzmauern der offiziellen Persönlichkeit in Sicherheit gebracht. Jeder Fauxpas, jede unüberlegte Spontaneität, auf die sich die Medien mit ihren Vergrößerungsgläsern stürzen könnten, ist ausgeschlossen. Zugleich wirkt sich diese Abschottung aber auch positiv aus. Nur ganz wenige Superstars, von Garbo bis Brando, verfügen über dieses magische Charisma: „Findet mich, wenn ihr könnt.“

„Es gibt definitiv etwas Geheimnisvolles an Arnold“, sagt der Regisseur Walter Hill heute. „Man denkt: So ist er. Dabei ist er ganz anders. Man hält ihn für einen Filmstar, aber er ist auch ein Immobilien-Tycoon. Man glaubt, er sei ein Immobilien-Tycoon, aber er ist auch ein moderner Theseus. Dieser Mann hat etwas Flüchtiges. Ich habe ihn früher einmal als ‚Naturgewalt‘ bezeichnet. Er ist kein Schauspieler im üblichen Sinn, und er tut auch gar nicht so, als wäre er einer. Aber er ist einer der großen Stars. Sie spiegeln etwas wider, das weit über darstellerisches Talent hinausgeht. Dieses ‚Geheimnis‘ ist ein Teil davon. Je größer ein Star ist, desto größer ist die Quelle dieses Mysteriums.“

Paradoxerweise verflüchtigt sich der reale Arnold um so mehr, je „arnoldischer“ der Star auf der Leinwand wird. Seine Filmprojekte zeigen, daß er in wachsendem Ausmaß mit seiner Identität spielt. Aber der Arnold-als-Arnold in LAST ACTION HERO oder DAVE ist nur noch eindimensionaler als der grimmige, fiktive Action-Mann in PHANTOM-KOMMANDO, PREDATOR oder ERASER.

George Butler begriff ein paar Jahre nach PUMPING IRON, daß dieser Prozeß eingesetzt hatte: Der reale Mann wurde durch ein Super-Artefakt ersetzt. „Es gab einen natürlichen, greifbaren, geistreichen Arnold, und wir haben ihn in unserem Film gezeigt. Er kann auf diese Leistung stolz sein. Inzwischen ist er viel kalkulierter geworden."

Und viel weniger greifbar, auch für Freunde. Butler bereitete in den achtziger Jahren einen Fotoband über Arnold vor. Er kam nach Los Angeles, um ihm die Bildauswahl vorzulegen. Arnold sagte zu Butler, er sollte ihn direkt anrufen, wenn er erst einmal in L. A. war, und sich nicht lange mit Terminvereinbarungen aufhalten. Butler wartete von Sonntag bis Freitag in seinem Hotel. Am Ende warf Arnold, schon auf dem Sprung nach Palm Springs, nur einen hastigen Blick auf die Fotos. Seine Antwort war: Nein. Er wollte seine Einwilligung nicht geben. Arnold hatte schon Pläne für seine eigene Autobiographie, und er probte mit Butler bereits das Feilschen mit dem Agenten „Swifty" Lazar.

„‚Ich besorge dir eine Million im voraus', sagt Swifty.

Ich sage: ‚Nein, ich will fünf Millionen.'

Swifty sagt: ‚Das ist der größte Deal für ein Buch in der Geschichte. Arnold, du spinnst.'

Ich sage: ‚Was stellst du dir vor, Swifty? Du bist ein Zuhälter. Du mußt ihnen sagen: Arnold will jetzt zwanzig Millionen für seine Autobiographie.'"

Butler zog sich damals zurück. Er war mit dieser Ego-Show in der dritten Person ausgestochen worden. Es ist schwer, mit einer Legende, die sich für eine Legende hält, in Verbindung zu treten: Man muß sich zwischen dem Mann und seinem Spiegel aufpflanzen. Sogar dann ist es noch schwierig, auf sich aufmerksam zu machen. Selbst für andere Legenden.

„Manchmal", erinnert sich Simon Wiesenthal wehmütig, „sagte ich bei einer Begegnung zu Arnold: ‚Wenn du nach Österreich kommst und deine Mutter besuchst, ruf mich doch an. Dann könnten wir ein paar Stunden miteinander verbringen.' Er versprach das natürlich. Aber jedesmal, wenn ich höre, er war in Österreich, verstrich die Zeit, und er rief mich nicht an. Ich bin sicher, er ist von sehr vielen Menschen beansprucht."

Manche blicken mit Sympathie auf den inzwischen verschwundenen Arnold zurück, aber voll Staunen auf den Mann, der die Schwerkraft überwunden hat und jetzt in einer eigenen Dimension lebt. Wag Bennett sitzt in seinem Fitneßstudio in Ost-London und starrt auf die Bank, auf der einst ein neunzehnjähriger Österreicher trainiert hat, der damals des Englischen kaum mächtig war.

„Ich wache morgens auf, und es ist wie ein Traum", sagt Bennett. „Ich denke mir: Das ist gar nicht wirklich passiert. Er sagte, er wollte der größte Bodybuilder der Welt werden, und ich habe ihn nur komisch angeschaut. Er sagte, er wollte ein Filmstar werden. Ich stelle mir einen Filmstar so vor wie Gary Cooper oder Cary Grant. Und ich sehe dieses Monster mit dem fetten Gesicht dasitzen und denke mir: Was ist mit diesem Burschen verkehrt? Ich denke mir: ‚Nicht schlecht, dieser Ehrgeiz.'"

Aber alles traf ein. Sogar George Butler, der heute um ein paar Minuten mit Arnold raufen muß, obwohl er ihm doch den Weg zum Ruhm geebnet hat, muß Arnolds Platz in den Annalen des amerikanischen Traums anerkennen.

„Er hat das Gefühl, daß er schon als König dieser Welt geboren wurde. Dabei war sein Aufstieg ziemlich schwierig. Das finde ich so liebenswürdig an seiner Geschichte. Das ist eigentlich der wichtigste Aspekt. Ich bin immer wieder beeindruckt, wenn ich mir überlege, was er alles leisten mußte. Es ist eine der großen Horatio-Alger-Geschichten. Es gibt nichts Vergleichbares."

Arnold Schwarzenegger lebt im Gelobten Land, auf dem Gipfel des Erfolgs, und er schützt sich vor dem Eifersüchtigen, Übelmeinenden, Anmaßenden. Manchmal schickt der private Arnold den öffentlichen Arnold hinaus (die Wahrheit entsendet den Mythos). Dann tritt er in einem Film auf, er spricht mit den Medien oder macht Werbung für einen Politiker.

Dieser öffentliche Arnold ist eine der großen Showbiz-Kreationen unserer Zeit. Er entstand als Reaktion auf die Bedürfnisse der Welt. Irgendwann wird die Geschichte die kleinen Stolpersteine und die Mini-Skandale im Leben des „wirklichen" Arnold vergessen haben: die Steroide, die Hitler-Anspielungen, die läßlichen sexuellen Sünden und die gereizten Klagen gegen die Medien. Überleben wird nur die Ikone Arnold, so wie die Aku-Aku-Statuen auf den Osterinseln noch da sind, die Eingeborenen, die sie gebaut haben, aber verschwunden.

Wir werden den kolossalen Umfang, den klassisch geformten Schädel, den wahnwitzigen Akzent, den unaussprechlichen Namen, das tonnenschwere Charisma, die verächtliche, außerirdische Präsenz feiern. Wir werden uns wundern, wie sich diese Konfiguration jemals in Hollywood etablieren konnte. Und wir werden uns glücklich schätzen, daß wir in einer Welt leben, in der das Undenkbare, das geradezu Unmögliche, noch immer passieren kann.

Was die Politik anlangt, bekam Arnold jüngst einen Freibrief von einem Mann, der sowohl mit dem Kino als auch mit dem Staatsmännischen vertraut ist und die ausgedehnten Ambitionen der ausgedehnten Familie Kennedy-Shriver kennt: Gore Vidal stellte die Prophezeiung auf, daß der Präsidentschaftswahlkampf im Jahr 2004 zwischen Norman Schwarzkopf und Arnold Schwarzenegger ausgetragen wird.

Und was denkt Arnold selbst neuerdings über das höchste Amt?

„Ich bin mehr als glücklich, diesem Land, dieser Welt in der Zukunft zu helfen ..."

Dank

Dieser Teil einer Biographie heißt gewöhnlich „Ohne wen das Buch nicht möglich gewesen wäre". Tatsächlich haben viele Menschen dazu beigetragen, daß dieses Buch ermöglicht wurde. Sie haben großzügig ihre Zeit und ihr Erinnerungsvermögen zur Verfügung gestellt. Bevor ich ihnen danke, sollte ich aber einige von den Menschen nennen, ohne die dieses Buch sein Fortkommen suchen mußte, so gut es ging. Es handelt sich um nahe Freunde und Mitarbeiter von Arnold, die eine Zusammenarbeit verweigerten.

Zu Ivan Reitman suchte ich den Kontakt beim Symposium der Filmemacher während des Filmfestivals in Venedig 1993. Heute begreife ich, daß die Begegnung unter einem schlechten Stern stand. Er trug damals einen schwarzen Anzug (Haute Couture, möglicherweise von Armani) und war in Begleitung einer der führenden amerikanischen PR-Damen (Leslee Dart von PMK). Ich trug ein T-Shirt mit der Aufschrift „Save the manatee" und eine Baseball-Jacke aus Italien, die schon bessere Tage gesehen hatte.

Er konnte mir nicht helfen, seine Abreise aus Venedig stand unmittelbar bevor. Sagte er. Im strengen Sinn des Wortes war das wahr; er versäumte aber zu erwähnen, daß er praktisch sofort noch einmal kommen würde, um Promotion für seinen Film DAVE zu machen. Eine Hauptrolle in diesem Film hatte Herr Schwarzenegger.

Später schickte ich ein Fax an Reitmans PR-Leute in Amerika. Die einzige Antwort auf meine Ankündigung, daß ich demnächst in die USA reisen wollte, war in der eindringlich knappen Sprache der B-Filme gehalten: „Stoppen Sie die Maschinen!"

Das Büro von James Cameron erhielt ein Fax. Es ging verloren. Man ersuchte um ein neuerliches Fax. Auf das zweite Fax kam nie eine Antwort.

Dutzende weitere Regisseure, Schauspieler, Produzenten und anderweitig mit Arnold in Beziehung stehende Menschen weigerten sich, mit mir zu sprechen. Viele beriefen sich auf ihre „Freundschaft" mit dem Superstar. Andere wollten sich nur noch kurz mit Charlotte Parker verständigen, dann hörte ich auch von ihnen nichts mehr.

Parker, dieses menschliches Bermuda-Dreieck, hatte auch Charles Gaines auf dem Gewissen. Ich wollte ihn treffen, schließlich war er direkt an Arnolds ersten beiden ernsthaften Film-Versuchen STAY HUNGRY und PUMPING IRON beteiligt. Gaines wollte reden. Er brauchte nur von Charlotte ein Fax mit dem „OK". Sie weigerte sich, zu faxen.

Auch einige von denen, die redeten, boten mir seltsame Einblicke in die Hollywood-Etikette. Walter Hill sagte, während wir nach dem Interview zur Tür gingen, er hätte nicht mit mir gesprochen, wenn er „irgend etwas Schlechtes über Arnold" zu sagen gehabt hätte.

Andere wiederum ergänzten ihre aussagekräftigeren Bemerkungen mit Einschränkungen wie „das sage ich jetzt nur nebenbei“ oder „das bleibt unter uns“. Vince Gironda, der offen und ehrlich am Telefon mit mir sprach, warf zwischendurch zweimal ein: „Sorgen Sie dafür, daß ich Sie nicht klagen muß, Andrew.“ Gironda machte auch eine Bemerkung, die vielleicht mehr als alle anderen in diesem Buch über Arnold aussagt: „Es gibt eine Menge, was ich gern sagen würde, aber ich wage es nicht, denn er ist so mächtig.“

Zweimal erhielt ich Anrufe von Vermittlern, die andeuteten, daß Arnold vielleicht selbst reden könnte. Später begriff ich, daß der erste Angriff mehr eine Recherche von seiten der Arnold-Leute war; ich bekam kein weiteres positives Zeichen. Monate später sagte Arnolds Anwalt Martin Kramer zu mir: „Sie würden anscheinend gern mit Arnold sprechen.“ Ich sagte, es wäre schon ein wenig spät – das Buch war buchstäblich fertiggeschrieben – und erwähnte auch meinen Argwohn wegen der nur scheinbar freundlichen Telefonanrufe.

Ganz anders erging es mir in Europa. Praktisch von dem Tag an, da ich die österreichische Grenze überschritt, hatte ich gesegnete Tage. Ich spreche kein Deutsch außer ein paar Standardsätze. Aber kaum hatte ich in Graz meine Zelte aufgeschlagen und die ersten Anrufe getätigt (der Hotelrezeptionist hatte mir ein paar wichtige Sätze aufgeschrieben), da stand auch schon Kurt Marnul im Hotelfoyer. Arnolds Trainer in jungen Jahren trug einen riesigen Schnurrbart und steirische Hosenträger.

Dann versprach mir Fräulein Laurinzer, die Direktorin der Hans-Gross-Schule in Thal, telefonisch eine Liste der früheren Klassenkameraden von Arnold. Ich fuhr in das Dorf und machte zuerst bei dem Haus Station, in dem Arnold seine Kindheit verbracht hatte. David Anderwald, der mit seinen Eltern jetzt dort wohnt, sprach Englisch mit mir und zeigte mir Arnolds Zimmer mit Blick auf die nahegelegene Ruine.

In der Schule erwies sich Fräulein Laurinzer als grazile blonde Frau, die ein wenig wie Lee Remick in ihren späteren Jahren aussah. Sie sprach Englisch und stattete mich mit einer Liste aus, auf der alle Klassenkameraden von Arnold verzeichnet waren, die noch in der Gegend lebten. Ich fragte sie, ob sie mir einen Dolmetscher empfehlen könnte. Ich hoffte, sie würde sich selbst empfehlen. Sie war aber zu beschäftigt, gleichermaßen die Kollegen: Eine Lehrerkonferenz war angesetzt. Also rief ich spontan bei David Anderwald an.

An diesem Tag konnten Passanten einen englischen Filmkritiker und einen österreichischen Schuljungen dabei beobachten, wie sie Kleingeld für die öffentliche Telefonzelle aufzutreiben versuchten. Es war leicht, die Interviewpartner zu finden; es war schon schwieriger, ihnen meinen unmittelbar bevorstehenden Besuch zu erklären.

David Anderwald verdient ein besonders herzliches „Dankeschön“ in diesem Buch.

Ich war an diesem Tag mehr oder weniger unter Schock. Ich war schwer verkühlt, und ich staunte über das Kismet, das mir ausgerechnet den Erben von Arnolds Jugendzimmer als Führer durch Arnolds Jugend beschert hatte. Er war unermüdlich, und er konnte mit den Leuten so gut umgehen, daß ich auf keinen Widerstand traf.

Auch seine Warnungen bei meiner Abreise waren gut gemeint, wenn auch ganz auf Linie mit der Schwarzenegger-Etikette: „Sie dürfen keine schlechten Dinge über Arnold schreiben", klärte er mich auf. „Sonst verkauft sich das Buch nicht."

Von den vielen Menschen, die mit mir gesprochen haben und deren Auskünfte sich in diesem Buch wiederfinden, muß ich meinen Dank aussprechen an: Gordon Allen, Wag Bennett, Stanley Brooks, John Bruno, John Bubb, George Butler, Dyan Cannon, John Citrone, Boyer Coe, Jeff Corey, Charles Dance, Ivan Dunbar, Wayne DeMilia, Robert Easton, Bill Fischler, Richard Fleischer, Charles Fleming, Vince Gironda, Paul Graham, Adam Greenberg, Linda Hamilton, Josef Heinzel, Lance Henriksen, Franz Hermann, Rabbi Marvin Hier, Walter Hill, John Irvin, Pauline Kael, James Karen, Nicolas Kent, Franz Kicker, Martin Kramer, Mark L. Lester, Jim Lorimer, Karl Malden, Kurt Marnul, Mike Mentzer, Eric Morris, Hal Needham, Reg Park, Edward R. Pressman, Professor Sam Popkin, Tony Puryear, Lacey H. Rich, Sir Jimmy Savile, Francesco Scavullo, Arthur A. Seidelman, Barbara und David Stone, Brigitte Verschink, Rich Wayne, Ben Weider, Joe Weider, Bernard Weinraub, Vernon Wells, Simon Wiesenthal, Michael Winner.

Drei Bücher über Arnold waren von unschätzbarem Wert. ARNOLD von Wendy Leigh ist, trotz seines seichten Stils und zweifelhafter psychologischer Erklärungen, profund recherchiert. Nachfolgende Biographien wie diese haben in ihrem Buch einen guten Leitfaden auf der Suche nach Arnolds Wegbegleitern. Ich bin mir auch bewußt, daß meine Darstellung des Rechtsstreits um ihr Buch unvollständig ist ohne ihre aktuelle Stellungnahme dazu, die ihr jedoch der gerichtliche Vergleich verbietet.

George Butler war nicht nur ein wichtiger Zeuge, der mir mit vielen Telefonnummern weiterhalf, sondern er verwies mich auch auf sein Buch ARNOLD SCHWARZENEGGER: A PORTRAIT. Es ist die beste Darstellung Arnolds durch einen Freund, mit vielen wichtigen Einblicken und Aufschlüssen.

Arnolds eigenes Buch ARNOLD: EDUCATION OF A BODYBUILDER gibt einen interessanten Einblick in seine frühen Jahre und bietet einen ausgefeilten Versuch, Bodybuilding zu „erklären". Ich danke Martin Kramer (von Theodore Goddard, London) für seine freundliche Antwort auf meine Bitte um die Erlaubnis, aus dem Buch zu zitieren.

Draußen in Dschungel von Hollywood konnte ich auf meine Freundin und Mitarbeiterin Barbara Paskin zählen, die sich durch die ganzen Anfangsschwierigkeiten plagte. Sandra Archer von der Bibliothek der Motion Picture Academy schickte mir mehrere

Lieferungen mit Ausschnitten, aus denen ich mein erstes eigenes Informationsgestrüpp hier in England wachsen ließ.

Mein Dank gilt auch Ned Comstock, dem Kurator der Filmbibliothek an der University of Southern California; und Elan Steinberg vom World Jewish Congress in New York, der mir bei der Dokumentation der Fragen rund um Arnolds Vater half.

In England hatte ich meine wichtigsten Auskunfteien in der Bibliothek des British Film Institute in London und in der British Newspaper Collection in Colindale. In meiner eigenen Zeitung, der FINANCIAL TIMES, bekam ich Unterstützung von Peter Cheek, Malcolm Rutherford und Jurek Martin.

Malcolm Whyatt, der Schatzmeister und Archivar der National Amateur Body Builders Association, versorgte mich mit Material über Arnolds Jahre in Großbritannien. Und Nicolas Kent borgte mir aufschlußreiche Transkripte und Videos aus seinen Recherchen für die Serie NAKED HOLLYWOOD.

Alexander Walker, der selbst ein ausgewiesener Biograph ist, war oft mit Rat und Witz zur Stelle. Mein Agent Michael Shaw beharrte auch dann noch auf Verbesserungsvorschlägen, wenn sie schon schnöde zurückgewiesen worden waren.

Mein Herausgeber Matthew Hamilton schickte mir das Buch mehrmals mit Rotstrichen übersät zurück. Anfangs war ich geschockt, dann begriff ich, daß so gut wie jeder Strich einen Sinn hatte. Ein Jahr noch, dann werde ich wahrscheinlich begreifen, daß alle Korrekturen berechtigt waren. Außerdem hatte er immer neue Ideen, wie man sich dieser Festung namens Schwarzenegger nähern könnte.

Schließlich sollte ich dem Gegenstand des Buches selbst danken. Er blieb höflich, damals bei Schatzi's, statt mich mit einem Faustschlag abzuservieren. Und er hat mich oder meinen Verleger niemals um Mitternacht angerufen, um uns mitzuteilen, die beste Biographie wäre keine Biographie.

Nigel Andrews

Filmographie

(als Schauspieler, sofern nicht anders angegeben)

Originaltitel. Jahr. Regie. Länge. (Deutscher Verleihtitel)

HERCULES IN NEW YORK (aka Hercules Goes Bananas). 1970. Arthur Allan Seidelman. 91 min. (Herkules in New York)

THE LONG GOODBYE. 1973. Robert Altman. 112 min. (Der Tod kennt keine Wiederkehr)

THE STREETS OF SAN FRANCISCO (TV-Serie). 1977. (Die Straßen von San Francisco)

STAY HUNGRY. 1976. Bob Rafelson. 103 min. (Mr. Universum)

PUMPING IRON. 1977. George Butler. 85 min.

THE VILLAIN. 1979. Hal Needham. 89 min. (Kaktus-Jack)

SCAVENGER HUNT. 1979. Michael Schultz. 117 min.

THE JAYNE MANSFIELD STORY (TV-Film). 1980. Dick Lowry. 100 min.

CONAN THE BARBARIAN. 1982. John Milius. 129 min. (Conan – Der Barbar)

CONAN THE DESTROYER. 1984. Richard Fleischer. 103 min. (Conan der Zerstörer)

THE TERMINATOR. 1984. James Cameron. 108 min.

RED SONJA. 1985. Richard Fleischer. 89 min.

COMMANDO. 1985. Mark L. Lester. 85 min. (Phantom-Kommando)

RAW DEAL. 1986. John Irvin. 97 min. (Der City-Hai)

PREDATOR. 1987. John McTiernan. 107 min.

THE RUNNING MAN. 1987. Paul Michael Glaser. 100 min.

RED HEAT. 1988. Walter Hill. 106 min.

TWINS. 1988. Ivan Reitman. 112 min. (Twins – Zwillinge)

TOTAL RECALL. 1990. Paul Verhoeven. 109 min. (Die totale Erinnerung)

KINDERGARTEN COP. 1990. Ivan Reitman. 111 min.

Regie: TALES FROM THE CRYPT (TV-Serie)- Episode The Switch (1992)

TERMINATOR 2: Judgment Day. 1991. James Cameron. 136 min. (Terminator 2 – Tag der Abrechnung)

Regie: CHRISTMAS IN CONNECTICUT (TV-Film). 1992. 90 min.

LAST ACTION HERO. 1993. John McTiernan. 130 min. (Der letzte Action Held)

DAVE. 1993. Ivan Reitman. 110 min.

TRUE LIES. USA 1994. James Cameron. 141 min.

JUNIOR. 1994. Ivan Reitman. 110 min.

ERASER. 1996. Charles Russell. 115 min.

JINGLE ALL THE WAY. 1996. Brian Levant. 95 min. (Versprochen ist versprochen)

BATMAN AND ROBIN 1997. Joel Schumacher. (Startet im Sommer 1997)

Index

Amos Vogel

Film als subversive Kunst

Kino wider die Tabus – von Eisenstein bis Kubrick

In den frühen 70er Jahren geschrieben und 1979 in der deutschen Erstausgabe erschienen, avancierte es schnell zum „Kultbuch“ und war bald vergriffen. „Film als subversive Kunst“ schildert – mit Hilfe von über 300 erstaunlichen und seltenen Fotos – die vielfältigen Formen der Subversion, die im Film möglich geworden sind: durch die unverblümte Darstellung von Sex und Gewalt, Tod und Geburt, durch Blasphemie und politische Radikalität, durch künstlerische Innovation und Rebellion gegen althergebrachte Gestaltungsmittel.

Die Palette der beschriebenen Filme und Regisseure reicht vom „Andalusischen Hund“ bis zum „Letzten Tango in Paris“, von Jean-Luc Godard bis Otto Mühl. Amos Vogel verbindet aufsehenerregende Klassiker und „verbotene“ Raritäten zu einer großen Enzyklopädie des provokanten Kinos.

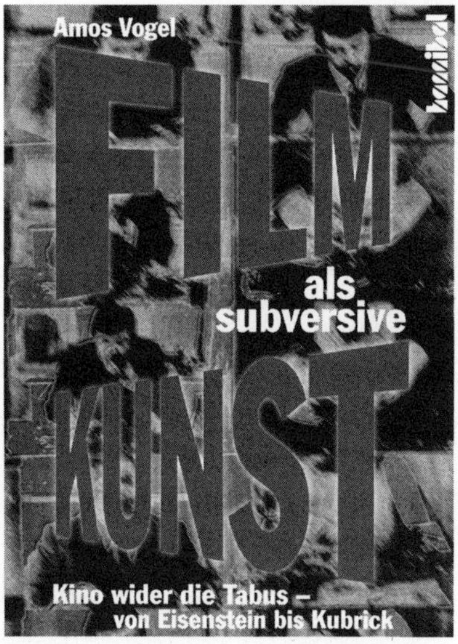

Ein unschätzbares Buch ... ein dichter Garten, der mit lange Zeit verbotenen Früchten lockt“
(Luis Buñuel)

Gebunden, 344 Seiten, durchgehend mit 320 s/w Abb. illustriert, DM 54,–/ sFr 54,–/ öS 395,– ISBN 3-85445-137-7